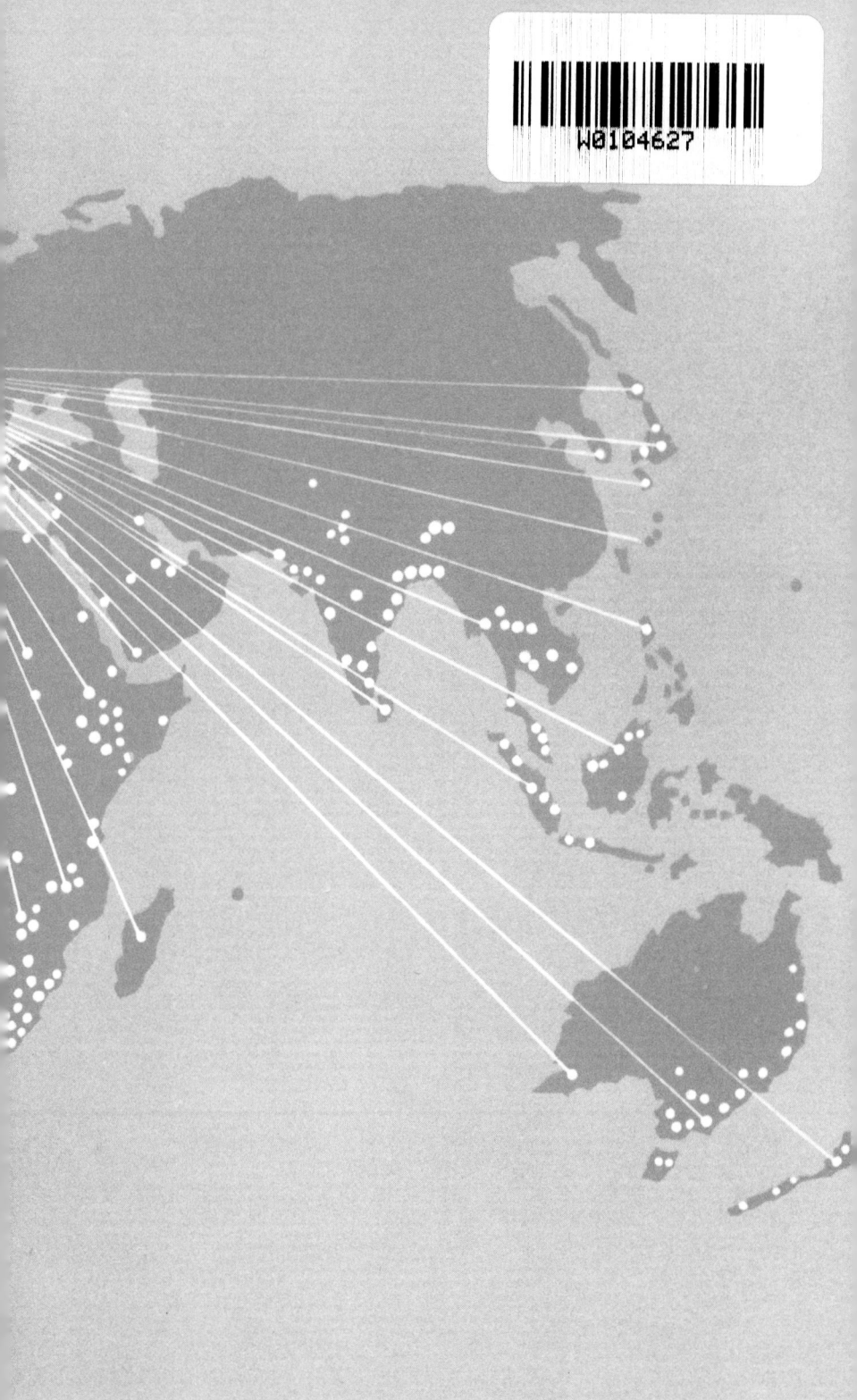

Ein Stern für die Welt

Heinz C. Hoppe
Ein Stern für die Welt
Vom ›einfachen Leben‹ in Ostpreußen
zum Vorstand bei Daimler-Benz

Einführung
von Edzard Reuter

Südwest

ISBN 3-517-01246-7
© 1991 Südwest-Verlag GmbH & Co KG, München
Redaktionelle Mitarbeit Wolfgang Behringer
Wiedergabe von Bild + Text nur mit Genehmigung des Verlags
Gesamtherstellung Südwest-Verlag
Printed in Germany

*In großer Dankbarkeit
widme ich dieses Buch meiner Familie*

Inhaltsverzeichnis

Einführung von Edzard Reuter 8

KAPITEL I
Das Werden eines Managers 13
Jugend in Ostpreußen (1917–1936) 13
Militär und Krieg (1936–1945) 25
Lehrjahre bei Freudenberg (1946–1954) 47

KAPITEL II
Aufbaujahre: Für Daimler-Benz in Nordamerika
(1954–1970) 61
Der Anfang des Amerikageschäfts (1954–1957) 61
Die Jahre mit Studebaker (1957–1964) 80
Mercedes-Benz of North America (1965–1970) 98

KAPITEL III
Im Vorstand für den Weltvertrieb (1970–1982) 124
Die Berufung in den Vorstand 124
Die Neuorganisation des Vertriebs in Westeuropa 129
UdSSR und Osteuropa 140
China, Indien und Asien 171
Naher Osten, Afrika und Australien 196
Lateinamerika 227
Nordamerika 236
Bundesrepublik Deutschland (seit 1976) 243

KAPITEL IV
Zum Einfluß des Vertriebs auf die Technik 258
Der US-Markt als Impulsgeber für die Entwicklungsabteilung ... 258
Die Vervollkommnung der Fahrzeugsicherheit 260
Mercedes 190, T-Modell und Geländewagen 265

KAPITEL V
Zusammenfassung 273

Dokumente 290

Abkürzungen 319
Quellen 320
Literatur 321
Register 323
Danksagung 331

Einführung von Edzard Reuter

Erfolgreiche Normalität, gar geglücktes Leben, scheinen eine ernsthafte Öffentlichkeit nicht recht zu fesseln. Hat einer auch noch in der Wirtschaft seinen Weg gemacht, sollte er schon die Allüren eines Tycoons, das Image eines skandalumwitterten Haudegens oder die Aura eines Paten bieten, damit wenigstens ein paar Illustriertenreporter oder einige auflagenclevere Schreiber von Kolportageromanen ihr ebenso zweifelhaftes wie flüchtiges Interesse entdecken.

Mir scheint, das kommt nicht von ungefähr. Eine wohl unverändert herrschende Vorstellung über gebildete Literatur geht nämlich dahin, Gegensätze müßten aufeinanderprallen, damit sich Schicksal und Charakter zu herausgehobenen Persönlichkeiten verdichten. Demzufolge wird die Wahrnehmung von der Vorstellung bestimmt, im größten Erfolg sei die Tragödie des Scheiterns bereits angelegt, und hinter dem Glanz äußerer Vortrefflichkeit versteckten sich unauflösliche und unbeherrschbare Widersprüche.

Wer solchen Einordnungen folgt, wird sich in seinem Urteil über Heinz C. Hoppe gründlich irren. Da erreicht einer in unterschiedlichsten Lagen die durchaus ehrgeizigen Ziele, die er sich gesetzt hat, wird darüber hinaus mit mehr Verantwortung bedacht, als er je angestrebt hatte, das berufliche Leben endet im schönsten Glanz, sein Rat ist weiterhin begehrt, und keiner wirft ihm, nachdem er seine Position verlassen hat, einen Stein nach. Mehr noch, er sagt, er habe nie die innere Sicherheit verloren, schaffen zu können, was ihm jeweils anvertraut war. Ein Glückspilz, ein arroganter gar, dem die Umstände nie den Kinderglauben nahmen, alles sei erreichbar, was man sich vornehme? Eben einfach doch nur »Happy Hoppe«, als den ihn seine Wegbegleiter über die gesamte Zeit seines Wirkens erlebt und durch Weitersagen zur Legende gemacht haben? Und der Verlag, soll man ihn belächeln, weil er so abseits der herrschenden Gepflogenheiten wandelt?

Man muß beiden, Autor und Verlag, dankbar sein, daß sie sich weder von reißerischen Klischees noch von gelehrsamen Schreibtischweisheiten haben irritieren lassen. Gottseidank stehen sie damit nicht allein: Zumindest in der Wirtschaft gibt es an verantwortlicher Stelle viele solche Normalmenschen – und anders könnten moderne Unternehmen auch keinen dauerhaften Erfolg erringen. Außerhalb des gewerblichen Sektors wird das in aller Regel kaum verstanden. Darum leben wir in einer paradoxen Konstellation: In einem der wirtschaftlich erfolgreichsten Länder der

Welt existieren Unternehmen und Öffentlichkeit mehr schlecht als recht nebeneinander her, getragen von der Illusion, das gängige Informationsangebot biete genügend kundigen Aufschluß über die Welt des Produzierens und Verkaufens. Und wo sie sich doch einmal etwas mehr füreinander interessieren, fehlt es nicht an gründlichen Mißverständnissen und zähen Vorurteilen. Dazu kommt, daß Unternehmensgröße offenbar eine wirksame Hilfe für die kafkaeske Vorstellung ist, bei ihnen handele es sich von vornherein um undurchschaubare Festungen jenseits menschlichen Maßes.

Gründe genug, warum es gut ist, wenn sich einer aus diesem eigenartig unbekannten Kontinent unserer Existenz dem Wagnis aussetzt, die Bahn des eigenen Wirkens nachzuzeichnen. Überdies war klar, daß Heinz Hoppe die eigene Person in die Reihen seiner Mitstreiter einfügen würde. Man konnte sich auf das Ergebnis von vornherein freuen.

Ein Glückspilz mit technokratischem Kinderglauben? Keine Annahme könnte unsinniger sein, wiewohl der Autor ihr aus einem sehr sympathischen Grund ein wenig Vorschub leistet. Von der Selbstverständlichkeit, daß man sich etwas erarbeiten könne, wenn man dabei ein wenig auf das eigene Glück achte, spricht er zwar – aber die Mühe und die Disziplin, die dafür aufgebracht werden müssen, sind eher nur zwischen den Zeilen zu verspüren.

In der Konsequenz erscheint ein wenig leichter, als es selbst glücklichen Temperamenten fällt, wie er zu jenen unternehmerisch neuen Ideen gelangt ist, die seine Sache und mit ihr ihn selbst vorangebracht haben. Gewiß, er hat im Generalstab gelernt, wie man sich neue Materien systematisch erarbeitet, und vor allem das gußeiserne Gesetz jeder Erfolgspraxis verinnerlicht, daß die größten Entwürfe an den banalsten Kleinigkeiten scheitern können. Aber wirklich entscheidend war die simple Tatsache, daß er die übertragenen Angelegenheiten von Grund auf durchwalkte und sich durch den Wust der Fakten zum Wesentlichen durchwühlte. Der junge Hoppe, der auf dem nordamerikanischen Pioniermarkt Reklamationen nicht einfach der Werkstatt überläßt, sondern sie selbst behandelt, sich bei den Kunden für ihre Mithilfe bei der Verbesserung des Services bedankt und ihnen das Gefühl gibt, daß sich jemand mit persönlichem Engagement um ihre Angelegenheit kümmert, gibt damit ein Schlüsselbild seiner Arbeitsweise. Zu solchem Stil passen nicht jene Genieblitze, die angeblich das untrügliche Zeichen der wahren Innovatoren sind. Vielmehr führt zähe Arbeit am Detail zu Fortschritten, denen man dann letztlich nicht ausweichen kann. Homo Faber ist zuallererst ein solider Handwerker – und er ist kein Monomane.

Eine heimliche strategische Melodie in der Erfolgsbilanz von Heinz Hoppe handelt denn auch vom Menschen und wurzelt in der Heimat seiner jungen Jahre. Wenn die materiellen Verhältnisse es zugelassen hätten, wäre er am liebsten Arzt geworden, um Fürsorge, Mitgefühl und Pflichtbewußtsein ausleben zu können. Die Erfahrung der Kargheit, die ihn wie so viele im Ostpreußen jener Zeit begleitete, schuf nicht die Bitterkeit derer, die etwas verloren hatten, sondern Einsatzbereitschaft für sich und andere. Er wußte früh und tief genug, daß wechselseitige Loyalität der beste Nothelfer ist. Also tat er, »was unter normalen Verhältnissen einfach richtig ist.«

Weniger politische Leidenschaft denn einfaches Denken darüber, was richtig sein müsse, ließ Hoppe von vornherein auf Abstand zu den Nazis gehen und später in Berührung mit den Männern des militärischen Widerstands gegen Hitler kommen. Daß der Tyrann verschwinden müsse, war für ihn ausgemachte Sache, weil er die Praktiken der Nazis verachtete und mit Erschütterung aufnahm, was ihm etwa Stauffenberg über die Realitäten hinter den Kulissen mitteilte.

Man tut Hoppe kein Unrecht, wenn man anmerkt, daß das Weggepäck eines unmittelbar auf den Mitmenschen gerichteten Anstandsgefühls nicht unbedingt zum Homo Politicus, gar zu parteipolitischem Eifer motiviert. Wohl aber wußte er, daß man gleichgesinnte Menschen braucht, wenn man eine Sache anfassen will. Darin hat er jene Mittel gefunden, mit denen man eigene Stärken verstärken kann. Die richtige Auswahl zu treffen, gehört für ihn zu der Könnerschaft, ohne die umfassende Aufgaben nicht bewältigt werden können. Die Mitstreiter zu führen, war für ihn ohne Fairneß undenkbar.

Menschenführung in der Wirtschaft wird häufig als Motivationserzeugung beschrieben. In Wirklichkeit geht mit Sprüchen gar nichts. Die entscheidende Grundlage sind Augenmaß und Stehvermögen. Man muß schon mit der Elle der Verantwortung an eigene oder fremde Ideen herangehen, um Risiko einschätzen und Wagnisse rechtfertigen zu können. Hat man sich allerdings zu einem Kurs entschlossen, muß sich Führung in der Fähigkeit erweisen, Widerstände zu überwinden. Von seinem damaligen Vertriebschef wurde der junge Hoppe bestimmt ein halbes dutzendmal gefeuert, was ihn nicht hinderte, am nächsten Morgen zu erscheinen und zu fragen, ob der Ukas des Vortages noch gelte. Schwächere Naturen erleben dergleichen seltener, aber die werden dann auch nicht zu Promotoren, etwa der PKW-Kompaktklasse, die für höhere Mercedes-Marktanteile in den USA unentbehrlich war. Hoppe hatte an dieser langen, komplizierten und natürlich umstrittenen Meinungsbildung entscheidende Anteile.

Erfolgsrezepte sind aus einfachen Grundbausteinen gemacht. Natürlich braucht einer, der so weit nach oben kommt, noch andere Talente, etwa die Fähigkeit, aus einem unklaren Auftrag eine zielgerichtete Aufgabe zu machen und auch dann mit legitimem Geschick zur Sache zu stehen, wenn die Widerstände unangenehm und die Schwierigkeiten unerwartet zäh werden. Und selbstverständlich wollte er sich mit dem Produkt, für dessen Vertrieb er arbeitete, identifizieren können. Solche Voraussetzungen, die auch für persönliche Aufstiege unentbehrlich sind, teilt Heinz Hoppe mit vielen anderen. Aber seine Überzeugung, daß das Leben in der Regel viel handfester ist, als man es sich manchmal macht, seine Abneigung gegen überspitzte Klugheiten, mit denen man simple Grundsachverhalte zerreden kann, seine Lebensphilosophie, auch in führender Funktion könne man mit einfachen Gedanken am weitesten kommen, und seine Menschenfreundlichkeit haben seinem Weg einen Stil und Geschmack gegeben, der für die, die ihn kennen, das Aperçu »Happy Hoppe« mit Leben erfüllen.

Darum lag der Überzeugung, warum er aus seinem Leben etwas würde machen können, neben dem Willen, das Positive zu suchen, auch eine gehörige Portion Nüchternheit zugrunde. Wem möchte man zu solchen Mischungen nicht gratulieren?

KAPITEL I

Das Werden eines Managers

Jugend in Ostpreußen (1917–1936)

Die *Prawda* berichtete am 7. Juni 1973 äußerst kritisch vom Besuch einer deutschen Wirtschaftsdelegation in der Volksrepublik China. Unsere neunzehnköpfige Delegation unter Führung des Krupp-Aufsichtsratsvorsitzenden Berthold Beitz war am 28. Mai zu einem Empfang durch den Ministerpräsidenten Tschou En-lai geladen worden, der damals Exponent des pragmatischen Flügels und designierter Nachfolger des »Großen Steuermanns« Mao Tse-tung war.

Der Ministerpräsident begrüßte uns gut gelaunt auf deutsch mit »Guten Abend«. Man sagte ihm ein besonderes Verhältnis zu Deutschland nach, denn er hatte ein Jahr in Berlin studiert. Eine Bemerkung Tschous sollte in der Sowjetunion besonderes Aufsehen erregen. Unvermittelt hatte Tschou En-lai während des Empfangs gefragt: »Einer der Herren kommt aus Ostpreußen, soweit ich weiß«, worauf ich mich erhob und mich zu erkennen gab. Tschou wandte sich zu mir und zu unserer Delegation, dann fuhr er gewandt fort: »Ich kenne Königsberg. Die Russen nennen es jetzt Kaliningrad. Doch für mich ist und bleibt es Königsberg.« Dort sei er 1930 bei seinem ersten Flug von Moskau nach Berlin zwischengelandet, und Königsberg habe auf ihn einen sehr guten Eindruck gemacht. Daß dieser Satz eines führenden chinesischen Politikers in der UdSSR auf besondere Aufmerksamkeit stieß, bedarf bei dem damaligen weltpolitischen Gegensatz der beiden sozialistischen Riesenreiche sicher keiner detaillierten Kommentierung.[1]

Einem gebürtigen Ostpreußen war dieser Satz natürlich aus der Seele gesprochen, auch wenn jedem klar sein mußte, daß man die Geschichte nicht rückgängig machen kann. Das ehemalige deutsche Ostpreußen ist 1945 untergegangen, seit dem durch Hitlerdeutschland verlorenen Krieg und der anschließenden Vertreibung der deutschen Bevölkerung, besiegelt auf der Konferenz der alliierten Siegermächte in Potsdam. Der größere Teil des ehemaligen Ostpreußen ist seit 1945 polnisch, der nördliche Teil um Königsberg Bestandteil der Russischen Sozialistischen Föderativen Sowjetrepublik (RSFSR) als Teilrepublik der Sowjetunion. Allenstein ist zum polnischen Olsztyn geworden und Königsberg wie gesagt zum russischen Kaliningrad.

Ostpreußen war bei meiner Geburt das nordöstlichste Land des ehemaligen Deutschen Reiches, doch seine historische Bedeutung geht über diese »Randlage« weit hinaus: schließlich war es die Keimzelle des Preußischen Staates, der ihm seinen Namen verdankt.

Ureinwohner Ostpreußens waren seit der Bronzezeit die Prussen gewesen, ein baltisches Volk. Aus dem Missionsgedanken des Mittelalters heraus wurde es im 13. Jahrhundert vom Deutschen Ritterorden nach harten Kämpfen christianisiert. Siedler aus allen deutschen Landen zogen nach und vermischten sich mit den einheimischen Prussen. Deren Sprache ging bis auf wenige Worte unter, weil die Prussen noch keine Schrift besaßen. Der Ordensstaat, ein geistliches Fürstentum, umfaßte während seiner größten Ausdehnung ein Gebiet an der Ostsee mit weitem Hinterland, das von der Weichsel im Westen bis an die Memel im Norden reichte, ein Gebiet etwa so groß wie das heutige Bayern.

Im Zuge der Reformation wandelte der Hochmeister Albrecht von Brandenburg 1525 den Ordensstaat in ein weltliches Herzogtum um, das nach seinen Bewohnern »Preußen« genannt wurde. Im Frieden von Oliva erreichte der »Große Kurfürst« 1660 für Preußen die volle Souveränität. Mit der Königskrönung verband Friedrich I. (1657–1713, König seit 1701) Preußen mit dem brandenburgischen Staat. Nach großen Bevölkerungsverlusten durch Kriege im 17. Jahrhundert und die Pest Anfang des 18. Jahrhunderts, die fast einer Entvölkerung gleichkamen, wurden neue Siedler nach Preußen gerufen. Glaubensflüchtlinge aus anderen Teilen Europas, etwa die Hugenotten aus Frankreich, die »Exulanten« aus dem Hochstift Salzburg und Mennoniten aus den Niederlanden brachten Kenntnisse in Gewerbe und Kunst mit sich. Unter König Friedrich II., dem Großen (1712–1786, König seit 1740), rückte Preußen unter die fünf europäischen Großmächte auf und genoß auch als Zentrum der deutschen Aufklärung in ganz Europa Ansehen. Von Napoleon niedergeworfen, erstand Preußen nach durchgreifenden Reformen neu und trat an die Spitze der deutschen Territorien, die sich 1871 im Deutschen Reich zusammenschlossen. Nach dem Ersten Weltkrieg wurde Ostpreußen durch den »Polnischen Korridor« geographisch vom Deutschen Reich abgetrennt und geriet dadurch wieder in seine alte Insellage.

Königsberg war die unbestrittene Hauptstadt Ostpreußens. Es war eine der schönsten und interessantesten Handels- und Hansestädte im Ostseeraum, von 1466 bis 1525 Residenz des Hochmeisters des Deutschen Ordens, der zuvor seinen Hauptsitz ab 1309 in der Marienburg hatte. Das Schloß als Fürstensitz für Herzöge und König, der Dom, das Theater, und vor allem die Universität (seit 1544) machten ebenso wie der eisfreie Hafen die Stadt früh zu einem Zentrum deutscher Kultur und Wirtschaft im Nordosten. Mit vielen Persönlichkeiten aus Kunst und Wissenschaft wird Ostpreußen mit Königsberg immer Bestandteil der deutschen Geschichte bleiben. Königsberg war die Heimatstadt des berühmten Philosophen Immanuel Kant (1724–1804), des Dichters E. T. A. Hoffmann (1776–1822) und der großen Künstlerin Käthe Kollwitz (1867–1945). Bundespräsident Richard von Weizsäcker hat 1989 bei seiner Polenreise

Abb. oben: Abendstimmung Masuren. Abb. unten: Blick auf die Insel im Zeisersee bei Gut Görlitz.

Frauenburg besucht, wo Nikolaus Kopernikus (1473–1543) Domherr war, und Mohrungen, den Geburtsort Johann Gottfried Herders (1744–1803). Viele Persönlichkeiten der alteingesessenen ostpreußischen Familien, wie die der Lehndorffs, Dohnas, Dönhoffs, von der Goltz und von der Groeben, dienten dem preußischen Staat als angesehene Beamte, Offiziere und Politiker.

In der deutschen Literatur des 20. Jahrhunderts hat der Schriftsteller Ernst Wiechert (1887–1950) aus dem ostpreußischen Landkreis Sensburg diesem Land und seinen Bewohnern mit dem Roman »Das einfache Leben« ein Denkmal gesetzt, dessen Titel bereits viel über jene Lebensart aussagt, die auch mich geprägt hat. In unserer zeitgenössischen Literatur, etwa in Siegfried Lenz' (geb. 1926) »Masurischen Geschichten« schwingen die Erinnerungen an die ostpreußische Heimat nach,[2] Arno Surminski hat in mehreren Romanen versucht, das schwierige Verhältnis der aus ihrer ehemaligen Heimat vertriebenen Ostpreußen erzählerisch einzufangen.[3] Ortsnamen wie Allenstein und Elbing, Marienburg und Insterburg, Tannenberg und Tauroggen, Tilsit und Memel haben auch heute noch in der deutschen Geschichte einen Klang, selbst wenn viele nicht mehr genau wissen, wo diese Orte eigentlich liegen. »Bilder, die langsam verblassen«[4] – hat Marion Gräfin Dönhoff, die Herausgeberin der Wochenzeitschrift »Die Zeit«, mit ihrem 1989 erschienenen Buchtitel recht?

In der Erinnerung bleibt der Anblick der Ordensburgen oder der alten Stadtbilder, die im Krieg verlorengegangen sind, vor allem aber die ruhige großzügige Weite der Landschaft, an die ich später in den USA und Kanada oft denken mußte. Ostpreußen war die Kornkammer Preußens, Land- und Forstwirtschaft waren die Haupterwerbszweige. Der Wirtschaftsform entsprach das Landschaftsbild, das niemand vergessen kann, der dort aufgewachsen ist: unendlich scheinende Felder, große dunkle Wälder, dazwischen eingestreut unzählige klare, mit Schilf umrandete Seen, die oft durch Kanäle miteinander verbunden sind, bevölkert von Enten, Bleßhühnern und Tauchern, von Reihern, Gänsen und Schwänen, gelegentlich sogar von Seeadlern. Auf den Wiesen weidete schwarzweißes Herdbuchvieh, das hügelige Land war unterbrochen durch kleine Waldstücke und dunkle Forste. Zu den Gütern und Gehöften führten Landstraßen, Chausseen nach französischem Muster, schöne Alleen, die im Sommer als Schutz vor der Sonne und im Winter als Wegweiser durch den tiefen Schnee Ostpreußens dienten. Die herrlichen Besitzungen mit ihren berühmten Schlössern der alten Familien setzten im Landschaftsbild imponierende Akzente.

Neben der Masurischen Seenplatte – um nur einiges herauszugreifen – und der Rominter Heide mit dem Jagdschloß Wilhelms II. im altnorwegischen Stil und mit den ausgedehnten Forsten, in denen Rotwild gejagt wurde, gab es im Nordosten das vom Soldatenkönig Friedrich Wilhelm I. – er regierte von 1713–1740 – gegründete Gestüt Trakehnen. Das dort gezüchtete Trakehner-Pferd hat beim Aufbau der Landwirtschaft und der

Kavallerie eine bedeutende Rolle gespielt und wurde später auch als Sieger bei verschiedenen Olympischen Spielen weltweit bekannt.

Die Samlandküste, an der seit dem Altertum Bernstein gewonnen wird, ist mit ihren idyllischen Seebädern, vor allem aber mit Nehrungen und dem Frischen Haff von besonderem Zauber. Ich erinnere mich noch an die Schilder, auf denen es hieß: »Fahr zu den Möwen an die See, mit Samlandbahn und KCE!«, womit die Königsberg-Cranzer-Eisenbahn gemeint war. Die einzigartige Dünenlandschaft der Kurischen Nehrung zog bekannte Künstler an, wie etwa Lovis Corinth (1858–1925), dessen Gemälde »Fischerfriedhof auf Nidden, 1893«, heute in der Neuen Pinakothek in München zu bewundern ist. Den Ort Rossitten hat Professor Thienemann bekanntwerden lassen durch seine Vogelwarte, die erstmals in Deutschland wissenschaftlich den Vogelflug registrierte.

Eine derartige Vielfalt, wie sie Ostpreußen zu bieten hatte, habe ich später auf meinen Reisen durch alle Kontinente in kaum einer Landschaft wiedergefunden. Der Schweizer Historiker Carl Jacob Burckhardt (1891–1974), der 1937–1939 Hoher Kommissar des Völkerbundes in Danzig war und dort versuchte, den Ausbruch des Weltkrieges zu verhindern, schrieb in einem Essay über die »kosmische Größe der Landschaft« Ostpreußens:

»Die ostpreußische Landschaft weist den souveränen Zug auf, den große Natur besitzt, wo sie menschlichem Wirken, menschlichem Fleiß übergeordnet bleibt, ihm sich wie abgewandt darbietet und gleichzeitig entzieht... Wer sie erlebt hat, dem bleibt sie zeitlebens wie eine Mahnung im Gedächtnis, denn an ihr gemessen erscheint Menschenwerk begrenzt, und in ihr erhält seine Vergänglichkeit einen besonderen Sinn, in den uns zu schicken sie lehrt.«[5]

Im Zentrum Ostpreußens wurde ich am 16. Februar 1917 auf dem Gut Gr.-Schatten im Kreis Rastenburg[6] geboren. »Rastenburg – das alte Nest«, das der Apothekersohn und Dichter Arno Holz (1863–1929) beschrieben hat, war in gewissem Sinn auch meine Heimat.[7] Die 1329 gegründete Stadt lag am Rande der »Wildnis« – wie die östlich gelegene Masurische Seenplatte seit der Ordenszeit genannt wurde. Gr.-Schatten, ein ehemaliges Rittergut, das zur Gräflich-von-Schwerin'schen Begüterung gehörte, wurde von meinem Vater für den in Mecklenburg lebenden Grafen verwaltet.

Mein Großvater, Sanitätsrat Dr. Kaspar Hoppe, war Landarzt im westfälischen Ort Ottenstein gewesen, nahe der niederländischen Grenze. Er starb schon mit 44 Jahren, nachdem er trotz schwerer Erkrankung zu einer Entbindung geeilt war. Nur der älteste Sohn, dessen Medizinstudium bereits fortgeschritten war, konnte sein Studium beenden. So begann mein Vater, Georg Hoppe (1872–1932), der Landwirt werden wollte, umgehend seine Ausbildung bei der Güterverwaltung des Fürsten Salm-Salm in Rhede/Westfalen. Nach Abschluß der Ausbildung als Gutsverwalter und Rentmeister bewarb er sich bei dem Grafen Lutz von Schwerin in Mildenitz/Mecklenburg um die ausgeschriebene Stelle in Gr.-Schatten/Ostpreußen. Bei dem Vorstellungsgespräch äußerte der Graf Gefallen an meinem Vater, mit einer einzigen Einschränkung:»Sie sind viel zu jung, so weit von der Zentrale in Ostpreußen diese große Verantwortung für mich zu übernehmen.« Meinem Vater fiel daraufhin eine schlagfertige Antwort ein:»Wenn dies der einzige Fehler ist, den Sie an mir feststellen, dann glaube ich, könnte ich die Aufgabe doch übernehmen. Denn Jugend ist der einzige Fehler, der mit jedem Tag geringer wird.« Die prompte Erwiderung gefiel dem Grafen Lutz, und er übertrug meinem Vater diese Aufgabe.

Im Jahr 1900 begann mein Vater seine Tätigkeit in Gr.-Schatten, es wurde seine Lebensaufgabe. 1905 heiratete er Maria Pohlschröder aus Ahaus/Westfalen, nahe seinem Heimatort Ottenstein. Sechs Kinder wuchsen in Gr.-Schatten heran, von denen ich das jüngste war. Maria, Elisabeth, Magdalena und Hilde, Hans und Heinz. Mein Vater war ernst, sparsam und fleißig, voller Fürsorge für seine Familie und, aufgrund seiner eigenen Erfahrungen im Elternhaus, besorgt um die Ausbildung seiner Kinder, besonders auch die der Töchter, deren Unabhängigkeit er sichern wollte. Jeder Luxus war uns unbekannt in unserem einfachen, aber schönen Leben auf dem Lande. Immer gab es zahlreichen Besuch. Mit den Kindern, der Hauslehrerin, den Eleven – wie die in der Landwirtschaft Lernenden genannt wurden – und dem Hauspersonal, oft auch noch Saisonarbeitern, die bei der Zuckerrübenernte halfen und mitversorgt wurden, bildeten wir einen großen Haushalt, den meine Mutter mit viel Umsicht und Güte betreute. Im familiären Kreis wurde musiziert, wir Kinder mußten Gedichte lernen und vortragen, gelegentlich führten wir sogar kleine Theaterstücke auf. Die ganze Familie half in Haushalt und Garten mit. Dabei herrschte eine liebevolle und harmonische Atmosphäre. Grundlage dafür war sicher die glückliche und religiös geprägte Ehe meiner Eltern.

Die Besuche des Grafen Lutz auf dem Gut Gr.-Schatten gehören mit zu meinen Kindheitserinnerungen. Dann herrschte stets einige Aufregung, selbst außerhalb des Gutshauses mußte alles gefegt und geputzt sein. Wir Kinder durften nicht ins Büro kommen, um ja nicht die Gespräche zu stören. Das Gut umfaßte 195 Hektar, davon 162 Hektar Ackerland. Der Viehbestand betrug im Jahre 1913: 100 Rinder, 80 Schweine und 20 Pferde.[8] Zur Begüterung gehörten außer Gr.-Schatten mehrere andere Güter, eine Ziegelei und zwei große Waldungen mit je einem Förster, Marschallsheide und Kleinblaustein. Dorthin durfte ich meinen Vater öfter zur Holzauktion begleiten, später auch, um dort die Ferien zu verbringen. Ein Auto gab es in den zwanziger Jahren auf Gr.-Schatten noch nicht. Die Reise zu dem ca. 30 Kilometer entfernten Forst Marschallsheide

Abb. oben: Familienfoto 1921 mit Geschwistern und Eltern. Abb. unten links: Mit meinem Schwager Boto Schrewe. Abb. unten re.: Meine Schwester Elisabeth mit Botos Trakehner Blaubart.

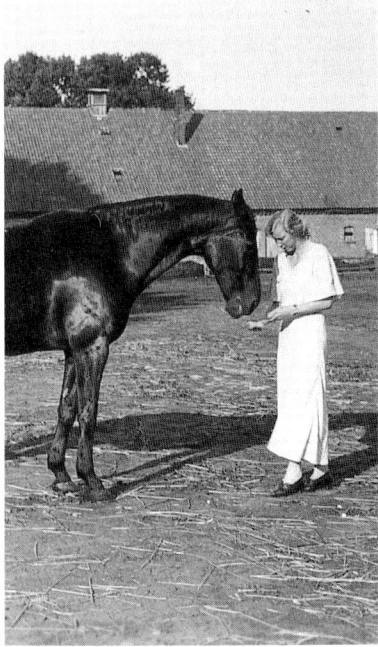

machten wir mit der Pferdekutsche oder im Winter mit dem Pferdeschlitten. – Mit dem Elternhaus sind für mich genau umrissene Bilder verknüpft. Ich erinnere mich gut an den von Pappeln und Weiden umstandenen Teich, über dem stets die Krähen flogen. Als Elfjähriger nahm ich heimlich den Tesching aus Vaters Schrank, um damit Krähen zu schießen. Um dem Ziel möglichst nahe zu kommen, kletterte ich in eine Pappel am Teich und wartete auf die schwarzen Vögel. Bald zog ein Gewitter auf, beim ersten Donnerschlag trat ich überstürzt den Rückzug an. Den geladenen Tesching ließ ich vom Baum auf die Erde fallen, dabei löste sich ein Schuß und durchschlug mein Knie. Mein älterer Bruder besuchte mich eines Tages im Krankenhaus in Rastenburg und brachte einen Fotoapparat mit. Er hatte von meinem Vater Auftrag, das Opfer der verbotenen Krähenjagd in Gips und mit Krücken aufzunehmen. Das Foto hing später zur Abschreckung in meinem Kinderzimmer. Der traurige Vorfall hat mich allerdings nicht daran gehindert, später ein leidenschaftlicher Jäger zu werden. Tiere spielten in meiner Kindheit überhaupt eine große Rolle: Als Kind hatte ich bis zu 100 Kaninchen, die ich selbst versorgte. Später beschäftigten mich die Pferde, und ich wurde zum passionierten Reiter.

Für die Schule blieb bei alledem wenig Zeit. Schon als Kind betrachtete ich sie immer nur als Freiheitsberaubung, die einem die schöne Zeit stahl oder verdarb – was aber ganz in Widerspruch zur Intention meines Vaters stand. Bis zum dritten Schuljahr wurden meine Geschwister und ich von einer Hauslehrerin unterrichtet, dann schickte mich mein Vater auf die reguläre Volksschule nach Alt-Rosenthal. Zum Besuch der höheren Schule war dann die Fahrt in die Kreisstadt Rastenburg unumgänglich. 1928 wurde ich auf das dortige humanistische Herzog-Albrecht-Gymnasium geschickt, dessen Tradition auf eine 1556 gegründete Lateinschule zurückging.[9] Von Januar 1928 an wohnte ich dann mit meinem Bruder Hans in einer Rastenburger Pension.

Im Sommer konnte man von Gr.-Schatten aus mit dem Fahrrad, der Kleinbahn oder dem Milchwagen in die Schule fahren. Teilweise war dort selbst der Lateinunterricht unterhaltsam, doch gab es auch noch Lehrer, die den Rohrstock für das beste Mittel zum Lernen unregelmäßiger Verben hielten. Die alten Sprachen, Latein und Griechisch, machten mir wenig Spaß, und trotz Nachhilfeunterricht durch einen älteren Schüler blieb ich – wie man damals sagte –»kleben«. Nach diesem Mißerfolg tadelte mich mein Vater sehr und erläuterte mir die alte Weisheit, daß man nicht für die Schule, sondern fürs Leben lerne. Das leuchtete mir auch ein, nur nicht, weshalb man seine Zeit in der Schule verschwenden sollte. Die Schule beendete ich mit einem vorgezogenen Abschluß im neusprachlichen Rastenburger Hindenburg-Oberlyzeum 1935.

1932 starb mein Vater an den Folgen einer zu spät erkannten Blinddarmentzündung. Auf dem Sterbebett waren seine letzten Worte an uns: »Bleibt schlicht und einfach!« Die Beisetzung fand unter großer Anteilnahme der Gutsleute und der Gräfl. Schwerin'schen Verwaltung statt.

Ordenskirche St. Georg, Kreisstadt Rastenburg. Foto: R. Tiesler.

Beim Tod meines Vaters war ich 15 Jahre alt. Sein Tod traf mich tief, ich besuchte sein Grab jeden Tag nach der Schule. Voll tiefer Dankbarkeit und Hochachtung denke ich noch heute daran, wie meine Mutter die schwere Zeit, die dann folgte, gemeistert hat. Auch wir Geschwister hielten weiterhin, wie bis zum heutigen Tag, eng zusammen.

Die Nachfolge meines Vaters als Rentmeister in Gr.-Schatten übernahm Boto Schrewe, der vorher auf den Gütern des Grafen von der Groeben zu Groß-Schwansfeld tätig gewesen war und der für die kommenden Jahre für mich prägend werden sollte. Meine Mutter zog sich auf diesem Gut auf engsten Raum zurück, zusammen mit mir – die Geschwister waren alle bereits außer Haus. Boto Schrewe, damals 50 Jahre alt, war ein preußischer Offizier vom Scheitel bis zur Sohle. Als alter Weltkriegsmajor wurde er von jedermann mit »Herr Major« angesprochen. Er gewann rasch das Vertrauen und die Hochachtung der Gutsleute, der Verwaltung, aber auch unserer Familie. Gegenüber meiner Mutter zeichnete er sich durch große Liebenswürdigkeit aus. Als sich zwischen meiner Schwester Elisabeth und Boto eine persönliche Beziehung entwickelte, die 1934 zur Heirat führte, wurde »Onkel Boto« nunmehr mein Schwager.

Die Machtübernahme Hitlers im Januar 1933 wurde von Boto Schrewe mit größter Zurückhaltung aufgenommen. Zwar interessierte ihn als Offizier der Aufbau der Wehrmacht, zu keiner Zeit aber das Verhalten und Auftreten der Partei. Als 1934 zum Todestag des Reichspräsidenten von Hindenburg, der in der Bevölkerung als »Befreier Ostpreußens« verehrt wurde, geflaggt werden sollte, war auf Gut Gr.-Schatten immer noch keine Hakenkreuzfahne vorhanden. Boto Schrewe war als alter Soldat Mitglied im Kyffhäuserbund. Auf seine Empfehlung war ich in den Jungstahlhelm eingetreten, um jede Verbindung mit der Partei zu vermeiden. Dieser Verband wurde jedoch im Zuge der »Gleichschaltung« im Frühjahr 1933 ohne Befragung der Mitglieder in die Hitlerjugend (HJ) eingegliedert. Am 1. Mai 1933, dem Tag der Arbeit, mußten wir zum erstenmal in der Uniform der Hitlerjugend an einem Umzug teilnehmen. Meine HJ-Uniform ließ ich bei unserem »Kämmerer« im Dorf, wo ich mich umzog, wenn ich in Uniform aufzutreten hatte, um Onkel Boto »diesen Aufzug« nicht zumuten zu müssen. Das war kennzeichnend für unser Verhältnis und meine uneingeschränkte Verehrung für diesen großartigen Mann, der auch aufgrund seiner soldatischen Tugenden mein großes Vorbild wurde.

Trotz des erheblichen Altersunterschieds herrschte zwischen Boto Schrewe und mir echte Freundschaft, Offenheit und Vertrauen – er ersetzte mir gewissermaßen den Vater und half mir, die Veränderung im Elternhaus zu überwinden. Auch als meine Mutter zu meiner ältesten Schwester nach Braunsberg zog, fühlte ich mich bei Boto und Elisabeth in Gr.-Schatten weiterhin zu Hause und glücklich. Boto Schrewe weckte in mir das Interesse am Soldatenberuf, und der Wunsch, nach Familientradition Arzt oder Landwirt zu werden, trat zurück – zumal auch mein Bruder

Hans die militärische Laufbahn eingeschlagen hatte. Die Lektüre von Büchern über Helden wie den berühmten Jagdflieger von Richthofen, den »roten Baron«, bestärkte mich in dieser Entwicklung. Zudem wurde Rastenburg wieder Garnisonsstadt. Wir konnten von der Schule aus täglich um ein Uhr das Aufziehen der Wache vor dem Rathaus beobachten. Boto gab mir zudem Gelegenheit zum Reiten auf seinem Trakehner »Blaubart« und verschaffte mir eine tägliche Reitstunde auf dem Rastenburger Landgestüt.

Der Wunsch, in Königsberg beim Artillerieregiment 1 (A. R. 1), das noch beritten war, Soldat zu werden, festigte sich so immer mehr. Voraussetzung dafür war allerdings die Ableistung eines einjährigen freiwilligen Arbeitsdienstes, den ich am 1. Oktober 1935 bei der R. A. D.-Abteilung 5/13 in Allenburg an der Aller begann. Das Arbeitsdienstleben bedeutete eine radikale Umstellung. Man wohnte mit 20 Mann auf Strohsack in einer Bude, Wecken war um fünf Uhr morgens, Zähneputzen und Rasieren mußte man sich auf einem Holzsteg über der Aller. Danach gab es – ich erinnere mich noch gut daran – Frühstück mit Honigbrot, und dann begann die »Ausbildung« mit dem Spaten. Es war schon herbstlich kühl, der erste Frost setzte ein, geheizt wurde nur in einem eisernen Ofen mit Holz und Brikett. Das Zusammenleben so vieler junger Menschen ließ alle Bequemlichkeiten des Elternhauses schnell vergessen. Aber das Exerzieren und die Gymnastik fielen mir nicht schwer, da ich durch viel Sport, vor allem Reiten und Eishockey, gut trainiert war. Nach der vierzehntägigen Grundausbildung wurde ich in die Schreibstube abkommandiert. Man eröffnete mir, daß ich wegen meiner Schulbildung wohl des Lesens und Schreibens kundiger wäre als meine Kameraden. So erledigte ich die Korrespondenz dieser R. A. D.-Abteilung. Offenbar war man mit meiner Tätigkeit zufrieden, denn nach kurzer Zeit wurde ich ausgerechnet an meinen Heimatort Rastenburg versetzt, um dort ebenfalls die Stelle des »Schreiberlings« einzunehmen. Das Maschineschreiben hatte ich mir selbst beigebracht. Mit der Kommandierung in das Rastenburger Wehrmeldeamt hatte ich sozusagen das Große Los gezogen, und die später so viel erwähnte Bezeichnung »Happy Hoppe« wurde mit diesem Glücksfall erstmals wirksam.

Ich erhielt statt der üblichen 25 Pfennige pro Tag eine »Trennungsentschädigung« von rund 120 Mark im Monat und mußte für Unterbringung und Verpflegung selbst sorgen. Nun hatte ich normale Dienstzeiten von 8–17 Uhr, ging in meine alte Schülerpension und führte ein Leben wie ein gutsituierter Beamter. Jeden Morgen nahm ich von 7–8 Uhr weiterhin meine Reitstunde auf dem Gestüt. Die Wochenenden verbrachte ich in Gr.-Schatten und genoß die heimatliche Atmosphäre. Auch während meiner Zeit in der deutschen Wehrmacht, über die ich an anderer Stelle berichten werde, blieb ich im wesentlichen in Ostpreußen stationiert. Auch meine Familie lebte bis 1945 in Ostpreußen.

Ostpreußen und die engere Heimat konnte ich erst in den 70er Jahren

Danksagung durch polnisches Ärzteteam für meine Spende von DM 200 000,– an die Stadt, die Kirche und das Krankenhaus Rastenburg, 1982.

wiedersehen, um dies im folgenden Exkurs schon vorwegzunehmen. Im Jahr 1975 wurde es möglich, mit meinen Geschwistern und der ganzen Familie Gr.-Schatten zu besuchen. Um Schwierigkeiten während der Reise vorzubeugen, hatte ich mit Herrn Poniatowski von der polnischen Botschaft in Bonn meine Besuchsabsichten vorher genau durchgesprochen. Die Reise ging zunächst mit dem Schiff nach Danzig/Gdansk. Wir waren sehr überrascht, als wir im Grand-Hotel in Zoppot von einem Vertreter der polnischen Regierung, einem ehemaligen Rittmeister, der fließend Deutsch sprach, begrüßt wurden. Er hatte für den folgenden Tag in der Kirche von Oliva mit ihrer Barockorgel eigens ein wunderschönes Konzert arrangiert. Auch der weitere Verlauf der Reise war höchst erfreulich, wenn nicht gar ungewöhnlich. Unser polnischer Begleiter führte unseren Mercedes-Konvoi vorbei an einigen Glanzlichtern des alten Ostpreußen – der Marienburg, Danzig und Cadinen – nach Rastenburg. In meinem Vaterhaus in Gr.-Schatten wurde unsere Ankunft bereits von den polnischen Familien des Gutes erwartet. Unser Besuch wurde mit einem großen Gastmahl gefeiert. Die Verbindung zu den neuen Bewohnern Gr.-Schattens riß fortan nicht mehr ab. Immer wieder war es mir möglich, Hilfeleistungen zu geben, wie z. B. die Organisierung eines Busses nach Warschau anläßlich des ersten Papstbesuchs von Johannes Paul II.

Als im Vorstand der Daimler-Benz AG die Vorbereitungen zu meinem 65. Geburtstag besprochen wurden, zu dem ich mir etwas wünschen sollte, las ich am 13. Dezember 1981 auf dem Weg in die Firma von der Ausrufung des Kriegsrechts in Polen. Spontan kam mir der Gedanke, anstelle persönlicher Wünsche ein Hilfskonto für Rastenburg einzurichten: Die Gratulanten konnten einen Beitrag ihrer Wahl auf dieses Konto einzahlen, dessen Ertrag dann über persönliche Kontakte weitergeleitet werden sollte. Innerhalb kurzer Zeit gingen auf dem Spendenkonto des Roten Kreuzes fast 200 000 DM ein. Von diesem Geld wurde der St. Georgskirche in Rastenburg/Ketrzyn ein Bus gestiftet sowie der Umbau und die Einrichtung eines Klassenzimmers für den Religionsunterricht unterstützt, der Restbetrag von 100 000 DM fand Verwendung für die Anschaffung medizinischer Geräte im Kreiskrankenhaus Rastenburg, jenem Krankenhaus, in dem 1932 mein Vater an einer Blinddarmentzündung gestorben war.

Militär und Krieg (1936–1945)

Um meine Entscheidung besser zu verstehen, die Offizierslaufbahn einzuschlagen, muß etwas über den gesellschaftlichen Stellenwert gesagt werden, den das Militär früher einnahm. Gemeint ist mit »früher« weniger Deutschland oder gar das Deutschland der NS-Zeit, sondern das preußische Militär. In der Entwicklung des preußischen Staates spielte das Militär von der Zeit des Deutschritterordens bis zum Ersten Weltkrieg eine zentrale Rolle. Seit der Zeit des Großen Kurfürsten (reg. 1640–1688), der 1644 das stehende Heer einführte, verstanden es die Herrscher des Landes, die adelige Elite über das Militär an sich zu binden. Später öffnete sich das Militär auch dem Bürgertum, das darüber zu höherem gesellschaftlichem Ansehen aufsteigen konnte.[10]

Seine Blütezeit erlebte das preußische Militär zur Zeit Friedrichs des Großen und während der Befreiungskriege. Damals wurde es berühmt wegen seiner Disziplin und Leistungsfähigkeit. Der von den Russen so titulierte »Marschall Vorwärts«, Fürst Gebhard Leberecht von Blücher (1742–1819), die vornehmen preußischen Reformer Scharnhorst und Gneisenau, der intelligente Theoretiker der Kriegskunst, Carl von Clausewitz (1780–1831), stehen für diese Tradition, in der sich das Militär in Preußen – zumal in Ostpreußen – auch zu Beginn des 20. Jahrhunderts noch empfand. Der populäre Heerführer und spätere Reichspräsident Paul von Beneckendorff und Hindenburg (1847–1934) schien uns ebenso noch für diese Tradition zu stehen.[11]

Nach der Ableistung des Arbeitsdienstes war ich meinem Ziel, die Offizierslaufbahn einzuschlagen, entscheidend nähergerückt. 2½ Wochen nach meiner Entlassung, am 12. Oktober 1936, trat ich als Freiwilliger in die im Aufbau befindliche deutsche Wehrmacht ein. Mein Schwager und

Vorbild, Boto Schrewe, vermittelte meine Aufnahme in das Artillerieregiment 1 (A. R. 1) in Königsberg. Es war Bestandteil der 1. Division der Wehrmacht, deren drei Abteilungen in Gumbinnen, Königsberg und Tilsit stationiert waren. Den Rest des Jahres 1936 nahm die Grundausbildung in Anspruch. Aufgrund meiner körperlichen Konstitution, meiner guten Kondition fiel mir die harte Rekrutenzeit nicht sonderlich schwer. Das Leben in der Rekrutenstube, wo zwölf Mann auf Strohsäcken schliefen, überstand ich ohne Schaden, und die täglichen zwei Stunden Reiten machten mir Spaß. Meine langjährige Reiterfahrung kam mir dabei zugute. Die preußischen Tugenden Gehorsam, Disziplin und Ordnung waren mir schon von meinem Elternhaus her vertraut. Die Jahre 1937 und 1938 verstrichen mit weiterer militärischer Ausbildung. Einen großen Teil des Jahres 1938 verbrachte ich auf der Artillerieschule Jüterbog südlich von Berlin – dies war mein erster Aufenthalt außerhalb Ostpreußens!

Im Alter von zwanzig wurde mir bei der Eisenbahnfahrt nach Jüterbog südlich von Berlin erstmals die Insellage Ostpreußens richtig bewußt: In Dirschau, im Westen Ostpreußens, wurde die Lokomotive ausgewechselt, und im sogenannten »Korridor« befand sich nur polnisches Personal im Eisenbahnzug. In Frankfurt/Oder wurde die Lokomotive wieder gewechselt, und Reichsbahnbeamte übernahmen erneut die Regie.

Im Herbst 1938 wurde ich zurückversetzt nach Ostpreußen, wo ich im Zuge des Aufbaus der Wehrmacht bei der Neuaufstellung der 3. Batterie der I. Abteilung im A. R. 1 bei der Rekrutenausbildung zum Einsatz kam. Am 20. 4. 1939 wurde ich zum Leutnant befördert. Ein »preußisches Schicksal« nahm seinen Lauf: Die Offizierslaufbahn war in greifbare Nähe gerückt.

Allerdings war die deutsche Wehrmacht nicht mehr die alte preußische Armee des Befreiungskampfs gegen die napoleonischen Besatzer, der von ostpreußischem Boden ausgegangen war. Hätte das Oberkommando der Wehrmacht (OKW) sich an die Ratschläge in Carl von Clausewitz' (1831–1880) philosophischer Abhandlung »Vom Kriege« gehalten, so hätte sich ein derartiger Mißbrauch des Heeres, noch dazu in militärisch aussichtslosen Situationen, wohl kaum ereignet. Clausewitz' Kernsatz: »Der Krieg ist die Fortsetzung der Politik mit anderen Mitteln« meinte keinen offensiven Eroberungskrieg, sondern eine defensive Strategie im Interesse der gesamten Gesellschaft.[12] Die Armee galt noch zu Zeiten der Weimarer Republik als »Staat im Staate« und blieb dies in den ersten Jahren nach der Machtübernahme durch die NSdAP.

Doch in den Jahren 1935–1938 begann auch innerhalb der Wehrmacht die Propagandamaschinerie zu laufen. Eine gezielte Konditionierung erregte schließlich 1939 mit Nachrichten über polnische Übergriffe gegen die deutsche Minderheit in Polen nicht nur die Zivilbevölkerung, sondern auch die Soldaten. Ich erinnere mich noch gut des Buches: »Achtung, Achtung, Ostmarkenrundfunk. Polnische Truppen haben heute nacht die ostpreußische Grenze überschritten«. Schreckensmeldungen über das bolschewistische Rußland, über Massenhinrichtungen und Deportationen nach Sibirien, lenkten früh die Aufmerksamkeit auf diesen potentiellen Kriegsgegner, ungeachtet des Hitler-Stalin-Paktes von 1939.

In der historischen Forschung herrschte Übereinstimmung über den geplanten deutschen Angriff auf Polen, der auch durch ähnliche Vorhaben der UdSSR nicht relativiert werden kann. Hitler unterrichtete bereits 1938 das OKW, im Sommer 1939 auch den Bündnispartner Italien von seinen Plänen. Unsere ostpreußische 1. Division war gerade von diesen Kriegsplänen unmittelbar betroffen. Am 19. August 1939 wurde sie durch Auffüllung mit Gerät, Pferden und Reservisten entsprechend den Mobilmachungsplänen auf Kriegsstärke gebracht. Am darauffolgenden Tag verließ die I. Abt. der A. R. 1 die Friedensgarnison Gumbinnen zum Bahntransport in den Raum Neidenburg unmittelbar an der polnischen Grenze. Getarnt wurde die Mobilmachung und die Truppenbewegung mit einem Manöver, das die Schlacht bei Tannenberg 25 Jahre zuvor nachspielen sollte. Der Angriff war bereits für den 26./27. August geplant gewesen, doch kurzfristig noch einmal abgeblasen worden. In der Nacht vom 31. August auf den 1. September erhielten wir jedoch den Befehl zum Angriff.

Keiner von uns Soldaten wußte, was uns nun in Zukunft bevorstehen würde. Von Begeisterung, wie es sie 1914 gegeben haben muß, konnte jedoch keine Rede sein, weder bei der Bevölkerung, noch bei der Truppe. Der Befehl löste einerseits Entsetzen, andererseits jedoch höchste Erregung, meistens jedoch gefaßten Ernst aus.

Als Vorgeschobener Beobachter meiner Batterie (VB) nahm ich am ersten Angriffstag in vorderster Linie teil und sprang mit meinem Funktrupp zusammen mit der Infanterie über den Orschütz auf polnisches Gebiet. Es gab zunächst kaum Widerstand, doch die Nerven der Truppe waren angespannt. Als in der ersten Kriegsnacht ein Futtermeister kopflos durch die Gegend galoppierte, ohne auf Anrufe zu reagieren, fing eine wilde Schießerei an, bei der der auslösende Reiter den Tod fand: der erste Tote unseres Regiments, vielleicht das erste Opfer des Zweiten Weltkriegs auf unserer Seite.

Als ich am 3. 9. abends am Funkgerät von den Kriegserklärungen Englands und Frankreichs hörte, dachte ich an die Folgen des verlorenen Krieges von 1914/18, und für einen Moment erfaßte mich eine gewisse innere Sorge und Angst.

Der »Polenfeldzug« war verlustreicher, als gemeinhin angenommen wird. Aufgrund der tapferen Gegenwehr der weit schlechter bewaffneten polnischen Truppen fanden auf deutscher Seite – die Vermißten eingerechnet – ca. 15000 Soldaten den Tod, weitere 20000 Soldaten wurden verwundet. Ich selbst hatte Glück. Beim Angriff auf die modern ausgebaute polnische Bastion Gora Kamienska am 2. September gelang es mir als VB unter Einsatz des eigenen Lebens, das polnische Feuer durch Artilleriesalven niederzuhalten, was mit zu deren Kapitulation beitrug. Noch während der Kämpfe blieb es für uns unfaßbar, daß wir uns im Krieg befanden. Wegen meines Einsatzes als VB am 2. September 1939 wurde mir als militärische Auszeichnung das »Eiserne Kreuz 2. Klasse« (E. K. II) verliehen.

Das, worüber wir in Friedenszeiten so oft diskutiert und was wir bei Übungen durchgesprochen hatten, war plötzlich Wirklichkeit geworden. Das Dröhnen der Geschützeinschläge, das Brummen feindlicher Flugzeuge oder Abschüsse der eigenen Artillerie, die Hitze, der Staub und die unvorstellbaren Strapazen stundenlangen Reitens und Marschierens ließen jedoch keine Zeit für langes Nachdenken. Am 14. September 1939 entging ich knapp dem Tod. Als ich kurzzeitig zur Berichterstattung meinen Beobachtungsposten – das Fenster einer Ortskirche – verließ, fand ich bei der Rückkehr das Fenster und mein Doppelglas von einem Granattreffer zersplittert.

Der weitere Weg führte uns unter ständigen Kämpfen mit den von Warschau nach Osten und Südosten ausweichenden polnischen Truppen über den Narew und den Bug bis Garwolin und dann am 19. 9. nach Praga, der östlichen Vorstadt von Warschau. Dort wurde ich Zeuge eines tragischen Ereignisses, das ich mir zunächst nicht erklären konnte:

Am 22. September 1939 sah ich von meinem Standort aus einen General, der aus dem deutschen Laufgraben heraustieg. Ein polnischer Feuerstoß ließ ihn zusammenbrechen. Ich rief sofort meinen Kameraden, Leutnant Wolfgang Münstermann, an. Nach kurzer Zeit erhielt ich die Nachricht, daß es sich um den Generaloberst Werner Freiherr von Fritsch (1880–1939) handeln müsse. Fritsch war 1934–1938 Oberbefehlshaber des Heeres gewesen. Als Berufssoldat alter preußischer Schule, fähig, unbeugsam und von asketischer Lebensweise, hatte er den Neuaufbau des deutschen Heeres maßgeblich mitzuverantworten gehabt. Seit 1898 bei der Armee und seit 1911 Mitglied des Generalstabs, stand er der NSdAP fern. Als Fritsch durch das »Hoßbach-Protokoll« im November 1937 von den Kriegsplänen Hitlers erfuhr, hatte er erkannt, daß dies ganz Europa in einen Krieg stürzen würde, und versucht, den Diktator mit dem Argument umzustimmen, die Armee sei noch unzureichend gerüstet. Anfang 1938 wurde der unverheiratete Fritsch Opfer einer Intrige der politischen Führung. Eine Anklage wegen vermeintlicher Homosexualität wurde von den Machthabern dazu benutzt, sich der Kritiker in militärischen Spitzenpositionen zu entledigen. Die Behandlung des allgemein sehr verehrten Generals hatte seinerzeit große Unruhe im Offizierskorps des Heeres hervorgerufen, so daß sich die neue Heeresleitung veranlaßt gesehen hatte, beschwichtigend einzuwirken. Aller Wahrscheinlichkeit nach hat Fritsch, der das Kriegsende nahe glaubte, den »ehrenhaften« Soldatentod gesucht.[13]

Nach dem schweren Bombenangriff auf Warschau legte Polen am 27. 9. 1939 die Waffen nieder. Der »Polenfeldzug« war beendet, und unsere Division wurde wieder nach Ostpreußen verlegt. Doch die Ruhe dauerte nur wenige Tage, denn eine Woche später wurde unser Truppenteil per Bahn in den Raum Düsseldorf/Wuppertal verlegt. Eine intensive Ausbildung zur Vorbereitung auf den nächsten Waffengang begann. Unser Divisionskommandeur, General von Kortzfleisch, ermahnte uns immer wieder, nicht übermütig zu werden, denn der vergangene »Polenfeldzug« sei nicht vergleichbar mit einem Krieg im Westen gegen Franzosen und Engländer. Der Feldzug gegen Frankreich[14] begann am 10. Mai 1940. Wir marschierten von Aachen in Richtung holländische Grenze und durchquerten Belgien.

Von Belgien aus drangen wir auf französisches Gebiet vor. Für meinen Einsatz bei den Kämpfen südöstlich von Valenciennes am 26./27. 5. wurde ich später mit dem E. K. I ausgezeichnet. Nach der Kapitulation Frankreichs am 25. Juni wurde unserer 1. Division ein Sicherungs- und Überwachungsauftrag an der Südwestküste Frankreichs zwischen Biarritz und der spanischen Grenze zugewiesen. An Sonntagen war uns Offizieren erlaubt, in Uniform, aber unbewaffnet, auf Urlaub nach Spanien zu fahren. Das faschistische Spanien war ja neutral, doch wurden wir wegen unserer deutschen Uniformen bei einem Stierkampf in Bilbao beim Betreten der Tribüne von der Kapelle mit Marschmusik empfangen. Der baskische Boxweltmeister Paolino brachte mit Champagner einen Toast auf die siegreiche deutsche Wehrmacht aus. In den Straßen von San Sebastian trafen wir auf englische Offiziere, die dort wie wir herumspazierten.

Seit August mußten wir in der Bucht von Biscaya an Landeübungen teilnehmen für eine eventuell vorgesehene Landung an der Südküste Englands. Zu unserer Überraschung wurde unsere Division Mitte Oktober 1940 in Alarmbereitschaft versetzt und auf Züge verladen, die sich Richtung Nordosten in Bewegung setzten. Alle möglichen Gerüchte kursierten. Als wir uns dann plötzlich auf dem Weg von Straßburg in Richtung Basel befanden, also nach Süden, gingen Gerüchte um, Hitler wolle die neutrale Schweiz besetzen lassen. Das konnten sich zwar die meisten nicht vorstellen, doch war in der Zwischenzeit so viel passiert, beispielsweise die Besetzung Dänemarks und Norwegens, daß man fast nichts mehr für unmöglich hielt – wenigstens in militärischem Sinn.

Doch bei Freiburg/Breisgau drehte der Zug ab und fuhr wieder in Richtung Osten – offenbar hatte es sich um ein Täuschungsmanöver gehandelt. Nach achttägiger Bahnfahrt landeten wir auf dem Truppenübungsplatz Stablack, südlich von Königsberg. Nach kurzem Aufenthalt wurde ich als Adjutant nach Königsberg zur II. Abteilung des A. R. 1 versetzt.

Ende 1940 befand ich mich damit wieder in jener Kaserne, wo ich 1936 meinen Militärdienst angetreten hatte. Mein Vorgesetzter, Regimentskommandeur Oberst Waikinn, setzte mich nach der Einstellung neuer Rekruten noch im Oktober 1940 als »Fähnrichsvater« für die Betreuung der Fahnenjunker des A. R. 1 ein. Das war ein Einsatz, der mir viel Freude bereitete, denn es war möglich, junge Menschen charakterlich zu formen und auf ihre militärische und gesellschaftliche Stellung vorzubereiten.

Dabei fiel mir bei einem nächtlichen Kontrollgang als wachhabender Offizier ein Rekrut auf, der die Telefonwache versah. Ich fragte ihn, ob er ein Fahnenjunker sei, doch er verneinte. Daraufhin schlug ich ihn meinem Kommandeur vor, und der junge Mann namens Gerhard Korallus wurde einer der besten Soldaten des ersten von mir betreuten Jahrgangs. Ihn sollte ich nach Kriegsende zur Daimler-Benz of North America holen, wo er sich wiederum hervorragend bewährte.

Die Zeit in Königsberg verlief unter fast friedensmäßigen Bedingungen, Plan- und Sandkastenspiele wurden zur Übung durchgeführt, bei denen turnusmäßig einer der Offiziere die Leitung übernehmen mußte. Etwa im April/Mai 1941 wurde ich bei einem dieser Planspiele mit der Leitung beauftragt. Kurz zuvor wurden mir Informationen über das Ausmaß der Bewaffnung der UdSSR zugeführt. Die Sowjetunion war zuvor nie Gegenstand unserer Kriegsspiele gewesen, und ich war einigermaßen verwundert. Immerhin gab es einen Nichtangriffsvertrag zwischen Deutschland und der UdSSR, den Hitler-Stalin-Pakt vom 23. August 1939. Ich analysierte die zuvor nicht zugängliche Information und war erstaunt über die militärische Stärke der Sowjetunion. Dementsprechend gestaltete ich auch mein Referat. Hinterher wurde ich vom Regimentskommandeur in Anwesenheit von Offizieren des Generalkommandos in Königsberg zur Rede gestellt. Sein Vorwurf lautete, ich hätte die militärische Stärke der Sowjetunion überbewertet.

Der »Rußlandfeldzug« begann für mich im Mai 1941, als unsere Division in Alarmbereitschaft versetzt und das A. R. 1 von Königsberg in den Raum Insterburg verlegt wurde, wo tägliche Feldübungen für einen unbekannten Einsatz stattfanden. Anfang Juni erfolgte der Marschbefehl nach Tilsit an der nordöstlichen Grenze Ostpreußens. Bei einer Lagebesprechung wurde dort das Gerücht ventiliert, ein russischer Angriff stehe bevor, und man müsse diesem zuvorkommen.[15] Wenig später wurden wir in den Raum Tauroggen, nordöstlich von Tilsit, verlegt. Die Grenze zum 1940 von den Sowjets annektierten Litauen wurde Tag und Nacht beobachtet. Die Gegenseite pflügte und rechte die Grenzstreifen, um Grenzübertritte von Spähtrupps feststellen zu können. Dabei konnten wir beobachten, daß die Grenze durchgehend von sowjetischen Soldaten besetzt war. In der Nacht zum 22. Juni wurde scharfe Munition ausgegeben, was bedeutete, daß am kommenden Morgen die Kampfhandlungen mit der großen UdSSR beginnen würden.

Pünktlich um 3.15 Uhr morgens begann der Angriff. Das Dröhnen, das der Motorenlärm des Jagdgeschwaders Trautloff und der Panzergruppe Hoepner beim Durchbruch durch die schwachen Grenzbefestigungen verursachte, klang wie der Beginn des Weltuntergangs und hatte auch eine entsprechend starke psychologische Wirkung.

Der Vormarsch über die Grenze bereitete uns zunächst wenig Probleme, doch in den folgenden Tagen stießen wir auf beachtlichen Widerstand durch die Rote Armee. Dennoch wurde am 1. Juli Riga eingenommen. In den folgenden Wochen setzten wir über die Düna und marschierten über Pleskau auf Leningrad vor. Am 8. August ging unsere Division über die Luga zum Angriff auf Leningrad über, wobei wir hohe Verluste erlitten. Die Rote Armee verteidigte verbissen ihr Heimatland, russische Soldaten saßen in den Bäumen unter Tarnnetzen und versuchten durch gezielte Schüsse, unseren Angriff zum Stehen zu bringen.

Am 14. August 1941 wurde ich durch ein Explosivgeschoß getroffen, als ich versuchte, meinen verwundeten Kommandeur, Hauptmann Borowski, in Deckung zu ziehen. Dabei gab ich offenbar ein gutes Ziel ab. Von dem schweren Treffer wurde ich sofort bewußtlos. Den schrecklichen Winter 1941/42 verbrachte ich – dem Tod nahe, aber fern der Front – im Krankenbett. Zunächst in einem Feldlazarett, dann in einem Lazarett in Riga und schließlich in Königsberg. BDM-Mädchen überschütteten uns bei der Ankunft als Kriegshelden mit Blumen, doch uns war alles andere als feierlich zumute. Meine Arme waren am Körper angebunden, ich fühlte mich wie eine Mumie und konnte überdies weder sprechen noch rufen, weil ich husten mußte und den Mund voller Blut hatte. Meine linke Schulter war samt Schlüsselbein zertrümmert, Splitter saßen nahe des Herzens und hatten um Haaresbreite die Hauptschlagader verfehlt. Ein Splitter war in die rechte Schulter gegangen und hatte auch den rechten Arm gelähmt. Nach der Operation in Königsberg bekam ich hohes Fieber und wurde schließlich in ein fensterloses Zimmer verlegt, das sogenannte Sterbezimmer.

Mein Zustand war so ernst, daß mich mein Bruder Hans bei einem Besuch nicht mehr erkannte. In dieser lebensgefährlichen Situation veranlaßte mein Freund Eberhard Götz über seinen Onkel, den zuständigen Generalstabsarzt von Ostpreußen, meine sofortige Verlegung in das Hindenburg-Lazarett. Er hat mir dadurch das Leben gerettet.

Hier wollte man zunächst meinen Arm amputieren, als ich jedoch aus einer schweren Narkose aufwachte, stellte ich fest, daß der Arm noch dran war. Meine gute Konstitution kam mir bei dem nun folgenden langwierigen Genesungsprozeß zugute. Zu Weihnachten 1941 durfte ich das Krankenhaus für acht Tage verlassen und nach Hause nach Gut Gr.-Schatten fahren. Dort verbrachte ich eine glückliche Woche im Kreis meiner lieben Familie.

So hatte ich gewissermaßen Glück im Unglück, denn der für seine große Kälte bekannte Winter 1941/42 brachte der deutschen Wehrmacht in Rußland große Rückschläge. Vor Moskau war der deutsche Angriff zum Stehen gekommen, und die unzulänglich bekleideten Soldaten mußten den Winter ohne Unterkunft im Feld überstehen. Der »General Winter« setzte der deutschen Armee zu. Die schwere Verletzung hat mir diese Erfahrung erspart. Allerdings blieb der linke Arm später stets in seiner Beweglichkeit eingeschränkt.

Am 1. Februar 1942 wurde ich noch während der Lazarettzeit zum Oberleutnant befördert. Im gleichen Monat meldete ich mich wieder zurück und wurde zum Regimentsadjutanten des Ersatzregiments 1 in Königsberg ernannt. Nun begann für mich – so paradox es klingen mag – mitten im Krieg eine schöne Zeit. Ein guter Teil der Dienstzeit verstrich mit Krankengymnastik, und in der Freizeit ergab sich die Gelegenheit für so manche kleine Kasinofeste.

In dieser Zeit lernte ich meine Frau kennen. Einer meiner früheren Fahnenjunker, Johannes Svendsen, war gerade zum Leutnant befördert worden, als ich ihn zufällig am Hauptbahnhof traf. Er lud mich zu sich nach Hause ein, der Familie gehörte die Landmaschinenfabrik Witt & Svendsen. Zwischen seiner Schwester Marita und mir entwickelte sich in den nächsten drei Monaten eine enge Freundschaft, die zu einer echten Liebe wurde. Auch zur Familie gewann ich ein enges und gutes Verhältnis. Eines Tages riet uns der Vater – wie das damals üblich war –, daß wir unser Glück durch eine Verlobung dokumentieren sollten. So wurde Ende Mai Verlobung gefeiert und die Hochzeit geplant, die etwa ein Jahr später, am 26. Juni 1943 auf Gut Schreinen, Kreis Heiligenbeil, einem Besitz von Maritas Verwandten, stattfand. Mein gesundheitlicher Zustand wurde immer besser, und ich füllte meine Adjutantentätigkeit wieder voll aus.

Eines Tages erhielt das Regiment Anweisung des stellvertretenden Generalkommandos, zwei hochqualifizierte Offiziere für eine Funktion im Oberkommando des Heeres (OKH) namhaft zu machen. In meiner Funktion als Regimentsadjutant kam mir dieses Schreiben als erstem zur Kenntnis, und ich beschloß, Oberleutnant Motherby und mich selbst vorzuschlagen. Der damalige Kommandeur war einverstanden, und so begann eine neue Etappe in meiner militärischen Karriere.

Am 1. Juli 1942 stellte ich mich zusammen mit meinem Kameraden bei der Zentral-Personalabteilung des OKH vor. Motherby meldete sich bei General Heusinger (1897–1982) in der Operationsabteilung, demselben General, der später ab 1952 im Auftrag Konrad Adenauers beim Aufbau der Bundeswehr führend beteiligt sein und später deren Generalinspekteur, dann einige Jahre Vorsitzender des Ständigen Militärausschusses der NATO in Washington werden sollte.[16] Ich meldete mich bei dem damaligen Oberst i. G. Burkhard Müller-Hillebrand, dem Chef der Organisationsabteilung, und wurde sofort der Gruppe III zugeteilt. Aufgabe dieser Abteilung waren die organisatorischen Maßnahmen des Feldheeres, also Bewaffnung und Ausrüstung der Verbände, ihre personelle und materielle Erhaltung etc. Von einem Tag auf den anderen war die Kommandierung ausgesprochen worden, und so gehörten wir beide mit Wirkung vom 1. 7. 1942 dem Oberkommando des Heeres (OKH) an.

Wegen des Kriegsschwerpunktes im Osten befanden sich seit 1941 die führenden Stäbe in Ostpreußen. Nur vorübergehend – von August bis

Abb. oben: Verlobung mit Marita im Mai 1942, meine Mutter, Vater Svendsen auf Gut Schreinen. Abb. unten: Urlaub mit meiner Frau Marita auf dem Aztekensee, Marschallsheide 1943.

Oktober 1942 – wurden sie in die Ukraine nach Winniza südlich von Lemberg verlegt. Das betraf zunächst einmal das Oberkommando der Wehrmacht (OKW), dem die drei Teilstreitkräfte Heer, Marine und Luftwaffe unterstanden. Die »Wolfsschanze«, wie das »Führerhauptquartier« mit Decknamen bezeichnet wurde, war 1941 ausgerechnet in meinem Heimatlandkreis Rastenburg errichtet worden, genauer gesagt im alten Stadtwald von Rastenburg, einem großen zusammenhängenden Waldgebiet an der Bahnstrecke Rastenburg-Angerburg, den wir bei Schulausflügen oft besucht hatten. Das Gelände grenzte an den Besitz des Landrats Freiherr von Knyphausen, der bei der Machtergreifung 1933 sofort abgesetzt und durch den Kreisleiter Schulz, ein altes Parteimitglied, ersetzt worden war.[17] Nur 30 Kilometer östlich, im Landkreis Angerburg, waren auf Graf Lehndorfschem Besitz im »Mauerwald« Teile des OKH etabliert, nämlich der Generalstab des Heeres und der Generalquartiermeister.

Weitere Teile des OKH, nämlich der Befehlshaber des Ersatzheeres (BdE) und das Allgemeine Heeresamt (AHA) verblieben in Berlin, was ein ständiges Hin- und Herpendeln mit dem Schlafwagenzug zwischen Berlin und Ostpreußen nötig machte. Das OKH befand sich damals in einer Umbruchphase. Nach Absetzung des Oberbefehlshabers Generalfeldmarschall Walther von Brauchitsch (1881–1948) hatte Hitler im Dezember 1941 selbst den Oberbefehl über das Heer übernommen. In der Heeresleitung gärte es jedoch weiter. Unser oberster »Chef«, Generalstabschef Franz Halder (1884–1972), der wie von Brauchitsch eine tiefe Abneigung gegen den Abenteurer Hitler empfand, wurde wegen seiner Kritik an der sinnlosen Kriegführung Ende September 1942 entlassen und durch General Zeitzler, genannt »Kugelblitz«, ersetzt.[18]

In der Organisationsabteilung des Heeres im OKH arbeiteten 15 bis 19 Offiziere, die ich alle gut kennenlernte, da wir auf dem gleichen Gelände in Baracken wohnten, die Arbeitsbaracken teilten und auch oft die Mahlzeiten gemeinsam einnahmen. Wer sich freimachen konnte, traf sich abends im Kasinoraum, wo in großer Runde die Tagesereignisse besprochen und kritisiert wurden, zum Teil sehr heftig. Der Meinungsaustausch erfolgte in sehr freier Form, ohne daß wir befürchten mußten, daß jemand damit gegenüber Parteiorganen Mißbrauch treiben würde. Unter diesen Männern befand sich eine ganze Reihe von »starken« Persönlichkeiten, die auch zeitgeschichtlich eine wichtige Rolle spielen sollten. In der Nachfolge von Oberst i. G. Burkhard Müller-Hillebrand, einem bescheidenen, geradlinigen und offenen Charakter, wurde im Oktober 1942 Oberst i. G. Hellmuth Stieff Leiter der Organisationsabteilung. Stieff war klein, zierlich und überaus beweglich, dabei verbindlich und liebenswürdig, leutselig und kameradschaftlich. Er war ein hervorragender Generalstabsoffizier, der die Abteilung am langen Zügel führte. Im Juli 1943 schloß sich dieser Patriot dem Widerstand an, weil er sein Vaterland liebte und es retten wollte. General Stieff wurde als einer der ersten am 20. Juli 1944 verhaftet und am 8. August hingerichtet.

Die Organisationsleitung im OKH bestand aus drei Gruppen. Gruppe I leitete Oberst i. G. Albrecht Ritter Mertz von Quirnheim, der 1944 wegen seiner Beteiligung an der Verschwörung gegen Hitler hingerichtet wurde. Bei meinem Eintritt gehörten dieser Gruppe außerdem zwei Offiziere an, die später beim Aufbau der Bundeswehr eine große Rolle spielen sollten: Oberstleutnant i. G. Ulrich de Maizière, der spätere Generalinspekteur der Bundeswehr,[19] und Major i. G. Ernst Ferber, späterer Inspekteur des Heeres und Befehlshaber NATO Mitte. De Maizière wurde Nachfolger Mertz von Quirnheims, ein weiterer Nachfolger wurde Oberstleutnant i. G. Friedrich F. Litterscheid, der später in einer äußerst kritischen Lage schnell reagierte und mir einen Einsatzbefehl gab, der mir das Leben rettete. Erwähnen möchte ich auch Oberleutnant Hans Condné, der später Brigadegeneral bei der Bundeswehr wurde und nach seiner Pensionierung in das Exportressort der Daimler-Benz AG eintrat, um Lastwagen und Unimogs als Heeresfahrzeuge vorzuführen.

Gruppe II wurde von Oberstleutnant i. G. Claus Schenk Graf von Stauffenberg (1907–1944) geleitet, der das Attentat auf Hitler ausführte und als einer der strategischen Kräfte des Widerstandes galt. Er wurde am 20. Juli 1944 mit General Olbricht, Oberst i. G. Ritter Mertz von Quirnheim und Oblt. von Haeften in der Bendlerstraße standrechtlich erschossen.[20] Sein Nachfolger war Oberstleutnant i. G. Klamroth, der ebenfalls als Mitwisser des 20. Juli hingerichtet wurde. Der Gruppe II war auch vorübergehend General Köstring zugeteilt, der unter dem Botschafter Graf von der Schulenburg als Militärattaché in der Moskauer Botschaft gearbeitet und den Kontakt zu den ukrainischen Freiwilligenverbänden unter General Wlassow hergestellt hatte, mehrere hunderttausend Mann, die auf der Seite des deutschen Heeres gegen Stalin kämpfen wollten, was aber von Hitler abgelehnt wurde, da er keine freie, sondern eine deutsch besetzte Ukraine wollte. Zu Köstrings Stab gehörte Rittmeister Herwarth von Bittenfeld, der zuvor Legationsrat in der deutschen Botschaft in Moskau gewesen war und nach dem Krieg die deutsche Diplomatenschule aufbaute, bevor er als erster deutscher Botschafter nach London ging.

Ich wurde der Gruppe III zugeteilt, mein Vorgesetzter war Major i. G. Carl F. Giese, der nach dem Krieg bei meinem Eintritt in die Daimler-Benz AG eine entscheidende Rolle spielen sollte. Nachfolger Gieses wurde nach dessen Versetzung zu einem Generallehrgang Oberstleutnant i. G. Wendland, später Major Hans Ahrenkiel, mit dem ich öfter zu Besprechungen ins Rüstungsministerium beordert wurde. Wir fuhren bei Bedarf abends mit dem Pendelzug von Ostpreußen nach Berlin, wo wir morgens zur Besprechung eintrafen. Diese dauerte meistens einen ganzen Tag, und am Abend fuhren wir wieder zurück. Während des Aufenthaltes in Berlin, wo wir vorhatten, auch mal zwei Tage zu bleiben, erhielten wir bereits nachmittags telegrafisch den Befehl, noch am selben Abend den Nachtzug für die Rückfahrt zu nehmen, da für den nächsten Vormittag eine Besprechung mit Stieff angesetzt war. Ahrenkiel bedauerte das ganz besonders, denn für diesen Abend waren eigens Ehefrau und Tochter aus dem Ruhrgebiet angereist und im Hotel Adlon abgestiegen. Doch nur Klönne konnte in Berlin bleiben. Als der Zug aus dem Bahnhof ausfuhr, wurde gerade durch Sirenengeheul ein Luftangriff auf Berlin angekündigt. Am nächsten Morgen, als wir im Mauerwald eintrafen, lag bereits die Nachricht vom Tod der Angehörigen Ahrenkiels und des Oberleutnant Klönne vor: Eine Fliegerbombe hatte das Hotel Adlon voll getroffen, sie war durch einen Luftschacht in den Luftschutzkeller eingedrungen und hatte alle Insassen getötet.

Meine Tätigkeit im Oberkommando des Heeres entwickelte sich für mich zu einer Aufgabe, bei der ich meine Organisationsfähigkeit schulen konnte. Die Gruppe III war zuständig für die organisatorischen Maßnahmen zur Ausstattung des Feldheeres mit leichten und schweren Waffen, also für die Koordination von Bedarf, Produktion und Zuführung zu den einzelnen Frontabschnitten beziehungsweise Verbänden entsprechend deren Zustand und den operativen Absichten. Diese Aufgabe erforderte eine enge Zusammenarbeit mit den Stäben des gesamten Feldheeres, des Ersatzheeres und mit dem Rüstungsministerium, so daß ich damals viele führende Köpfe der deutschen Wehrmacht und Industrie kennengelernt habe. Zu meinen Aufgaben gehörte unter anderem auch eine ständige Abgleichung der Materialverluste, speziell von Panzern und Sturmgeschützen, an der Ostfront, bei der Heeresgruppe im Westen und beim Afrikakorps, mit der Fertigung der Rüstungsindustrie. Bis spät in die Nacht mußten diese Zahlen zusammengetragen und durchgerechnet, danach säuberlich auf der »Führerschreibmaschine« getippt werden. Ich führte diese Aufgaben fast zwei Jahre durch und konnte in dieser Zeit Freundschaft schließen mit einer Reihe von bekannten Offizieren, vor allem innerhalb der Organisationsabteilung. Jeden Morgen fand eine interne Besprechung beim Chef der Organisationsabteilung statt, der dann seinerseits dem Chef des Generalstabs berichtete. Dieser wiederum fuhr dann mit dieser Aufstellung zur Lagebesprechung in das Oberkommando der Wehrmacht (OKW) zur »Wolfsschanze«.

Die Zeit von Januar 1943 bis Mai 1944 verbrachte ich in derselben Funktion. Die Zerstörung der Städte, der Industrie und die Kapitulation Stalingrads führten zu einem spürbaren Stimmungswechsel in der Truppe und in der Bevölkerung.[21] Die Verluste an der Front nahmen erschreckende und unverantwortliche Ausmaße an und konnten nie mehr durch Material und Menschen aus der Heimat auch nur annähernd ausgeglichen werden. Natürlich wurde im OKH viel über die laienhafte Kriegführung gesprochen.

Spottworte wie »Gröfaz« für Hitler, der sich selbst als »größten Feldherrn aller Zeiten« bezeichnen ließ, oder »Lakeitel« für den Chef des OKW, Generalfeldmarschall Wilhelm Keitel (1882–1946), der Hitler nach dem Mund redete, waren üblich. Ein Ereignis vom Januar 1943 ist mir in besonders lebhafter Erinnerung geblieben, weil es charakteristisch war für die gespannte Atmosphäre, die zwischen Hitler und der Heeresgeneralität herrschte.

Wie erwähnt, war bereits im September Generalstabschef Halder entlassen worden wegen seines Widerstands gegen Hitlers Stalingrad-Abenteuer, und im November 1942 war die 6. Armee in Stalingrad bereits eingekesselt. In der Heeresleitung war die Situation sehr gespannt, weil viele Generäle einen Ausbruchsversuch der 6. Armee befürworteten, den ihr Oberbefehlshaber, Generaloberst Paulus (1890–1957), für möglich gehalten hatte. Das Fernschreiben des Generals mit dem Wortlaut: »Bin in der Lage, mit allen Truppen unter Zurücklassung aller schweren Waffen den Durchbruch zu erzwingen«, habe ich selbst gesehen, da es über uns an den Chef des Generalstabs weitergeleitet wurde. Hitler lehnte diesen Vorschlag bekanntlich am 9. November ab, als er in einer Rede im Münchner Hofbräuhaus proklamierte, »wo der deutsche Soldat seinen Fuß hingesetzt hat, geht er nicht mehr zurück«. Mit Hitlers sinnlosem Durchhaltebefehl wurde die 230000 Mann starke Armee geopfert. Viele Soldaten fanden den Tod oder gerieten, was nicht viel besser war, in russische Kriegsgefangenschaft in Sibirien.

Noch vor der Kapitulation der 6. Armee (31. 1. 1943) sollte Hitler eine neue »Wunderwaffe« vorgestellt werden: ein superschwerer Panzer, genannt »Maus«, mit einer 15 cm Kampfwagenkanone und mehreren Maschinengewehren für Flugabwehr und Bodenkampf. Dieser Panzer hatte ein Gefechtsgewicht von 189 Tonnen und wurde von einem Daimler-Benz-Flugmotor (MB 517) mit 1200 PS angetrieben. Der Plan dafür ging auf eine Idee Hitlers zurück, die dieser im Juni 1942 im Rüstungsministerium an Porsche herangetragen hatte.[22]

Für die Organisation und rechtzeitige Vorführung in der »Wolfsschanze« hatte ich zu sorgen, was wegen der Luftangriffe auf Städte und Bahnlinien nicht einfach war. Alle Teile wurden zerlegt, mit der Reichsbahn transportiert und im Gelände der »Wolfsschanze« wieder zusammengebaut. Kurz vor dem Eintreffen Hitlers, in dessen Gefolge sich Generalfeldmarschall Keitel befand, wurde ich Ohrenzeuge einer erregten Auseinandersetzung zwischen Generaloberst Guderian und Generaloberst Rommel einerseits und dem Hauptdienstleiter Sauer, einem Mitarbeiter des Rüstungsministers Speer, der für die Produktion dieser Wunderwaffe verantwortlich zeichnete. Die erfahrenen Generale lehnten die Neuentwicklung dieses Panzers, der wegen zu hohen Kraftstoffverbrauchs nur wenige Kilometer fahren konnte und wegen Überbreite und -schwere nicht für die normale Bahnverladung in Frage kam, als »völlig unbrauchbar« ab. Fast wider Erwarten schloß sich Hitler nach kontroverser Diskussion der Ansicht der Generäle an. Dagegen war die Überlegung von Hitler, diesen überschweren Panzer als beweglichen Bunker am Atlantikwall einzusetzen, nicht abwegig. Dies war das erste und einzige Mal, daß ich den »Führer« persönlich zu Gesicht bekam. Er machte auf mich den Eindruck eines überforderten und kranken Mannes, dessen Erscheinungsbild sehr in Widerspruch stand zu dem Bild, das sich die Bevölkerung von ihm machte. Im Mai 1943 erhielt ich unerwartet einen Auftrag vom Chef des Gen. St. General Zeitzler, die neuentwickelte Maschinenpistole MP 43 an das ungarische Staatsoberhaupt, Reichsverweser Admiral Horthy, als Geschenk zu überbringen. Die lange Bahnfahrt führte von Rastenburg über Wien nach Budapest. In Wien war der bekannte Schauspieler Hans Moser zugestiegen, und ich amüsierte mich über seine aus den Filmen bekannte näselnde Stimme, die genau wie in seinen Filmen klang. In Budapest wurde ich von zwei ungarischen Offizieren abgeholt. Für den gleichen Tag war vorgesehen, daß ich die Maschinenpistole an Horthy übergeben sollte. Schon allein über die Elisabethenbrücke zu fahren, über die mir nicht so blau erscheinende Donau, war ein großes Erlebnis. Viele Städte in Deutschland lagen bereits in Schutt und Asche, in Budapest herrschte dagegen scheinbar noch tiefster Friede, ein Eindruck, der durch die herrlich blühenden Bäume noch unterstrichen wurde. Die Übergabe auf der Burg verlief feierlich, aber ohne große Zeremonie. Ich wurde von Horthy lediglich über meinen Truppenteil, meine Herkunft und den Einsatz meiner alten 1. Division im Raum Leningrad befragt, und dementsprechend berichtete ich.

Anschließend wurde ich in das Hotel Gellert gebracht, wo ich zwei Nächte blieb. Dieses Hotel gehörte zu den schönsten, die ich bis dahin gesehen hatte, mit einem wunderschönen Thermalbad direkt unten an der Donau. Am Abend fand ein Festessen mit ungarischen Offizieren statt. Eine Zigeunerkapelle spielte bekannte Weisen. Es waren circa 15 junge Zigeuner im Alter von 12–15 Jahren, die einzeln an jedem Tisch standen und auf Kopfnicken des Primas einsetzten. Zigeunermusik hatte ich immer schon besonders geliebt seit meiner Kindheit in Ostpreußen, wo es zur damaligen Zeit noch immer herumziehende Zigeuner gab, die durch ihre Geigenmusik einen tiefen Eindruck in mir hinterlassen hatten. Auf dem Rückweg zum Bahnhof konnte ich ungarische Offiziere sehen, die an der Donau ihren Morgenritt machten. Friedlicher und schöner konnte sich Budapest nicht zeigen. Es blieb für mich bis zum heutigen Tage in schönster Erinnerung, und ich zähle es auch jetzt noch zu einer der schönsten und charmantesten Städte, die ich besucht habe.

Engen Kontakt hatte ich zu Graf Stauffenberg. Ich kannte ihn als brillanten Kopf, hochintelligent, sehr aufrichtig und kameradschaftlich. Aus zahlreichen Gesprächen unter vier Augen kannte ich seine kritische Einstellung gegenüber der NSdAP und Hitler, den er haßte, wobei er mir gegenüber anfangs vor allem seine Sorge über die laienhafte Kriegsführung des »Führers« zum Ausdruck brachte.[23] Ich erinnere mich noch gut daran, wie Stauffenberg Tränen in den Augen hatte, als Hitlers Durchhaltebefehl für die bei Stalingrad eingekesselte 6. Armee im OKH bekannt wurde. Sein Einsatz im Afrikakorps war infolge der schweren Verwundung im April 1943 bekanntlich nur von kurzer Dauer. Nachdem Stauffenberg am 1. Oktober 1943 Chef des Stabes bei General Olbricht, Allgemeines Heeresamt AHA, geworden war, wurde er im Frühjahr 1944 Chef des Stabes des Befehlshabers des Ersatzheeres und kam im Frühjahr 1944 fast wöchentlich von Berlin zum Generalstab des Heeres in den »Mauerwald« gefahren, um sich eine direkte Information über die Entwicklung des Feldheeres zu verschaffen. Stauffenberg und General Friedrich Olbricht (1888–1944), Chef des Allgemeinen Heeresamtes des OKH in Berlin und Mitverschwörer des 20. Juli, hatte mit Stauffenberg zusammen die Auslösung der »Operation Walküre« geplant, in deren Rahmen Teile des Ersatzheeres als Machtfaktor gegen die SS und andere NS-Gliederungen nach einem erfolgreichen Attentat eingesetzt werden sollten.

Im Mai 1944 hatte ich mein letztes Gespräch mit Stauffenberg unter vier Augen. Ich saß damals allein beim Frühstück im Offiziersspeiseraum der Organisationsabteilung in einer baubudenähnlichen Holzbaracke im Mauerwald, in der sich auch unsere Büroräume befanden. In der Mitte des Kasinos stand ein großer Tisch. Stauffenberg, der gerade mit unserem Sonderzug von Berlin gekommen war, trat ein, und wir begrüßten uns. Nach dem üblichen Gesprächsstoff erzählte ich von einem neuen statistischen Trick, bei dem beschädigte Panzer von der Front, die bis dahin durch Instandsetzungskompanien repariert wurden, in die Heimat zurückgeführt, in den Fabriken der Panzerproduktion instandgesetzt und dann vom Rüstungsministerium in die Produktionszahlen miteingeschlossen wurden. Dadurch wurde der Eindruck erweckt, daß die Leistungsfähigkeit der Rüstungsindustrie trotz der Bombenangriffe keinen nennenswerten Einbruch erlitten hatte.

Stauffenberg wirkte während des Gesprächs sehr unruhig und ging im Raum auf und ab. Er eröffnete mir, er habe neue Erkenntnisse aus Berlin über brutale Maßnahmen in den besetzten Gebieten, besonders in Polen, die ein Ausmaß angenommen hätten, das nicht mehr zu verantworten sei. Er sprach von Erschießungen von polnischen Zivilisten. Ich war erschüttert von Stauffenbergs Mitteilungen und teilte seine Empörung. Auf meine Frage, ob die Wehrmacht daran beteiligt sei, verneinte er und wies darauf hin, daß diese Untaten durch die »rückwärtigen Dienste« verübt wurden, also durch die Organe der Partei oder durch die SS. Heer und SS befanden sich damals in einer offenen Feindschaft, auch der »Hitlergruß« war übrigens im OKH nicht üblich.

Auf meine Frage, was man gegen derartige Exzesse tun könne, antwortete Stauffenberg mir gegenüber erstmalig, man könne das Übel nur noch an der Wurzel packen: Seiner Ansicht nach könne eine Änderung nur durch die Beseitigung Hitlers herbeigeführt werden. Ich erinnere mich, daß ich Stauffenberg voll zustimmte, ohne selbst eine Möglichkeit dazu zu sehen.

Kurz nach diesem Gespräch wurde ich von General Stieff, dem Chef der Organisationsabteilung, dem Generalinspekteur der Panzertruppen, Generaloberst Guderian, für eine Reise zum Truppenübungsplatz Fallingbostel in der Lüneburger Heide als Begleitoffizier zugeteilt. Während des

Mutters 70. Geburtstag, 10. 6. 1944, mit ihren beiden Söhnen Hans und Heinz auf dem elterlichen Gut Gr.-Schatten.

Fluges kam ich in ein intensives Gespräch mit Guderian, als ich ihm über meine Erfahrungen in der Organisationsabteilung berichtete, insbesondere über die statistische Erfassung von Panzern, Sturmgeschützen und S-Pak von allen Frontabschnitten an den Chef des Generalstabs und demgegenüber die Meldungen des Rüstungsministeriums über die Produktionszahlen aus der Heimat. Dieses Gespräch veranlaßte Guderian, sich nach meinem bisherigen Werdegang zu erkundigen. Das Ergebnis des Gesprächs bekam ich bald zu spüren: Nach meiner Rückkehr in das Hauptquartier des OKH erhielt ich von General Stieff die Mitteilung, ich sei zu dem nächsten Generalstabslehrgang an der Kriegsakademie Hirschberg angemeldet. Voraussetzung für Generalstabsanwärter – auch »Schlieffenpimpfe« genannt, war allerdings die sechsmonatige Führung einer Abteilung an der Front.

Ich wurde daraufhin am 1. Juli 1944 zu meiner früheren Einheit, der II. Abteilung des Artillerieregiments 1 (A. R. 1), kommandiert, die zu dieser Zeit in der Ukraine bei Lemberg lag – diesmal als ihr Kommandeur. Hier traf ich viele meiner alten Fahnenjunker wieder, die ich selbst 1940 in Königsberg ausgebildet hatte. Ich konnte mich daher der Freundschaft alter Kameraden erfreuen, die ich seit meiner Verwundung im August 1941 nicht mehr gesehen hatte.

Schon nach kurzer Zeit erfolgte der Angriff der Roten Armee auf unseren Frontabschnitt. Die Russen operierten geschickt, konzentrierten ihren Angriff auf den linken und rechten Flügel der 1. ungarischen Armee, die eine Frontbreite von 200 km hatte, und brachen beiderseits durch, um hinter unserer 1. Division den Kessel zu schließen. Am 19. Juli 1944 waren wir eingeschlossen.

Unserem General von Krosigk »Poldi« gelang der Ausbruch aus dem Kessel. Unsere Division konnte sich über den Dolinapaß in den Karpaten nach Siebenbürgen absetzen, wobei meine Aufgabe als Generalstabsanwärter darin bestand, den Rückzug der 1. Division mit meiner Abteilung, verstärkt durch Infanterie, Sturmgeschütze und Pioniere, abzusichern.[24]

Erst nach unserem Ausbruch aus dem Kessel erhielten wir die Nachricht von dem mißglückten Attentat auf Hitler am 20. Juli 1944. Zunächst konnten wir den Berichten kaum glauben, denn aus der Perspektive der Ostfront erschienen diese Geschehnisse unwirklich. Ich erinnerte mich zwar sofort an die verschiedentlichen Andeutungen im OKH, vor allem aber an mein letztes Gespräch mit Stauffenberg, aber die ganze Tragweite des Widerstandes, der mit der »Operation Walküre« den Sturz der NS-Diktatur und ihre Ersetzung durch eine nationale Regierung unter Einschluß der Sozialdemokraten bewirken wollte, wurde mir erst nach dem Ende des Krieges bekannt. Vorgeschichte, Verlauf und Auswirkungen des 20. Juli sind hinreichend bekannt und brauchen hier nicht weiter kommentiert und dokumentiert werden.

Eine Folge des Attentats war der Versuch der NS-Partei, die Wehrmacht durch die Einführung »Nationalsozialistischer Führungsoffiziere« (NSFO) stärker unter ideologische Kontrolle zu bringen, was uns jedoch in unserer vorgeschobenen Situation kaum betraf. Eine andere Folge war die generelle Einführung des »Hitlergrußes« auch in der Wehrmacht. General Krosigk gab jedoch den Tagesbefehl aus, die 1. Division grüße weiter wie bisher durch Anlegung der rechten Hand an die Kopfbedeckung, bis ein neuer Befehl vom OKH eintraf.

Inzwischen »brannte« es an der ganzen Ostfront. Der sowjetische Angriff im Sommer 1944 hatte die ersten Einbrüche in Ostpreußen erzielt. Bei Nemmersdorf führte die Rote Armee brutale Übergriffe gegen die Zivilbevölkerung durch. Dies veranlaßte das Oberkommando des Heeres, alle ostpreußischen Divisionen zum Schutz der Heimat nach Ostpreußen zu verlegen.

So erreichte auch die 1. Infanteriedivision, die in Ungarn zur Auffrischung eine kurze Zeit in Ruhe gelegen hatte, der Befehl einer Verlagerung dorthin. Der Divisionskommandeur von Krosigk erteilte mir den neuen Auftrag, eine Vorausabteilung zu bilden, verstärkt durch Infanterie, Pioniere und Sturmgeschütze, und diese sofort in die Einbruchstelle in Ostpreußen nach Schloßberg zu verlegen.

In einem durchgehenden Güterwagentransport erreichten wir in acht Tagen das Einsatzgebiet im Raum Schirwindt, wo wir die Front halten und festigen konnten. Während der nachfolgenden Wochen weniger strapaziösen Einsatzes wurde der Rest unserer Division nachgezogen. Als am 26./27. und 29./30. August die schweren Bombenangriffe der Engländer auf die ostpreußische Hauptstadt Königsberg erfolgten, dachte ich ständig an meine Frau Marita, die sich gerade dort bei ihren Eltern aufhielt. Mit Erlaubnis des Divisionskommandeurs fuhr ich mit drei anderen Königsbergern in die Stadt, wo wir nach unseren Familien Ausschau halten wollten. Das Haus meiner Schwiegereltern war zerbombt, doch sie hatten sich unverletzt retten können. Marita hatte sich jedoch beim Versuch, den Brand im Elternhaus zu löschen, eine schwere Erkältung zugezogen. Als sich diese zu einer Lungenentzündung auswuchs, wurde sie in das Sanatorium von St. Blasien im Südschwarzwald geschickt, wodurch sie gleichzeitig dem nunmehr gefährdeten Frontgebiet entkam.

Der Monat September verlief an der Front noch verhältnismäßig ruhig, die fast täglichen Angriffe von russischer Seite konnten wir abwehren. Über einen Monat hatten wir Zeit, unsere Stellungen durch Schutzwälle und Bunker für den zu erwartenden Großangriff auszubauen. Im Oktober überschritten die Truppen der sowjetischen Roten Armee die deutsche Reichsgrenze in Ostpreußen im Raum Tilsit. Nun brach das letzte Kapitel des Krieges an.

Im Zuge der Abwehr des Großangriffs wurde unsere Division in vorbereitete rückwärtige Stellungen verlegt. Der Krieg forderte nun eine steigende Zahl von Opfern, auch ich hatte in meinem Stab höhere Verluste. Im November wurde ich kurz als Ordonnanzoffizier in den Divisionsstab kommandiert. Von dieser Position aus konnte ich zum 9. November, dem Geburtstag meiner Schwester, einen eintägigen Besuch mit der Pferdekutsche in unserem Elternhaus in Gr.-Schatten machen, wo nach wie vor mein Schwager Boto Schrewe als Rentmeister des Grafen von Schwerin saß. Die Bevölkerung Ostpreußens glaubte damals immer noch, daß der Vormarsch der Russen aufgehalten werden könnte. Packen war überdies unter Androhung der Todesstrafe durch den Gauleiter Erich Koch verboten worden und schied somit als Möglichkeit praktisch aus. Dies war der letzte Besuch in meinem Elternhaus. Es sollte ein Abschied für immer werden, denn Boto Schrewe starb im Februar 1945 auf jenem langen Treck, den die deutsche Bevölkerung Ostpreußens auf der Flucht nach Westen bildete.

Mein eigenes Schicksal nahm im Spätherbst 1944 eine entscheidende Wende: Mitten aus der ausweglosen Frontsituation heraus wurde ich Ende November 1944 an die Kriegsakademie in Hirschberg im Riesengebirge kommandiert, als gäbe es keinen Weltkrieg und als stünde die deutsche Armee nicht kurz vor der Niederlage. Im nachhinein mag dies eigenartig erscheinen, überraschend war dieses Kommando damals jedoch nicht, da ich fünf Monate an der Front abgeleistet hatte: als Kommandeur der II. Abteilung des A. R. 1 in der Ukraine und als Ordonnanzoffizier bei Divisionskommandeur General von Krosigk in Ostpreußen.

Die Versetzung erfolgte innerhalb des üblichen Beförderungsverfahrens in der Wehrmacht, von dem man auch während des Kriegs keineswegs abwich, da die Auffassung vertreten wurde, noch mehr qualifiziertes Führungspersonal zu benötigen: Die Absolvierung des Lehrgangs an der Kriegsakademie war die Voraussetzung, Mitglied des Generalstabs zu werden. Die Abordnung zu deren 16. Lehrgang war auf Vorschlag der vorgesetzten Kommandobehörden erfolgt, in meinem Fall der Generäle Stieff, Zeitzler und Guderian. Nach einer kurzen Einweisungszeit erfuhr unser Lehrgang in Hirschberg, daß die Ostfront so nahegerückt war, daß der Kurs vom Kommandeur der Kriegsakademie, General Spaeth, in das fränkische Bad Kissingen verlegt werden mußte. Während der Verlegung erhielten wir im Dezember 1944 einen kurzen Heimaturlaub, um Weihnachten und den Jahreswechsel im Kreis der Familie verbringen zu können. Ich traf mich in Heidelberg mit meiner Frau, die vom Lungensanatorium St. Blasien für die Festtage dorthin zu ihrer Großmutter Engelhard in Heidelberg hatte fahren können.

Überraschend erhielten die Lehrgangsteilnehmer die Erlaubnis, daß sie im neuen Jahr mit ihren Ehefrauen am Lehrgangsort zusammenwohnen durften. So meldete ich mich Anfang Januar 1945 gerne zur Kriegsakademie in Bad Kissingen zurück. Mit drei anderen Ehepaaren wohnten wir in einer Pension. Allerdings hatten die Ehepartner wenig voneinander, denn der Lehrgang war ausgesprochen intensiv und anstrengend. Im Sinne der alten Generalstabsausbildung war der Tag von frühmorgens bis spät in die Nacht ausgefüllt mit taktischen Übungen, »Sandkastenspielen«, aber auch Geländeübungen. Ein englischer Fallschirmjägerabsprung zur Befreiung eines Kriegsgefangenenlagers bei Wiesbaden veranlaßte daraufhin die Personalabteilung des OKH, die Kriegsakademie zur Fortsetzung des Lehrgangs Anfang März 1945 im Zug- und Omnibustransport mit allen Akten, Material und persönlichem Gepäck über Grafenwöhr in die Jägerkaserne von Lenggries zu verlegen. Der Lehrgang fand in fünf Hörsälen mit je etwa 12 bis 15 Teilnehmern statt. Mehrere Tieffliegerangriffe erinnerten uns daran, daß wir uns im Krieg befanden. In Lenggries begann in der Generalstabsausbildung die eigentliche Schulung des Geistes, die meinen weiteren Werdegang nicht unwesentlich beeinflußte. Die Prägekraft dieser Ausbildung mag man auch daran erkennen, daß mehrere später erfolgreiche Führungskräfte der deutschen Wirtschaft die Generalstabsausbildung durchlaufen hatten.

Im 15. Lehrgang vor mir befand sich unter anderem der spätere Vorstandsvorsitzende der Mannesmann AG, Egon Overbeck, im gleichen Lehrgang wie ich der spätere Verleger Heinrich Seewald und der spätere stellvertretende Oberbefehlshaber der NATO, General Gerd Schmückle. Was zeichnete also diese Ausbildung aus?

Zunächst dieses: Blinder Gehorsam oder ideologiegeleitetes Verhalten, wie es sich die Nationalsozialisten vorstellten, hatten keinen Platz in der klassischen Truppenführung. Zu den Merkmalen der »preußischen«

Generalstabsausbildung gehörte vielmehr die Erziehung zu systematischem, logischem und flexiblem Denken. Auf der Grundlage preußischer Militärtheoretiker wie Clausewitz oder Schlieffen, deren Zitate immer wieder in die Vorträge einflossen, wurden wir zum Entwerfen strategischer Konzepte geschult, wobei äußerste geistige Konzentration, Selbstdisziplin und Durchhaltevermögen die Voraussetzung bildeten. Das stete Training, Operationen bis in alle Details hinein zu bedenken und in organisatorische Leistungen umzusetzen, sollte mir bei meiner späteren Tätigkeit in der Wirtschaft, bei Freudenberg und der Daimler-Benz AG, noch oft sehr nützlich sein. Speziell die Analyse der personellen Stärke, der materiellen und logistischen Voraussetzungen des Gegners, seiner taktischen Möglichkeiten und der Vergleich dieser Ergebnisse mit den eigenen Daten und Plänen, ist eine Methode, die in der privaten Wirtschaft ebenso zur Anwendung kommen kann wie auf militärischem Gebiet. Dabei möchte ich hervorheben, daß in dieser Führungsakademie trotz NS-Ergebenheit der Leitung ein freier Geist herrschte. Spottverse wie »Kein Mensch kann uns den Sieg mehr rauben, ihr müßt nur glauben, glauben, glauben«, die anderswo ernste Konsequenzen hätten haben können, wurden hier während der Kurse mutig vorgetragen.

Das schnelle Vordringen der Amerikaner im Westen und die großangelegten Angriffe der sowjetischen Truppen an der Ostfront veranlaßten das OKH immer wieder, auf Lehrgangsteilnehmer für einen Soforteinsatz zurückzugreifen. Offiziell wurden wir zur »Führerreserve« erklärt, was bedeutete, daß jeder von uns von einem Tag auf den anderen an einem beliebigen Platz eingesetzt werden konnte. Zu einem späteren Zeitpunkt erfuhr ich, daß ich rückwirkend zum 1. Januar 1945 vorzeitig zum Major befördert worden war.

Die einsetzende Unsicherheit veranlaßte mich im März 1945, meine Frau Marita bei unseren Freunden Zapp auf Gut Thalham bei Siegsdorf in Oberbayern unterzubringen, um dort das absehbare Kriegsende abzuwarten. Nach einer Übung in dieser Gegend bat ich meinen Hörsaalleiter, Oberst i. G. Bessel, meine kranke Frau dorthin begleiten zu dürfen, was mir auch gestattet wurde. Dies rettete mir das Leben, denn während meiner Abwesenheit erhielt ich einen Einsatzbefehl, der mich als Kommandant »fester Platz« per Flugzeug in das eingeschlossene Breslau hätte führen sollen. »Fester Platz« bedeutete, daß die Verteidigung bis zum letzten Mann einschließlich der Zivilbevölkerung zu erfolgen hatte. Wer dort hingeschickt wurde, blieb dort »für immer«. Von dem an meiner Stelle entsandten Hauptmann von der Trenck habe ich nie mehr etwas gehört.

Der Fall Wiens am 13. April und das Vorrücken der Amerikaner in Hessen, Württemberg und Bayern zeigte, daß die letzten Kriegstage angebrochen waren. Ende April 1945 erhielt ich nochmals eine Kommandierung. Zusammen mit dem Major von Bismarck sollte ich mich bei der Personalabteilung im OKH in Berchtesgaden bei General Meisel melden.

Meisel, der – wie man später erfuhr – an der Planung des »Selbstmords«

von Feldmarschall Erwin Rommel mitgewirkt hatte, eröffnete uns, daß wir zusammen mit einem weiteren Offizier als »Fliegendes Standgericht« im Raum München, Nürnberg und Augsburg eingesetzt werden sollten, begleitet von einem Exekutionskommando. Natürlich begriffen wir, was das bedeutete. Wir lehnten die Ausführung dieses Befehls ab, was die sofortige Anordnung eines Hausarrests zur Folge hatte. In dieser für uns sehr gefährlichen Situation konnte ich heimlich ein Telefonat mit dem Oberst i. G. Friedrich F. Litterscheid führen, dem Nachfolger Mertz von Quirnheims als Gruppenleiter I der Organisationsabteilung, der sich mit Teilen der Abteilung bereits in Berchtesgaden befand.

Die Telefonnummer der Zentrale des OKH war mir noch geläufig, und dies rettete uns mit ziemlicher Sicherheit das Leben. Litterscheid bewirkte umgehend einen neuen Einsatzbefehl, der uns aus der kritischen Situation befreite. Der Erfolg war dem Zufall zu verdanken, daß ich Litterscheid aus meiner früheren Tätigkeit im OKH gut kannte. Mein Einsatzbefehl sah mich vor als Erster Generalstabsoffizier des VII. Armeekorps (Ia VII. AK.) in Prien am Chiemsee. Da inzwischen Knappheit an Fahrzeugen herrschte, ließ ich mich mit einem Motorrad von Berchtesgaden in Richtung Autobahn München–Salzburg bringen. Unterwegs konnte ich dann sogar noch einmal kurz meine Frau in Thalham, das auf der Strecke lag, begrüßen.

Das Eingreifen Litterscheids brachte mir in jeder Hinsicht Glück, denn der Befehl zu meinem letzten militärischen Einsatz gelangte nicht mehr zur Durchführung. Vielmehr spitzten sich jetzt die Ereignisse für mich persönlich dramatisch zu:

Im Morgengrauen ging ich zur Autobahn München–Salzburg, um per Anhalter von der Ausfahrt »Bergen« nach Prien zu gelangen. Doch aus Richtung Salzburg kam kein Fahrzeug, und ich wartete stundenlang. Schneetreiben behinderte die Sicht. Plötzlich hörte ich das Rattern gepanzerter Fahrzeuge. Erstmals in meinem Leben sah ich den weißen Stern amerikanischer Panzerspähwagen. Sie hatten offenbar die Aufgabe, die Brücke zu besetzen, auf der ich stand. Das plötzliche Erscheinen der beiden Fahrzeuge veranlaßte mich, mich blitzschnell am Pfeiler der Brücke hinunterzulassen.

Die Amerikaner befürchteten wohl, daß ich die Brücke in die Luft sprengen wollte und begannen, mit Maschinengewehrfeuer in die Umgebung zu schießen. Am Fuß der Brücke abzuwarten, machte wenig Sinn, und so begann ich, von der Brücke in Richtung Wald auf Thalham zuzulaufen, dabei etwa 200 Meter den toten Winkel ausnutzend. Die schlechte Sicht im Schneetreiben kam mir zugute. Hinter einem Baum konnte ich mich schließlich verbergen und etwas verschnaufen. Dann ging ich nach Thalham zurück, wo mittlerweile die Fenster zerschossen waren. Ein polnischer Arbeiter war tödlich getroffen worden. Ich hielt den Krieg für beendet, denn am 30. April hatte sich die Stadt München den Amerikanern ergeben.

Doch die Freunde hatten Angst, mich im Haus zu behalten, und baten mich, in das nahegelegene Lazarett Adelholzen zu gehen. Dort erhielt ich aufgrund meiner alten Verwundung zurückdatiert einen Ausweis, daß ich unter dem Schutz der Genfer Konvention stehe. Der Stabsarzt bescheinigte mir Verwundetem Lagerunfähigkeit. In diesem Lazarett erlebte ich das Kriegsende am 8. Mai 1945. Ich lag in einem Raum zusammen mit dem Bildhauer Hans Wimmer und Nikolaus Fasolt, dem späteren BDI-Präsidenten. Nach sieben Wochen, am 24. Juni 1945, wurde das Lazarett aufgelöst. Mit einem Lastwagentransport wurden wir nach Erding in ein großes Kriegsgefangenenlager gebracht.

Nach einer grauenhaften regnerischen Nacht in einem notdürftig hergerichteten Regenschutz mußten wir am Morgen des 25. Juni Fragebogen ausfüllen und uns in Hundererreihen aufstellen. Jeder einzelne wurde nun von amerikanischen Offizieren vernommen. Ich wies meine Bescheinigung über die Lagerunfähigkeit vor. Schließlich stand ich vor einem fließend deutsch sprechenden amerikanischen Leutnant. Ich überreichte ihm mein Soldbuch und den ausgefüllten Fragebogen. Wegen meiner Tätigkeit im OKH hatte ich natürlich Bedenken, die Frage nach der Partei- oder SS-Mitgliedschaft konnte ich jedoch guten Gewissens verneinen. Ohne danach gefragt zu sein, gab ich meine Zugehörigkeit zur HJ offen zu, doch der Offizier konnte nur schmunzeln, als er hörte, daß mir als »Kameradschaftsführer« gerade fünf Buben »unterstanden« hatten. Er grinste, zerriß mein Soldbuch und unterschrieb meine Entlassungsurkunde.

So wurde ich am 25. 6. 1945, also sieben Wochen nach Kriegsende, in der oberbayrischen Kleinstadt Erding in die vollkommene Freiheit entlassen: Die Kriegsgefangenschaft hatte nur kurz gedauert, aber meine Heimat und meinen bisherigen Beruf hatte ich verloren. Der Verbleib der Angehörigen war ungewiß. Doch darüber nachzudenken, war im allgemeinen Durcheinander der unmittelbaren Nachkriegszeit zu früh.

Zunächst ging es um viel banalere Dinge. Wie sollte ich von Erding im Nordosten Münchens in das etwa 80 Kilometer entfernte Thalham bei Siegsdorf kommen, wo sich meine Frau aufhielt? Nur die Amerikaner verfügten über Autos, doch die nahmen keine Anhalter mit. So blieb mir nichts anderes übrig, als mich in einem Gewaltmarsch nach Thalham durchzuschlagen. Trotz Einhaltung der Sperrstunde traf ich am folgenden Abend in Thalham ein – diese Strapaze hatte ihren besonderen Sinn, denn am 26. 6. war mein Hochzeitstag.

Ich war in einem ziemlich desolaten Zustand, denn meine Füße bedurften der dringenden Pflege, und auch sonst brauchte es einige Zeit, um wieder in »friedliche« Verhältnisse zurückzufinden. Doch die Ausgangsbedingungen für den Beginn eines neuen Lebensabschnitts waren nicht schlecht. Ich war frei, unbelastet und befand mich in Gesellschaft meiner Frau. Wir konnten zunächst auf dem Gut bleiben und wurden dementsprechend gut versorgt. Als Gegenleistung betätigte ich mich als Gärtner. Meine Radieschen sollen sehr gut gewesen sein.

Lehrjahre bei Freudenberg (1946–1954)

Die Idylle auf dem Lande sollte jedoch nur einige Wochen Bestand haben. Von den Behörden wurde uns im Spätsommer mitgeteilt, daß wir als »Zugewanderte« ab Oktober in Bayern keine Lebensmittelkarten mehr erhalten würden. Schon während des Krieges hatten wir mit den Verwandten Heidelberg als möglichen Treffpunkt für Notfälle vereinbart gehabt. Im Oktober 1945 fuhr ich deshalb mit meiner Frau auf einem offenen Lastwagen auf Umwegen nach Heidelberg. Die Fahrt dauerte zwei Tage und zwei Nächte. Im Haus der Großmutter Engelhard waren bereits die Eltern Svendsen aus Königsberg und andere Verwandte eingetroffen. Ich meldete mich sofort beim Arbeitsamt, um Lebensmittelkarten zu erhalten, und bewarb mich bei verschiedenen Unternehmen. Ein Studium war wegen der Krankheit meiner Frau ausgeschlossen, denn ich mußte unseren Lebensunterhalt verdienen. Bewerbungen bei der chemischen Fabrik Giulini in Ludwigshafen und Südzucker waren ergebnislos geblieben, doch der Landmaschinenhersteller Fahr in Gottmadingen hatte mir eine Lehrstelle in Aussicht gestellt – damals war ich 28 Jahre alt. Die Zusage ließ jedoch auf sich warten, und so ging ich, wenn nichts anderes anstand, mit meinem Schwager zum Pilzesuchen und Holzschlagen ins Neckartal.

Eines Sonntags trafen wir bei einem Herbstausflug mit meinen Schwiegereltern zufällig Hans Freudenberg mit seiner Familie. Die Bekanntschaft meiner Schwiegermutter zu Hans Freudenberg bestand seit vielen Jahren. Als die beiden Familien gemeinsam durch den Odenwald spazierten, fragte mich Hans Freudenberg, Mitinhaber der Firma Freudenberg in Weinheim, was ich bisher gemacht habe und was ich könne. Ich antwortete ihm wahrheitsgemäß: »Ich kann nichts. Das einzige, was ich kann, so glaube ich, ist: Ich kann etwas lernen.« Diese Antwort gefiel ihm offenbar, denn er antwortete: »Wenn Sie nicht die schmutzigste oder niedrigste Arbeit stört, können Sie bei uns in Weinheim anfangen. Besser in der amerikanischen als – wie bei Fahr – in der französischen Besatzungszone.« Hans Freudenberg, dem die Technik der Fa. Freudenberg unterstand, stellte wegen ihrer Führungseigenschaften mit Vorliebe ehemalige Wehrmachtsoffiziere ein, nicht unbedingt zur Freude seines Bruders Richard, der nie Soldat gewesen war. Anfangen sollte ich mit dem Beginn des nächsten Jahres, dem 2. Januar 1946.

Meine Lehrjahre als späterer Manager absolvierte ich somit bei der traditionsreichen Firma Carl Freudenberg in Weinheim an der Bergstraße. Gegründet wurde die Firma bereits im Jahr 1849 als Gerberei »Heintze & Freudenberg«, der heutige Name besteht seit 1874. Zahlreiche Produkte der Firma sind weit bekannter als die Firma selbst: »Vileda«-Tücher finden sich fast in jedem Haushalt, Dichtelemente wie der legendäre »Simmerring«, benannt nach dem Freudenberg-Ingenieur Simmer, in fast jedem Auto.

Im Zweiten Weltkrieg hatte die Fabrik weder Zerstörung noch Demontage erfahren. Am 28. März 1945 war der geschäftsführende Gesellschafter Richard Freudenberg den amerikanischen Truppen mit einer weißen Fahne entgegengegangen, das Werk und die Stadt wurden kampflos übergeben. Er hatte in der Nacht zuvor durchgesetzt, daß die in Weinheim stationierte Wehrmachtsgruppe die Stadt verließ. Dadurch wurden Stadt und Fabrik gerettet. Auf Anordnung des amerikanischen Stadtkommandanten übernahm Richard Freudenberg, der seit 25 Jahren dem Stadtrat angehört hatte, das Amt des kommissarischen Bürgermeisters von Weinheim. Das Werk konnte beinahe ohne Pause weiterarbeiten, da es von den Amerikanern eine »Off-Limits«-Erklärung erhielt.[25] Heute ist die Firma Freudenberg & Co. Dachgesellschaft eines diversifizierten Konzerns, der insbesondere technische Gummi- und Kunststoffprodukte herstellt und dem 148 Tochtergesellschaften in 27 Ländern angehören, mit ca. 26000 Beschäftigten und über vier Milliarden DM Umsatz.[26]

Die Tätigkeit bei Freudenberg spielte für meine weitere Entwicklung eine große Rolle. Der Neuanfang in diesem Rahmen fiel mir leicht, weil in der Firma ein Betriebsklima herrschte, das mich an das meines Elternhauses erinnerte. »Preußische Tugenden« wie Pünktlichkeit, Genauigkeit, Disziplin, Fleiß, aber auch Einfachheit etc. wurden großgeschrieben und durch eine immer wieder betonte soziale Einstellung ergänzt. Eigeninitiative wurde gern gesehen und im Erfolgsfall honoriert. Unabhängiges Denken und persönliches Engagement waren kennzeichnend für die beiden geschäftsführenden Gesellschafter der Firma, Hans und Richard Freudenberg. Als einziger parteiloser Abgeordneter hielt Richard Freudenberg im Bundestag Reden, die nicht nur von der CDU, sondern gelegentlich sogar von den Kommunisten Beifall erhielten, etwa bei seiner Ablehnung einer vorzeitigen Wiederbewaffnung der Bundesrepublik, gegen die er sich, zumal im Rahmen eines Bündnisses, aussprach. Unabhängigkeit war für Richard Freudenberg, aber auch für andere Mitglieder dieser Unternehmerfamilie kein bloßes Schlagwort. Hans Freudenberg betonte immer wieder: »Einordnen bedeutet nicht unterordnen.«[27]

Im Jahr 1946 hatte Freudenberg ca. 3000 Mitarbeiter, und die Produktionspalette erstreckte sich aus Rohstoffmangel auf wenige Produkte in der Leder- und Schuhproduktion sowie Kunststoffdichtungen. Zunächst wurde ich in die Buchhaltung gesteckt. Freiwillig hätte ich mir das sicher als allerletztes ausgesucht, doch haben mir die drei Monate Debitoren- und Kreditorenbuchhaltung nicht geschadet. Aber die eintönige Arbeit sagte mir überhaupt nicht zu. Als sich Hans Freudenberg nach meinem Wohlbefinden erkundigte, gab ich zur Antwort, es ginge mir gut, aber die Buchhaltung sei nicht mein Lebensziel.

Freudenberg eröffnete mir die Aussicht, Einblick in alle Produktionsbereiche der Firma zu bekommen. So lernte ich die Betriebe Leder, Gerberei, Simrit-Werk, Schuhfabrik und schließlich das Nora-Werk kennen. Am besten gefiel mir die Schuhfabrikation, doch am Ende dieser Stationen schickte mich Hans Freudenberg im Mai 1946 in das Buna-Werk, Zulieferbetrieb für das Nora-Werk, – als Hilfsarbeiter.

Dieses Werk war 1936 entstanden, als man den bewirtschafteten Naturkautschuk bei der Sohlenproduktion durch Kunstgummi (Buna) ersetzen mußte. Im Verlauf des Krieges war man im Zeichen der Autarkiebestrebungen dazu übergegangen, Buna im Verschnitt mit Regenerat und Ruß zu verarbeiten, und daran änderte sich auch aus anderen Gründen nichts bis zur Währungsreform. Als Füllmaterial für die Schuhsohlen diente Ruß, der in Säcken angeliefert wurde. Sobald man einen solchen Sack aufschnitt, war man bereits vollkommen eingeschwärzt, und der Ruß war kaum wieder abzuwaschen. Damals gab es den schönen Spruch: »Wer Vater und Mutter nicht ehrt, kommt ins Nora-Werk, und wer noch schlechter ist, kommt in die Rußkammer.« Das Nora-Werk war 1946 das unbeliebteste Werk des Hauses Freudenberg, denn es war mit Abstand das dreckigste. Die Arbeiter dieser Fabrik wurden die »Rußnickel« genannt.[28]

Mit Adolf Freudenberg lernte ich zufällig ein weiteres Mitglied dieser Unternehmerfamilie kennen, als ich im Februar 1947 von einem Aufenthalt im Schweizer Kurort Davos, wo ich meine schwerkranke Frau Marita besuchte, zurückkehrte. Beim Umsteigen in Basel sah ich einen Herrn stehen, der mühsam verschiedene landwirtschaftliche Geräte in ein Zugabteil Richtung Frankfurt einlud. Nachdem ich ihm meine Hilfe angeboten hatte, kamen wir im Abteil ins Gespräch. Er fragte mich nach meinem Zielort – es war Weinheim – und danach, ob ich dort die Firma Freudenberg kenne, worauf ich antworten konnte, daß ich dort seit dem Januar 1946 arbeitete. Damals wußte ich noch nicht, daß ich jenen integren und mutigen Mann vor mir hatte, der wegen seiner jüdischen Frau die Karriere im deutschen Staatsdienst – im Auswärtigen Amt – aufgegeben hatte. Adolf Freudenberg war mit ihr in die Schweiz emigriert und hatte dort Theologie studiert, wurde auch Mitglied des evangelischen Weltkirchenrats. 1947 kehrte er nach Deutschland zurück, wo er die Flüchtlingssiedlung Heilsberg in Bad Vilbel bei Frankfurt gründete, die er seelsorgerisch bis zu seinem Tod betreute. Damals ahnte ich auch nicht, daß ich mit seinen beiden Söhnen später noch in einer engen Zusammenarbeit stehen würde.

Als »Rußnickel« fing ich also an: In »Bau 93«, in dem ich gut ein Jahr arbeitete, hatte man nur mit Ruß, Öl, Schwefel und Chemikalien zu tun, die genau eingewogen werden mußten, um dann in großen Mischmaschinen zu einem plastischen Teig verarbeitet zu werden. Meine ersten drei Monate im Nora-Werk verbrachte ich – wie übrigens auch die Herren Hermann und Dieter Freudenberg – mit dem Einwiegen von Ruß, der dreckigsten der Dreckarbeiten. Nach und nach durchlief ich dann die anderen Stationen der Produktion: das Walzwerk, das Preßwerk, das Schneidwerk und die mit Dr. Demme besetzte Prüfstelle im Labor, die damals bereits unterhalten wurde, um alle fehlerhaften Produkte auszusichten.

Nachdem ich diese harte einjährige Lehrzeit in den Augen von Hans

Freudenberg gut bestanden hatte, meinte er, etwas mehr Ahnung von Chemie könne mir in dieser Branche nicht schaden. So wurde ich von Hans Freudenberg für ein halbes Jahr in das Kautschukzentrallabor der Firma Bayer (Leverkusen), früher I. G. Farben, geschickt, um die Grundbegriffe der Chemie und die Grundmischungen in der Kautschukproduktion sowohl theoretisch als auch praktisch zu lernen. Gleichzeitig sollte wohl der Leiter des Labors, Professor Konrad, den Hans Freudenberg aus der gemeinsamen Weiterentwicklung des Kunststoffes »Perbunan« kannte, meine persönliche Eignung für eine leitende Stellung bewerten. Insgesamt dauerte diese Ausbildungszeit bei Freudenberg und Bayer fast zwei Jahre.

Als ich von Leverkusen nach Weinheim zurückgekehrt war, fragte mich Hans Freudenberg, ob ich mir die Leitung eines Werkes zutraute. Dies war der Fall – Menschenführung hatte ich bei der Wehrmacht gelernt, und die Firma Freudenberg kannte ich jetzt in- und auswendig. Ende 1947 wurde mir dann die Leitung des Nora-Werkes übertragen, das damals eine Belegschaft von ca. 400 Beschäftigten hatte.

Ich nahm diese Tätigkeit Anfang 1948 auf. In enger Zusammenarbeit mit dem Betriebsrat Jacob Erl und dem Meister Franz Weber gelang es mir, das »Rußnickel«-Werk Nora zu einem von der Atmosphäre her besten und – saubersten zu machen. Die Arbeitssituation im Werk wurde durch weißgekalkte Räumlichkeiten rasch verbessert. Durch die jährlich stattfindende Weihnachtsfeier mit Ehrung der Jubilare in Anwesenheit der Lehrlinge, der leitenden Angestellten und der Geschäftsführung des Unternehmens wurde das Nora-Werk in meinen letzten beiden Jahren als eine Art Musterwerkstatt der Firma Freudenberg bekannt. Das Verhältnis zwischen mir und der Belegschaft des Nora-Werkes hatte sich von Anfang an sehr erfreulich entwickelt. Zwar bereitete mir das Verständnis des Odenwälder Dialekts unter den Arbeitern äußerste Schwierigkeiten, doch wurde ich gut aufgenommen, weil die Arbeiter ein Jahr lang beobachten konnten, daß ich mir selbst für keine Arbeit zu schade war.

Aufsehen erregte damals, daß ich – ungeachtet der reservierten Haltung der Geschäftsleitung – einen jährlichen Betriebsausflug auf dem Neckar veranstaltete, der das Zusammengehörigkeitsgefühl verstärkte.[29] Nach Verstreichen des Trauerjahres nach dem Tod meiner ersten Frau am 3. März 1951 heiratete ich Ende März 1952 in Heidelberg meine zweite Frau Annemarie Weltzien, Tochter des verstorbenen Staatsfinanzrats a. D. und Mitinhabers der Berliner Handelsgesellschaft (BHG) Hans Weltzien.

Bei der Hochzeitsfeier gab es eine nette Episode. Die Belegschaftsmitglieder hatten für ein Hochzeitsgeschenk gesammelt. Es handelte sich um einen Gasherd, was damals kein geringer Beitrag zur Familiengründung war. Der Vorsitzende des Betriebsrats Jakob Erl erschien mit einer Abordnung von Arbeitern bei der Feier in Heidelberg, um zu gratulieren und das Geschenk zu überreichen. In der Zeitschrift »Roter Gerber« (Mannheim),

Abb. links: Mit meinem »Stabschef« Georg Schmitt im Nora-Werk.
Abb. rechts: Mit Betriebsrat Jakob Erl, Betriebsausflug 1952 auf dem Neckar.

einem Organ der damals noch nicht verbotenen KPD, hieß es dazu in einem Kommentar: Wenn der Betriebsrat eines Werkes bei der Hochzeit eines Werksleiters bei Freudenberg erscheine und sogar noch ein Geschenk überreiche, bedeute dies das gleiche, wie dem Fabrikanten Richard Freudenberg »die Peitsche zu küssen«.

Ermöglicht wurde die Verbesserung der Arbeitsverhältnisse letztlich auch aus einer Veränderung der Käufernachfrage und damit zusammenhängend einer Umstellung der Produktion. Die Konsumenten verlangten bereits 1949 nach der Währungsreform wieder nach Schuhen mit mehr Chic, und hier erwiesen sich die ewigen schwarzen Schuhsohlen, die überall schwarze Striche hinterließen, als Hemmnis.[30] Wir versuchten dem Rechnung zu tragen durch Herstellung heller Sohlen, für die als neuer Füllstoff statt Ruß »Clay« verwendet wurde, Profilsohlen, und, seitdem wieder Naturkautschuk zur Verfügung stand, durch Fertigung von Kreppsohlen.

Bei der Herstellung von Platten, aus denen Kreppsohlen gestanzt wurden, kamen wir auf die Idee, daß diese Kreppsohlen auch farbig hergestellt werden könnten. An einem der ersten Samstage, an dem nicht mehr gearbeitet wurde, verabredete ich mich mit den beiden Meistern in der Werkstatt, um Versuche zum Einfärben von Naturkautschuk auszuführen.

Richard Freudenberg, der am Wochenende öfter mit Gästen durch die Fabrik ging, fragte uns, was wir hier täten, und ich erzählte ihm von meinem Vorhaben. Er forderte mich auf, am Montag über die Versuchsergebnisse zu berichten. Herr Freudenberg war begeistert, und nach einigen Tagen suchte er mich auf, um mir seine Anerkennung auszusprechen. Dann nahm er mich zum Lohnbüro mit und ließ mir zu meiner größten Freude direkt und bar einen Sonderbonus (damals ein kleines Vermögen) auszahlen. Ich machte den Unternehmer auf den Anteil der beiden Meister, Franz Weber und Hermann Dehler, an der Entwicklung aufmerksam, und auch sie erhielten daraufhin zusammen noch einmal die gleiche Summe ausbezahlt.

Die spontane Anerkennung der besonderen Leistung war ein Zeichen für die Hochbewertung von Eigeninitiative in diesem Unternehmen. Die eingefärbten Kreppsohlen wurden für die Firma Freudenberg ein großer Erfolg. Bis zur Wiedereinführung der Ledersohlen wurden jährlich über 2000 Tonnen dieser Sohlen an die Schuhindustrie geliefert, besonders an »Salamander« in Kornwestheim, aber natürlich auch an die Fabriken, die zum Freudenberg-Konzern gehörten, wie »elefanten«-Kinderschuhe (Kleve), »Vital« in Weinheim und »Curator« in Offenbach.

Bereits vor meiner Zeit als Leiter des Nora-Werkes hatte die Einrichtung bestanden, die hergestellten Sohlen praktischen Lauftests zu unterziehen. Dies beruhte auf der Beobachtung, daß die Abnützung in der Praxis anders – nämlich langsamer – verlief als im mechanischen Dauerabriebtest. Zur Schuherprobung dienten die sogenannten »Marathonläufer«, meist Kriegsversehrte mit Armverletzungen, die die Aufgabe hatten, jeden Tag die etwa 20 Kilometer lange Strecke von Weinheim nach Schrießheim und zurück zu laufen. Auf diese Weise sollten realistischere Abnutzungsergebnisse herausgefunden werden. Ob dies allerdings tatsächlich der Fall war, sei dahingestellt. Als ich einmal mit meinem Motorrad unsere »Marathonläufer« kontrollieren wollte, fand ich sie einträchtig in der Lokalbahn zwischen Weinheim und Schrießheim sitzen.

In dieselbe Zeit fiel eine weitere Neuentwicklung, der Fußbodenbelag »Noraplan«. Im Jahr 1950 nahmen wir die Produktion auf. Auch hier stellten wir Versuche zur Färbung an. Zunächst wurden einfarbige, später auch marmorierte Bodenbeläge für Neubauten von Wohnhäusern, Kaufhäusern und Krankenhäusern hergestellt. »Noraplan« wurde rasch zu einem großen Erfolg. Der Verkauf erfolgte durch Fritz Reinig. Die Monatsproduktion erreichte 1953/54 rund 3000 laufende Meter sowie gestanzte Platten. Die Weiterentwicklung führte zu »Norament« und damit verbundenen Großaufträgen, wie zum Beispiel der Auslegung der Flughafenanlage in Frankfurt am Main. Heute ist »Norament« in der ganzen Welt bekannt.

Freudenberg wurde dadurch zum internationalen Marktführer auf dem Gebiet der Gummifußbodenbeläge. »Recycling« und Umweltschutz, das sei nur am Rande erwähnt, hat es damals schon bei Freudenberg gegeben, teils aus Gründen der Rohstoffökonomie, teils aus Prinzip. Die Gerberei, die Freudenberg ursprünglich war, hatte naturgemäß einen hohen Abfallanfall aus der Falzerei. Dieser organische Eiweißstoff wurde an die eigens dafür gegründete Naturin-Fabrik geliefert und zu Wursthüllen verarbeitet. Die Abfälle aus der Lederstanzerei wurden zu Schuhhinterkappen und Zwischensohlen verarbeitet, aus den Gummiabfällen wurde das sogenannte »Regenerat« hergestellt. Durch die Initiative Hans Freudenbergs wurden auf diese Weise frühzeitig heute aktuelle Vorstellungen der Abfallwiederverwertung verwirklicht.

Hans Freudenberg lag auch die Reinheit der Gewässer sehr am Herzen. Er nahm mich oft nach Karlsruhe mit, wo er an der TH Vorträge hielt und sich über die Verschmutzung des Neckar und des Rhein durch die chemische Industrie informierte, wie zum Beispiel in Ludwigshafen. Bereits um 1950 scheute Freudenberg keine finanziellen Aufwendungen, um Maßnahmen gegen die Gewässerverschmutzung zu ergreifen. Lebenswichtigen ökologischen Erfordernissen wurde schon damals bei Freudenberg, soweit möglich, Rechnung getragen.

Seit dem Jahr 1950 machte ich mir Gedanken über den ungeheuren Vorsprung der Amerikaner in der Verarbeitung von Kunst- und Naturkautschuk. Ich beschäftigte mich damals viel mit dem »Hauser«, einem Standardwerk über die Verarbeitung in der Kautschukindustrie, verfaßt von Ernst A. Hauser, einem früheren Mitarbeiter der IG Farben, der nun am Massachusetts Institute of Technology, an der University of Cambridge sowie in Boston lehrte. Mit ihm nahm ich Verbindung auf, um mich darüber hinaus über den letzten Stand der verarbeitenden Kautschukindustrie in den USA zu informieren.

Diesen Informationsstand brachte ich Anfang 1951 bei einem seiner regelmäßigen Betriebsrundgänge von Richard Freudenberg in ein Gespräch ein und schlug ihm vor, jemanden in die USA zu schicken, der sich die fortgeschrittene Produktionstechnologie vor Ort anschauen sollte. Richard Freudenberg war sofort von meinem Vorschlag überzeugt, er hatte selbst schon in dieselbe Richtung gedacht. Er sagte: »Wenn ich nur wüßte, wen ich schicken könnte.« Darauf antwortete ich ihm: »Herr Freudenberg, wenn ich Sie wäre, würde ich den Heinz Hoppe schicken.« Daraufhin beauftragte er mich nach Rücksprache mit seinem Bruder Hans sofort mit der Vorbereitung der Reise, die sich jedoch schwieriger als erwartet erwies.

Die zahlreichen brieflichen Anfragen bei den großen Firmen – Goodyear, Goodridge, Firestone und Du Pont – hatten zu keinerlei Ergebnissen geführt: Von keinem der angeschriebenen Betriebe hatte ich eine Einladung erhalten, auch nicht nach Einschaltung des New Yorker Leder-Vertreters der Firma Freudenberg, Jim Donovan. Eine Einladung aber wiederum war damals eine Voraussetzung zur Einreise. Dennoch glaubte ich an mein Glück und bemühte mich, mein Schul-Englisch zu verbessern. Donovan gelang es schließlich, mir das Visum zu besorgen. So reiste ich am 14. September 1951 von Rotterdam ohne Einladung in die USA. Im Reisegepäck hatte ich Reiseschecks für 20$ täglich (inklusive Hotel) und jede Menge guter Wünsche.

Die Überfahrt nach Amerika erfolgte mit dem Schiff, der »New Amsterdam«, um unterwegs noch Literatur über die USA und insbesondere die amerikanische Kautschukindustrie studieren zu können. Meine ersten Tage in New York verliefen nicht gerade ermutigend.

Im Hotel verschwanden sofort meine Schuhe, die ich nachts zum Putzen vor die Tür gestellt hatte, die aber weggeworfen wurden, weil dies hier nicht üblich war. Dem Oberkellner im Hotelrestaurant konnte ich mich nicht verständlich machen. Ein Polizist verwehrte mir das Durchqueren einer großen Unterführung, da deren Benutzung für Fußgänger trotz vorhandener Bürgersteige untersagt war. In einem meiner ersten Briefe aus New York heißt es über meine ersten Eindrücke nach einem langen Spaziergang: »Die Aufmachung, Reklame und Business ist überwältigend. Wenn man hochsieht zwischen den Wolkenkratzern, kommt man sich ganz klein und verlassen vor.«[31]

Kurz vor einer Verabredung mit Jim Donovan zur Besichtigung einer Schuhfabrik in Endicott (N. Y.), in der Freudenberg-Leder verarbeitet wurde, rannte ich im Stadtbüro der Robinson Airlines gegen eine geschlossene Glastür – durchsichtige Türen hatte ich in Deutschland noch nicht kennengelernt. Dabei schürfte ich mir die Haut an der Nase auf, und es gelang mir nicht, die Blutung mit einem Taschentuch zum Stillstand zu bringen. In diesem Zustand traf ich am New Yorker Flughafen Jim Donovan: Gesicht, Hände, Taschentuch, alles war voller Blut. Erschrocken fragte mich dieser, ob ich über das Wochenende einen Boxkampf gehabt hätte. Offenbar erschien ihm meine Erklärung des Vorfalls wenig glaubwürdig.

Bereits bei dieser ersten Besichtigung gewann ich einen sehr positiven Eindruck von meinem Gastland, wie auch in einem meiner damaligen Briefe zum Ausdruck kommt: »... hier ist die Firma Endikott-Johnson & Co. genau dasselbe wie in Weinheim Freudenberg, nur daß dieses Werk etwa 20000 Menschen beschäftigt. Die Stadt macht einen entzückenden und reichen Eindruck, nur kleine Einfamilienhäuschen, umgeben von Rasen, Blumen und bunt gefärbten Sträuchern. Zwischen den Häusern sind keine Zäune und Hecken, das macht einen sehr freien und großzügigen Eindruck... es sind alles Häuser von Arbeitern und Angestellten dieser Firma. Man hat nicht den Eindruck, durch eine Arbeitersiedlung, sondern eher durch eine Villengegend zu fahren. Durch die hügelige Landschaft sieht man in das bewaldete Land hinein, wirklich wunderhübsch. Das Werk selbst: neue Backsteinbauten, wir gingen in den Betrieb, keine großartige Anmeldung und Präsidentenzimmer, sondern gleich in den Betrieb, wo man nicht erkennen kann, ist das ein Arbeiter, Meister oder gar Chef, alle sind gut und sauber gekleidet. Ich hatte Gelegenheit, vor- und nachmittags den Fertigungsbetrieb anzusehen, die Leute waren sehr aufgeschlossen und freundlich und haben mir alles gezeigt, was ich wissen wollte...«[32] Aus anderen Briefen geht jedoch hervor, daß das Leben in den USA, insbesondere in Großstädten wie New York auch seine Schattenseiten hatte: »Wenn ich hier oft sehe, wie die Lokale, besonders die Bars, überfüllt sind, oft die Männer alleine und die Frauen alleine, wie die Technik, Reklame und nochmals Reklame die Menschen betäubt und sie von einer Sensation in die andere jagt, dann habe ich das Gefühl, daß die Menschen hier nicht leben, sondern gelebt werden. Gestern das Gespräch mit Prof. Hauser gab mir in so vielen Dingen Aufschluß und sehr zu denken, wohin die Technik die Menschen treibt. Sie sind immer unterwegs, immer auf Achse, um nichts zu versäumen. Daher arbeiten auch die Frauen, nicht aus Not, sondern nur um sich dies und jenes noch mehr leisten zu können. So bin ich eigentlich froh, daß mich dieser Strudel Amerika keineswegs erfaßt hat. Es ist ungeheuer interessant für mich, ich mache die Augen groß auf und lasse Menschen und Autos rasen, abends freue ich mich, daß ich mein gemütliches Zimmer habe.«[33]

In meinem New Yorker Hotelzimmer machte ich mich mit Hilfe eines Telefonbuchs daran, Adressen der amerikanischen verarbeitenden Kautschukindustrie herauszufinden. Dabei stieß ich auf die Adresse der »Rubber Association«, die ein Büro im Empire State Building unterhielt. Dieses Büro suchte ich auf, trug der Sekretärin des Präsidenten mein Anliegen vor, und nach einer geraumen Zeit empfing mich der Präsident, Mr. Flynn. Ich stellte mich vor als Major im letzten Krieg, Hilfsarbeiter und dann Werksleiter bei Freudenberg. Mr. Flynn hörte sich meine Ausführungen eine Weile an, dann sah er mich an und sagte: »Ich glaube, Sie sind ein netter Kerl, und ich will Ihnen helfen.« Er nahm das Telefon und rief einen Mr. Kavanagh an, den Werksleiter eines Betriebs von Goodyear in Windsor/Vermont, und sagte, er habe hier einen netten Kerl aus Deutschland sitzen, der die amerikanische Kautschukindustrie kennenlernen wolle. Mr. Kavanagh war unmittelbar nach dem Krieg in Deutschland gewesen und hatte im Rahmen der Industrie-Kommission die deutsche Industrie besichtigt, darunter auch die Firma Freudenberg in Weinheim. Er lud mich ein, zu kommen, und ich flog sofort nach Windsor, wo ich ausgezeichneten Kontakt zu Mr. Kavanagh fand. Er zeigte mir seine Fabrik, einen Zweigbetrieb des Goodyear-Konzerns, und verhalf mir dann zu einem Kontakt zu dessen Stammhaus, der »Goodyear Tire & Rubber Company« in Akron/Ohio, einem der weltweit größten Produzenten von Kautschukerzeugnissen und synthetischem Gummi.

Ich flog am 29. Oktober nach Akron und lernte hier das Zentrum der amerikanischen Kautschukindustrie kennen. Im Rahmen meines Aufenthalts besichtigte ich die 18 größten amerikanischen Gummibetriebe – darunter Goodyear, Firestone etc. – und darüber hinaus zahlreiche Maschinenhersteller. Dadurch erhielt ich einen hervorragenden Einblick in diesen Industriezweig und seine damalige technische Ausstattung. Beeindruckend war für mich die Offenheit, mit der ich behandelt wurde. Ich bekam nicht nur zahlreiche Hinweise für Automatisierung und Maschinenausstattung, sondern sogar über Mischungsrezepte, die in der konkreten Produktion zur Verbesserung der Herstellungstechniken dienen konnten. Schon zu diesem frühen Zeitpunkt war es mir vergönnt, einen großen Bekanntenkreis und einige gute Freunde zu gewinnen, die mir nach meiner Rückkehr nach Deutschland eine Anknüpfungsmöglichkeit an den ersten Aufenthalt boten. Die zahlreichen Eindrücke, die auf dieser ausgedehnten Reise durch zahlreiche Städte der USA und Kanadas auf mich einströmten, brachte ich fast täglich zu Papier und übersandte sie an Hans Freudenberg.

Erst kurz vor Weihnachten 1951 flog ich wieder nach Deutschland zurück. Mit einem neuen »Volkswagen« wurde ich vom Frankfurter Flughafen abgeholt. Ich erinnere mich gut an diese Fahrt, die durch Befrieren der Windschutzscheiben ständig behindert war. Immer wieder mußte man anhalten und von außen das Eis von der Scheibe kratzen. Der Scheibenwischer war bei diesem ersten Nachkriegsmodell völlig unbrauchbar.

Nach Weihnachten erstattete ich Hans und Richard Freudenberg mündlichen Bericht von den Eindrücken während meines fast halbjährigen Aufenthalts in Amerika. Sie waren sichtlich beeindruckt und erteilten mir den Auftrag, nicht sofort wieder die normale Arbeit aufzunehmen, sondern zunächst in Klausur zu gehen und ein schriftliches Resümee zu verfassen, das auch alle Konsequenzen für die Erweiterung des Nora-Werkes zog. Mit allem aus Amerika mitgebrachten Material und dem Werksingenieur Herbert Hilkert machte ich mich an die Arbeit, wobei Hilkert oft aufgrund meiner Skizzen oder auch nur von Handbewegungen die beobachteten Techniken in Zeichnungen umsetzen mußte. Der vollständige Bericht enthielt ein entsprechendes Investitionsprogramm für eine Verbesserung der Abläufe in der Produktion, speziell die Einführung von Transportbändern, die Aufstellung diverser neuer Maschinen und einen geplanten Erweiterungsbau. Ende Januar 1952 trug ich das für damalige Verhältnisse mit einem Volumen von einer Million DM recht umfangreiche Investitionsprogramm Hans Freudenberg vor. Dieser hörte sich alles an und sagte dann: »Ich bin einverstanden, daß wir das Programm so durchziehen, wie Sie es vorschlagen, jedoch hoffe ich, daß Sie die Konsequenzen ziehen, falls diese Investitionen und die vorgeschlagene neue Arbeitsweise sich nicht bewähren.« Ich war jedoch von der Richtigkeit so überzeugt, daß ich ohne Bedenken auf diese Forderung einging.

Das vollständige Investitionsprogramm wurde innerhalb der beiden nächsten Jahre verwirklicht. Die Anlage hat sich bestens bewährt, sie arbeitet sogar heute noch. Nach Inbetriebnahme der modernisierten Anlage konnte die Produktion bereits 1953 auf ein bisher nicht erreichbares Volumen von knapp 1000 Monatstonnen gebracht werden, bei etwa gleichbleibender Belegschaft. Die weitere Tätigkeit als Werksleiter der Firma Freudenberg hat mir immer wieder viel Spaß gemacht, neue Ideen – wie die erwähnte Entwicklung der Fußbodenbeläge – erweiterten die

Aufgabenstellung. Dennoch wurde mir die Arbeit mit der Zeit etwas eintönig, zumal das Werk fast von allein lief. Damals konnte man von mir immer wieder die Bemerkung hören: »Ich brauche nur jeden Morgen hinzugehen, um einen Groschen einzuwerfen, dann läuft das Werk von allein.« Mein Wunsch, das Freudenberg-Werk Lowell bei Boston/USA zu übernehmen, wo Vliesstoffe produziert wurden, konnte von der Unternehmensleitung nicht erfüllt werden.

Innerhalb der Firma sah ich kaum Aufstiegsmöglichkeiten, da gerade qualifizierte Familienangehörige in das Unternehmen eintraten, so daß die Chancen für leitende Stellen zwangsläufig gering waren – die Öffnung gegenüber Nichtfamilienmitgliedern erfolgte erst in den 70er Jahren, und heute stellen sie sogar die Mehrheit in der Geschäftsleitung. So sah ich ein bißchen enttäuscht in die Zukunft, obwohl mir die Familie Freudenberg stets freundlich und sogar herzlich gegenüberstand. Privat konnte ich eigentlich auch zufrieden sein, denn nach meiner Wiederverheiratung im März 1952 hatte ich in Weinheim mit Hilfe der 1949 zum hundertjährigen Bestehen der Firma Freudenberg gegründeten »Wohnbauhilfe« relativ günstig ein nettes Häuschen bauen können. Außerdem hatte ich zusammen mit meiner zweiten Frau zwei Kinder, Annabel und Monika, bekommen. Haus und Garten, Familie und Freizeitsport hätten mich eigentlich ganz gut ausfüllen können. Doch ein weiterer Amerika-Aufenthalt sollte nicht ohne Auswirkungen bleiben.

Im Jahr 1952 konnte ich Richard Freudenberg auf einer Reise in die USA begleiten, zu der ich nach acht Tagen meinen Hochzeitsurlaub in Ascona abbrechen durfte. Bei diesem zweiten Amerika-Aufenthalt schlug mein Herz inzwischen so stark für die USA, dieses weite Land mit seinen aufgeschlossenen Menschen und ihrem freundlichen Nebeneinander, daß ich mich mit Auswanderungsgedanken trug. Die riesigen unbebauten Flächen in den nördlichen Bundesstaaten brachten mich auf die Idee, mit einer Gruppe entsprechend qualifizierter Personen, möglichst Ostpreußen, eine große Auswanderergruppe zusammenzustellen, um wie zur Zeit der Siedler eine große Siedlungskolonie einzurichten. Die Pläne zerschlugen sich vor allem, weil die Brüder Hans und Richard Freudenberg mich von diesem Gedanken – Gott sei Dank, wie ich heute meine – abbringen konnten, indem sie auf meine inzwischen erreichte berufliche und auch die private Situation hinwiesen. Mit einer glücklichen Familie und dem eigenen Haus hatte ich eigentlich keinen Anlaß zu klagen, zumal auch das benachbarte Heidelberg Gelegenheit zu vielen Theater- und Konzertbesuchen bot.

In dieser Phase beruflicher Stagnation besuchte mich im Sommer 1954 in Weinheim ein ehemaliger Kamerad, Hans Ahrenkiel, der vor dem Krieg Generaldirektor von »Rote Erde«, im Krieg aber mit mir 1943/44 unter Carl Giese in der Organisationsabteilung des OKH tätig gewesen war. Nach Kriegsende wurde Ahrenkiel Geschäftsführer der Peilschen Glashütte in Düren. Ich sprach sehr offen mit ihm über meine Situation. Im

September 1954 erhielt ich einen Anruf meines ehemaligen Vorgesetzten Giese, mit dem Ahrenkiel gesprochen hatte. Giese hatte nach der erfolgreichen Mithilfe zu einem Kooperationsvertrag mit Daimler-Benz in Indien – dem Tata-Projekt – zur Bedingung gemacht, daß ihm nach Vertragsunterzeichnung die Verantwortung für die Neuordnung des Vertriebs auf dem nordamerikanischen Kontinent übertragen würde.[34] Er eröffnete mir bei einem Gespräch in Stuttgart, zu dem er mit Alfred Rummel bereits den Sohn des damaligen Aufsichtsratsvorsitzenden von Daimler-Benz, Hans Rummel, hinzugezogen hatte, daß er für die USA einen Mitarbeiter suche, der sich dort bereits etwas auskenne. Dafür, so meinte er, würde ich mich hervorragend eignen. Ich solle mir überlegen, ob ich nicht von Freudenberg zu Daimler-Benz wechseln wolle. Da meine Bindung an Freudenberg aber sehr groß war, reagierte ich spontan ablehnend auf diesen Vorschlag. Doch wurde mir eine Woche Bedenkzeit eingeräumt.

Ich hatte ständig das Angebot Gieses im Kopf. Ein erster zaghafter Versuch, darüber mit Richard Freudenberg zu sprechen, scheiterte an seiner schroffen Reaktion: »Jung', Du bist besoffen, geh' nach Haus und schlaf dich aus«, bekam ich zu hören. Die folgenden zwei Wochen strapazierten mich nervlich ungemein, denn einerseits wollte ich Freudenberg nicht »untreu werden«, andererseits reizte mich das Angebot. Von Daimler-Benz wurde ich zu einer Entscheidung gedrängt, während Richard und Hans Freudenberg einem Gespräch – wie mir schien – auswichen. Freudenberg wollte mich halten – durch Verdopplung meines bisherigen Gehalts. Damit war für mich die Sache entschieden, denn es ging mir nicht ums Geld, sondern um meine berufliche Zukunft. Nachdem ich die Gehaltserhöhung abgelehnt hatte, entschied Hans Freudenberg: »Dann ist es besser, Sie hören jetzt gleich auf.« So beendete ich meine Laufbahn bei Freudenberg und gab Daimler-Benz meine Zusage. Ich verabschiedete mich in Weinheim von der Belegschaft und meinen Mitarbeitern im Nora-Werk, nicht ohne feuchte Augen zu bekommen.

Am 16. Oktober 1954 trat ich in das Unternehmen von Daimler-Benz ein, als »Delegierter des Vorstands«, doch mit einer Gehaltseinbuße. Die damalige Trennung von Freudenberg war eine meiner schwersten und für mich persönlich auch eine der folgenreichsten Entscheidungen.

Der Firma Freudenberg aber bin ich dennoch verbunden geblieben, nicht zuletzt wegen der tiefen Dankbarkeit, die ich für die Unternehmerfamilie Freudenberg empfand, die mich nach den Kriegswirren in ihr gestandenes Familienunternehmen geholt und mir damit neue Geborgenheit gegeben hatte. Die Bescheidenheit der Eigentümer und ihr soziales Engagement gereichten mir zum Vorbild. Hans Freudenberg hatte sich während der schweren Erkrankung meiner ersten Frau teilweise wie ein Vater um mich gekümmert, die Stiftung »Wohnbauhilfe« ermöglichte mir, wie ich schon ausführte, den Bau meines ersten Häuschens. Wiederholt bot mir Richard Freudenberg nach meinem Übertritt zu Daimler-Benz die

Rückkehr zu seinem Unternehmen an – ich werde darauf noch zurückkommen. Daraus konnte jedoch spätestens seit meiner Berufung in den Vorstand der Daimler-Benz AG nichts mehr werden. Die Söhne von Adolf Freudenberg, den ich 1947 zufällig auf einer Bahnreise kennengelernt hatte, Hermann und Reinhard, sind Gesellschafter der Firma. Ich selbst gehörte von 1982 bis 1990 dem achtköpfigen Gesellschafter-Ausschuß der Firma Freudenberg an. In Nachfolge von Helmut Fabricius übernahm ich 1983 als erstes Nichtfamilienmitglied die Funktion des Vorsitzenden des Gesellschafter-Ausschusses, bevor ich diese 1989 an Hermann Freudenberg abgab. Sprecher der Unternehmensleitung ist derzeitig Reinhard Freudenberg.[35]

1 Grudinski, U., Tschou En-lai bekundet Interesse an einer Ausweitung der Wirtschaftsbeziehungen. Langes Gespräch mit der deutschen Delegation, in: FAZ vom 8. Juni 1973, Titelseite und S. 5. Vgl. auch die dpa-Meldung im Münchner Merkur, 29. 5. 1973.
2 Lenz, S., So zärtlich war Suleyken, 1955.
3 Surminski, A., Jokehnen oder Wie lange fährt man von Ostpreußen nach Deutschland? (Roman), Stuttgart 1974 (4. Aufl.).
4 Dönhoff, Marion Gräfin, Bilder, die langsam verblassen. Ostpreußische Erinnerungen, Berlin 1989.
5 Reinoß, H. (Hg.), Ostpreußen – Porträt einer Heimat, München/Wien 1980, S. 18.
6 Grenz, R., Der Kreis Rastenburg, Marburg/Lahn 1976, 313.
7 Holz, A., Rastenburg – das alte Nest, in: Reinoß, H. (Hg.), Ostpreußen – Porträt einer Heimat, München/Wien 1980, S. 67.
8 Grenz, R., Der Kreis Rastenburg, Marburg/Lahn 1976, 313, nach: Güter-Adreßbuch der Provinz Ostpreußen, 1913.
9 Grenz, R., Der Kreis Rastenburg, Marburg/Lahn 1976, 255.
10 Schieder, T. (Hg.), Handbuch der europäischen Geschichte, 7 Bde., Stuttgart 1968–1987, Bd. 4, 400–462.
11 Grundmann, H. (Hg.), Gebhardt. Handbuch der deutschen Geschichte, 22 Bde., München 1973–80.
12 Clausewitz, C. v., Vom Kriege, 1980 (19. Ausg.).
13 Wistrich (1987) 97 f.
14 Dazu Richter (1975) 28–36.
15 Über tatsächliche Angriffspläne des sowjetischen Marschalls Schukow vgl.: DER SPIEGEL (1990). – Vgl. auch: Suworow, V. Der Eisbrecher, Hitler in Stalins Kalkül, Stuttgart, 1989.
16 Wistrich, 157 f.
17 Grenz, R., Der Kreis Rastenburg, Marburg/Lahn 1976, 443 f.
18 Wistrich, 138 f.
19 de Maizière (1989) 51–100.
20 Venohr, W., Stauffenberg. Symbol der deutschen Einheit. Eine politische Biographie, Berlin 1986.
21 Broszat, M., u. a. (Hg.), Von Stalingrad zur Währungsreform. Zur Sozialgeschichte des Umbruchs in Deutschland, München 1988.
22 Ferry Porsche / Günther Molter, Ferry Porsche, Ein Leben für das Auto, Motorbuch-Verlag, Stuttgart, 1989, 135–142.
23 McCloy, J. J. II., Die Verschwörung gegen Hitler. Ein Geschenk an die deutsche Zukunft, Stuttgart 1963, 66–68.
24 Vgl. Richter (1975) 128 f.
25 Pinnow, H., 100 Jahre Carl Freudenberg, 1849–1949, München 1949, 172 ff.
26 Freudenberg & Co., Geschäftsbericht für das Geschäftsjahr 1984/85.
27 Freudenberg (Fa.) (Hg.), Richard Freudenberg 80 Jahre, Weinheim 1972, 6.
28 Hoppe, H., Das Norawerk, in: Der Freudenberger Jg. 2 (1952), Heft 6, S. 4–5.

29 Betriebsausflug am 6. September, in: Der Freudenberger 2. Jg. (1952), Heft 6, S. 13.
30 Hoppe, H., Das Norawerk, in: Der Freudenberger Jg. 2 (1952), Heft 6, S. 4–5.
31 Privatarchiv Hoppe, Briefwechsel Amerikareise 1951, 23. 9. 1951.
32 Privatarchiv Hoppe, Briefwechsel Amerikareise 1951, 25. 9. 1951.
33 Privatarchiv Hoppe, Briefwechsel Amerikareise 1951, 19. 10. 1951.
34 Kruk/Lingnau (1986) 184 f. Zu berichtigen: Ebd. S. 238.
35 Freudenberg & Co., Geschäftsbericht für das Geschäftsjahr 1984/85.

KAPITEL II

Aufbaujahre: Für Daimler-Benz in Nordamerika (1954−1970)

Der Anfang des Amerikageschäfts (1954−1957)

Während der Verhandlungen zwischen der Daimler-Benz AG und der United Aircraft (UAC), deren Führung 1955 zu meinen ersten größeren Aufgaben in den USA gehörte, fand in New York ein Wohltätigkeitsball statt.

Als ersten Preis hatte die »Daimler-Benz of North America« (DBNA) einen Mercedes 190 SL gestiftet, der als Höhepunkt des Balls verlost wurde. Die glückliche Gewinnerin wurde auf die Bühne gebeten, um vor ausverkauftem Saal aus meiner Hand den Schlüssel für diesen schönen Preis zu empfangen. Mrs. Jane Engelhard, die einer der reichsten Familien Amerikas angehörte, legte jedoch keineswegs die erwartete Freude an den Tag, sondern sagte sehr direkt: »I need this car like a hole in my head.« Als Vertreter von Daimler-Benz konnte ich dies nur mit rotem Kopf zur Kenntnis nehmen. Noch ein anderer Vorfall ist geeignet, unsere damalige Situation in den USA zu charakterisieren: Auf einer Geschäftsfahrt mit einem Mercedes 180 D in der ersten Pontonausführung – dem ersten Nachkriegsmodell in der Nachfolge des alten Mercedes 170 V – mußte ich in Washington an einer Ampel anhalten. Neben mir hielt ein Taxifahrer, sein Seitenfenster herunterdrehend. Er rief mir zu: »Hey, fellow, you loose your engine!«

Das Geräusch und Rütteln eines Pkw-Dieselfahrzeugs war damals in den USA so ungewohnt, daß der Mann glaubte, mich auf den jammervollen Zustand meines Wagens aufmerksam machen zu müssen.[1]

An sich gab es eine lange Beziehung zwischen Daimler-Benz und den USA. Bereits 1884 hielt Carl Benz (1844−1929) in den USA ein Patent auf den Gasmotor, und von 1889 an wurde er durch Presseberichte, beispielsweise einen illustrierten Artikel in »Scientific American«, bekannt. Seine ersten Importwagen wurden als »Eclaire« oder »Roger-Motorwagen« vertrieben, weil 1888 Emile Roger aus Paris den Vertrieb von Benz-Fahrzeugen im Ausland übernommen hatte. Außerdem gab es einen Oskar Mueller in Decatur (Illinois), der Benz-Fahrzeuge umbaute und als »Mueller-Benz« vermarktete. 1893 kam es schließlich zur Gründung der »Benz Motor-Wagen Company Ltd.« mit Sitz in der Wall Street in New York.[2]

Die Benz-Wagen machten sich in den USA früh einen Namen durch ihre Beteiligung an Autorennen. Das war bereits bei dem ersten Rennen der Fall, als am 28. November 1895 in Chicago trotz des stattlichen Preises von 5000 Dollar nur sechs Bewerber am Start erschienen, darunter die Benz-Fahrzeuge. Sie fuhren später manche Rennen in den USA, etwa das Vanderbilt-Rennen (Long Island) 1904, 1908 in Savannah, 1909 in Indianapolis oder 1910 in Daytona. Spektakulär war die legendäre Weltrekord-Fahrt Bob Burmanns auf einem »Blitzen-Benz« im Jahr 1911 in Daytona (Florida) mit einer Geschwindigkeit von 228,1 Stundenkilometer, ein Rekord, der erst sieben Jahre später übertroffen wurde. Der »Blitzen-Benz« war schneller als alle zeitgenössischen Eisenbahnen und Flugzeuge. Als »Lightning Benz« wurde der Wagen seitdem in vielen Schaurennen wie eine Jahrmarktattraktion eingesetzt und wurde dadurch zu einem der bekanntesten Automobile in den USA überhaupt.[3] Sensationell war der dramatische Sieg von Ralph de Palma auf einem »Mercedes Grand Prix Wagen« 1915 in Indianapolis. Erwähnung verdienen diese Rennsiege deshalb, weil sie schon früh den hervorragenden Ruf für Mercedes-Produkte in den USA begründeten.

Dieser Ruf wurde nach dem Zweiten Weltkrieg durch den spektakulären Sieg bei der dritten »Carrera Panamericana« 1952 aufgefrischt – Auftakt des Aufstiegs von Daimler-Benz in den USA. Der Sieg durch die Daimler-Werksmannschaft auf dem Mercedes-Benz 300 SL war ein Erfolg in mehrfacher Hinsicht. Zum einen war die Rennabteilung erst seit 1950 durch Alfred Neubauer – nomen est omen – neu aufgebaut worden. Zum anderen war die Panamericana ein unvergleichlicher Härtetest, denn die mehr als 3000 km lange Strecke mußte unter extremen Bedingungen bewältigt werden. Die Motoren – 177 PS-Sechszylindermotoren, die eine Geschwindigkeit von 250 km/h ermöglichten[4] – mußten sich in der Ebene ebenso bewähren wie auf Hochgebirgspässen, die Straßen waren teilweise reine Schotterpisten. Die Werksfahrer Karl Kling und Herrmann Lang belegten den ersten und zweiten Platz – und dies, obwohl ein tieffliegender Geier die Windschutzscheibe Klings zertrümmert hatte.

Während der Anfangsjahre in den USA und Kanada wurden wir immer wieder auf diesen Erfolg angesprochen. Hier trifft auch der Ausspruch des Chefkonstrukteurs Fritz Nallinger zu: »Rennen waren für den Fortschritt beim Serienwagen nicht unbedingt notwendig, aber sie haben seine Entwicklung beschleunigt.«[5] Die »Panamericana« hat das Image in Nordamerika beflügelt. Der Erfolg auf dem amerikanischen Markt hatte jedoch nicht nur über die verkauften Stückzahlen eine positive Auswirkung auf die Produktion, sondern wegen der speziellen Bedürfnisse des amerikanischen Marktes auch zukunftsweisende Bedeutung für die Automobilentwicklung, von Details der Ausstattung (Automatik-Getriebe, Servolenkung etc.) bis hin zur Serienproduktion bestimmter Fahrzeugtypen, etwa des 300 SL – der 1954 in Serie ging – oder des während meiner Vorstandszeit in Serie genommenen 190er.

Aber auf dem Weg zum Erfolg waren viele Hindernisse beiseite zu räumen. So hatte im August 1888 der Klavierhersteller William Steinway (New York) in Cannstatt Gottlieb Daimler besucht. Steinways Deutschlandreisen waren nicht verwunderlich, denn sein Vater, Heinrich Steinweg, war Kunsttischler im Harz gewesen und erst 1850 in die USA ausgewandert. Als Ergebnis der Gespräche zwischen Steinway und Daimler wurde bereits am 29. September 1888 in New York die »Daimler Motor Company« gegründet. In einem Vertrag wurden alle in Amerika registrierten Patente Daimlers in den USA und Kanada auf die neue Gesellschaft übertragen – eine Bestimmung, die noch siebzig Jahre später große Probleme verursachen sollte.

Doch zunächst war Gottlieb Daimler mit diesem Vertrag der erste europäische Automobilhersteller, der – kurz nach der Erfindung des Automobils – in den USA Fuß gefaßt hatte. Zu Anfang zielte dieser Vertrag mehr auf die Motorennutzung im allgemeinen. Daran änderte sich auch nichts, als im Jahr 1898 die Firma in »Daimler Manufacturing Company« umbenannt wurde und »General Electric« die Aktienmehrheit übernahm. 1905 schließlich wurde tatsächlich ein Automobil hergestellt, das als »The American Mercedes« in die Automobilgeschichte eingegangen ist. In den zwei Jahren seiner Produktion dürften etwa 60 bis 100 Stück hergestellt worden sein, die sich auf zwei Typen verteilten: eine 45-PS-Version mit vier- bis fünfsitzigem Aufbau und einen sechs- bis siebensitzigen Tourenwagen mit 70 PS. Der Preis belief sich auf 7500 bzw. 10000 Dollar, damals ein ganz enormer Preis, der jedoch gegenüber einem Import aus Deutschland deutlich günstiger war.

Die Qualität dieser »American Mercedes« war legendär, doch rentierte sich die Herstellung dennoch offenbar nicht, denn nach einem Fabrikbrand im Februar 1913 wurde die Produktion nicht wiederaufgenommen. Die Jahrzehnte überdauert hat nur ein einziges Exemplar dieses »American Mercedes«. Wir entdeckten es 1957 in Long Island bei einem Sammler von Oldtimern. Nach dem Ankauf wurde es in Stuttgart restauriert und bildete einige Zeit ein Glanzstück des Automobilmuseums in Untertürkheim. Heute steht das Modell in der Zentrale von Mercedes-Benz of North America in Montvale (New Jersey).

Eine weitere Etappe von Daimler-Benz in den USA bildete 1923 die Gründung der »American Mercedes Company«, an der die Daimler Motoren Gesellschaft immerhin mit 10% beteiligt war. Aus dieser entstand 1927 zusammen mit der »Benz Auto Import Company« die »Mercedes-Benz-Company« als Generalvertretung der Daimler-Benz AG für Amerika, die Untervertretungen in New York und Los Angeles hatte. Übersichten über die erzielten Importzahlen sind aufgrund der äußerst lückenhaften Unterlagen schwierig. Mit Vorbehalt können folgende Zahlen genannt werden: 1927–1941 wurden nur ca. 200 Fahrzeuge in die USA importiert – weniger als vor dem Ersten Weltkrieg, als man von 1901 bis 1914 auf immerhin 560 Fahrzeuge gekommen war. Mit dem Beginn des Zweiten Weltkriegs stockte der Import, und in den folgenden Jahren trat eine Zäsur in den Handelsbeziehungen ein. Das bedeutet jedoch nicht, daß der Name Mercedes-Benz in diesen Jahren in den USA in Vergessenheit geraten wäre. Die langlebigen Vorkriegsmodelle fuhren und fuhren, und Daimler-Benz-Motoren blieben ein weltweit bekannter deutscher Markenartikel. Nach dem Krieg trugen zur Bekanntheit der Marke jene Kraftwagen bei, die von Soldaten der amerikanischen Besatzungsmacht in Deutschland erworben und in ihre Heimat gebracht wurden. Diese plötzliche Welle von Eigenimporten legte sozusagen das Fundament für die Bekanntheit des Mercedes-Benz, auf dem unser Vertrieb in den USA später aufbauen konnte.

Nachdem Daimler-Benz seine Automobilproduktion in Deutschland bereits 1945 unter der Schirmherrschaft des Oberst Gerald B. O'Grady, Leiter der Industrial Branch der US-Militärregierung für Württemberg, wieder hatte aufnehmen können, beauftragte der damalige Generaldirektor des Werks, Wilhelm Haspel, seinen Assistenten Arnold Wychodil[6] mit der Aufgabe, den Export neu zu organisieren. Selbstredend spielten bei diesen Überlegungen von Anfang an die USA als erstrebenswerter Markt eine große Rolle. Die USA waren damals das Auto-Paradies par excellence. Die Massenproduktion begann bereits 1908 mit Henry Fords (1863–1947) Modell T – »Tin Lizzie« –, von dem bis 1927 schon 15 Millionen Stück verkauft worden waren. Billig und haltbar sollten die amerikanischen Fahrzeuge nach Fords Philosophie sein, während auf Stilistik, Innenkomfort, Ausstattung und Verarbeitung weniger Wert gelegt wurde als in Europa.

Der amerikanische Markt wies weitere Eigenheiten auf, die zu beachten waren. Unbeeinträchtigt von Kriegszerstörungen war die technische Entwicklung in den 50er Jahren schon relativ weit fortgeschritten: Automatikgetriebe, Servolenkung, elektrischer Blinker, elektrische Fensterheber, Sitzverstellung und Klimaanlage wurden serienmäßig eingebaut und zählten zur Standardausrüstung. Großvolumige Motoren und Geräumigkeit des Innenraums kennzeichneten die Fahrerwartungen der amerikanischen Autokäufer. Überdies war das amerikanische Straßennetz in den 50er Jahren in ungleich stärkerem Maß ausgebaut als in Europa, während es öffentliche Verkehrsmittel in vergleichbarer Dichte nicht gab. Man war auf das Auto als Fortbewegungsmittel angewiesen. Der US-Markt war das größte nationale Absatzgebiet für Automobile, und kein anderes Land verfügte über eine vergleichbare Kaufkraft.

Ohne die sich entwickelnde Nachfrage des amerikanischen Marktes wären auch bei Daimler-Benz verschiedene technische Entwicklungen so nicht durchsetzbar gewesen, und verschiedene Mercedes-Typen der S-Klasse wären überhaupt nie gebaut worden. Wichtig dafür war das Zusammenspiel zwischen Wychodil und Maximilian Edwin Hoffmann, der sich als erfolgreicher Geschäftsmann in den USA kurz »Maxie Hoffman« nennen ließ. Der Kontakt entstand etwa 1950 durch Vermittlung über das österreichische Zentralbüro der Daimler-Benz AG, dessen Leiter Günther Wiesenthal den als Jude 1938 emigrierten Hoffman aus der Zeit vor dem Exil kannte. Hoffman war ein Verkaufsgenie ersten Ranges, und er wurde nicht zu Unrecht »Vater des importierten europäischen Automobils« genannt. Welche Leistung dahinter stand, zeigt ein Blick auf die Ausgangssituation, die er vorfand. Die 1950 produzierten Vorkriegsmodelle 170 V und 170 S eigneten sich noch nicht für den Export in die USA. Zwar verfügten sie bereits über eine vergleichsweise hervorragende Verarbeitung und ein hohes Sicherheits- und Qualitätsniveau, sie entsprachen jedoch rein äußerlich nicht dem Geschmack des amerikanischen Publikums und preislich fielen sie – aufgrund der niedrigen Stückzahlen und der hohen Importkosten – ohnehin völlig aus dem Rahmen, zumal die üblichen technischen Bequemlichkeiten – Servolenkung etc. – noch nicht für den Markt verfügbar waren.

Als im April 1951 die neue Generation der Sechszylinder-Typen vorgestellt wurde (Mercedes 220 und 300), sicherte sich Maxie Hoffman einen Vertretungsvertrag für die USA zunächst östlich des Mississippi, aber bereits 1953 erhielt er mit seiner Firma »Mercedes-Benz Distributors, Inc.« die Vertretungsrechte für die gesamten USA, ausgenommen Alaska und Puerto Rico. Maxie Hoffman hat die Produktpalette der Daimler-Benz AG beeinflußt. So forderte er nach dem Sieg bei der »Carrera Panamericana« die Daimler-Benz AG auf, einen leichten Sportwagen zu produzieren, der mit den danach einsetzenden Importen aus England konkurrieren könne. Dies gehört zur Vorgeschichte der Typen 300 SL und 190 SL, die dann 1954 und 1955 in die Produktion gingen. Wie hoch der Anteil Maxie Hoffmans an der Entscheidung für den Bau dieser Typen tatsächlich war, läßt sich – wie meist in solchen Fällen – nicht genau sagen. Sicher ist, daß sie ohne den amerikanischen Markt nie in Serie gebaut worden wären. Die Stückzahlen, die von diesen Typen verkauft wurden, und ihre Stellung als Liebhaber- und Sammlerobjekt unterstreichen bis zum heutigen Tage das Fingerspitzengefühl Maxie Hoffmans für den Verkauf. Der elegante Flügeltürenwagen 300 SL Coupé (»Gullwing«), von dem 1400 Stück gebaut wurden, hat bis heute eine geradezu einzigartige Aura. In der Preisliste von 1954 rangierte der Neupreis mit 6820 Dollar, inzwischen wurden bei Versteigerungen für restaurierte Fahrzeuge dieses Typs mehr als 400 000 Dollar gezahlt.

Das Vertriebssystem, das Maxie Hoffman für die Daimler-Benz AG in den USA aufbaute, war höchst problematisch. Zwar schuf er sich innerhalb kürzester Zeit einen exklusiven Kundenkreis, zu dem zahlreiche Schauspieler in Hollywood gehörten, beispielsweise Bing Crosby, Marilyn Monroe, Zsa Zsa Gabor, Eddie Fischer oder Don Wilson. Mit sicherem Verkaufsinstinkt hatte er erkannt, daß Standort und Ausstattung der Ausstellungsräume der Qualität des Produktes entsprechen müssen. So baute er 1953 in der vornehmen Park Avenue in New York einen Showroom für Mercedes-Benz, den ersten in einer solchen Lage, während sich zuvor alle Autoverkäufer im Getümmel des Broadway in Manhattan angesiedelt hatten. Von einem der berühmtesten damaligen Architekten, Frank Lloyd Wright, ließ er einen Ausstellungsraum für »Jaguar« entwerfen, in den

1954 Mercedes-Benz einzog. »430 Park Avenue« ist seitdem eine weitbekannte Adresse, die sich heute noch im Besitz der Mercedes-Benz North America befindet. Ein anderer ständiger Verkaufsraum entstand am weltberühmten Sunset Boulevard in Hollywood.

Ein Fehler in Maxie Hoffmans Verkaufsorganisation lag jedoch darin, daß sie hauptsächlich seinen eigenen Interessen diente, während die Interessen seiner nominell 40 Untervertreter, der Käufer und des Herstellers in Deutschland unberücksichtigt blieben. Die Untervertreter hatten vornehmlich die Aufgabe, gegen geringe Provision potentielle Käufer an Maxie Hoffman zu melden, der dann den eigentlichen Gewinn einsteckte. Einmal soll er gesagt haben, er arbeite, weil es ihm Spaß mache, und mehr Geld, als er verdiene, brauche er nicht, das Geschäft sollte nicht sein Leben regieren. Indem er an den wichtigsten Verkaufsplätzen – New York, Chicago, Los Angeles – selbst Filialen unterhielt, wanderte der größte Teil des Gewinns in seine eigene Tasche, während der Aufbau einer flächendeckenden Organisation unterblieb.

Hoffman zeigte mit seinem Verkaufskonzept keinerlei Interesse an der Promotion der gesamten Produktpalette der Daimler-Benz AG, weder am Verkauf von Motoren, Lastwagen, noch Omnibussen oder Unimogs. So erkundigte sich z. B. der Importeur von Löwenbräu-Bier in die USA, Hans Holterbosch in New York, nach deutschen Lastwagen für die Auslieferung des Bieres – und wurde abschlägig beschieden. Der energische Holterbosch fuhr daraufhin nach München, kaufte zusammen mit der Löwenbräu AG drei Fahrgestelle Typ 321, die mit aufsehenerregenden Aufbauten ausgestattet, im Straßenbild als besonders attraktiv auffielen und vermutlich gut für Löwenbräu warben. Nachdem sich dies bewährt hatte, haben wir nach und nach eine Flotte von 25 Fahrzeugen aufgebaut, die ab 1960 Löwenbräu-Bier ausfuhren. Die Wartung der Fahrzeuge wurde von der DBNA übernommen. Bei den 1968–1970 von uns durchgeführten Markterhebungen zur Technik und Auslegung boten uns diese Holterbosch-Fahrzeuge gute Dienste und Erfahrungswerte an.

Die Leidtragenden bei Hoffmans Vertriebssystem waren einerseits die Kunden, die zu ihrem Luxuskauf keinen ordentlichen Service geliefert bekamen, andererseits die Daimler-Benz AG in Deutschland. Der gute Ruf der verkauften Produkte begann unter dem mangelhaften Service zu leiden. Die rasch einsetzende Menge von Reklamationen wegen mangelnder Ersatzteilversorgung und Unzulänglichkeit des Kundendiensts, auch bei Garantie-Angelegenheiten, führte zu ständigen Differenzen zwischen New York und Stuttgart.

Zur gleichen Zeit begann für die Daimler-Benz AG in Indien ein großer Erfolg. Durch Vermittlung von Carl F. Giese, der als Wehrmachtsoffizier einmal mein Vorgesetzter im OKH gewesen war[7] und sich nach seiner Entlassung aus russischer Kriegsgefangenschaft mit Industriegeschäften einen Namen gemacht hatte, war man 1954 in ein sehr vorteilhaftes Vertragsverhältnis mit dem größten indischen Industriellen, J. R. D. Tata, getreten, eine Geschäftsverbindung, die bis heute Bestand hat.⁸ Giese hatte sich bei einem Erfolg seiner Vermittlungsdienste ausbedungen, daß ihm die Neuorganisation der Vermarktung in den USA übertragen werde. Das zuständige Vorstandsmitglied Arnold Wychodil übertrug Giese 1954 also neben dem indischen Subkontinent Nordamerika als zweites Zuständigkeitsgebiet. Er konnte jedoch nicht gleichzeitig in Stuttgart, Indien und den USA präsent sein und suchte deshalb einen tüchtigen Stellvertreter mit Sitz in den USA. Er dachte dabei an jemanden, den er kannte, der sich im Industriemanagement schon bewährt hatte und der außerdem mit dem nordamerikanischen Markt bereits etwas vertraut war. So kam ich zur Daimler-Benz AG.⁹

Am 16. Oktober trat ich offiziell in die Dienste meines neuen Arbeitgebers und meines direkten Vorgesetzten Carl F. Giese, der dem Export-Vorstand Arnold Wychodil unterstand. Zunächst hatte man mich als Neuling bei Daimler-Benz zu einem Ausbildungsprogramm für Führungskräfte angemeldet, durch das ich mit allen Abteilungen des Hauses vertraut werden sollte, um meiner langfristig in Aussicht genommenen Aufgabe in Nordamerika – USA und Kanada – gerecht werden zu können. Während des Lehrgangs wurde ich des öfteren gefragt, was mich denn für eine derart große Aufgabe qualifiziere. Ich beantwortete solche Fragen zögernd bzw. ausweichend, indem ich etwa sagte, daß ich Besitzer eines Führerscheins sei. Die Vorträge des damaligen Chefs der Verkaufsförderung, Karlfried Nordmann, der neben großen Sachkenntnissen auch die Fähigkeit mitbrachte, seine Zuhörer zu begeistern, habe ich damals sehr genossen, obwohl der Kursus immer wieder durch kurzfristige Spezialaufträge meines unmittelbaren Vorgesetzten unterbrochen wurde.

Nach etwa drei Wochen ereilte mich dann ein erster solcher Auftrag: Karl Kieckhaefer, ein deutschstämmiger Unternehmer und bedeutender Hersteller von Außenbordmotoren (»Mercury«) in den USA, der im Verlauf des Zweiten Weltkriegs durch den hohen Motorenbedarf während des Inselkriegs im Pazifik reich geworden war, wollte sich in Stuttgart den neuen Mercedes 300 SL abholen, und ich sollte ihn auf seiner Fahrt von Stuttgart bis zur Einschiffung des Wagens über Paris nach Le Havre begleiten. Giese sah in Kieckhaefer einen potentiellen Vertragspartner für das Amerika-Geschäft, der ähnlich wie Tata in Indien Partner bei einer gemeinsamen Automobilproduktion sein konnte, und wollte ihn dementsprechend zuvorkommend behandelt wissen. Von einer Minute zur anderen saß ich ohne jede Vorbereitung mit Kieckhaefer in dem 300 SL, nachdem ich gerade noch einige Reiseutensilien in meiner Stuttgarter Pension hatte abholen können. Die Fahrt war nicht nur aufregend, weil ich noch nie in diesem berühmten Sport-Coupé gesessen hatte, sondern auch, weil mein Schutzbefohlener eine exzentrische Persönlichkeit war. Selbst im Restaurant des Hotels Ritz in Paris schreckte er nicht davor zurück, zum Abendessen ein Sandwich zu bestellen – das Gesicht des Obers war sehenswert.

Solche plötzlichen Unterbrechungen während der vorgesehenen halbjährigen Ausbildungszeit waren geradezu charakteristisch für Gieses Führungsstil, dem es darum ging, meinen Kontakt zum Stammhaus zu minimieren. Nach der Rückkehr von der Tour mit Kieckhaefer setzte Giese kurzfristig ein Gespräch an, zu dem ich in sein Haus nach St. Moritz kommen sollte, um einen eventuell früheren Einsatz in den USA zu besprechen. Das Gespräch verlief – für mich überraschend – sehr frostig. Offenbar wollte Giese deutlich machen, daß ich sein Untergebener sei, der ohne jeden Einspruch oder eigene Vorschläge auf seine Anweisungen reagieren sollte. Auf mein wiederholtes Fragen, was eigentlich meine genaue Aufgabe in den USA sei, kam jedesmal die lakonische Antwort: »Das werden Sie von mir schon rechtzeitig erfahren, wenn Sie drüben sind, und im Grunde geht es darum, Autos zu verkaufen«. Im wesentlichen blieb es die ganze Zeit bei dieser Art von »Instruktion«. Fast alle Aktionen, die ich in den USA später während der Zeit Gieses, der sich meist in Europa oder Indien aufhielt, unternahm, geschahen auf meine eigene Initiative.

Mitte November 1954 – noch während meines Lehrgangs in Stuttgart – erhielt ich den Auftrag, meine Tätigkeit in Nordamerika aufzunehmen. In Empfang genommen wurde ich bei meiner Ankunft in New York von Hugo Büchelmeier, einem ehemaligen Mechaniker der Zeppelinwerft in Friedrichshafen, der in die USA emigriert war und bereits Daimler-Benz-Motoren zur Ausstattung von Motoryachten und Industriemotoren importierte. Die Anfänge in den USA kann man sich im Grunde kaum abenteuerlich genug vorstellen: Damals gab es noch kein Büro, und die Kontaktaufnahme mit Hoffman wurde mir ausdrücklich untersagt. Ich wohnte im Hotel, hatte immer noch keinen ordentlichen Arbeitsauftrag, bekam lediglich die Durchschriften der Vertriebskorrespondenz zugeleitet und hatte als einzige Anlaufadresse das Anwaltbüro Coudert Bros., wo sich insbesondere mit George Nebolsine, einem russischen Emigranten, bald ein guter Kontakt ergab. Mit einem Telex avisierte mir Giese Anfang Dezember seine Ankunft in New York. Ich holte ihn vom Flughafen ab, doch von Anfang an war unser Verhältnis belastet. Das Nobelhotel, in dem er hatte wohnen wollen, war belegt gewesen, und er war höchst erzürnt über seine Unterbringung im nicht weniger noblen Plaza Hotel. Mein sorgfältig zusammengestelltes Besuchsprogramm für drei Tage, das alle Termine koordinierte, warf er sofort zum Fenster eines Taxis hinaus. Anschließend flogen wir nach Chicago, wo wir mit Kieckhaefer über eine Fertigungsmöglichkeit für den Mercedes 220 in den USA sprachen, obwohl dieser noch nie etwas anderes als Außenbordmotoren hergestellt hatte. Natürlich blieben seine Antworten vage, was Giese jedoch keineswegs in seinen Plänen beirrte.

In einer Hotelbar in Hollywood trafen wir am nächsten Tag mit Maxie Hoffman zusammen, der uns in Los Angeles vom Flughafen abgeholt hatte, und auch dieses Ereignis nahm geradezu bizarre Formen an. Klar war, daß die beiden Feinde sein würden, denn Giese konnte sein geplantes

»Imperium« in den USA nur aufbauen wenn er Hoffman aus dem Feld schlug, was jedoch ohne triftigen Grund kaum möglich war. Giese reihte in diesem Gespräch Vorwürfe an Vorwürfe, die darin gipfelten, daß Hoffman zu wenig Autos verkaufe. Dieser reagierte natürlich wenig erfreut und wies auf die technischen Defizite der MB-Nachkriegsmodelle hin: die fehlende Automatik, keine Möglichkeit zum Einbau von Klimaanlagen, die etwas lächerlichen »Winker«, die die Modelle 170 V und 180 noch auszeichneten. Er war viel zu geschickt, um nicht auf jeden Vorwurf die richtige Antwort parat zu haben. Bei aller Schärfe ging es aber auch nicht ohne Komik ab, denn Hoffman hat vor dem Zusammentreffen mit uns eine Wahrsagerin engagiert, die »zufällig« in der Bar des Hotels ihre Dienste anbieten sollte. Hoffman rief die junge, exotisch gekleidete Magierin herbei, und sie sagte vereinbarungsgemäß Giese seine »große« Vergangenheit als Wehrmachtsgeneral »wahr« und prophezeite ihm einen steilen beruflichen Aufstieg. Giese wurde vor Freude ganz aufgeregt, und Hoffman freute sich nicht weniger, weil es ihm gelungen war, sein Gegenüber glänzend auf den Arm zu nehmen.

Weihnachten 1954 mußte ich auf Anweisung Gieses zu meiner Überraschung in den USA verbringen. Sein Argument lautete: »Jetzt sind Sie gerade erst hier angekommen, da können Sie doch nicht schon wieder zurückfliegen.« Noch auf dem Flughafen von Chicago lud mich Kieckhaefer zu sich ein. Meine Frau war froh, daß ich doch Weihnachten wenigstens im Kreis einer deutschen Familie feiern konnte. So flog ich am späten Nachmittag des 24. Dezember von Toronto nach Milwaukee/Wisconsin zum Wohn- und Firmensitz von Kieckhaefer, der mich vom Flughafen abholte. Ich erwartete, daß wir nun zu ihm nach Hause führen, und sagte deshalb: »Herr Kieckhaefer, ich würde gerne noch einen Strauß Blumen für Ihre Frau kaufen.« Er meinte jedoch, das sei nicht nötig, und bald sah ich auch warum. Wir fuhren vom Flugplatz direkt in die Fabrikhallen, die natürlich am Weihnachtsabend wie ausgestorben waren, und ich erhielt eine detaillierte Einführung in seine Geschäfte. Die Fabrikbesichtigung dauerte bis nachts um elf Uhr, und ich erwartete, daß man nun noch im Kreis der Familie zusammensitzen würde. Zu Hause gab es jedoch keine Feier, die Familie war bei einer Party, und ich konnte nur den Weihnachtsbaum mit einem daneben aufgebauten, völlig deplacierten künstlichen Wasserfall bewundern, der zu allem Überfluß abwechselnd in sämtlichen Farben schillerte. Kieckhaefer war inzwischen müde, wollte zu Bett gehen und machte mich noch darauf aufmerksam, daß er Weihnachten immer zwei Tage am Stück zu schlafen pflege. Am nächsten Mittag traf ich im Wohnzimmer seine Familie inmitten der Geschenkpakete an, die bereits geöffnet waren. Frau und Tochter waren von meiner Anwesenheit völlig überrascht. Während mein eigentlicher Gastgeber immer noch schlief, nahmen sie mich nachmittags zu einer Party mit. Kieckhaefer war ein Original, der zwar viel vom Geschäft verstand, jedoch wenig Sinn für Familie, Kultur oder Geselligkeit hatte. Noch am selben Abend flog ich zurück nach New York, dessen pulsierendes Leben mehr Zerstreuung bot als die trostlose Atmosphäre in diesem Haus.

Bei der Daimler-Benz AG verfügte man damals noch nicht über eine klare Vorstellung, wie man das Amerika-Geschäft am günstigsten organisieren könne. Man wußte nur, daß es an der Zeit war, sich von Maxie Hoffman zu trennen. Andererseits fürchtete man die Bedingungen des US-Marktes, dessen Gepflogenheiten dem noch stark an Europa orientierten Stammhaus fremd waren. Aus psychologischen, finanziellen und personellen Gründen wollte man zehn Jahre nach Kriegsende das Überseegeschäft jedenfalls noch nicht in eigene Hände nehmen. Der Geschäftsphilosophie Wychodils entsprach es daher, sich einen finanzkräftigen Partner im Land zu suchen, wie dies damals auch in den europäischen Ländern noch üblich war: Daimler-Benz lieferte das Produkt, das Know-how und Personal für Kundendienst und Ersatzteilwesen, der Vertriebspartner das wichtige Wissen um den nationalen Markt, Beziehungen, Kapital und das Vertriebsnetz. Wychodil brachte es auf folgenden Punkt: »Die AG verdient ihr Geld mit der Produktion und liefert mit einem Abwerkspreis an die Inlandsorganisation und im Ausland an die Generalvertretungen.«

Die Vorstellung Gieses wich davon insofern ab, als er das indische Modell auf Nordamerika übertragen wollte: Wie mit Tata wollte er mit dem amerikanischen Partner Fahrzeuge vor Ort montieren lassen – eine Vorstellung, die in Stuttgart aus Gründen der Qualitätssicherung bei Personenkraftwagen stets abschlägig beschieden worden ist. Er ließ sich dadurch jedoch keineswegs davon abhalten, seine Pläne weiter voranzutreiben. Ergebnis dieser Sonderpolitik war unter anderem eine Werksbesichtigung in La Tuque (Kanada/Provinz Quebek) im Februar 1955, zu der auch das ehemalige Vorstandsmitglied der Daimler-Benz AG, Wilhelm Künkele, und der Einkaufsdirektor August Ritter aus Deutschland angereist kamen. Das Werk, eine 1944 errichtete Flugzeugfabrik, die wegen des Kriegsendes ihre Produktion nicht mehr hatte aufnehmen können, war größer als das Daimler-Benz-Stammwerk in Sindelfingen, aber für unsere Zwecke überhaupt nicht geeignet. Überdies wurde uns vom Bürgermeister bedeutet, daß wir nicht deutsch, sondern nur französisch sprechen sollten, weil man uns gegenüber den lokalen Behörden als französische Firma ausgegeben habe und die Einwohner von La Tuque schlecht auf Deutsche zu sprechen seien. Die ganze Szenerie – bei etwa 40 Grad Kälte weit draußen in der kanadischen Wildnis – wirkte gespenstisch und blieb zum Glück folgenlos. Sie ist jedoch typisch für den Führungsstil Gieses, der stets versucht war, mit überraschenden Großaktionen auf plötzliche Entwicklungssprünge hinzuwirken. Im Grunde hatte er das Verhalten eines Hazardeurs. In Indien war er mit dieser Taktik erfolgreich, aber mir waren seine überspannten Pläne stets ein Dorn im Auge, denn meiner Ansicht nach gedeiht ein gesundes Unternehmen am besten mit einem organischen, schrittweisen Wachstum. Die spätere Entwicklung des Amerikageschäfts sollte mir darin Recht geben.

Ohne festen Wohnsitz richtete ich mir zunächst drei Anlaufstellen in Hotels in Washington, New York und Toronto ein. Anfang 1955 erhielt ich schließlich die Erlaubnis, in Washington D. C. ein kleines Büro mit zwei Zimmern – für Carl F. Giese und Heinz C. Hoppe – und einem kleinen Vorraum mit Telefonzentrale anzumieten. Das ab 15. Januar 1955 bestehende Büro befand sich im Pennsylvania-Building an der Pennsylvania Avenue, jener Straße, an der auch das Weiße Haus liegt. Das Büro sollte als Basis für Verhandlungen im USA-Geschäft dienen. Die Wahl dieses Standorts entsprach unseren Erfahrungen, daß das Zentrum der Wirtschaft am Sitz der Regierung angesiedelt ist. Wir sollten bald erleben, daß das aber im Fall der USA durchaus nicht zutrifft. Das Leben in der Hauptstadt der USA haben wir trotz der ungünstigen geographischen Lage eine Zeitlang sehr genossen. Bereits im März 1955 bekam ich mit Eberhard Herzog und Jörg Nallinger, dem Sohn des langjährigen Chefingenieurs im Vorstand Fritz Nallinger, Unterstützung aus Deutschland, die wegen der anstehenden Gespräche und Verhandlungen auch dringend nötig war. Im März trafen sie mit einem Konvoi von drei Lastwagen in Washington ein, die zu Kieckhaefer nach Cedarburg als Vorführwagen überführt werden sollten, da Giese mit einem baldigen Vertragsabschluß rechnete.[10]

Der »Mercedes-Benz Distributor« Maxie Hoffman sollte in seinem Verhalten beobachtet, unzufriedene Kunden betreut und Verbindung mit amerikanischen Firmen aufgenommen werden. Für eine Kooperation wurden verschiedenste Varianten durchdacht, wobei das gesamte Produktionsprogramm der Daimler-Benz AG, insbesondere im Motorenbau, eingeschlossen war. Unser Anwalt, George Nebolsine von der Firma »Coudert Brothers«, machte wiederholt darauf aufmerksam, daß jegliche Aktivitäten der Daimler-Benz AG in den USA steuerliche Folgen haben könnten und daß es deshalb unumgänglich sei, eine amerikanische Tochtergesellschaft zu gründen. Das führte am 7. April 1955 in Washington zur Gründung der »Daimler-Benz of North America, Inc.« (DBNA), eingetragen im US-Staat Delaware. Chairman bzw. Vice-Chairman der DBNA waren die DBAG-Vorstände Fritz Könecke und Arnold Wychodil, sowie die Direktoren Künkele und Brownell, als Präsident fungierte Giese und sein »Vertreter« war ich. Unser »Zentralbüro« in Washington ging mit vier männlichen und zwei weiblichen Mitarbeitern in die neue Gesellschaft über. Die Führung von Giese änderte sich durch die Neustrukturierung keineswegs, sondern blieb unverändert neurotisch. Als am 3. Mai 1955 meine Frau Annemarie und die beiden Kinder Annabel und Monika nach Amerika nachkamen – ich hatte mittlerweile ein Haus in Maryland gemietet – fragte ich Giese, ob ich sie vom Flughafen Idlewild (New York) abholen könne, um den Weiterflug nach Washington zu organisieren – mit zwei kleinen Kindern war dieser Transfer ja nicht ganz einfach. Diese Selbstverständlichkeit wurde mir verboten. Eberhard Herzog übernahm es dann, meine Frau in New York abzuholen, und meine Sekretärin bereitete ihr einen herzlichen Empfang in Washington in dem nur notdürftig möblierten Haus.

Um Verkaufserfahrungen zu sammeln und den Markt kennenzulernen, flog ich zu dieser Zeit fast jede Woche einmal nach Kanada. Dort war Mercedes-Benz weitaus weniger bekannt als in den USA. Meine Aktivitäten wurden direkt von Stuttgart aus bezahlt, doch in der Praxis ermöglichte nur das Einspringen unseres Geschäftspartners vor Ort, der »Bank of Nova Scotia« und unseres Anwalts Sidney Frost, des Sohnes des damaligen Aufsichtsratsvorsitzenden dieser Bank, geregelte Aktivitäten. Ich nahm in Kanada zunächst Gespräche mit dort ansässigen VW-Händlern auf, doch diese hatten kein Interesse, neben den schon bekannten »Volkswagen« auch Mercedes-Benz zu vertreiben. Entsprechend unserer Tochtergesellschaft in USA hatten wir für unsere Aktivitäten im April 1955 die »Mercedes-Benz Canada Ltd.« (MBC) mit Sitz in Toronto gegründet. Wie bei der DBNA waren Fritz Könecke und Arnold Wychodil Chairman bzw. Vice-Chairman, Präsident war Giese, und ich auch hier Vizepräsident, Direktor wurde Sidney Frost. Im August 1955 eröffneten wir den ersten Geschäftsbetrieb in Toronto, 100 Davenport Road, eine Adresse, die heute noch besteht. Damals stand auf diesem Grundstück nur ein wenig eindrucksvolles Privathaus. Im »Verkaufsraum« hatten gerade drei Pkw Platz, die Ersatzteile befanden sich im Keller, die sperrigen Blechteile im ersten Stock des Hauses. Das Haus verfügte nicht einmal über eine angemessene Heizung, was mir von unserer aus Deutschland kommenden, sehr tüchtigen Sekretärin im ersten Winter den Verweis eintrug: »Herr Hoppe, es ist lausig kalt hier, das haut ja den stärksten Eskimo vom Schlitten« – ein Ausspruch, der sich lange unter unseren Mitarbeitern in Kanada hielt.

Als General Manager kam 1956 Hans Reinstein aus Stuttgart zur MBC, auf den 1958 bis 1963 Hermann Beckmann folgte. Zur Führung der MBC gehörten auch zwei junge Männer, deren Betreuung mir von ihren Vätern sehr ans Herz gelegt worden war: Jörg Nallinger und Wolfgang Wiesenthal, der Sohn unseres Österreich-Generalvertreters. Diese Besetzung wurde liebenswürdigerweise »Zirkus Hoppe« genannt.

Ich erkannte bald, daß unsere Hauptchance auf dem kanadische Markt wegen der großen Entfernungen und des niedrigen Preises für Dieselkraftstoff im Verkauf von Dieselfahrzeugen lag. Tatsächlich erlangten die Dieselfahrzeuge vor allem bei den Taxifahrern große Beliebtheit. Manche von ihnen tankten statt dessen das billigste Heizöl und konnten damit den Staat ein wenig betrügen. Zur Aufbesserung unseres eigenen Budgets richteten wir auf unserem Grundstück in der Davenport Road eine Dieseltankstelle ein – die lange Zeit unsere beste Einnahmequelle blieb.

Von Toronto aus startete ich noch im gleichen Jahr zur Übernahme eines weiteren Händlerplatzes in Montreal. Er lag in Lachine bei einer Texaco-Tankstelle zwischen Montreal und dem Flughafen, verfügte über einen Ausstellungs-, einen Lagerraum, eine Werkstatt für vier Fahrzeuge sowie viel freies Land zum Abstellen von Fahrzeugen. Der neue Händlerplatz war mit fünf Verkäufern, vier Monteuren, einem Ersatzteilmann und dem Tankwart ausgestattet. Zu meinen größten Erstaunen machte diese Tankstelle Verluste. Es stellte sich heraus, daß der erste Händler, Comeaux, den Dieselkraftstoff unter dem Einstandspreis verkauft hatte, um den Absatz der Dieselfahrzeuge zu fördern. Nachdem er Bankrott gemacht hatte, verschwand er einfach, erst einige Zeit später tauchte er in Mexiko wieder auf. Wie schlecht organisiert diese Niederlassung anfangs war, zeigte sich auch an folgender Episode: Einmal war ein Käufer für einen im Ausstellungsraum stehenden Mercedes 180 D gewonnen worden. Als man das Fahrzeug dem neuen Besitzer übergeben wollte, stellte man fest, daß das Getriebe ausgebaut und als Ersatzteil verwendet worden war. Leiter dieser Niederlassung wurde 1956 bis 1958 Hans Hartmut von Brockhusen, der sich dabei sehr bewährte. Mit den Niederlassungen in Toronto und Montreal – und unabhängigen Händlern – verfügten wir im Osten Kanadas zunächst einmal über eine ausreichende Infrastruktur.

Bei der weiteren Entwicklung spielte, wie so oft, der Zufall eine Rolle. Anfang 1955 holte der reiche jüdische Kaufmann Leopold Lionel Garrick Bentley aus Vancouver auf einer Europareise in Stuttgart einen vorbestellten Mercedes 300 SL ab. »Poldi« Bentley, wie er sich nennen ließ, hieß in Wirklichkeit Paul Plochbauer und war vor seiner Emigration Textilfabrikant in Böhmen gewesen. Mit der reichsdeutschen Politik hatte er schon 1938 Schlimmeres vorhergesehen, seinen Besitz rechtzeitig verkauft und sich in Kanada eine neue Existenz aufgebaut. Im Westen Kanadas nannte er in den 50er Jahren Ländereien von der Größe Oberbayerns sein eigen und betrieb mit seiner »Canadian Forest Products Ltd.« Holzwirtschaft in größtem Stil.

Bentley war mit dem erworbenen Fahrzeug sehr zufrieden und erkundigte sich nach seiner Rückkehr brieflich in Stuttgart nach einem Ansprechpartner in Kanada, worauf er meine Telefonnummer erhielt. Er rief mich an und vereinbarte mit mir ein Treffen in Banff/Alberta, einem abgelegenen, aber exklusiven Urlaubsort in den kanadischen Rocky Mountains. Dort erkundigte er sich nach dem Kundendienst von Mercedes und erzählte von seiner Absicht, zusammen mit einigen Geschäftsfreunden, darunter dem ehemaligen Gouverneur in British Columbia, eine eigene Service-Firma für MB in Vancouver zu gründen, mit der er nicht zuletzt die Versorgung der eigenen Fahrzeuge gewährleisten wollte.

Im Grunde geriet ich hier zum erstenmal in die Situation, zugunsten von Daimler-Benz eine weitreichende Entscheidung zu treffen. Nach Rücksprache mit Giese und Wychodil wurde im September 1955 ein entsprechender Vertrag unterzeichnet. Die »Mercedes Benz Distribution Western Ltd.«, die am 15. September 1955 amtlich in British Columbia registriert wurde, wurde für den Direktimport in die vier großen westlichen Bundesstaaten Kanadas – British Columbia, Alberta, Yukon und Saskatchewan – zuständig. Der Kontakt mit kapitalkräftigen Geschäftsleuten vor Ort entsprach genau dem Export-Konzept des damals zuständigen Vorstandsmitglieds Wychodil. Die MBC hatte nur eine 15prozentige Beteiligung an der »Distribution Western«, doch waren wir jederzeit über deren Schritte informiert, da ich für die MBC Board-Mitglied wurde. Präsident war Robert Maxwell, General Manager James Ferries. Mit dem Stützpunkt in Vancouver verfügten wir mit einem Schlag über einen renommierten Verkaufssalon samt Kundendienst, den wir in dieser Schnelligkeit aus eigener Kraft gar nicht hätten aufbauen können. Der Showroom in Vancouver, 1219 West Georgia Street, wurde im März 1956 eröffnet.[11]

Durch die Initiative Bentleys und seiner Geschäftsfreunde entwickelte sich die Niederlassung Vancouver so rasant, daß hier innerhalb kurzer Zeit der höchste regionale Marktanteil von Mercedes Benz auf dem nordamerikanischen Kontinent erzielt werden konnte. »The Vancouver Sun« berichtete groß über die Eröffnung unseres Showrooms, und der Artikel begann folgendermaßen: »As soon as I get my hands on a spare $13 000, I know exactly what to spend it on – a shiny 300 SL Mercedes-Benz road racer that will do 160 Miles an hour«. Mrs. Samuel P. Cromie, der Eigentümer der Zeitung, gehörte zu den Direktoren der »Mercedes Benz Distribution Western Ltd.« – aber auch die anderen Medien berichteten sehr positiv und hoben die zahlreichen bekannten Schauspieler hervor, die bereits Mercedes-Benz fuhren.[12] Giese hatte sich von vornherein kaum um das Kanada-Geschäft gekümmert, das ganz zu meiner Domäne geworden war. In einem Bericht vom April 1958 an das Vorstandsmitglied Wychodil konnte ich mich darauf berufen, daß sich das Kanada-Geschäft bei 50 Neuwagen pro Monat eingependelt hatte.[13]

Der Sommer 1955 verging mit Kundenbesuchen, der Beantwortung von Anfragen und intensiven Gesprächen mit möglichen Vertragspartnern in den USA, allen voran den Motorenherstellern Kieckhaefer (Font du Lac/Wisconsin), United Aircraft, General Electric und Curtiss-Wright. Während sich Giese und sein Assistent Herzog bei den Verhandlungen mehr auf General Electric und Curtiss-Wright konzentrierten, verhandelte ich zusammen mit Walter Bodack mit dem Flugzeugtriebwerkehersteller United Aircraft (UAC) sowie der Tochtergesellschaft Pratt & Whitney. Ihre hohe Qualität in der Fertigung von Strahltriebwerken und Flugmotoren für zivile und militärische Flugzeuge sowie Hubschrauber der Sikorsky Division war bekannt. UAC war von den anvisierten Firmen damals sicher die stärkste und solideste, ich befürwortete von Anfang an einen Vertrag mit der UAC. 1955 schien sich hier ein Geschäft auf Gegenseitigkeit abzuzeichnen, denn UAC war an einer Vertretung seiner Interessen in Europa interessiert. Das wesentliche Hindernis bestand darin, daß UAC wenig Neigung zeigte, in den US-amerikanischen Automobilmarkt einzusteigen, auf dem man keinerlei Erfahrung hatte – für uns war dies jedoch das entscheidende Kriterium. General Electric, zu der man über Steinway schon seit der Jahrhundertwende Beziehungen hatte, schied aus

Eröffnung Ausstellungsraum für Mercedes-Benz Vancouver, BC, März 1956, v. links: Fred McKeen, HCH, Frau McKeen, »Poldi« Bentley.

Gründen interner Schwierigkeiten bei GE aus. Die Verhandlungen mit Kieckhaefer zogen sich das ganze Jahr 1955 hin, und wir bekamen den Eindruck, daß wir aus undurchsichtigen Gründen hingehalten werden sollten. Als einziger ernsthafter Verhandlungspartner blieb so Curtiss-Wright übrig. Aufgrund einiger Hindernisse zogen sich die Verhandlungen beinahe zwei Jahre hin.

Washington D. C. erwies sich im Lauf der Verhandlungen als immer weniger zweckmäßig als Hauptsitz unserer Gesellschaft. Zwar war Washington durch die vielen ausländischen Botschaften privat sehr angenehm, da die Familien rasch gesellschaftlichen Anschluß fanden, aber die geschäftlichen Dinge mußten Vorrang haben. Da die meisten Gespräche in New York stattfanden, fast alle Flugverbindungen über New York liefen und wir praktisch ständig unterwegs sein mußten, mietete sich Giese im Hotel Carlyle eine Suite, wo auch der frühere Präsident Truman ein Appartement gemietet hatte. Die Suite der Mitarbeiter Hoppe, Herzog, Frau Herzog und Frau Hille war dagegen nur ein fensterloser Arbeitsraum im Keller, an dessen Tür ein ovales Emailleschild mit der Aufschrift »Maidroom Nr. 2« angebracht war. Dieses Zimmer war, unter äußerst primitiven Bedingungen, für ein halbes Jahr unser Büro in New York.

Ende 1955 zogen wir schließlich – mit Erlaubnis des Vorstands – ganz nach New York um, wo wir ein Büro im Rockefeller Center anmieteten, unseren ständigen Sitz bis 1964. Anfangs hatten wir einen Stab von fünf bis sechs Leuten, der durch Hinzuziehen von Fachkräften für den Kundendienst, Buchhaltung und Technik bald auf 20 bis 30 Personen anwuchs. Mit Charlotte Hille vermittelte uns die deutsche Botschaft eine hervorragende Sekretärin, die nur einen Fehler hatte: Sie sprach kein Wort Englisch. Dennoch stellte ich sie auf Probe ein, was sich als großer Glücksfall herausstellte, denn in relativ kurzer Zeit hatte sie die Sprache fließend erlernt. Da sie gleichzeitig tüchtig und ein wunderbarer Mensch war, stand ihre Anstellung außer jeder Diskussion, so daß ich nach zehn Jahren ganz erstaunt reagierte, als sie mich fragte, ob sie jetzt immer noch »zur Probe« angestellt sei. Frau Hille blieb während meiner ganzen Zeit in Amerika Chefsekretärin und auch danach bis zu ihrem unerwarteten Tod im Dezember 1971.

Ich achtete sehr darauf, einen Stab von besonders qualifizierten Mitarbeitern um mich herum für die »Eroberung« des US-Marktes aufzubauen, was sich langfristig auszahlte. Für die Vertragsverhandlungen mit Curtiss-Wright und Studebaker gelang es mir, den Juristen Gerhard Korallus in die USA zu holen, den ich bereits 1940 in Königsberg kennengelernt hatte. Er hatte nach 1945 sein Jurastudium absolviert und war mittlerweile Direktionsassistent bei Böhringer (Ingelheim). Mit Heinz Waizenegger, der nach dem Krieg bei Daimler-Benz angefangen und in Deutschland die Verkäuferausbildung übernommen hatte, gelang mir die Verpflichtung eines weiteren hervorragenden Mannes: Er galt als der beste Verkaufsexperte der Inlandsorganisation. Hinzu kam Heinz Gerth, der damals schon 25 Jahre bei Daimler-Benz war, über einen enormen Wissensstand in technischen Fragen verfügte und sich als Kundendienstberater bei Maxie Hoffman bereits Kenntnisse über die Verhältnisse in den USA erworben hatte. Durch seine berlinerische Schlagfertigkeit erwies sich Gerth auch menschlich immer wieder als große Unterstützung. Wegen seiner ruhigen und besonnenen Art wurde er von mir »der weise Marabu« genannt. Außerdem verfügten wir mit Walter Bodack und Eberhard Herzog, die sich bei der Zusammenarbeit mit Tata in Indien schon ausgezeichnet hatten, über zwei weitere tüchtige Männer. Bodack kümmerte sich im Raum New York intensiv um das Nutzfahrzeuggeschäft, insbesondere Unimog und Omnibusse, und erwarb sich beim Aufbau dieses Sektors in den USA große Meriten. Hinzu kam Hans Hartmut von Brockhusen, ein Enkel von Hindenburg, den wir nach seinem Großvater Paule nannten und der sich in Montreal und bei einem Einsatz in USA bewährt hatte, er übernahm Ende 1958 die Zone San Francisco.

Unsere Vertragsverhandlungen konzentrierten sich im Lauf des Jahres 1956 immer stärker auf den Flugmotorenhersteller Curtiss-Wright. Die »Curtiss-Wright Airplane Company« war 1929 aus dem Zusammenschluß der Gesellschaften der beiden wichtigsten Flugpioniere entstanden, der Firma der Gebrüder Wright und des Konstrukteurs Glenn Hammond Curtiss (1878–1930). Während des Zweiten Weltkriegs erlebte diese Firma durch Rüstungsaufträge den Aufstieg zu einem bedeutenden Luftfahrtunternehmen. Wie sich später zeigen sollte, hatte Curtiss-Wright danach den Anschluß an die Entwicklung der modernen Strahltriebwerke verpaßt und war deshalb bestrebt, mit einem erfolgreichen Motorenhersteller wie Daimler-Benz ins Geschäft zu kommen, der über entsprechende Entwicklungen verfügte. Mit unserem späteren Entwicklungschef Hans Scherenberg und Bruno Eckert gab es bei der DBAG bereits in den 50er Jahren eine eigene Turbinenentwicklung, die dann eine der Wurzeln der Motoren- und Turbinen-Union (MTU) werden sollte.

Curtiss-Wright war an diesen Patenten der DBAG interessiert, wollte jedoch eigentlich nicht in die Autobranche einsteigen. Dieses Hindernis wurde im August 1956 durch ein Management-Agreement mit dem Automobilproduzenten Studebaker/Packard überwunden: Curtiss-Wright »übernahm« das Management von Studebaker. Studebaker war eine alte angesehene Firma, die seit 1852 die berühmten »Conestoga Wagen« hergestellt hatte, Planfuhrwerke, mit denen die Pioniere in den Westen der USA gezogen waren. In der ersten Hälfte des 20. Jahrhunderts baute Studebaker gute und solide Kraftfahrzeuge der unteren und mittleren Preisklasse, hatte aber zum Zeitpunkt der Verhandlungen seine beste Zeit bereits hinter sich, obwohl man zur Gestaltung eines Straßenkreuzers noch den ersten namhaften Industriedesigner Raymond Loewy (1893–1986) engagiert hatte, eine internationale Berühmtheit u. a. wegen seiner Gestaltung der Coca-Cola-Flasche, des Shell-Signets und der Greyhound-Busse.[14] Doch gutes Design allein konnte Studebaker nicht mehr retten. 1953/54 mußte die Firma mit Packard fusionieren, einem seit 1899/1902 bestehenden Hersteller von Automobilen der gehobenen Preisklasse, der aber zu diesem Zeitpunkt ebenfalls in eine Krise geraten war. Die Fusion Studebaker/Packard blieb aus diesem Grund stets problematisch.

Die Rückständigkeit in der Produktion zeigte sich bei einer Betriebsbesichtigung, die ich im September 1956 zusammen mit Fritz Nallinger und seinem Nachfolger Hans Scherenberg durchführte. Danach machte ich Giese noch einmal den Vorschlag, den Plan eines Zusammengehens mit Curtiss-Wright und Studebaker/Packard fallenzulassen und statt dessen bei Flugmotoren mit United Aircraft, bei Lastwagen und Bussen mit Mack oder White und bei Pkw mit einem System von Distributors nach dem Vorbild der Mercedes Benz Distributors in Vancouver zu arbeiten. Giese lehnte jedoch diesen Vorschlag unter Berufung auf einen Vorstandsbeschluß ab, der darauf zielte, nur mit *einem* Partner zusammenzuarbeiten, dafür käme aber nur Curtiss-Wright in Frage.[15]

Die Übernahme des Managements von Studebaker/Packard durch Curtiss-Wright war ein Kunstgriff von deren Chairman Roy T. Hurley: Mit der Vertriebsorganisation des amerikanischen Autoherstellers, der zum Zeitpunkt des Vertragsabschlusses über ein 2500 Händler umfassendes

Vertriebsnetz verfügte, hatte er zugleich ein gutes Argument gegenüber Daimler-Benz, den Banken gegenüber konnte er das künftige Vertragsverhältnis mit uns ins Feld führen. Hurley tat zudem alles, um künftige Entwicklungen zu präjudizieren. Die Argumentation war folgende: »Wir, Curtiss-Wright, haben euch das Vertriebsnetz geschaffen, jetzt müßt ihr aber auch schnell den Vertrag unterschreiben und anfangen, 60 000 Autos pro Jahr bereitzustellen.« Dieser völlig unrealistischen Zahl lag die Berechnung zugrunde, daß jeder Händler zwei Mercedes-Benz pro Monat verkauft, ergo $(2500 \times 2 \times 12) = 60 000$. Zum Vergleich muß man wissen, daß Maxie Hoffman 1956 ca. 3000 Einheiten verkauft hatte. 60 000 Einheiten pro Jahr war damals eine Größenordnung, die, selbst realistisch gerechnet, gar nicht hätte geliefert werden können, die Gesamtproduktion von Daimler-Benz Pkw belief sich damals auf 80 000 Einheiten. Rückblickend muß man sagen, daß Daimler-Benz in einem weiteren Punkt, nämlich in der Frage der Turbinenentwicklung, einer unrealistischen Einschätzung folgte. Giese, der sich mit der Gründung der »Curtiss-Wright and Mercedes Benz« sein eigenes Reich aufzubauen gedachte, berichtete den Vorständen Könecke und Wychodil von der Flugmotorenentwicklung bei Curtiss-Wright, ohne die Probleme zu erwähnen, die ihm vermutlich bekannt waren. Auch nach Vertragsschluß gelang es Hurley noch längere Zeit, jeden Einblick der DBAG in seine Entwicklungsabteilung mit dem Hinweis auf angebliche militärische Geheimnisse zu verhindern.

Daimler-Benz sah gleichwohl durch das Management-Agreement zwischen Curtiss-Wright und Studebaker/Packard die Möglichkeit, auf einen Schlag eine komplette Vertriebsorganisation in den USA zu bekommen. In Stuttgart war man sich durchaus uneinig darüber, in welcher Weise mit Curtiss-Wright kontraktiert werden sollte. Die Rechtsabteilung unter dem Chefsyndikus Rolf Reuter, die so gut wie gar nicht in die Verhandlungen eingeschaltet worden war, sträubte sich mit Händen und Füßen dagegen und mißtraute Gieses Absichten von vornherein, und die Uneinigkeit reichte bis in den Vorstand hinein. Dennoch wurde in den USA in täglichen stundenlangen Gesprächen weiter verhandelt, Vertragstexte von großem Umfang wurden abgefaßt, von Korallus, der sich mittlerweile mit dem amerikanischen Recht vertraut gemacht hatte, ins Deutsche übersetzt, nach Stuttgart telegrafiert, die Antworten, die oft bereits am nächsten Tag eintrafen, wurden ins Englische übersetzt, nicht selten auch nachts und am Wochenende. Bei diesen Verhandlungen spielten Anwaltsbüros eine große Rolle. Die DBNA mußte auf Druck von Hurley ihren Anwalt Mr. Nebolsine aufgeben. Der Vizepräsident der Chase National Bank, der heutigen Chase Manhattan Bank, die Studebaker über ein Finanzkonsortium ein großes Darlehen verschafft hatte, Henry McTavish, schlug Giese daraufhin das Anwaltsbüro »Mudge, Sturn, Baldwin & Todd« vor, die Hausanwälte der Bank. Diese Firma blieb bis heute Anwalt der Daimler-Benz AG in Amerika, später unter dem Namen »Mudge, Rose, Guthrie, Alexander and Ferdon«. Insbesondere der 1989 verstorbene Randolph H. Guthrie arbeitete viele Jahre engstens mit uns zusammen. Die Verhandlungen waren dadurch geprägt, daß Giese und Hurley offenbar feste Vorstellungen über die Zusammenhänge hatten, gegen die keinerlei vernünftige Einwände vorgetragen werden konnten. Ich persönlich hielt die von Giese zugesagte Lieferverpflichtung über 60 000 Fahrzeuge pro Jahr für völlig illusorisch. Meine Einwände wurden jedoch unter Hinweis auf eine Zusage des Vorstandsvorsitzenden Fritz Könecke, die allerdings nicht schriftlich vorlag, zurückgewiesen.

Noch kurz vor Unterzeichnung des Vertrages wies ich die Herren Wychodil und seinen Vertreter Hans Klotz noch einmal darauf hin, daß ich es für besser hielte, die Verhandlungen abzubrechen, falls Hurley nicht bereit wäre, gewisse Forderungen der DBAG zu akzeptieren. Unter anderem hielt ich es für falsch, Kanada und Mexiko in den Vertrag miteinzubeziehen, zumal die von mir aufgebaute »Mercedes Benz of Canada« (MBC) bereits in der Gewinnzone arbeitete. Insbesondere war ich der Auffassung, daß in den USA im ersten Jahr kaum mehr als 5000 Wagen verkauft werden konnten. Auch machte ich darauf aufmerksam, daß niemand von uns die Händlerorganisation von Studebaker/Packard unter die Lupe genommen habe. Auch bewegte ich Hans Klotz noch vor dem Vertragsabschluß zu einem Besuch des noblen Verkaufssalons von Maxie Hoffman in der Park Avenue sowie des tristen Studebaker-Händlers in der 11th Avenue, um ihm den Unterschied zu verdeutlichen und sinnfällig darzustellen, was uns mit Studebaker erwartete. Aufgrund meines anhaltenden Widerstands erhielt ich von Giese strikte Weisung, am Samstag vor der Vertragsunterzeichnung, als Könecke, Wychodil und Klotz in den USA weilten, New York nicht zu betreten, um jegliche Möglichkeit eines Zusammentreffens zu verhindern, die den erwünschten Vertragsabschluß noch hätte stören können.[16]

Am 6. März 1957 wurde das umfängliche Vertragswerk mit Curtiss-Wright in New York unterzeichnet, das für 15 Jahre bis zum 31. Dezember 1971 Gültigkeit besitzen sollte. Von »Vertragswerk« muß deshalb gesprochen werden, weil darin fünf Grundverträge und 15 Nebenabmachungen enthalten waren. Wichtige Punkte dieser Vereinbarung waren:
– Die Gründung einer Gesellschaft »Curtiss-Wright and Mercedes Benz« (CWMB), die zu 60% im Besitz der Curtiss-Wright und zu 40% im Besitz der DBNA war, mit einer entsprechenden Verteilung der Management- und Aufsichtsratssitze. Für die DBAG fungierte Könecke als »Alternate Chairman«, weiter waren Wychodil, Nallinger, Giese und ich selbst Boardmembers.
– Exklusive Import- und Vertretungsrechte für USA, Kanada, Kuba und Mexiko (bestehende Verträge ausgenommen).
– Lizenzen für Montage und Nachbau ausgewählter Produkte sowie die Nutzung von Patenten und Warenzeichen. Speziell aufgeführt waren die Pkw-Typen: 220S, 300d, 300SL; die Lkw-Typen L319, LS326, L329.
Das Vertragswerk enthielt Abschnitte über die Produkte der DBAG,

technische Einzelheiten aller Art, Preise, Personalpolitik, Lizenzgebühren, Weitergabe der Rechte an Dritte und vieles weitere, dessen Aufführung hier zu weit gehen würde. Eine Klausel ist noch der Erwähnung wert, weil sie später an Wichtigkeit gewann: Für den Fall, daß die Verkäufe 50 Millionen Dollar pro Jahr nicht erreichten, konnte jede Partei den Vertrag zum 1. Januar 1962 vorzeitig kündigen.[17]

Die »Curtiss-Wright and Mercedes-Benz« verfügte anfangs über ein jährliches Budget von 360000 $ und hatte inklusive Geschäftsleitung 16 Angestellte. Präsident war Roy T. Hurley, der Chairman der Curtiss-Wright, geschäftsführender Vizepräsident Carl F. Giese von der DBNA. Man kann sich leicht vorstellen, daß die Verlagerung von Kompetenzen in die Hände von Hurley und Giese in Stuttgart einigen Herren Kopfschmerzen bereitete, zumal die DBAG an dieser Firma nur eine Minderheitsbeteiligung besaß. Einige Vertragspunkte gingen weit über die Notwendigkeiten eines Vertretungsvertrages zur Erschließung des amerikanischen Markts hinaus. Ich bin der Ansicht, daß Gieses persönliches Machtstreben bei dieser Vertragskonstruktion eine wesentliche Rolle gespielt hat. Woran man heute kaum mehr denkt: Auch politische Überlegungen hatten einen Einfluß auf die Verlagerung von Kompetenzen in die USA. Der Koreakrieg, die Geschehnisse in Berlin 1953 und Ungarn 1956 ließen Westdeutschland nicht unbedingt als den sichersten Industriestandort erscheinen. So wurde die Möglichkeit einer Ausdehnung des kommunistischen Machtbereichs in Europa immer mitbedacht: Die Werte und Rechte sollten dann nicht in Deutschland liegen, sondern in Sicherheit: in den USA – eine Komponente, die inoffiziell »Erbfolgevertrag« genannt wurde. Dieser wurde schließlich doch nicht abgeschlossen, doch muß man das Vertragswerk von 1957 auch vor diesem Hintergrund sehen. Für die Daimler-Benz AG unterzeichneten der Vorstandsvorsitzende Könecke und Wychodil, die den Vertrag im Vorstand durchgesetzt hatten sowie der Beauftragte für Amerika, Carl F. Giese. Gegen den Vertragsabschluß mit Curtiss-Wright hatte ich monatelang Einwände vorgebracht, doch hatte ich mich damit nicht durchsetzen können. Die Verhandlungen hatten in einem Vertragswerk kulminiert, von dem die abschließenden Parteien noch gar nicht ahnten, in welchem Umfang es die Zukunft aller Beteiligten verändern würde.

Die Jahre mit Studebaker (1957–1964)

Nach der Vertragsunterzeichnung bestand die vordringlichste Aufgabe darin, die zum 1. Mai 1957 ausgesprochene Kündigung an Maxie Hoffman durchzuführen und die Übernahme sämtlicher Fahrzeuge und Ersatzteile durch »Daimler-Benz of North America« (DBNA) mir zu übertragen und zu organisieren. Verständlicherweise traten dabei zunächst erhebliche Meinungs- und Bewertungsunterschiede zwischen Hoffmans Leuten und unseren Spezialisten auf. Letztlich ging es natürlich um die Höhe der finanziellen Ablösung seines Vertrags, man einigte sich schließlich bei zwei Millionen Dollar, die Studebaker über einen Sonderfonds – 20 $ pro verkauftes Fahrzeug – tilgen sollte. Letzten Endes kam es zu einer planmäßigen Überleitung, die jegliche Beunruhigung des Marktes vermied. Ein Großteil der Kundschaft sah in der Kündigung Maxie Hoffmans den Hoffnungsschimmer, daß die Ersatzteilversorgung, Garantieabwicklung etc. durch den direkten Einfluß der Daimler-Benz AG in Zukunft besser gehandhabt werden würde. Andererseits neigten auch viele Kunden, Banken und einflußreiche Persönlichkeiten in den USA zu großer Skepsis, weil die teuersten und qualitativ besten Autos ausgerechnet durch den schwachen Automobilhersteller Studebaker mit seiner rachitischen Händlerorganisation verkauft werden sollte. Dies war genau die Ansicht, die ich teilte und die sich auch rasch bewahrheiten sollte.

Der Vertrag mit Curtiss-Wright enthielt einen Untervertrag, der die Zusammenarbeit mit Studebaker regelte. Eine Anlage zu diesem Studebaker-Vertrag enthielt eine Absatzplanung für die Jahre 1957/1958, die so unrealistisch war, daß sie Erwähnung verdient. Im Grunde ähnelte sie den bereits im Vorjahr von Hurley propagierten Planzahlen: Von April 1957 bis Januar 1959, also in 22 Monaten, sollten 43 000 Fahrzeuge an Studebaker geliefert werden, verteilt auf die vier Typen 220S, 300d, 190SL und 300SL. Allein für das Spitzenmodell 300d wurden 6700 eingeplant, die besten Händler sollten davon einen pro Monat verkaufen. Wie überzogen diese Erwartungen waren, ist schon daraus ersichtlich, daß de facto von diesem Typ im Zeitraum 1957 bis 1962 für die ganze Welt nur 3152 Stück gebaut wurden. Die Praxis zeigte rasch, daß diese Zahlen unrealistisch waren, und bezeichnenderweise wurden die Verkaufsplanungen bereits einen Monat nach Vertragsabschluß drastisch reduziert. Beileibe nicht alle der ca. 2500 Studebaker-Händler bekamen einen Mercedes-Benz-Vertrag, 1957 dürften es etwa 200 Verträge gewesen sein, in den ganzen sieben Jahren der Studebaker-Ära nie mehr als 430. Wie schon bei der Fusion Studebaker/Packard wußten die meisten Studebaker-Händler nicht, was sie mit einem Mercedes-Benz anfangen sollten. Als Händler eines billigen Produkts saßen sie für Mercedes-Benz häufig am falschen Platz und hatten mit dem Verkauf eines teuren Qualitätsprodukts keine Erfahrung. Ausgenommen davon waren meist die ehemaligen Packard-Händler und diejenigen, die daneben auch noch Buick, Cadillac oder Lincoln verkauften. Andere jedoch begnügten sich damit, einen Mercedes-Stern an ihrem Laden anzubringen. Folgende Äußerung eines Studebaker-Händlers ist wörtlich überliefert: »Ich kann doch hier keinen Mercedes-Benz verkaufen, wenn nicht zufällig ein Dummer ankommt und einen haben will. Den Stern lass' ich aber hängen, denn der hebt meinen Status in der Gemeinde.«

Der Anfang sah wider Erwarten sehr positiv aus. Die Erstbestellungen und Bevorratung der Studebaker-Händler brachten im Sommer 1957 einen enormen Auftrieb des Amerikageschäfts, der allerdings nur einen scheinbaren Erfolg darstellte, bis im Herbst 1957 die Händlerorganisation beliefert war. Bereits bei der Lieferung zeichneten sich Unzulänglichkeiten ab: Es gab keinerlei Infrastruktur für die Reparatur von Transportschäden. Rasch zeigte sich auch, daß die gelieferte Fahrzeugmenge zu einer unverantwortlichen Überbevorratung geführt hatte. Ein großer Teil der Fahrzeuge wurde auf angemieteten Plätzen nahe des Hafens abgestellt, im Freien und im Dreck, ohne Asphaltierung oder Überdachung, Wind und Wetter schutzlos ausgesetzt. Weitere unüberwindliche Schwierigkeiten waren teils in den ungünstigen Standorten der Studebaker-Händler begründet, teils auch in ihrer Mentalität.

Bereits 1958 sackte das Verkaufsergebnis der Studebaker-Fahrzeuge derart ab, daß die Händler um ihr Überleben bangen mußten und alle Hoffnungen auf den neuen Studebaker-Typ setzten, der im Herbst 1958 herauskommen sollte. Da Mercedes-Benz allein ihre Arbeitsplätze nicht garantieren konnte, konzentrierten sie ihre Bemühungen naturgemäß auf Studebaker. Zudem wurden die Mercedes-Benz-Vertragshändler von Studebaker nicht vorrangig nach Mercedes-Benz-Kriterien ausgesucht. So wurden in manchen Ballungszentren zu viele Händler mit Verträgen ausgestattet. In Chicago gab es damals mehr Händler für MB als für Cadillac, das am gleichen Ort zehnmal so viele Autos verkaufte. Das Ergebnis war ein Preiskrieg, bei dem sich die Händler nur selbst schadeten.

Eine Rolle spielte auch das gegenüber Europa unterschiedliche Käuferverhalten. In Europa war und ist es üblich, daß der Kunde sein Auto wie einen Maßanzug bestellt: Er legt bei der Bestellung die genaue Ausstattung fest, dann wird das Auto gebaut und geliefert. In den USA geht der Interessent in den Laden, sucht sich unter den herumstehenden Fahrzeugen eines aus und beginnt, mit dem Händler über den Preis des Neuwagens und den Wert des Gebrauchtwagens zu feilschen.

Schließlich tauchte rasch wieder das alte Problem des Kundendienstes auf. Die Studebaker-Händler waren gewohnt, daß der Großteil der Käufer außer zu Garantiearbeiten nie wieder auftauchte, sondern Reparaturen an der nächstgelegenen Tankstelle ausführen ließ. Dies stieß jedoch bei den Mercedes-Fahrzeugen auf Schwierigkeiten z. B. deshalb, weil sie damals schon mit Einspritzpumpen versehen waren. Während man bei den amerikanischen Vergasermotoren mit einem einfachen Schraubenzieher den Vergaser neu einstellen konnte, war dies bei einer Einspritzpumpe nicht möglich. Damit war ein amerikanischer Mechaniker normalerweise nicht in der Lage, unsere Fahrzeuge zu warten. Auch eine Mechanikerschulung half nicht viel weiter, weil die Handwerker ihr erlerntes Wissen zu selten anwenden konnten und die notwendigen Handgriffe im wichtigen Moment meist vergessen hatten.

Es gab zwar Werkstatt-Handbücher und sonstige technische Unterlagen, doch verstaubten die meist unbenutzt in irgendeiner Ecke. Hier konnten wir – Daimler-Benz of North America – allerdings ein Programm aufstellen, das deutsche Kontraktmechaniker für einige Jahre mit Familie nach Amerika führte. Hin- und Rückreise wurden bezahlt, Einkommen und Wiedereingliederung in Deutschland waren ihnen garantiert. Dieses Programm wirkte auf unsere amerikanischen Kunden werbend und vertrauensbildend. Schließlich spielte auch noch eine wichtige Rolle, daß das Produkt anfangs nicht besonders gut zum amerikanischen Markt paßte. Die Mercedes-Benz-Typen konnten damals noch nicht in der Ausstattung geliefert werden, die für Fahrzeuge dieser Preisklasse üblich war. Eine vom Markt beeinflußte Produktgestaltung wie sie heute üblich ist, kannte man damals in der deutschen Automobilindustrie noch nicht. Klimaanlagen waren hierzulande völlig unbekannt, wurden aber von amerikanischen Käufern bereits erwartet. Kurzfristige Korrekturversuche scheiterten. Eine nachträglich in den Mercedes 300d eingebaute Lenkhilfe war schrecklich und ein von Borg-Warner adaptiertes Automatikgetriebe schlicht entsetzlich. In Stuttgart stand Fritz Nallinger damals noch auf dem Standpunkt, daß ein Mercedes nur sportlich und ohne Automatik gefahren wird. Humorvoll fügte er hinzu: »Da müssen Sie eben den Amerikanern das Schalten beibringen.«

Wie man sieht, bestanden zu diesem Zeitpunkt bereits manche Spannungen zwischen dem Vorstand in Stuttgart und der DBNA in den USA. Diese Spannungen wuchsen gegen Ende des Jahres an, vor allem weil Giese Daimler-Benz über die Entwicklung des Amerikageschäfts im Unklaren ließ. An diesem Zustand war Studebaker/Packard nicht ganz unschuldig, denn bis Ende Oktober machten sie von ihrem Recht als exklusiver Vertreter für Mercedes-Benz Gebrauch und verweigerten der DBNA jeden Einblick und jede Einmischung in Bestellung und Verkauf der Personenkraftwagen. Erstmals im November 1957 wurden wir über die aktuellen Verkaufszahlen informiert, veranlaßt durch den ausbleibenden Verkaufserfolg. Mr. Churchill, der Präsident von Studebaker Packard, machte am 15. November außerdem Gebrauch von der Möglichkeit, weitere Einschiffungen um 90 Tage hinauszuschieben, obwohl die tatsächlich gelieferten Einheiten, wie wir aus Stuttgart wußten, ohnehin nur ein Zehntel der angestrebten 60 000 Stück ausmachten. Sobald wir darüber verfügten, meldete die DBNA die detaillierten Verkaufszahlen von Juni-November 1957 nach Stuttgart.

Von nun an schrillten überall die Alarmglocken. Die Bedenken in Deutschland verstärkten naturgemäß die bereits bestehenden Spannungen in Amerika. Giese untersagte seinen Mitarbeitern in Amerika den direkten Kontakt mit Stuttgart, und die Berichte nach Deutschland mußten ihm vorgelegt werden. Dieser Zustand belastete natürlich die Arbeitsmoral der Angehörigen der DBNA. Anfang Dezember 1957 erhielt ich einen Anruf von Hans Klotz bezüglich der Verkaufszahlenprognose für das 1. Quartal 1958. Wychodil hatte Klotz, Schwiegersohn des damaligen Bundeswirtschaftsministers und späteren Bundeskanzlers Ludwig Erhard (1897–1977), als Direktor im Exportbereich quasi zu seinem Stellvertreter gemacht. Klotz mißtraute Giese und wollte deshalb genaue Zahlen erfahren. Giese befand sich gerade an diesem Tag in South Bend, um mit dem Planungsausschuß – dem Nick Dykstra, Vizepräsident von Curtiss-Wright, und Sid Skillman, der Vizepräsident und Verkaufschef von Studebaker und Carl Giese angehörten – die Produktionszahlen der für die USA vorgesehenen Fahrzeuge festzulegen. Am Freitagnachmittag rief mich Herzog an und teilte mir mit, daß Giese an diesem Tag nicht mehr ins Büro komme. Ich setzte mich daraufhin in mein Auto und fuhr zu Gieses Haus nach Greenwich. Als ich Giese am Freitag, dem 6. 12. 1957, diesen berechtigten Wunsch Wychodils vortrug und von ihm verlangte, in Stuttgart alle weiteren Fahrzeuglieferungen zu stornieren, um nicht durch weiter überhöhte Lagerbestände gehandicapt zu sein, kam es zum Eklat: Giese war einer sachlichen Kritik nicht zugänglich und verbat sich jegliche Einmischung in seine Geschäftsführung. Er gab strikte Anweisung an seine Mitarbeiter, keine Kontakte zu Stuttgart mehr zu unterhalten, da nur er befugt sei, mit Wychodil und Könecke in laufender Verbindung zu stehen. Es kam zu einer heftigen Kontroverse, die in persönliche Beleidigungen mündete. Mit lautem Türenknall verließ ich das Haus des Präsidenten der DBNA und war der Ansicht, daß damit meine Karriere bei Daimler-Benz beendet war. Ich fuhr nach Hause und war bereit, meine Koffer zu packen und mit der Familie nach Deutschland zurückzukehren.

Vorsichtshalber beschloß ich jedoch, die ganze Angelegenheit mit einer Persönlichkeit meines Vertrauens durchzusprechen. Unser Anwalt und Direktor der DBNA, George Brownell, den ich am folgenden Samstag in der Frage meines beabsichtigten Rücktritts konsultierte, meinte, seine Kanzlei wolle sich aus dem Zwist heraushalten, er rate mir jedoch, in dieser kritischen Situation keine übereilten Schritte vorzunehmen. Mit einem Rücktritt wäre weder der DBNA noch Daimler-Benz geholfen. Am Montag erhielt ich nochmals einen Anruf von Brownell, der mir mitteilte, auch sein Seniorpartner Randolph Guthrie rate mir von übereilten Schritten ab. Verantwortlicher für die Misere sei Giese, noch dazu, nachdem er als Vorgesetzter meine Handlungsmöglichkeiten durch das Kontaktverbot eingeschränkt habe.[18] Ohne ein weiteres Gespräch und ohne die Sachprobleme einer Lösung nähergebracht zu haben, flog Giese wenige Tage später nach St. Moritz, um über Weihnachten in der Schweiz zu bleiben, während wir in den USA auf einem Scherbenhaufen saßen. Darauf überlegte ich mit Waizenegger, Korallus, Herzog und Bodack, was man in dieser Situation tun konnte. Auf der Suche nach einem Ausweg leitete ich nun ein intensives Verkaufsförderungsprogramm ein, was angesichts der auf Halde stehenden Autos die einzig sinnvolle Betätigung war. In Abstimmung mit Studebaker organisierten wir ab Mitte Dezember 1957 den sogenannten »Volkssturm«, einen Versuch, aus den Büros herauszugehen und direkt den Händlern beim Verkauf der Autos zu helfen, sie in individuellen Gesprächen zu motivieren, weil im Rockefeller Center in New York ohnehin keine effektive Arbeit mehr geleistet werden konnte.

Das meiner Ansicht nach unzulässige Kontaktverbot hinderte mich jedoch nicht daran, eine Informationsreise von Karlfried Nordmann in seiner Eigenschaft als Kundendienstchef der DBAG Mitte Dezember 1957 dazu zu benutzen, um einige Details über den tatsächlichen Stand der Dinge bekanntzumachen, die in keiner Weise dazu angetan waren, die im Vertragswerk festgeschriebenen hochgesteckten Erwartungen zu erfüllen. Nordmann war – ohne unser Wissen – im Auftrag Wychodils gekommen, um bei Studebaker direkt die wirkliche Situation festzustellen. Ich traf ihn zufällig in seinem Hotel in New York und beschloß sofort, diese Gelegenheit zur Information des Vorstands in Stuttgart zu nutzen. Ich übermittelte Nordmann bei diesem »unerlaubten« Gespräch genaue Zahlen über den Verkaufsstand bei den einzelnen Fahrzeugtypen. Tatsächlich waren 3500 unverkaufte Fahrzeuge in Lagern abgestellt, denn 1957 wurden gerade 3150 Fahrzeuge verkauft, nur 129 Stück mehr, als Maxie Hoffman 1956 abgesetzt hatte. Außerdem stand Studebaker/Packard kurz vor dem Bankrott, und jedes weitere gelieferte Fahrzeug lief damit Gefahr, in eine mögliche Konkursmasse hineinzugeraten. Nordmann, den ich bereits 1954 als Ausbilder in Stuttgart kennengelernt hatte, war über meinen Bericht derart erschüttert, daß er beschloß, seine Reise nicht fortzusetzen, sondern unmittelbar nach Stuttgart zur Berichterstattung zurückzufliegen. Ich bat ihn jedoch dringend darum, seine Reise fortzusetzen und sich mit eigenen Augen von der Richtigkeit meiner Angaben zu überzeugen; er sollte sehen, daß Tausende von Mercedes-Fahrzeugen in der Nähe der Häfen von Houston und Baltimore buchstäblich in Dreck und Schnee standen; in Kalifornien waren zwar die Verkaufszahlen nicht besser, aber die Neuwagen hatten weniger unter der Witterung zu leiden. Nordmann verfaßte nach seiner Rückkehr einen so verheerenden Bericht an den Vorstand, daß ihn das Exportressort nicht passieren lassen wollte und von Nordmann eine beschönigende Abmilderung verlangte.

Schließlich erhielt ich von Wychodil im Januar die Nachricht über die Einsetzung eines Untersuchungsausschusses, bestehend aus Hans Klotz und den Direktoren Erich Pfeiffer und Eberhard Hund, die im Auftrag des Vorstands eine Woche lang die Sachlage vor Ort untersuchen sollten. Am 6. Februar 1958 traf dieses Komitee in den USA mit der Anweisung ein, einen Bericht über die aktuelle Situation für die Vorstandssitzung von Daimler-Benz am 19. Februar 1958 zu schreiben. Dies geschah zunächst in einer Stellungnahme vom 14. Februar zum Abschlußbericht von Hans Klotz und in getrennten Schreiben von mir an die Vorstandsmitglieder Fritz Könecke und Wychodil vom 16. Februar.[19] Bereits Klotz war zu dem Schluß gekommen, daß das USA-Geschäft reorganisiert werden mußte und hatte mich mit der Wiederaufnahme der Geschäftsführung beauftragt, allerdings nur kommissarisch, da ich zunächst für mitverantwortlich für den Mißerfolg gehalten wurde. In meinen Briefen an die Vorstandsmitglieder versuchte ich dann, auf die tatsächlichen Verhältnisse innerhalb der DBNA während Gieses Amtsführung hinzuweisen, was mir aufgrund meiner frühzeitig zu Protokoll gegebenen und auch Karlfried Nordmann gegenüber geäußerten sachlichen Kritik möglich war. Giese wurde per Fernschreiben zur Teilnahme an dieser Vorstandssitzung beordert.

Auf einer Sondersitzung des DBNA-Boards in Stuttgart kam es schließlich zur fristlosen Entlassung Carl F. Gieses, die bereits kurz zuvor im Vorstand der DBAG beschlossen worden war. Giese kam in seiner damals schon bekannten überheblichen Art zu spät zur Boardsitzung, die anderen Vorstände der DBNA – Chairman Fritz Könecke, Vice-Chairman Wychodil, Vice-President Hoppe, Bob Guthrie und Rolf Reuter – waren bereits seit geraumer Zeit versammelt und warteten, wobei sich mit der Zeit Empörung über Gieses Verspätung einstellte. Dafür fiel der einzige Tagesordnungspunkt besonders prägnant aus. Nach der Eröffnung der Sitzung durch Könecke sagte Bob Guthrie nur: »Mr. Giese, you are fired from all your duties«, also als Direktor der DBAG in Stuttgart, als Aufsichtsratsmitglied der Telco in Indien und als Präsident der DBNA und der MBC – also eine komplette Amtsenthebung. Giese sagte daraufhin: »Ich protestiere gegen diese Entscheidung«, worauf Guthrie nur erwiderte: »O. K., ich nehme es zu den Akten.« Daraufhin beendete Könecke die Sitzung. Als Giese Wychodil anschließend mit einer Klage zu drohen versuchte, sagte dieser lediglich: »Herr Giese, tun Sie, was Sie nicht lassen können.« Giese versuchte anschließend, die DBAG auf 2 Millionen DM Schadenersatz zu verklagen und engagierte zu diesem Zweck einen der bekanntesten US-Anwälte sowie den Anwalt Dr. Laternser, dessen Name als Verteidiger noch von den Nürnberger Prozessen her in Erinnerung war. Doch blieb diese Klage ergebnislos. Giese, der zum Zeitpunkt der Entlassung auch wegen anderer Dinge im Kreuzfeuer der Öffentlichkeit stand,[20] ging später als Exportchef für Curtiss-Wright nach Bermuda.

Wie ich später von Guthrie erfuhr, hatte Könecke ihm gegenüber vor der Board-Sitzung die Absicht geäußert, mit Giese gleichzeitig auch mich als Gieses Stellvertreter zu entlassen, worauf Guthrie erwidert hatte, daß er das für einen großen Fehler halten würde, da ich schon frühzeitig vor der Fehlentwicklung gewarnt hatte und als einziger mit den Geschäften der DBNA und der MBC wirklich vertraut sei. Während der Umbruchphase erschien mein eigenes Schicksal – als eines langjährigen Mitarbeiters von Giese – unsicher. In dieser für mich kritischen Situation erhielt ich überraschend einen Anruf von Richard Freudenberg, der von den Entwicklungen in den USA aus der Zeitung erfahren hatte. Er bot mir einen Neuanfang bei seiner Firma an, eine Geste, die mich nach den Umständen der Trennung von Freudenberg vier Jahre zuvor sehr berührte. Meine Stellung in den USA entwickelte sich jedoch rasch zum Positiven. Durch die Intervention Guthries blieb ich nach einem nur formalen Rücktritt – zwecks Neuwahl – Vice-President der DBNA und President der MBC. Noch 1958 wurde ich zum »Chief Resident Officer« der Daimler-Benz AG in Amerika ernannt. Angesichts der bisherigen Ergebnisse verordnete der

Vorstand in Stuttgart Sparmaßnahmen, darunter auch eine Reduzierung des mittlerweile auf 60 Personen angewachsenen Personals der DBNA. Den möglichen Verkauf für das laufende Jahr hatte ich aufgrund meiner Erfahrungen am 22. Februar 1958 auf 5000 prognostiziert,[21] ein Kontingent, das schließlich leicht überschritten werden konnte.

Nach Gieses Entfernung wurde Günther Wiesenthal Präsident der DBNA. Bei einem Treffen im New Yorker Plaza Hotel stellte ihn Wychodil am 15. März 1958 vor. Wiesenthal war vor dem Krieg Exportleiter der DBAG in Stuttgart und Leiter der Mercedes-Benz Automobil GmbH in Wien gewesen, nach dem Krieg wurde er wieder für die DBAG tätig und gründete 1950 das Zentralbüro Österreich. Ich begrüßte seine Ernennung zum Präsidenten der DBNA sehr, da Wiesenthals hohes Ansehen und seine guten Beziehungen zu Wychodil zur Beruhigung des Verhältnisses zwischen der DBNA und der DBAG entscheidend beitragen würde. Ich entwickelte rasch ein so gutes Verhältnis zu Wiesenthal, daß er bis zu seinem frühen Tod im Jahre 1960 nur mehr zu offiziellen Anlässen von Wien in die USA reiste, während ich dort als »geschäftsführender Vizepräsident« amtierte. Zunächst jedoch erschien meine Position noch nicht gefestigt, was auch in dem Umstand zum Ausdruck kam, daß ein Team unter Leitung von H. T. Müller, wegen seiner kompromißlosen Art »Panzer-Müller« genannt, aus Stuttgart kam, das den Verkauf forcieren sollte. Ihm gehörten Gerd Hoffmann, Rainer Lange-Mechlen, Heinz Gerth, Hans von Wasmer und Markus Fürst Clary an, aus Kanada wurde von Brockhusen zugeteilt. Zusammen mit dieser Gruppe arbeitete ich in Fortsetzung unserer Aktionen vom Dezember 1957 am Abbau der Bestände, eine Aktion, die unter dem Begriff »die Kuh vom Eis holen« lief. Den Mitarbeitern dieser Aktion gefiel es so gut, daß sie schließlich alle in den USA blieben.[22]

Inzwischen ging es mit Studebaker weiter bergab, auch das neueste Modell lief nicht wie erwartet. Weder der »Scotsman« noch der wenig später auf den Markt geworfene »Avanti« erfüllten die in sie gesetzten Erwartungen. Bald tauchte die Frage eines Darlehens für die abgewirtschaftete Studebaker Corporation durch die Daimler-Benz AG in Stuttgart auf. Im August 1958 fuhr ich mit einigen Studebaker- und Bankleuten (Guthrie, Manheim, McTavish) nach Stuttgart, wo diese Frage eingehend erörtert wurde, von seiten der DBAG durch Fritz Könecke und Rolf Reuter. Auch diesmal kam es wieder zu zähen Vertragsverhandlungen, aber inzwischen hatten wir genug hinzugelernt. Wir verlangten für die Kreditunterstützung so umfangreiche Gegenleistungen, daß hinterher der Vertrag vom März 1957 nicht wiederzuerkennen war:
– Curtiss-Wright löste den Management-Vertrag mit Studebaker.
– Curtiss-Wright gab alle Rechte für Personenwagen, Lastwagen und am Bus »O 319« an die DBNA zurück.
– Die »Curtiss-Wright and Mercedes-Benz« wurde aufgelöst.
– Curtiss-Wright verblieben die Rechte für Vertrieb als auch Montage von Groß-Omnibussen, Motoren und Unimog.[23]

Die Verbindungen der Daimler-Benz AG mit Curtiss-Wright waren damit praktisch aufgelöst, auch die verbliebenen Bindungen hielten nur noch bis zum Ende des folgenden Jahres. Anders verhielt es sich jedoch mit der Studebaker Corporation, deren Händlerorganisation wir uns erhalten wollten. Die Daimler-Benz AG beteiligte sich daher an der Umschuldung:
– Die DBAG vergab einen niedrig verzinsten sechsmonatigen Kredit über 6 Millionen Dollar für Fahrzeuge und 1 Million Dollar für Ersatzteile.
– Die DBAG stornierte einen Großteil der von Studebaker erteilten Aufträge für Mercedes 300d mit der Maßgabe, daß weitere Lieferungen nur erfolgten, wenn Händlerbestellungen vorlagen.
– Auf mein Drängen mußte Studebaker die »Mercedes-Benz Sales, Inc.« (MBS) gründen, eine Tochtergesellschaft, die sich ausdrücklich nur mit dem Verkauf von Mercedes-Benz-Fahrzeugen beschäftigen sollte.

»Mercedes-Benz Sales«, deren Präsident Lon A. Fleener wurde, war eine 100prozentige Tochter von Studebaker, doch wurde sie von einem fünfköpfigen Board of Directors überwacht, in dem zwei Mitglieder der »Daimler-Benz of North America« (DBNA) saßen, Günther Wiesenthal, der jedoch selten in den USA weilte, und ich selbst. Dadurch bekam ich erstmals wirklich ständigen Einfluß auf das Geschehen in den USA. Der Vertrag wurde so gestaltet, daß nur der Vertrieb durch die MBS erfolgte, der Import jedoch durch DBNA. Diese Konstellation hatte den besonderen Vorteil, daß die DBNA auf alle Fahrzeugimporte eine Bearbeitungsgebühr von 2,5 % erhob und plötzlich über ein eigenes Einkommen verfügte, was nicht nur uns, sondern auch die Finanzabteilung in Stuttgart sehr erfreute. Der Endverkaufspreis der Fahrzeuge verteuerte sich dadurch nicht, da sich eine Ersparnis bei der »Excise Tax« ergab, die der MBS zugute kam. Eine der ersten größeren Aufgaben der MBS bestand darin, die zur Zeit Gieses entstandenen »Halden« von Neuwagen abzubauen, eine Aufgabe, die einige für unmöglich hielten, die jedoch von unserem Team mit der MBS bis zum Jahresende gelöst wurde.

Meinen Wohnsitz hatte ich, nach dem Umzug der DBNA von Washington D. C. nach New York, mit meiner Familie in Greenwich (Connecticut), und in dieser kleinen Stadt habe ich die längste Zeit meines Lebens an einem Platz verbracht. Im gleichen Jahr 1956 kam noch in Washington meine dritte Tochter Marita zur Welt, 1959 schließlich mein Sohn Michael. Seine Geburt war eine kleine Sensation, weil alle deutschen DB-Mitarbeiter in den USA bisher immer nur Töchter bekommen hatten. Zur Feier des Ereignisses münzte mein Freund Gerhard Korallus daher einen aus der Zigarettenwerbung bekannten Slogan auf das private Ereignis um: »They said it couldn't be done, but Heinz C. Hoppe did it.« Innerhalb von Greenwich zog ich zweimal um, zuletzt wohnte ich dort in einem wirklich wunderschönen Haus. Greenwich liegt zwar ca. 80 km von New York entfernt und erforderte mehr als eine Stunde Fahrt zur Arbeit, doch löste die außerordentlich schöne Lage des Hauses bei vielen Besuchern Begeisterung aus, und etwas private Repräsentation schadete nicht, denn außer

Vorstandsmitgliedern der Daimler-Benz AG kamen im Laufe der Jahre immer wieder prominente Besucher, etwa Präsident Richard Nixon, Hermann Josef Abs, John McCloy, Frank Manheim, Anneliese Rothenberger, die Generale Werner Drews und Ulrich de Maizière und viele andere.

Die »Mercedes-Benz Sales« gab uns eine bessere Operationsmöglichkeit. Zwar war Lon A. Fleener ein Studebaker-Mann, doch kannte er sich in der Materie aus, und wir bekamen rasch ein gutes Verhältnis zu ihm. So entstand in kurzer Zeit ein Klima erfreulicher Zusammenarbeit zwischen der MBS in South Bend und der DBNA im Rockefeller Center in New York. Heinz Waizenegger war von mir als Vice President der DBNA zur MBS abgestellt worden, um dort die gröbsten Fehler zu verhindern. Er erstattete mir regelmäßig und detailliert Bericht, so daß ich als Board-Mitglied sehr genaue Einblicke in die Händlerorganisation gewinnen konnte und bei den Boardmeetings entsprechend präzise Bemerkungen, Kritik oder Verbesserungsvorschläge anbringen konnte. Zusammen mit Waizenegger, der über fundierte Organisationserfahrungen verfügte, analysierte ich regelmäßig die Marktsituation, wir diskutierten darüber, wie die verschiedenen Vertriebsorganisationen in den USA zu beurteilen waren und welche Maßnahmen geeignet sein würden, um auf diesem größten aller Auslandsmärkte zu optimalen Ergebnissen zu gelangen. Mit der Zeit lernten wir auch jeden einzelnen Händler kennen und hielten auf Karteikarten ihre Schwächen und Stärken fest. In dieser Weise arbeiteten wir uns allmählich tief genug in die Marktgegebenheiten ein und wußten recht genau, wie viele Händler wir in den USA brauchten, um die Kundendienst- und Ersatzteilversorgung sicherzustellen. Nach wenigen Jahren fühlten wir uns in der Lage, die Verkaufsorganisation in eigener Regie zu übernehmen. Doch das war zu dieser Zeit noch Zukunftsmusik.

Von 1958 an entwickelte sich um mich herum eine Mannschaft, mit der sich hervorragend arbeiten ließ. Als wichtige Einrichtung erwies sich bald die sogenannte »Hoppe-Cocktail-Hour« in meinem Büro, die weniger dem Alkoholverbrauch als dem täglichen Brainstorming diente. Ich nutzte sie, um neue Erkenntnisse und Gedanken zusammenzutragen für die Stunde X, an der es uns gelingen mußte, die Verantwortung von Studebaker für den Vertrieb unserer Mercedes-Benz selbst zu übernehmen. Immer wieder versuchten wir auch, über diese Frage mit Wychodil zu sprechen, wenn er zusammen mit H. T. Müller, Pickora oder Gremliza nach New York kam. Meine Mitarbeiter unterstützten mich bei meinen Bemühungen, Wychodil davon zu überzeugen, daß wir mit unserer gut eingespielten Mannschaft den Vertrieb in eigener Regie übernehmen könnten. Auch Rainer Lange-Mechlen, der sich sehr um unseren Ausstellungsraum in New York Manhattan verdient gemacht hatte – 1963 übernahm er, nach Hermann Beckmanns Tod durch einen Flugzeugabsturz, die MBC in Toronto – unterstützte uns sehr bei diesen Bemühungen. Alle zusammen bildeten sie den Kern einer Mannschaft, mit der ich später in der Lage war, die selbständige Tochtergesellschaft MBNA aufzubauen.

Als erstes beschloß die Studebaker-Tochtergesellschaft MBS auf unsere Empfehlung, den Verkauf der Mercedes-Fahrzeuge neu zu organisieren. Wir unterteilten den amerikanischen Markt in sechs Verkaufszonen, in denen Büros unterhalten wurden, in denen die Zonenmanager – drei Deutsche und drei Amerikaner – saßen. Deren Aufgabe sollte darin bestehen, die jeweils besten Händler am Ort als Mercedes-Vertreter zu gewinnen. Dennoch entwickelten sich die Verkaufszahlen in den Jahren 1958/59/60 nicht wie erwartet. 1958 verkauften wir 7704 Stück, das war zwar beträchtlich mehr als in den beiden Vorjahren, blieb aber doch ganz erheblich hinter den hochgesteckten Erwartungen zurück. Teilweise lag dies an den sogenannten »Touristenverkäufen«, die durch die MBS forciert wurden, da hier scheinbar schnelle Gewinne erzielt werden konnten. Aufgrund des günstigen Dollarkurses bestellten dabei die Interessenten ihre Pkw über die MBS direkt in Sindelfingen, von der Differenz des Kaufpreises konnten sie ihr Flugticket bezahlen und zum Autokauf noch eine schöne Europareise machen. Unsere Händler in den USA gingen bei diesem Geschäftsgebaren jedoch leer aus. Meine mehrmaligen Versuche, Studebaker zu stärkeren Investitionen in den Kundendienst, besonders in die Anlage regionaler Ersatzteillager, zu bewegen, scheiterten am Unverständnis der Verantwortlichen und wohl auch an den finanziellen Möglichkeiten dieser Firma. Die von mir immer wieder vorgetragene Ansicht, daß die Verantwortung für das Produkt *nach* dem Verkauf anfange, stieß auf taube Ohren. Das zuständige Vorstandsmitglied der Daimler-Benz, Wychodil, der 1960 als Nachfolger Wiesenthals Präsident der DBNA wurde und nun etwa alle zwei bis drei Monate in die USA kam, hielt es jedoch immer noch für unmöglich, sich von Studebaker unabhängig zu machen, zumal er die Verträge von 1956/57 mitzuverantworten hatte. Wychodils Politik bestand darin, auf unbedingter Vertragserfüllung durch Studebaker zu bestehen.

Neben dem Personenwagenverkauf, der jetzt von der MBS wahrgenommen wurde, entwickelte sich unser Vertrieb von Omnibussen und Unimogs in den USA wenig erfreulich. Beide erwiesen sich als für den amerikanischen Markt wenig geeignet. Unsere Omnibusse waren zu breit, die Unimogs zu teuer. Immerhin gelangten seit 1957 sechs, später zwölf unserer Omnibusse »O317« durch Initiative meines Assistenten Walter Bodack auf dem New Yorker Flughafen Idlewild (späterer Kennedy-Airport) zum Einsatz. Zwar durften sie das Flughafengelände nicht verlassen, da sie nicht den Zulassungsbestimmungen des Staates New York entsprachen, doch immerhin verhalfen sie Daimler-Benz durch ihre Präsenz auf diesem größten internationalen Verkehrsflughafen zu einiger Publicity. Auch Besichtigungsbusse wurden verkauft. Das eben in Mannheim erstmalig produzierte Modell O302 mit Nirosta-Beplankung und Klimaanlage hatte gegenüber den in den USA verfügbaren Omnibussen den großen Vorteil, daß die Seitenscheiben bis in das Fahrzeugdach hineinreichten und damit einen hervorragenden Ausblick in Städten mit Hochhäusern boten. Die der Firma Greyhound gehörende »Grayline Sightseeing« in Washington D. C. erwarb aufgrund unserer guten Beziehungen zu dem Greyhound-Präsidenten Ackermann und seinem Nachfolger Trautmann die ersten Busse, die in Washington D. C. zum Einsatz kamen. Später folgten die Grayline-Filialen in Boston und Hawaii. Leider entsprach auch dieses Modell nach Breite und Achslast nicht den amerikanischen Bestimmungen, so daß eine größere Ausdehnung des Geschäftes unterbleiben mußte.

Mit der völligen Auflösung der Geschäftsbeziehungen mit Curtiss-Wright fielen Ende 1959 auch die Motorenrechte wieder an die DBNA zurück. Für ihren Vertrieb wurde nun die »DBNA Industrial Division« mit Sitz in Flushing (New York) gegründet.[24] Alfred Carroll, den ich von General Motors (GM) holte, wurde als General Manager eingesetzt. Ihm war ein Stab von Fachleuten zugeteilt, darunter Fred Meyer, der durch seine vieljährige Tätigkeit in der DBAG-Abteilung »Verkauf Motoren weltweit« bereits große Erfahrungen gesammelt hatte. Aus den Dieselmotoren erwuchs der DBNA seither eine ständige Einnahmequelle. Die DBNA fungierte mit den Daimler-Benz-Motoren als Zulieferbetrieb für Hersteller, die ihr Endprodukt aus zugekauften Komponenten zusammenbauten (Original Equipment Manufacturer). Drei »Greyhound«-Überlandbusse wurden mit Hochleistungsmotoren des Typs OM 837 ausgestattet, der in den USA im Dauereinsatz getestet wurde. Insbesondere der Industriemotor OM 636, der dem Motor des Mercedes-Benz 180D entsprach, fand mit etwa 50 000 Stück Verwendung beim Bau der Kühlaggregate der Firma »Thermoking«, die mobile Kühlanlagen für Eisenbahnen und Straßenfahrzeuge produzierte. Hugo Büchelmeier war es gelungen, diesen Motor, der sich durch seine lange Lebensdauer und Unempfindlichkeit auszeichnete, als Standardmotor einzuführen. Dieses Geschäft neigte sich jedoch seinem Ende zu, als die DBAG die Produktion des Mercedes 180D einstellte. Aus wirtschaftlichen Gründen wurde die Motorenfertigung des OM 636, von dem man nur noch 100 Stück monatlich für den Export in die USA brauchte, nach Spanien verlegt. Nun trug jedoch der Motor nicht mehr das Markensiegel »Made in West-Germany«, sondern »Made in Spain«. Die Firma Thermoking holte deshalb Alternativangebote ein. Dabei stellte sie fest, daß die japanische Firma »Isuzu« einen dem OM 636 stark nachempfundenen Motor wesentlich billiger anbot. Dies führte zum Verlust des OM-636-Geschäftes an die Japaner.

Im Mai 1961, als ich wieder einmal von New York nach Chicago fliegen mußte, um in South Bend die Zentrale von Studebaker/MBS aufzusuchen, klingelte am Vorabend des Abflugs um 22 Uhr das Telefon. Die Fluggesellschaft American Airlines wollte mich darüber informieren, daß die Morgenmaschine um 8 Uhr überbucht sei und ich deswegen eine andere Maschine, die eine halbe Stunde früher eingesetzt werde, benutzen müßte. Ich war darüber sehr ärgerlich und stimmte nur unter der Bedingung zu, daß auch mein Begleiter, von Brockhusen, umgebucht würde. Noch am späten Abend verständigte ich mich mit meinem Mitarbeiter darüber, daß wir mit der früheren Maschine fliegen würden. In Chicago angekommen, rief ich meine Sekretärin, Charlotte Hille, an, die erstaunt zurückfragte: »Herr Hoppe, Sie leben?« Auf meine Gegenfrage, was sie denn sonst erwartet hätte, erzählte sie folgende Geschichte: Walter Bodack war morgens am Flughafen vorbei zur Arbeit gefahren. Weil er dort lauter Blaulichter von Rettungsfahrzeugen gesehen hatte, rief er seinen Bekannten Cary an, mit dem er das Geschäft über die Ausstattung des Flughafens Idlewild mit MB-Omnibussen abgeschlossen hatte. Dieser erzählte ihm, die Morgenmaschine nach Chicago, mit der wir hätten fliegen sollen, sei abgestürzt, und alle Passagiere seien tot. Nachdem ich dies gehört hatte, ging ich mit von Brockhusen erst einmal an die Bar, bestellte zwei Bloody Mary und verlangte eine Zigarette, obwohl ich gerade dabei war, das Rauchen einzustellen. Auf die verblüffte Frage von Brockhusen, was das am frühen Morgen zu bedeuten habe, erzählte ich ihm, was mir Frau Hille berichtet hatte.

Unserem Vertragspartner Studebaker ging es nach der Finanzspritze von 1958 nur kurzfristig besser. 1959 verzeichnete man einen leichten Aufschwung und schrieb wieder schwarze Zahlen, doch dauerte die Freude nur ein Jahr, und auch der neue Sportwagen »Avanti« änderte nichts mehr am weiteren Niedergang dieses traditionsreichen Automobilherstellers, dessen Interessen durch seine Zwangslage in immer stärkeren Gegensatz zu uns gerieten. Allmählich entstand eine Situation, in der alles, was Studebaker nützte, Daimler-Benz schadete und umgekehrt. Es wurde immer deutlicher, daß es aus Überlebensgründen Studebakers Hauptinteresse sein mußte, mit Mercedes-Benz in möglichst kurzer Zeit möglichst viel Geld bei möglichst wenig Investitionen zu verdienen. Dazu verlangte Studebaker unter anderem von ihrer Tochterfirma »Mercedes Benz Sales«, daß jährlich 1 Million Dollar Gewinn abgeführt werden mußte, ganz gleich wie dieser erwirtschaftet wurde. Das Budget der MBS wurde von vornherein entsprechend erstellt. Immer wieder versuchten wir, Studebaker zu langfristigen Investitionen zu drängen, wie sie notwendig waren, wenn sich die Daimler-Benz AG auf dem amerikanischen Markt etablieren wollte. Als Arnold Wychodil einmal wetterte, daß man MBS zwingen müsse, zu investieren, meinte Frank Manheim, Mitinhaber des Bankhauses Lehman Bros., ein Aufsichtsratsmitglied von MBS und Studebaker, lakonisch, man könne einem nackten Mann kaum in die Tasche greifen. Im Juni 1963 wurde unser langjähriger Anwalt Randolph Guthrie Chairman (Vorsitzender des Aufsichtsrats) bei Studebaker und geriet damit in die schwierige Situation, gleichzeitig die Interessen von Studebaker und Daimler-Benz vertreten zu müssen. Seinen eigenen Worten nach war Studebaker eine erschöpfte und ausgemergelte Automobilfirma, die ihre Position nicht halten konnte, auch nicht zusammen mit Mercedes-Benz. Tatsächlich schloß Studebaker im Dezember 1963 sein Hauptwerk in den

USA (South Bend/Indiana) und produzierte nur noch in Kanada. Es sollte nicht mehr lange dauern, und der Name Studebaker gehörte der Automobilgeschichte an.

Diese Entwicklung bewies, auf welch schwachen Füßen Kooperationen stehen, wenn der Markt bereits signalisiert hat, daß einer der Partner notleidend ist. Diese Erfahrungen mit Studebaker bestätigte auch »DKW«, heute schon weitgehend in Vergessenheit geraten. DKW war ein Markenzeichen der »Auto Union«, die 1932 aus dem Zusammenschluß der traditionsreichen Firmen DKW, Audi, Horch und Wanderer hervorgegangen war. 1949 wurde sie nach der Enteignung in der Sowjetischen Besatzungszone (Chemnitz) in Ingolstadt als AG neu gegründet, Hauptaktionäre waren der Schweizer Unternehmer Ernst Goehner und Friedrich Flick. Letzterer verfolgte im Hinblick auf die kommende EWG die Strategie einer Kombination von Daimler-Benz und Auto-Union. Die Auto-Union produzierte mit dem »DKW« Autos, die in der Typenhierarchie weit unterhalb des Mercedes-Pkw-Programms angesiedelt waren und deshalb geeignet sein konnten, unser Produktprogramm nach unten abzurunden. Zum 1. Januar des Jahres 1958 erwarb schließlich die DBAG die »Auto-Union GmbH«.[25]

DKW verfügte über drei Distributors in den USA, die in Connecticut, Wisconsin und Kalifornien saßen. Die damals schon veralteten Modelle des DKW, insbesondere der übelriechende DKW 900 mit seinem 3-Zylinder-2-Takt-Motor, verkauften sich jedoch immer schlechter, und 1959 waren die drei Vertragshändler am Ende. Die DBNA sollte nun wieder »die Kuh vom Eis holen«, und es wurde die Gesellschaft »DKW American« gegründet, zu deren Präsident ich ernannt wurde. Ich vereinbarte mit der MBS, daß sie die Bestände der drei Händler übernahm.

Im Spätherbst 1962 erhielt ich den Besuch von Harald Quandt, Großaktionär bei Daimler-Benz, und Hermann Winkler, Exportdirektor der Auto-Union Düsseldorf, die zum damaligen Zeitpunkt zur DBAG gehörte, in New York. Ihre Absicht war, bei mir als Präsident der DKW-American Interesse für einen neu entwickelten Schwimmwagen zu wecken. Der Konstrukteur Trippel hatte den im letzten Weltkrieg so erfolgreichen Volkswagen-Schwimmwagen für den zivilen Gebrauch weiterentwickelt und die Quandt-Gruppe, die die Lizenzrechte erworben hatte, glaubte, in USA und Kanada einen großen Bedarf zu finden. Es wurde eine Produktion für diesen Zweck von 5000 Einheiten beschlossen. Die Anfangsproduktion sollte mit 75 Stück pro Monat anlaufen. Dieses Amphibienfahrzeug hatte einen errechneten Verkaufspreis von 20000 US-Dollar, ein für damalige Verhältnisse bereits außergewöhnlich hoher Preis für ein Fahrzeug, das nur einen beschränkten Käuferkreis finden konnte. In Absprache mit Quandt wurde durch uns eine Versuchsfahrt in dem Long Island Sound (Sund) vorgesehen. Das Fahrzeug zeigte gute Fahreigenschaften auf der Straße, und auch die Schwimmeigenschaften waren nicht schlecht. Doch bei der ersten Versuchsfahrt, die von unserem

Techniker Heinz Gerth und von mir durchgeführt wurde, geriet unser Versuchsfahrzeug beim Überholen eines großen Motorbootes durch die hohen Bugwellen in so starkes Schwanken, daß Wasser von oben hereinschlug und wir uns nur mit großer Not ans nahe Ufer retten konnten. Für dieses instabile Fahrzeug hätten wir niemals die Genehmigung der Aufsichtsbehörde für Wasserfahrzeuge erhalten. Somit schlug auch dieser neue Versuch der Auto-Union, mit diesem Spezialfahrzeug Fuß zu fassen, genau wie bei den anderen Fahrzeugen, fehl.

Das neueste Produkt der Auto-Union, der seit 1959 produzierte »DKW Junior«, war zwar mit seinem Frontantrieb relativ modern, doch mußte man immer noch Öl und Benzin in einem bestimmten Verhältnis mischen, was für amerikanische Käufer inzwischen völlig unzumutbar war. Mit der Auflösung der MBS fielen 1965 die Verkaufsrechte für DKW theoretisch an »DKW American« zurück, doch beschloß die »Auto-Union« noch im gleichen Jahr, den Export in die USA einzustellen, alle Händlerverträge zum 31. Dezember 1965 auslaufen zu lassen und »DKW American« stillzulegen. Dieser Entschluß hing auch mit dem Verkauf der »Auto-Union« an die Volkswagen AG im gleichen Jahr zusammen, der unsere Probleme mit der DKW beendete und der VAG übertrug. Präsident der US-Tochter der VAG war damals Carl Hahn, der 1968 in den Vorstand der VAG berufen wurde.

Erwähnung verdient auch ein Projekt der Zusammenarbeit oder sogar der Fusion zwischen der Daimler-Benz AG und der Volkswagen AG, das auf Friedrich Flick zurückging, der damals 38% der DBAG-Aktien besaß und dem eine Art General Motors von Deutschland vorschwebte. In Stuttgart betrachtete man solche Pläne mit Mißtrauen, da bei den damaligen Größenverhältnissen ein Führungsanspruch von Volkswagen unvermeidlich war. Im Zuge der Gespräche wurde beschlossen, zu untersuchen, wie eine Fusion der beiden Verkaufsorganisationen in den USA aussehen würde. Carl Hahn, heute Vorstandsvorsitzender der VAG und damals Vertriebschef, suchte mich 1968 zu diesem Zweck in den USA auf, um über die Gründung einer DB-VW-Holding zu diskutieren, der zwei gesonderte Firmen für den Vertrieb von VW bzw. Mercedes/Audi unterstellt sein sollten. Die Händler sollten alle drei Produkte vertreten. Außer mir und Hahn nahmen auch noch Korallus und Stuart Perkins, der Präsident von »Volkswagen of America«, an diesen Gesprächen teil. Die Gespräche waren schon relativ weit gediehen, als ich auf die VW-Distributors verwies, von denen VW vierzehn hatte. Nach Ansicht Hahns sollten sie auch Mercedes-Benz und Audi vertreten. Dagegen nahm ich jedoch ganz entschieden Stellung, da ich die Ansicht vertrat, Daimler-Benz habe nicht seine Distributors verabschiedet, um sich nach einer Fusion wieder mit demselben Problem herumschlagen zu müssen. So einem Plan würde ich niemals meine Zustimmung geben. Die Stimmung wurde frostig, die Verhandlungen wurden abgebrochen. Als Arnold Wychodil am nächsten Tag ankam, konnte ich ihm nur noch berichten, daß Carl Hahn am Vorabend verstimmt und enttäuscht zurück nach Deutschland geflogen war.

Studebaker war nie in der Lage, in einer für Daimler-Benz sinnvollen Weise in den Aus- bzw. Umbau der Händlerorganisation zu investieren. Seit 1959 verzeichneten wir Jahr für Jahr einen leichten Rückgang der ohnehin nicht besonders hohen Verkaufszahlen. Nach wie vor bzw. immer mehr war ich deshalb der Ansicht, daß es besser wäre, sich von Studebaker zu trennen. Inzwischen waren wir selbst lange genug in den USA, um die örtlichen Gegebenheiten zu kennen, wir verfügten über eine eingearbeitete Mannschaft, alle nötigen Beziehungen und waren nicht mehr auf das Know-how einer anderen Firma angewiesen. In den Jahren 1958 bis 1963 befand ich mich praktisch in ständigem Ringen mit Arnold Wychodil, der nicht an die Möglichkeit eines selbständigen Auftretens auf dem amerikanischen Markt glaubte. Meine Hoffnung setzte ich auf eine Bestimmung im Vertrag zwischen Studebaker und Mercedes-Benz Sales, die ein Kündigungsrecht für den Fall vorsah, daß der Umsatz unter eine Grenze von 50 Millionen Dollar fiel.

In dieser Lage setzte ich im Board der MBS durch, daß die Händlerorganisation und die damit verbundene Betreuung der Kunden »neutral« untersucht werden sollte. Ziel der Untersuchung war die Erarbeitung von Vorschlägen, auf welche Weise gleichzeitig eine Erhöhung der Verkaufszahlen und eine würdige Vertretung des Namens »Mercedes« in den USA erreicht werden könnte. Nachdem ich die anderen Boardmitglieder zur Zustimmung überredet hatte, beauftragte die MBS 1963 Jim Newman, einen Partner der Unternehmensberatungsfirma »Booz, Allan & Hamilton«, mit der Untersuchung. Ich instruierte die Beratungsfirma detailliert über alle vorhandenen Probleme, denn meiner Überzeugung nach ist es für unabhängige Berater kaum möglich, sich in einer unübersichtlichen Situation aus eigenen Kräften ein zutreffendes Bild zu machen. Jim Newman legte Ende des Jahres 1963 das Untersuchungsergebnis vor: »Überraschenderweise« bestätigte der Bericht in sehr direkter Form, daß eine Kündigung des Vertragsverhältnisses mit Studebaker in Zukunft notwendig würde. Mit den bisherigen Investitionen und Verkaufsmaßnahmen könne das Geschäft nicht besser in Gang gebracht werden, im Gegenteil sei mit zunehmender Dauer der bestehenden Unzulänglichkeiten die zunehmende Enttäuschung von Erwartungen der Kundschaft und folglich ein weiterer Rückgang der Verkaufszahlen wahrscheinlich. Jim Newman ging soweit auf meine Empfehlungen ein, daß er prognostizierte, ohne die entsprechenden Investitionen werde der Umsatz der MBS unter die Grenze von 50 Millionen Dollar fallen, jene untere Grenze also, bei der die DBAG in Stuttgart von sich aus den Vertrag kündigen konnte.

Dieses Untersuchungsergebnis verursachte natürlich einige Aufregung, sowohl in den USA als auch in Stuttgart. Zwar enthielt der Vertrag die bekannte Kündigungsklausel, und der tatsächliche Umsatz war mittlerweile stark abgesunken. Doch ist eine Kündigung oft nur auf dem Papier möglich, denn in der Praxis bestand die offene Frage nach Schadensersatzforderungen, also drohender Zivilprozesse. Wenn eine gütliche Trennung nicht möglich war, konnte es zudem passieren, daß Studebaker mit einer »Injunction«, einer einstweiligen Verfügung, den Import von Fahrzeugen und Ersatzteilen blockierte, was einen Zusammenbruch der Organisation zur Folge gehabt hätte. In den USA mußte deshalb über die möglichen Modalitäten einer Trennung verhandelt werden.

Meine Gesprächspartner waren unser Anwalt Bob Guthrie, der gleichzeitig Chairman von Studebaker war, Burlingame, der Präsident von Studebaker, und die Aufsichtsratsmitglieder Churchill und Frank Manheim, damals einer der bekanntesten Investment-Banker in den USA. Wir trafen uns einmal in der Woche in Manhattan in der Stadtwohnung von Guthrie. Die Position Guthries war wegen seiner »Doppelfunktion« nicht ganz einfach, doch versuchte er, einen für beide Seiten tragfähigen Kompromiß anzustreben, da er einsah, daß die Kooperation nunmehr für beide Seiten nachteilig geworden und eine Auflösung des Vertragsverhältnisses angebracht war. Die Daimler-Benz AG mußte meiner festen Überzeugung nach den Vertrieb jetzt von der Studebaker-Tochter MBS in eigene Regie übernehmen. Dieser Ansicht schlossen sich nach und nach alle Mitglieder dieser Runde an. Schließlich faßten wir einen Beschluß, über dessen Zustandekommen ich sehr froh war: Eine Delegation, bestehend aus Burlingame, Churchill und mir, sollte nach Stuttgart fliegen, um in einem Gespräch mit Vorstandsmitgliedern der DBAG eine Vereinbarung über eine freundschaftliche Trennung herbeizuführen.

Das entscheidende offizielle Gespräch wurde für den Juli 1964 vereinbart, vorgesehen war die Teilnahme des damaligen Vorstandsvorsitzenden Hitzinger, des Finanz-Vorstands Zahn und des Export-Vorstands Wychodil. Vereinbart worden war diese Konferenz auf dem »normalen Dienstweg« – also über das zuständige Vorstandsmitglied Wychodil. Als wir in Stuttgart bei Wychodil vorsprachen, hieß es jedoch überraschenderweise, Zahn und Hitzinger seien nicht anwesend. Das entsprach wohl nicht ganz der Wahrheit. Vielmehr wollte Wychodil verhindern, daß es zu diesem Gespräch kam, die anderen Vorstände hatte er vermutlich gar nicht von diesem Termin informiert.

Das Treffen in Stuttgart war sehr unangenehm und mündete in gegenseitige Vorwürfe. Burlingame und Churchill waren über den Gesprächsverlauf, der den Zweck der Reise vereitelte, so verärgert, daß sie die Gespräche abbrachen. Als wir nach diesem Mißerfolg zur Entspannung mit dem Auto nach München fuhren, packte Burlingame ein wertvolles Werbegeschenk, das ihm Wychodil übergeben hatte, und warf es während der Fahrt auf der Autobahn voller Zorn einfach aus dem Autofenster auf die Straße hinaus!

Zurück in den USA, schlug ich vor, daß Churchill und Burlingame Hitzinger und Zahn, die Vorstände der Daimler-Benz AG, direkt über den enttäuschenden Verlauf der Reise informieren sollten, da das geplante Gespräch nicht stattgefunden hatte. Der Brief zeigte Wirkung in Stuttgart. Umgehend trafen Entschuldigungen in den USA ein, und für Oktober 1964 wurde ein neuer Gesprächstermin angesetzt, zu dem die DBAG-Vorstände Hitzinger, Zahn und Wychodil eigens nach New York anreisten. Zu diesem Verhandlungstermin im Plaza Hotel erschienen außerdem Guthrie, Manheim, Churchill, Burlingame und natürlich ich. Während dieses Aufenthalts konnte ich zu meiner großen Freude bei einem langen Nachmittagsspaziergang im Central Park, wo sich zu dieser Jahreszeit gerade das Laub färbte, Joachim Zahn davon überzeugen, daß der Zeitpunkt für die Übernahme gekommen und alles dafür vorbereitet sei, von heute auf morgen die Verantwortung für den Gesamtvertrieb in den USA und in Kanada zu übernehmen. Damit fiel im Grunde die große Entscheidung: Zahn überredete den zögernden Wychodil, sich auf das Wagnis einer Trennung von Studebaker einzulassen. Bei dem Gespräch im Oktober 1964 wurde prinzipiell die Auflösung der bestehenden Verträge vereinbart, offen blieb nur noch die Frage der Abfindungen.

Mitte Dezember 1964 fand ein weiteres Treffen statt, diesmal in Stuttgart, auf dem die restlichen anstehenden Fragen geklärt werden sollten, vor allem die Frage der Abfindung für die verbleibenden sieben der insgesamt 15 Vertragsjahre, die ja für Studebaker aufgrund der Vereinbarung mit der MBS einen Wert von sieben Millionen Dollar hatten. Zum zweitenmal fuhr nun die Delegation Burlingame, Churchill, Hoppe nach Stuttgart. Wie in einer solchen Situation leicht möglich, verhärteten sich jedoch die Verhandlungspositionen erneut, so daß eine friedliche Einigung unmöglich schien und die Amerikaner wieder abreisen wollten. Ihre Forderung von mindestens vier Millionen Dollar erschien unserem Finanz-Vorstand Zahn unannehmbar, während die Studebaker-Delegation umgekehrt nicht bereit war, sich unter Hinweis auf die Kündigungsklausel aus dem Vertrag zurückzuziehen. Hier schien sich erneut eine Situation abzuzeichnen, die für die DBNA gefährlich werden konnte.

In dieser verfahrenen Lage ergriff ich später am Abend, als die Gesprächspartner bereits auseinandergegangen waren, die Initiative. Mit einer guten Flasche Whisky klopfte ich zunächst bei Burlingame im Hotel Schloßgarten an und bewegte ihn in einem langen und feuchten Zwiegespräch zur Annahme eines Kompromisses. Er machte jedoch seine Zustimmung von derjenigen Churchills abhängig. Also zog ich mit der noch halbvollen Whiskyflasche weiter und klingelte Churchill aus dem Bett. Auch hier gelang mir mit einiger Überredungskunst eine Annahme des Kompromisses, der etwa in der Mitte der beiden Verhandlungspositionen lag. Am nächsten Morgen informierte ich sofort Zahn von der neuen Sachlage, und nach einigem Hin und Her, bei dem ich ihm die Gefahren einer unfriedlichen Trennung lebhaft ausmalte, stimmte auch er der ausgehandelten Abfindung zu, vor allem unter dem Gesichtspunkt, daß es für die DBAG unabdingbar war, in den USA zu einer raschen und friedlichen Lösung zu gelangen. Der Gesamtvorstand der DBAG stimmte noch am selben Tag dem erzielten Ergebnis zu.

So kam es am 14. Dezember 1964 zu einer Trennungsvereinbarung, die das Verhältnis der DBAG mit Studebaker und auch deren Tochtergesellschaft »Mercedes-Benz Sales« (MBS) auflöste. Stichtag der Auflösung sollte der 31. Dezember 1964 sein, mit dem so ein Kapitel der Geschichte des deutschen Automobilexports zu Ende ging. Die Form der Auflösung, bei der die Daimler-Benz AG sich auf mein dringendes Anraten mit 3,75 Millionen Dollar aus ihrem Vertrag »losgekauft« hatte, erwies sich als sehr vorteilhaft: Kein Prozeß beeinträchtigte in der Zeit des Übergangs das Geschäft – und das will etwas heißen in einem derart prozeßfreudigen Land wie den USA.

Wollte man ein Fazit der sieben Jahre der Zusammenarbeit mit Studebaker ziehen, so müßte man hervorheben, daß die Daimler-Benz AG damit trotz aller Schwierigkeiten und Rückschläge eine feste Basis auf dem nordamerikanischen Kontinent erlangt hat. Für alle Beteiligten war die ständige Auseinandersetzung mit den einheimischen Branchenprofis sehr lehrreich. Wir kannten danach die Gepflogenheiten, aber auch die Schwächen des amerikanischen Markts, und nicht zuletzt hatten wir uns unter dem Deckmantel Studebaker innerhalb der »Mercedes-Benz Sales« einen festen Stamm von qualifizierten Mitarbeitern aufgebaut, die genau wußten, wie man es machen mußte, und wie man es nicht machen durfte. Unsere Lehrzeit war beendet. Jetzt wollten wir das Geschäft in die eigenen Hände nehmen.

Mercedes-Benz of North America (1965–1970)

Unmittelbar nach der Einigung rief ich von Stuttgart Walter Bodack, der zwölf Jahre lang mein Assistent in den USA gewesen ist, in New York an und löste damit eine fieberhafte Aktivität unserer Mannschaft aus. Die ganzen Jahre hindurch hatten wir ja nicht geschlafen, sondern für den Tag der erstrebten Selbständigkeit Konzepte entwickelt. Jetzt konnten wir mit der Ausführung beginnen. Bereits am 17. Dezember 1964 schritten wir zur Gründung der »Mercedes-Benz of North America« (MBNA), die nominell ab 1. Januar 1965 und tatsächlich ab dem 15. März 1965 in Fort Lee mit voller Verantwortung für die Daimler-Benz AG auf dem nordamerikanischen Kontinent auftreten sollte. Eingetragen wurde sie im Staat Delaware.

Die MBNA wurde die Vertriebsgesellschaft, und der DBNA oblag weiterhin das Import- und Motorengeschäft, und die MBC, die nun von Rainer Lange-Mechlen geleitet wurde, blieb eine 100prozentige Tochter der

Abb. oben: Zwei echte Freunde und Wegbereiter des Sterns in USA, Frank Manheim und Bob Guthrie.
Abb. unten: Besuch aus Stuttgart in New York, v. links: Heinz Waizenegger, H. T. Müller, Arnold Wychodil, H. H. v. Brockhusen, HCH, Dr. Bott.

DBNA. Zum Präsidenten der MBNA wurde Arnold Wychodil, zum geschäftsführenden Vizepräsidenten und Chief Resident Officer ich, zu weiteren Vizepräsidenten Gerhard Korallus (für Finanzen und Personal) und Heinz Waizenegger (für Verkauf Pkw) bestellt. General Manager wurden Walter Bodack (Nfz), Heinz Gerth (Kundendienst und Technik), W. Wentges (Ersatzteile), Hans Hartmut von Brockhusen (Marketing und Business Management) und Marcus Fürst Clary und Leo Levine (Public Relations). Als deutsche Zonenmanager möchte ich Hans von Wasmer (San Francisco) und Gerd Hoffmann (Washington) erwähnen, die anderen vier Zonen wurden von Amerikanern geleitet. Dem Aufsichtsrat der MBNA gehörten unter anderem die Amerikaner Randolph H. Guthrie, Frank Manheim und Otto Kaletsch, der Inhaber einer Unternehmensberatungsfirma, der uns stets mit Rat zur Seite stand, an. Später kamen Wernher von Braun, John McCloy und Ed McDermott hinzu.

Die MBNA hatte anfangs eine Kapitalausstattung von fünf Millionen Dollar, mit denen sie völlig selbständig wirtschaftete. Geld für Investitionen mußte über Kredite beschafft werden. Um eine gute Abstimmung zu erreichen, flog ich fast jeden Monat einmal nach Stuttgart, um den Investitionsplan mit den zuständigen Vorstandsmitgliedern – Zahn und Wychodil – durchzusprechen. Wir erweiterten den Mitarbeiterstamm von ca. 20 auf 200 Mann und verlegten die Zentrale der neuen Gesellschaft aus dem zu klein gewordenen Büro im Rockefeller Center in New York nach Fort Lee (New Jersey), in ein ehemaliges Verkaufsbüro von Ford, das wir anmieteten. Ein damals bei der DBAG tätiger Herr meinte bei der Besichtigung der Lokalitäten, daß sie für den gedachten Zweck viel zu groß seien. Ich fragte ihn jedoch nach dem Verhältnis von Mitarbeiterzahl und Quadratmetern in Stuttgart und rechnete ihm vor, daß dieses Objekt für die neue Organisation gerade passend war. Tatsächlich entwickelte sich das Geschäft in einer Weise, daß das Büro bereits nach einem Jahr zu klein wurde. Der Umzug vom New Yorker Rockefeller Center nach Fort Lee erfolgte während der Weihnachtstage 1964, im Januar 1965 waren wir dort bereits einsatzfähig. Am 15. März 1965 verfügte »Mercedes-Benz of North America« alles in allem – Zentrale in Fort Lee, Zonenbüros und Vehicle Preparation Centers – bereits über 600 Mitarbeiter, darunter die besten Leute der ehemaligen »Mercedes-Benz Sales« und zahlreiche neue qualifizierte Mitarbeiter aus Stuttgart.

Unser größtes Augenmerk lag auf dem Aufbau einer qualifizierten Händlerorganisation. Beraten von unserem Anwalt, dem Studebaker-Chairman Bob Guthrie, regelten wir die geordnete Überführung in die neuen Strukturen. Gleichzeitig mit der Kündigung der ca. 430 MBS-Händler durch die Studebaker-Tochter MBS schrieb die MBNA die 210 besten von ihnen an, die wir in unserer Händlerkartei schon seit langem ausfindig gemacht hatten, und forderte sie zu Verhandlungen über einen neuen Vertrag auf. Wir kannten sie durch unsere Besuche aus den vergangenen Jahren genau. Von diesen 210 nahmen 195 das Angebot an. Sie bildeten den Kern unserer jetzigen Händlerorganisation in den USA, die meisten von ihnen arbeiten heute noch als Mercedes-Benz-Händler. Auch die beiden schon von Maxie Hoffman eingerichteten noblen Verkaufssalons in New York-Manhattan (430 Park Avenue) und Hollywood (Sunset Boulevard) waren jetzt in unserem Besitz. Der Schwerpunkt der damaligen Händlerorganisation lag an der Ostküste sowie in Florida, Texas und Kalifornien.

So bald wie möglich, nämlich bereits am 15. März 1965, setzte ich eine zentrale Versammlung aller MBNA-Händler an. In einem Kongreßzentrum legte ich ihnen in einer einstündigen Rede die Prinzipien der zukünftigen Zusammenarbeit dar, also das Programm unserer neuen Gesellschaft. Die Zusammenarbeit sollte langfristig angelegt sein und gleichermaßen die Interessen der Kunden, der Händler und der Daimler-Benz AG berücksichtigen. Für die Händler bedeutete dies zunächst einmal Schutz vor Preiskämpfen durch gerechte Aufteilung der Verkaufsbezirke. Über eine Anhebung der Preise wurden ihnen größere Gewinnspannen zugesichert, sie mußten dafür aber selbst Investitionen vornehmen, die von uns auch überwacht wurden. Dabei führten wir erstmals das Prinzip ein, daß die Händlerverträge automatisch nach einem Jahr ausliefen, wenn sie nicht verlängert wurden. Der schon einige Zeit zuvor von Wayne Armstrong, von Brockhusen, George Brownell und Korallus ausgearbeitete Händlervertrag sah vor, daß erst nach einem gemeinsamen Rückblick und der Überprüfung der Aktivitäten ein Vertrag erneuert werden konnte, was zu einer starken Leistungsorientierung der Händler und zu regelmäßigen Kontakten zur Zentrale führte. Die Händler sollten im Mercedes-Verkauf geschult und motiviert werden, dazu gehörte dann auch eine Reise nach Stuttgart mit Besichtigung der Produktionsstätten. Marktanalysen der Verkaufsbezirke – damals eine Neuheit – sollten ihnen das gezielte Marketing erleichtern. Beispielsweise stellten wir Erhebungen darüber an, wie viele Cadillac an den Händlerorten verkauft wurden, denn dieses Fahrzeug lag damals wie Lincoln, BMW, Jaguar und andere Fahrzeuge etwa in unserer Preisklasse, und seine Verkaufsziffern erlaubten sichere Auskünfte über unser Marktpotential.

Doch die Leistungssteigerung setzte nicht nur bei den Händlern, sondern auch bei der Zentrale selbst an. In Zukunft sollten nur vollständig intakte Autos an die Händler ausgeliefert werden, Transportschäden mußten zuvor behoben werden. Mit einem eigenen Programm arbeiteten wir daran, diese Transportschäden durch eine systematische Überwachung der Ver- und Entladung der Schiffe drastisch zu reduzieren. Händler wie Kunden gleichermaßen betraf die Verbesserung der Infrastruktur durch die Anlage von »Vehicle Preparation Centers« (VPC's). Der Kundendienst sollte verbessert werden, indem die Mechaniker durch Ausbilder aus Stuttgart in eigens dafür vorgesehenen Schulungsräumen geschult wurden. Dieses Programm erforderte zwar einige Investitionen, doch haben sie sich in kurzer Zeit mehrfach ausgezahlt. Außerdem gründeten wir an strategisch günstigen Plätzen PD's (Parts Depots), die die Ersatzteilversorgung für die Händler sicherstellten.

Mit der Gründung der MBNA konnte endlich eine Maßnahme wirksam werden, die mein Mitarbeiter Korallus bereits einige Jahre zuvor eingeleitet hatte. Er hatte sich bemüht, 52 deutsche Kfz-Mechaniker, die zum Teil bereits ihre Meisterprüfung bestanden hatten, für drei Jahre in die USA zu verpflichten. Hier waren sie auf die verschiedenen Händler der MBS verteilt worden, die auch die Kosten für Hin- und Rückreise zu tragen hatten. Nach drei Jahren konnte jeder der Techniker mit seiner Familie selbst entscheiden, ob er nach Deutschland zurückgehen oder länger bleiben wollte. Mit dieser Anwerbungsaktion hatten wir uns auf eine eventuelle Übernahme des Vertriebs in den USA durch Daimler-Benz vorbereitet. Bei der tatsächlichen Übernahme hat sich diese Strategie dann hervorragend bewährt: Fast alle der 52 Mechaniker blieben in den USA, wo sie weitaus bessere Verdienstmöglichkeiten hatten als in Deutschland. Als hervorragender Kundendienststamm bildeten sie das Rückgrat für unsere neue Organisation. Zum Teil wurden diese Mechaniker durch finanzielle Unterstützung von wohlhabenden Kunden selbst zu Händlern und gelangten zu großem Wohlstand.

Um einen engen Kontakt mit den Händlern zu halten, legten wir besonderen Wert auf den Außendienst. Die Standortbestimmung der Außenstellen berücksichtigte die bekannten amerikanischen Ballungszentren. Zu den bereits mit der »Mercedes-Benz Sales« 1958 eingerichteten Zonenbüros kamen weitere hinzu, so daß zu Zeiten der »Mercedes-Benz of North America« Zonenbüros in New York, Washington, Chicago, Jacksonville, Houston, Los Angeles und San Francisco übernommen bzw. neu eingerichtet wurden. Die Zahl der ihnen zugeordneten Händler variierte je nach Absatzpotential bzw. den gegebenen geographischen Bedingungen. Alaska und Hawaii werden so von San Francisco mitversorgt. Eine in Cleveland eingerichtete Zone bewährte sich nicht und wurde wieder geschlossen. Zu den Aufgaben der Außenstellen gehört neben der Überwachung und Beratung der Händler beim Verkauf, Kundendienst- und Ersatzteilwesen auch die Bearbeitung von Kundenbeschwerden und die Lösung technischer Probleme. Die meisten der genannten Zonenbüros unterhalten seither eigene VPC's, die die importierten Fahrzeuge vor dem Verkauf auf Transportschäden untersuchen und sie für den Verkauf vorbereiten, indem sie beispielsweise die zum Schutz gegen Korrosion in der salzhaltigen Luft aufgetragene Wachsschicht entfernen.

Ausgehend von dem ersten zentralen Händlermeeting in den USA im Jahr 1965 erhob ich derartige Zusammenkünfte zu einer ständigen Einrichtung, weil ich den Eindruck hatte, daß dies die Motivation und das

Abb. oben: Ansprache an die nordamerikanischen Händler in Hawaii.
Abb. unten: Begrüßung auf dem Flughafen Honolulu anläßlich der Händlertagung in Hawaii.

Zusammengehörigkeitsgefühl der Händler erhöhte. Dies war die Gelegenheit, bei der ich die Geschäftspolitik des kommenden Jahres erläutern konnte und eine Aussprache über Probleme des Kundendienstes, der Ersatzteilbeschaffung, der Preisstruktur und des Verkaufs stattfinden konnte. Zur besseren Motivation fanden diese Treffen stets an besonders interessanten Orten statt, etwa auf den Bahamas, den Bermudas, in Las Vegas oder auf Hawaii, später sogar in Europa. Die Anreise erfolgte mit Ehefrauen, für die während der Arbeitssitzungen stets ein Damenprogramm vorgesehen war. Meist setzten wir die Meetings auf die beiden letzten Tage der Arbeitswoche, so daß die Eingeladenen auf eigene Kosten einen Wochenendurlaub anhängen konnten. Das Modell dieser Händlertreffen hat sich so bewährt, daß ich es später auf Deutschland übertrug und als Vorstandsmitglied weltweite Händlertreffen einrichtete. Dadurch entstand jenes Zugehörigkeitsgefühl zu einer »Mercedes-Familie«, auf das ich stets besonderen Wert legte. In besonderem Maß sollte dem ein Sonderprogramm für amerikanische Händlersöhne und -töchter dienen, die frühzeitig für eine Übernahme des väterlichen Geschäfts interessiert werden sollten, um eine Kontinuität im Vertriebsnetz zu erzielen. Alle zwei Monate fand ein Arbeitstreffen zwischen Zonenmanagern und der Geschäftsleitung der MBNA jeweils in einer anderen Zone statt, um alle anstehenden Probleme zu diskutieren und Lösungen zu finden.

Natürlich gibt es bei jedem Produkt auch unzufriedene Kunden. Als wir einmal in einer Marketing-Kampagne die Langlebigkeit der Mercedes-Benz-Fahrzeuge betonten, erhielt ich als Vize-Präsident der MBNA einen Brief, der etwa folgendermaßen lautete: »Ich schreibe als Besitzer eines Typ 300d, um ihnen mein Mißfallen über ihr Produkt und die Unverschämtheit ihrer Werbung zum Ausdruck zu bringen, in der sie behaupten, daß ein Mercedes ein Leben lang hält. Das Auto ist so teuer, daß ein Mensch schon in sehr fortgeschrittenem Alter sein muß, bis er genug Geld gespart hat, um es kaufen zu können. Dann verbringt das Auto 50% seiner Zeit in der Werkstatt, was natürlich die Abnutzung des Autos vermindert. Der Besitzer dagegen wird über den Zustand so verärgert, daß sich seine Lebenserwartung entsprechend verkürzt. Es ist daher wahr, aber eine Frechheit, zu behaupten, daß ein Mercedes seine Besitzer überlebt.« Unterschrieben war der Brief: »Ich versichere Sie meiner fortgesetzten Mißachtung.«

Ausschlaggebend bei unserer Werbung für Mercedes-Benz in Amerika war die Orientierung am Produkt, von dessen Qualität zuerst einmal die Verantwortlichen und die Händler selbst überzeugt sein mußten. Nach meiner Philosophie müssen die Mitarbeiter sich damit identifizieren und stolz darauf sein können. Den Käufern muß erklärt werden, warum sie für das Produkt Mercedes-Benz mehr bezahlen müssen als für vergleichbare Fahrzeuge dieser Klasse. Allerdings war ich zunächst nicht davon überzeugt, daß es zur Verbreitung dieser Einsichten notwendig sei, eine professionelle Agentur einzuschalten – meiner noch aus den Freudenberg-

Jahren geprägten Ansicht nach sollte die Mund-zu-Mund-Propaganda für ein gutes Produkt ausreichen. Vorstand Heinz Schmidt hatte jedoch schon vorgeklärt, daß die bekannte Werbeagentur »Ogilvy, Benson & Mather«, die bis dahin Rolls Royce beraten hatte, fortan die Werbung der MBNA übernehmen würde.

Im Februar 1965 besprachen wir in einem New Yorker Büro mit David Ogilvy und Hank Bernhard das künftige Werbekonzept. Hank Bernhard, Mitarbeiter von »Ogilvy, Benson & Mather«, überzeugte mich davon, welche Vorteile es bringen konnte, gerade die guten Argumente mit Ausführlichkeit in der Werbung zu verwenden. Zunächst hatte ich ihn nämlich sehr direkt gefragt: »Hank, why the hell do we have to spend our money on advertising? Our automobiles are so good we should be able to sell them without advertising.« Doch dann stimmte ich dem Versuch einer informativen Werbung zu, Bernhard bekam die Zuständigkeit für den DB-Account, fuhr nach Stuttgart und ließ sich von Rudolf Uhlenhaut (Technik) und »Charly« Wilfert (Styling) die Vorteile genau erklären. Gemeinsam wurde eine argumentative Werbestrategie entwickelt, die den Mercedes nicht wie ein beliebiges Produkt im Sinne der »Zahnpastareklame« affektiv besetzte, sondern dem potentiellen Kunden detailliert Argumente dafür lieferte, warum es sich lohnte, in einen – für amerikanische Verhältnisse relativ teuren – Mercedes zu investieren. Die herausragenden Argumente waren dabei immer die Qualität unseres Produkts und die Sicherheit, die es seinem Fahrer bot. Die Texte wurden durch diese Werbestrategie ungewöhnlich lang und technisch, doch kamen sie offenbar an. Sie erreichten gewissermaßen eine Vorqualifizierung des potentiellen Kunden, der sich mit den Argumenten schon auseinandergesetzt hatte, bevor er zu einem unserer Händler ging.

Zu erwähnen ist in diesem Zusammenhang besonders eine Kampagne aus der Gründungszeit der MBNA. 1965 mußten wir von der MBS über 3500 Fahrzeuge, darunter 1000 unverkaufte Dieselfahrzeuge übernehmen, die wir nicht auf Halde stehen lassen wollten. In einer aufwendigen Anzeigenkampagne warf ich dabei – in einem von Ogilvy entworfenen Inserat und auf seinen ausdrücklichen Wunsch hin – meinen eigenen Namen in die Waagschale, indem ich, als verantwortlicher Repräsentant der MBNA, an die Kühlerhaube eines Mercedes-Benz 190D gelehnt, den Käufern unserer Dieselfahrzeuge folgende Versprechung machte: »I am looking for 1000 Americans who are willing to invest in something different. I will give them free fuel, motor oil, oil filters und lubrication for the first 15 000 miles.« Zweck der Anzeige war neben dem Verkaufsanreiz der Nachweis der Kostengünstigkeit unserer Dieselfahrzeuge, speziell des 190D. In dem ziemlich langen Anzeigentext erklärten wir den Amerikanern, daß der Diesel nur in den USA unbekannt sei. Mit »something different« war vor allem der Dieselmotor gemeint. In kurzer Zeit waren die 1000 Fahrzeuge verkauft. Die Zusammenarbeit mit der Agentur war so erfolgreich, daß Ogilvy für die beste Werbekampagne des Jahres im Oktober 1965 »The Gold Mailbox« von der »Direct Mail Advertising Association« verliehen bekam. Der Vorstand der DBAG telegrafierte seine Glückwünsche an David Ogilvy und betonte, daß »the result of the Diesel campaign itself is the most direct recognition of your excellent work«[26]. In diesem Zusammenhang lebte auch der bereits erwähnte Spruch wieder auf: »They said is couldn't be done, but Heinz C. Hoppe did it.« Die Zusammenarbeit mit der Agentur »Ogilvy, Benson & Mather« mit der MBNA sollte auf der Basis der erwähnten Qualitätswerbung lange Jahre (1965–1979) Bestand haben.

Seit der Zeit unserer Selbständigkeit konnten wir uns auch selbst an neuen Promotion-Methoden versuchen. An dieser Stelle möchte ich Markus Fürst Clary erwähnen, der nach dem Krieg für das Haus Daimler-Benz in Pakistan tätig gewesen war und 1958 zur DBNA gestoßen war. Er übernahm mit der Gründung der MBNA Public-Relations-Aufgaben und machte sich vor allem um die Zusammenführung der Clubs zu einem US-Mercedes-Benz-Club verdient. Ende der 50er Jahre hatte es zwei konkurrierende Vereinigungen in New Jersey und in Chicago gegeben, die ohne unser eigenes Zutun entstanden. Solche »Fan-Clubs« sind für den Hersteller bzw. Vertreiber eine feine Sache, doch wenn konkurrierende Clubs auftreten, kann es leicht Ärger geben. Noch 1958 gelang es Clary, nach Überwindung einiger Schwierigkeiten, diese Clubs zu einer landesweiten Vereinigung zusammenzuführen, deren Treffen fortan von der DBNA betreut wurden. Es kam zur Gründung des »Mercedes-Benz Club of America«, in den später auch immer wieder »wilde« Neugründungen – etwa der »Mercedes-Benz Club of Northern California« – eingegliedert werden konnten. Der »Mercedes-Benz Club of America« ist heute in ca. 80 Sektionen gegliedert und hat 20000 Mitglieder.

Nachdem Präsident John F. Kennedy 1961 der neu gegründeten amerikanischen Luft- und Raumfahrtbehörde NASA den Auftrag erteilt hatte, noch vor Ende des Jahrzehnts einen bemannten Mondflug zu ermöglichen, rückte ein Mann in den Mittelpunkt des Interesses, den ich 1943 in Peenemünde kennengelernt hatte: Wernher von Braun (1912–1977). Mein damaliger Vorgesetzter, witzigerweise Carl F. Giese, der spätere Präsident der DBNA, wollte sich selbst in Peenemünde über den Stand der Entwicklung der V-2-Raketen ein Bild machen. Wernher von Braun, der »Vater der V-2«, war noch 1945 von den Amerikanern in die USA geholt worden und nahm jetzt die führende Stellung bei der NASA ein. Nun belebte ich diese alte Bekanntschaft neu und rief Wernher von Braun in Houston (Texas) an. Er lud mich sofort zu sich ein, und wir verbrachten einen Abend damit, in alten Fotoalben zu blättern und uns über die Entwicklungen seit unserem letzten Zusammentreffen zu unterhalten. Es bestand sofort große Sympathie zwischen uns, und so folgten viele weitere Besuche in Houston und in Cape Canaveral, wo mir von Braun Einblicke in die Fertigungsanlagen der Trägerrakete gab, mit besonderen Hinweisen auf die Qualitätssicherung und die Menschenführung, die in einer derarti-

"I am looking for 1,000 Americans who are willing to invest in something different. I will give them free fuel, motor oil, oil filters and lubrication for the first 15,000 miles"

—Heinz Hoppe, Chief Executive Officer, Mercedes-Benz of North America, Inc.

"The 'something different' is the Mercedes-Benz 190D. Almost everything about it is different—including the engine. It is a diesel.

"Though we have sold more than 500,000 diesel cars around the world, the diesel is not well-known in the U.S. Thus, my offer above.

"Please understand that this offer is from Mercedes-Benz of North America. It is in addition to our dealer's trade-in or terms. Some other points to consider:

"The 190D is designed to last with normal care, hundreds of thousands of miles.

"The 190D gives remarkable fuel economy —over 30 miles per gallon. It will cut your fuel costs by 50 percent.

"There are many other unique features about this car that make it an extraordinary value at $4,044. Read about them here—then call this number: 224-9616."

"When I tell people about the 190D, they invariably say something like this. 'What's the secret? How can our car be *so different* from the rest?'

"A fair question—with two simple answers:

"FIRST, this car has one of the most highly developed diesel engines in the world. Mercedes-Benz has been on the forefront of diesel engineering for over 40 years.

"Today, we make and sell more diesel cars than any other model in our line. So, we know how to make a diesel perform for you. And it will outperform a gasoline engine in many ways.

'Diesel delivers more energy'

"Press your foot on the accelerator of the 190D and 40 percent of the fuel's energy goes directly to the crankshaft. In a gas engine, only 30 percent of the fuel's energy is converted into power.

"The compression ratio of the 190D is 21 to one. The compression ratio of the Cadillac is 10.3 to one. Result, Our diesel engine delivers far more driving power per gallon of fuel.

"Couple the amazing efficiency of the diesel engine with the lower cost of diesel fuel and you begin to see why you can travel for less than a penny per mile for fuel.

"SECOND, Mercedes-Benz is a maverick among car-builders. While most auto manufacturers design cars to satisfy their 'marketing men,' we build cars to satisfy our engineers.

"The sales experts in Detroit say we're out of our minds, but we're absolutely convinced that our engineers know more about building great cars than the men who study merchandising and promotion.

'Two braking systems'

"Our engineers say we must have two braking systems for maximum safety. So, if something should happen to one brake system, you can stop with the other. Costs more that way, but we put safety over cost every time.

"Rudi Uhlenhaut, our chief engineer at Mercedes-Benz, sums it up this way:

'One of the main reasons we are different is that we do not start by taking costs into account. We start by designing a good technical product. Then we see what it will cost.'

"I could give you a whole list of refinements that most marketing men would regard as insane. But we spend the extra money (we even put a grease fitting on every door hinge), to make sure you get a superior car.

'Let's be unconventional'

"Now, you may be saying, 'All well and good—but if the car is as different as you say, it must be different in some ways that are not completely desirable.'

"Well, the 190D is an unconventional car so I'm going to be unconventional about it. Let's put all the cards down.

"You may have heard that a diesel engine is noisy. It does sound different than a gasoline engine, and some pedestrians may wonder as you idle at a traffic light. But you won't be bothered above 25 miles per hour. Incidentally, many 190D owners report that they actually enjoy the special sound of the diesel. Many owners have told me—

'If it didn't make a little noise, people wouldn't know it's a diesel!'

"You may have heard that diesel fuel is hard to find. Well, it is *not* available on every street corner. But you can get it at the thousands of stations that sell fuel to diesel trucks. Wherever a truck goes, you can go. And a full tank will take you 400 miles between fuel stops.

'Please accept my invitation'

"I've tried to tell you what I think you should know about this car—as frankly and as fully as I can. But you have to drive the 190D until you actually drive it.

"So, please accept my invitation to drive a 190D and reach your own personal, private judgment. Simply call the number below. My representative will put a car at your disposal.

"Just remember—if you decide the 190D is for you, you won't have to spend a cent for *fuel* or *motor oil* or *oil filters* or *lubrication* for the first 15,000 miles. I guarantee this offer personally—for the Mercedes-Benz Company of North America.

Heinz C. Hoppe

"P.S. Offer closes July 15—so call now. If you prefer, write Mercedes-Benz of North America, Inc., P.O. Box 1305, Columbus, Ohio 43216."

"Call 224-9616—my representative is standing by to put a Mercedes-Benz 190D at your disposal."

gen Anlage notwendig sind. Der Teamgeist in dieser Fertigungsstätte erschien mir vorbildlich. Die Raketenstarts in Cape Canaveral, zu denen ich eine Dauereinladung besaß, waren mit ihrem gewaltigen Feuerschein, dem langsamen Abheben und raschen Aufstieg für mich jedesmal wieder ein eindrucksvolles Erlebnis. Im Juli 1969 startete die Rakete Apollo 11 mit Neil Armstrong, Mike Collins und Edwin Aldrin zu einem bemannten Mondflug. Ein Wunschtraum der Menschheit ging in Erfüllung, als Neil Armstrong als erster Mensch einen Schritt auf dem Mond machte mit der Bemerkung: That's one small step for a man, one giant leap for mankind.

Die Verbindung zu Wernher von Braun erwies sich auch weiterhin als fruchtbar. Als ich ihn in unser neues Verkaufsbüro nach Fort Lee einlud, sagte er sofort sein Kommen zu. Außerdem trafen wir die Vereinbarung, daß Wernher von Braun jeweils den neuesten Typ Mercedes-Benz kostenlos von uns für einige Monate gestellt bekam. Als Gegenleistung mußte er einen kurzen Bericht verfassen, in dem er Kritik übte und Anregungen, etwa über die Verwendung neuer Materialien, einbrachte. Freilich war dies eher eine Proforma-Regelung. Die hiermit angeknüpfte Zusammenarbeit mit Wernher von Braun sollte sich jedoch als fruchtbar und dauerhaft erweisen. Noch im selben Jahr 1965 trat er in den Aufsichtsrat der Mercedes-Benz of North America ein, 1972 – nachdem ich Vorstandsmitglied der Daimler-Benz AG war – auch in den Aufsichtsrat der DBAG in Stuttgart. Aus der engen Zusammenarbeit und echten Freundschaft mit Wernher von Braun resultierte natürlich auch das Projekt »Mercedes für die Astronauten«, das unsere Popularität in den USA weiter vergrößern sollte. Ein großer Teil der bekannten Astronauten der NASA – darunter John Glenn, der erste Amerikaner in der Erdumlaufbahn, oder David R. Scott, Mitglied der Apollo-9-Crew – fuhr aufgrund dieser Initiative Mercedes.

Besonders wichtig für unsere Geschäftspolitik wurde auch John McCloy, der ehemalige amerikanische Hochkommissar für Deutschland und spätere Chairman der Chase Manhattan Bank, deren Präsident David Rockefeller war. McCloy zählte als Berater mehrerer US-Präsidenten zu den »most influential citizens of USA«.[27] Nachkriegsdeutschland hatte McCloy sehr viel zu verdanken, dessen ausgesprochene Deutschfreundlichkeit auch darin ihren Ausdruck gefunden hat, daß er langjährig das Amt eines Chairman des German-American-Council bekleidete. In vielen Gesprächen, die ich mit McCloy führte, interessierte er sich sehr für meine Verbindung zu Stauffenberg, dem Attentäter des 20. Juli 1944, mit dem ich 15 Monate im OKH zusammengearbeitet hatte. Diese Gespräche haben sich sogar in der Literatur niedergeschlagen.[28] Die Tatsache, daß McCloy über hervorragende Beziehungen zur Industrie und Politik

Abb. oben: Besuch von Bundeskanzler Ludwig Erhard in New York, Vorstellung durch Generalkonsul Curtius. Abb. unten: HCH im Gespräch mit Wernher von Braun in Huntsville.

sowohl in den USA als auch in Westdeutschland verfügte, machte ihn für unsere Aufgabe als Aufsichtsratmitglied der MBNA besonders wertvoll. Es kostete mich einige Überredungskraft, ihn zu einer Annahme des Sitzes im Aufsichtsrat zu bewegen. McCloy, dessen in der Nachkriegszeit nicht selbstverständliche Deutschfreundlichkeit bekannt war[29], hatte Bedenken, daß bei einer Zusage auch andere deutsche Firmen wie Siemens oder VW an ihn herantreten würden. Ich konnte ihn jedoch davon überzeugen, daß es sich bei Mercedes-Benz um einen ganz besonderen Fall handelte, der mit anderen schlecht zu vergleichen war. Allerdings vollzog er seinen Eintritt in den Aufsichtsrat der MBNA erst 1972, nachdem er die Chairmanship bei der Chase Manhattan Bank abgegeben hatte.

Besonders gute Beziehungen entwickelte ich zu dem späteren Präsidenten Richard Nixon, der als Partner der Anwaltskanzlei unseres Anwalts Bob Guthrie angehörte. Dieser Kontakt sollte sich als sehr nützlich erweisen. Als die Daimler-Benz AG 1968/69 in Verhandlungen mit der Sowjetunion wegen einer möglichen Kooperation (Kama-Projekt) eintreten wollte, hielt ich im Auftrag des Vorstands Rückfrage bei Richard Nixon, ob es Bedenken seiner Regierung gegen eine solche Kooperation gebe. Über den damaligen Justizminister Mitchell gab Nixon grünes Licht für unsere Verhandlungen, die die Interessen der USA nicht tangierten. Aufgrund dieser Verbindungen wurde ich dann auch häufiger zu Abendessen ins Weiße Haus geladen, wenn deutsche Gäste kamen, beispielsweise beim Staatsbesuch des damaligen Bundeskanzlers Willy Brandt.

Im Jahr 1963 wurde ich von Ministerialdirektor Spiegelberg im Bundeswirtschaftsministerium unterrichtet, daß ich als Vertreter der deutschen Wirtschaft in den USA und ehemaliger Offizier mit Generalstabsausbildung eine Funktion im zivilen Sektor der »North Atlantic Treaty Organisation« (NATO), konkret eine Funktion in der Central Supply Agency (CSA) als »Head of Industrial Division« übernehmen sollte. Ich war der deutschen Bundesregierung durch meinen Vorgänger in dieser Funktion, den Flick-Manager Max Paul Meyer, benannt worden, der mich unter anderem deshalb kannte, weil Flick damals Hauptaktionär der Daimler-Benz AG war. Die Ernennung war außer von McDermott auch von dem britischen NATO-Beauftragten Lord Coleridge und Sir Charles Cunningham befürwortet worden. Für den 20. November 1963 erhielt ich für die nähere Einweisung eine Einladung des damaligen »Director of the Office of Emergency Planning at the White House« in Washington, Edward A. McDermott, einem Beauftragten des damaligen Präsidenten John F. Kennedy und Mitglied des National Security Council. In einem Gespräch wurde ich über meine neuen Verantwortlichkeiten innerhalb des

Abb. oben: Familienfoto in Parsonage Lane, Greenwich, Connecticut.
Abb. unten: Prominente Gäste zu Hause in Greenwich 1968: B. Burlingame, Präsident von Studebaker, John McCloy, Präsident Richard Nixon und Frau Pat Nixon, Hermann-Josef Abs, Frank Manheim (verdeckt).

»Senior Civil Emergency Planning Committee« informiert. Die NATO sollte auf Initiative der USA versuchen, für den Ernstfall qualifizierte Angehörige der Wirtschaft aus allen NATO-Mitgliedsländern zu informieren, die die Versorgung der zivilen und militärischen Produktion mit wichtigen industriellen Rohstoffen und Gütern sicherstellen helfen sollten. Die Arbeitsteiligkeit in den hochindustrialisierten Ländern und die wechselseitige Abhängigkeit ist mittlerweile so weit fortgeschritten, daß kein Land allein den Ausfall bestimmter seltener Rohstoffe oder hochspezialisierter Industrieprodukte ausgleichen kann. Die NATO-Länder waren daher übereingekommen, daß ein Austausch zwischen den Vertragspartnern frühzeitig koordiniert werden mußte. Zur Überbrückung von Engpässen ist jedoch ein gewisser Einblick in industrielle Zusammenhänge und die Kenntnis der Entscheidungswege erforderlich.

Die erste Übung fand im Sommer 1964 im Hauptquartier der OTAN in Paris statt, Frankreich war damals noch Mitglied der NATO (OTAN), später wurde das Hauptquartier mit der Bezeichnung NATO nach Brüssel verlegt. NATO-Generalsekretär war zur damaligen Zeit (1964–1971) der Italiener Manlio Brosio, später (1971–1983) der Niederländer Joseph Luns. Die ersten beiden Übungen fanden in dem großen Pariser NATO- (bzw. OTAN-) Gebäude statt, das eigens für diesen Zweck vorgesehen war. Zu Beginn des Planspiels legte ein NATO-General die militärische Situation nach einem Erstschlag des Warschauer Pakts dar, wobei Deutschland aufgrund seiner geographischen Lage stets in Mitleidenschaft gezogen war, wenn auch nicht jedesmal als Hauptbetroffener – manchmal traf es auch Italien, Belgien oder England. Während der Übung wurde der Ernstfall simuliert, und Ausfälle in der Industrieproduktion eines Landes mußten möglichst rasch kompensiert werden. Konkret wurden beispielsweise Reifenwerke in Deutschland als zerstört gemeldet, gleichzeitig bestand ein nomineller Bedarf an Reifen in bestimmter Höhe, der aus anderen Quellen, etwa von Pirelli in Italien, beschafft werden mußte. Während der Übung mußte wie im Ernstfall ständig umdisponiert werden, beispielsweise trafen Lieferungen nicht ein, weil inzwischen der Hafen in Rotterdam zerstört worden war. Am Schluß der Übung wurde in Gegenwart des NATO-Generalsekretärs eine zusammenfassende Manöverkritik abgehalten, bei der Mängel in der Logistik festgehalten wurden. Diese Übungen fanden je nach Bedarf im Abstand von ein bis zwei Jahren statt. Ich fand diese Übungen sehr realistisch, und sie trugen sicher dazu bei, die Logistik der NATO zu stärken für jenen Ernstfall, der Gott sei Dank bisher nie eingetreten ist.

An das erste Zusammentreffen mit McDermott in seinem Amtssitz im Executive Office Building, das Teil des White House Complex ist, kann ich

---

Abb. oben: Einweisung durch Ed McDermott in neue Tätigkeit HCH bei der NATO am 20. 11. 1963 im Komplex des Weißen Hauses.
Abb. unten: Dinner in Washington mit General Quinn und Mrs. Quinn.

mich noch lebhaft erinnern. Von McDermotts Büro konnte man auf die Wiesen südlich des White House blicken und auch auf jenes Gelände vor dem Oval Office, wo die beiden Kinder des US-Präsidenten John F. Kennedy (1917–1963), Caroline und John jr. unter den aufmerksamen Augen des Kindermädchens spielten. Sichtbar waren auch die gebogenen Fenster des Präsidentenbüros und der Platz, wo der Präsidentenhubschrauber startete und landete. Zu Präsident Kennedy hatten die Deutschen eine tiefe Beziehung entwickelt, weil er nach dem Bau der Berliner Mauer mit seinem berühmten Satz: »Ich bin ein Berliner« seiner Solidarität mit Deutschland prägnant Ausdruck verliehen hatte. Zwei Tage nach meiner ersten Begegnung mit McDermott in Washington befand ich mich in Deutschland. Bei einem Abendessen mit Bekannten in Berchtesgaden am 22.11.1963 trat der Kellner an unseren Tisch und überbrachte die Nachricht vom Attentat auf den Präsidenten. Ich war erschüttert, denn John F. Kennedy schien mir in besonderer Weise den »amerikanischen Traum« zu verkörpern, und ich hatte ihn sehr geschätzt. In den nächsten Wochen konnte ich in Deutschland erleben, wie stark die Menschen, auch bei Daimler-Benz in Stuttgart, am Schicksal Kennedys, der Präsidentenfamilie und der amerikanischen Nation Anteil nahmen.

Bei einem weiteren Treffen mit Ed McDermott im Weißen Haus im Mai 1964 kamen wir auf die in Deutschland stationierte 7. US-Armee zu sprechen, mit deren Kommandierendem General, William Quinn, McDermott befreundet war. McDermott lud mich zu einer Zusammenkunft mit Quinn in den privaten Metropolitan Club in Washington ein. Im Lauf des Gesprächs schoß es mir durch den Kopf, daß ich auf den Tag genau vor 19 Jahren von eben jener 7. US-Armee gefangengenommen worden war, der bereits damals Quinn als Offizier angehört hatte und deren Oberbefehlshaber er später geworden war. So fragte ich ihn, was er denn am 3. Mai 1945 getan habe. Er war verblüfft und konnte sich natürlich nicht entsinnen, worauf ich ihm – natürlich im Scherz – sagte: »Mr. Quinn, you captured me!« Wir amüsierten uns über dieses sonderbare Zusammentreffen, und ich entwickelte aus dieser Begebenheit die Idee, alle ehemaligen Befehlshaber der 7. US-Armee, die Generäle Bolte, Clarke, Eddleman, Farrell, Haislip, McAuliffe, Oakes und Quinn mitsamt ihren Frauen durch die »Daimler Benz of North America« zu einem Dinner einzuladen. Diese Einladung war nicht nur menschlich erfolgreich, sondern versprach auch einen so guten PR-Effekt, daß ich das jährliche Generals-Dinner zur festen Einrichtung erhob. Der erste Besuch in Deutschland erfolgte im November 1968, beschränkte sich jedoch auf das alte Hauptquartier in Stuttgart und eine Besichtigung der Fabrik. Das Abschiedsessen fand am

Abb. oben: Dinner der Generäle der 7. US-Armee im Mai 1976 in Brenner's Parkhotel in Baden-Baden – Joachim Zahn, General Eddleman, HCH. Abb. unten: Bootsfahrt auf der High Spirits, 1982, mit den Generälen auf dem Potomac, Washington DC, General Eddleman, HCH, General Bolte.

13. November im Park-Hotel in Baden-Baden statt. Im Mai 1976 wurde ein zweites Treffen während meiner Vorstandstätigkeit in Deutschland organisiert und zu einem großen Besuchsprogramm der alten Befehlshaber der 7. Armee in Stuttgart, Heidelberg und Berlin erweitert. Als besondere Überraschung arrangierte Otmar Schaffer, der für die gesamte Organisation dieses Besuchs verantwortlich war, für mich am 12. Mai im Kur-Hotel Baden-Baden ein Zusammentreffen der US-Generäle der 7. Armee mit einem ausgedehnten Abendessen mit den gegenwärtigen Kommandierenden Generälen der Besatzungstruppen und den gleichgestellten deutschen Generälen. Ein Abschiedsessen mit den amerikanischen Generälen fand 1982 auf dem Boot »High Spirits« auf dem Potomac River in Washington statt.

Bei einem Dinner im Weißen Haus, das Präsident Richard M. Nixon anläßlich eines Besuchs des damaligen deutschen Bundeskanzlers Willy Brandt gab, fragten mich Henry Kissinger und General Westmoreland, der damalige Oberbefehlshaber in Vietnam: »Mr. Hoppe, are you the guy who invited all the old Generals?« Ich bejahte und erhielt darauf zur Antwort, man verstehe dies als freundschaftlichen Dienst der ganzen amerikanischen Nation gegenüber.

Ebensowenig absehbar war, welche Weiterungen es haben würde, als 1965 der junge Verbrauchervertreter Ralph Nader sein Buch »Unsafe at any Speed« veröffentlichte, in dem er die amerikanischen Automobilproduzenten scharf kritisierte. Insbesondere setzte er sich mit der Konstruktion und dem Design der Kleinwagen von General Motors und der ausländischen Importeure von Kleinwagen auseinander, deren Verkehrssicherheit nach seiner Analyse bei keiner Geschwindigkeit gewährleistet war.[30] Zunächst wurde dem Buch in der Öffentlichkeit wenig Beachtung geschenkt, was sich jedoch schnell änderte, nachdem GM vor einem Kongreßausschuß auf die Vorwürfe antwortete. Daraus ergaben sich wachsende Beziehungen der US-Regierung zur einheimischen und auswärtigen Automobilindustrie. Nachdem Mercedes-Benz zu diesem Zeitpunkt gerade seine Händlerorganisation aufbaute, hatte die Öffentlichkeit ein besonderes Interesse an unseren Produkten, und mit unserem Advertising-Concept, das besonders auf Sicherheit Wert legte, stießen wir in diese laufende Diskussion. Fast alle Importeure hatten sich zu einer »Imported Car Association« zusammengeschlossen, zu deren Sprecher der Präsident des schwedischen Produzenten Saab gewählt wurde. Aus verschiedenen Gründen wollte ich jedoch dieser Lobby nicht beitreten, vor allem deshalb, weil ich den Entwicklungsvorsprung, den Mercedes-Benz im Bereich der Sicherheit erreicht hatte, nicht aufs Spiel setzen wollte. Außerdem verfolgten wir andere Interessen als die »Association«, die zum überwiegenden Teil Kleinwagenhersteller vertrat.

Zu diesem Zeitpunkt war bereits abzusehen, daß Regierungsauflagen die Automobilentwicklung in Zukunft zunehmend beeinflussen würden, ich suchte daher nach einem tüchtigen Anwalt, der unsere Interessen gegenüber der Regierung vertreten konnte. Dabei stieß ich auf Jerome Sonosky, der seit 1954 als General Council und Legislative Assistant unter den US-Senatoren Blatnik und Abraham Ribicoff an der Bundesgesetzgebung über die Sicherheitsstandards in der Automobilindustrie beteiligt gewesen war. Er schied aus den Diensten des House of Congress aus und beriet die MBNA in den folgenden Jahren in diesen Dingen. Mit Jerry Sonosky arbeiteten wir auch deshalb eng zusammen, weil die amerikanische Gesetzgebung nicht nur für den amerikanischen, sondern für den künftigen Weltmarkt von Bedeutung sein würde. In welcher Weise dies zutraf und welche Konsequenzen dies für Daimler-Benz hatte, werde ich in Kapitel 5 darlegen. Als Ed McDermott nach dem Rückzug aus den Regierungsgeschäften 1965 als Partner in die bekannte Anwaltskanzlei »Hogan & Hartson« in Washington D. C. eingetreten war, übertrug ich dieser Firma die juristische Vertretung der MBNA in den USA. McDermott ermöglichte 1966 auf meinen Wunsch Jerry Sonoskys Eintritt in diese Kanzlei, wo er seine bisherige Tätigkeit für die MBNA fortsetzen konnte. McDermot fungierte ab 1972 bis zu seiner Pensionierung als Anwalt in allen Angelegenheiten der Beziehung zur Regierung in Washington, seither gehört er dem Board of Directors der MBNA an.

Viel Spaß hatten wir über die Jahre hinweg mit dem Luxusmodell »Mercedes 600«, dessen Planung noch aus den 50er Jahren stammte und der von 1964–1981 gebaut wurde. Es gelang uns, seine Vorstellung mit dem 75jährigen Jubiläum der Vertragsunterzeichnung Gottlieb Daimler – William Steinway zu verknüpfen. In einer großen Feier mit Pressekonferenz für die »Freunde des Hauses« aus Wirtschaft und Gesellschaft stellten wir den »600« am 4. November 1963 in New York vor. Die Reden wurden teilweise englisch und teilweise deutsch gehalten und dann übersetzt, was den Effekt hatte, daß immer diejenigen schliefen, die den Text bereits verstanden hatten. Dennoch war die Vorstellung ein voller Erfolg, die Neuigkeit sprach sich rasch herum, und insgesamt wurde mehr als ein Drittel aller »Mercedes 600« in die USA abgesetzt.

Wie bei einem so teuren Auto nicht anders zu erwarten, häuften sich gerade hier exzentrische Kunden. Die Anzahl der Sonderausführungen war bei diesem Typ legendär. Ein Filmregisseur wollte zwei Schiebedächer haben, eine reiche New Yorkerin akzeptierte die Karosserie nur in einem ganz speziellen Gelb, ein anderer New Yorker Kunde wollte den Wagen innen und außen ganz schwarz, ohne Chromteile und ohne Fenster im rückwärtigen Teil. Ein Kunde aus Miami wünschte den Wagen innen und außen himmelblau, aber bitte mit sehr viel Chrom. Auch die Verwendungszwecke waren vielseitig. Eine Kundin in New York benutzte den Wagen nur, um ihre drei Kinder durch den Chauffeur in die Schule fahren zu lassen. Ein Kunde in Texas hielt sich neben einigen anderen »Mercedes-Benz« auch drei Fahrzeuge vom Typ »600«. Ein Kunde im Mittelwesten verwandte den »Mercedes 600« dagegen zur Beobachtung seiner Wildpferde in der Steppe, nachdem er bemerkt hatte, daß auf solchem

Untergrund die Luftfederung viel bequemer war als sein bockiger Jeep. Obwohl die »Mercedes 600« schon lange ausgelaufen sind, sieht man sie noch gelegentlich im Straßenverkehr. Bei Auktionen erzielen sie heute höhere Preise, als sie 1964 bis 1972 als Neuwagen gekostet haben.

Noch während meiner Zeit bei der MBC und der »Mercedes-Benz of North America« erlangte der »Mercedes-Benz« in den USA nahezu mythenbildende Kraft. Gelegentlich mußten wir nicht einmal mehr für unser Produkt werben, sondern andere namhafte Unternehmen fragten bei uns, ob sie einen »Mercedes-Benz« für ihre PR-Arbeit verwenden durften. Unter anderem wandte sich Tiffany an uns mit der Anfrage, ob man für einen Werbespot Tiffany-Schmuck mit einem unserer Pkw plazieren durfte. Frank Manheim, der zu der Zeit bei American Express in London tätig war, machte mich eines Tages mit Bob Smith, Chairman von American Express bekannt, der mich aufforderte als Berater für American Express tätig zu werden, um, wie er sagte: ... »to help ›American Express‹ to become the Mercedes-Benz in the banking business.« 1969 wurde »Mercedes-Benz« sogar Titel eines äußerst populären Popsongs, komponiert und aufgeführt von Janis Joplin (1943–1970), der bedeutendsten weißen Bluesinterpretin, die auch durch ihren Auftritt beim legendären »Woodstock«-Festival berühmt wurde.

Mein Horizont war noch in den 60er Jahren gewissermaßen auf Nordamerika und Deutschland beschränkt. Eine Erweiterung meiner Auslandserfahrung begann 1967, als ich anläßlich meines fünfzigsten Geburtstags eine große Informationsreise unternahm, die mich unter anderem in den Fernen Osten führte. Stationen waren Japan, Hongkong, die Philippinen, Singapur, Thailand und Indien. Hier stand natürlich die Besichtigung des Telco-Lkw-Werks, das die DBAG zusammen mit Tata in Jamshedpur in der Nähe von Kalkutta unterhält, auf dem Programm, für mich von besonderem Reiz, da diese Zusammenarbeit fünfzehn Jahre zuvor durch Vermittlung meines früheren Chefs und Gegenspielers Carl F. Giese zustandegekommen war. Der Eindruck war um so tiefer, als mich zuvor Kalkutta durch die Not und den Hunger, die ich hier in einem Ausmaß sah wie sonst nur mehr selten auf meinen vielen Reisen, tief erschüttert hatte. Der Anblick dieses Elends steht mir heute noch vor Augen. Jamshedpur wirkte dagegen wie eine Oase des Wohlstands, mit modernen Krankenhäusern, Schulen, kleinen sauberen Häuschen und einem Schwimmbad. Für mich war dies ein eindrucksvolles Beispiel dafür, wie vernünftige Industrialisierungsmaßnahmen eine Hilfe für die Dritte Welt bilden können. Aber auch meine Eindrücke in Japan waren überwältigend, wo damals bereits die groß angelegte Attacke der Automobilindustrie auf den amerikanischen Markt zu erkennen war.

Im August 1968 wurde ich als Repräsentant der deutschen Industrie in den USA zum Jungfernflug der »Pan Am« nach Moskau eingeladen. Der Flug war für den 19. August vorgesehen, doch war er unsicher bis zuletzt wegen der Unruhen in der CSSR, die mit dem »Prager Frühling« verbunden waren. Schließlich ging es doch wie geplant los. In Moskau wurden die Teilnehmer für die weiteren Besichtigungen in drei Gruppen aufgeteilt, von denen eine in Moskau blieb, die beiden anderen nach Leningrad bzw. Sotschi weiterreisten. Als wir am 21. August von Moskau nach Sotschi am Schwarzen Meer weitergeflogen waren, hörte ich in meinem Hotelzimmer plötzlich aus dem Radioapparat, der sich nicht abstellen ließ, immer wieder die Namen CSSR und Dubček, ohne daß ich zunächst begriff, daß das Ungeheuerliche eingetreten war, der Einmarsch der Truppen des Warschauer Pakts. Von keinem der sowjetischen Betreuer wurden wir trotz unserer Nachfragen über die Ereignisse aufgeklärt. Ausländische Radiosender, die wir abzuhören versuchten, waren wegen der Aktivität von Störsendern nicht zu empfangen. Die Reise wurde mit besonders schönen Exkursionen in den Kaukasus und dem Besuch einer Teeplantage fortgesetzt. Erst nach der Rückkehr nach Moskau wurden wir durch den US-Botschafter über die blutige Niederschlagung des »Prager Frühlings« informiert. Im Anschluß daran erfolgte wie vorgesehen unser Besuch in Leningrad.

Den eindrucksvollen Abschluß meines sechzehnjährigen Aufenthalts in Nordamerika bildete am 3. Dezember 1970 der offizielle Empfang durch Präsident Richard M. Nixon im »Oval Office« im Weißen Haus, den ich auf Wunsch unseres Vorstandssprechers Zahn arrangierte mit unserem Anwalt Bob Guthrie, durch den ich guten Kontakt zum amerikanischen Präsidenten hatte. Nixon, den ich für einen der am meisten unterschätzten Präsidenten der USA halte, referierte in dem längeren Gespräch klar und eindrucksvoll die politische Weltlage, was uns wegen der stattfindenden Kama-Verhandlungen mit der UdSSR besonders interessierte. In seinen Darlegungen zeichnete sich bereits, soweit ich mich erinnern kann, eine kritische Beurteilung des amerikanischen Engagements in Vietnam ab sowie die Absicht, die Öffnungsbestrebungen der Volksrepublik China gegenüber dem Westen zu unterstützen, um die beiden kommunistischen Großmächte gegeneinander auszubalancieren.

Bei einem Besuch bei der MBNA in Montvale bat mich Walter Bodack, ihn zu einem Empfang der Deutsch-Amerikanischen Handelskammer zu begleiten, wo der amerikanische Botschafter Richard Burt einen Vortrag über die deutsch-amerikanischen Beziehungen hielt. Als ich bei meiner Vorstellung sagte: »Es ist eine Ehre für mich, Sie zu treffen«, antwortete er: »Im Gegenteil, die Ehre liegt auf meiner Seite.« Und erzählte mir, daß er nach meinem Treffen mit Nixon ein längeres Gespräch mit ihm hatte. Nixon hatte ihm empfohlen, den Kontakt mit mir zu suchen.

Nach meiner Berufung nach Stuttgart behielt ich zunächst noch die Verantwortung für den Vertrieb in Nordamerika. Nachfolger in den USA (MBNA und DBNA) und in Kanada (MBC) wurde dann auf meinen Vorschlag hin Karlfried Nordmann, den ich bereits 1954 schätzen gelernt hatte, als er mich als Ausbilder der DBAG auf meinen Einsatz als Führungskraft in den USA vorbereitete. Der damalige Kundendienstchef der

DBAG hatte mich durch seine Fähigkeit zur Menschenführung und seinen einwandfreien Charakter beeindruckt, außerdem wußte ich um seine Liebe zu den USA. Er hat sich auf seiner neuen Position bis zu seinem Ausscheiden hervorragend bewährt, und wir hatten bis zu seinem Tod im Jahre 1982 ein besonders freundschaftliches Verhältnis. In der Zeit von Anfang November bis Jahresende 1970 mußte ich – während der Einarbeitung in die Vorstandstätigkeit – in den USA meine Verhältnisse ordnen, mich von den Mitarbeitern verabschieden, zu denen ich ein sehr freundschaftliches Verhältnis gewonnen hatte, und die Geschäfte in Fort Lee (New Jersey) an meinen Nachfolger übergeben. Wieder einmal mußte ich meine Familie zurücklassen, um meine neue Funktion in Stuttgart zu übernehmen, bis meine Familie dann am Ende des Schuljahres im Sommer 1971 nach Stuttgart kam.

Die Verkaufszahlen hatten sich während meines Wirkens in den USA, genauer, seitdem ich dort die Verantwortung im Jahr 1965 hatte übernehmen können, von rund 11 000 im Jahre 1970 auf über 30 000 Einheiten Pkw pro Jahr erhöht, hinzu kamen circa 4000 Lkw. Die weitere Entwicklung der Verkaufszahlen in den USA hat gezeigt, daß dieser Erfolgskurs beibehalten werden konnte. Der Vorstand hatte meinen Antrag genehmigt, eine neue Zentrale für die MBNA in Montvale, New Jersey, für 10 Mio. Dollar zu bauen, um alle Mitarbeiter, die inzwischen in mehreren Gebäuden untergebracht waren, wieder unter einem Dach zusammenzufassen. Bei meinem Wechsel in den Vorstand blieb die schon erwähnte bewährte Besetzung fast unverändert. So verließ ich die MBNA mit dem Wissen, das Feld gut bestellt zu haben. Später, nach dem Tod von Gerhard Korallus im Juli 1971, setzte unser amerikanischer Anwalt Allan Freund dessen bisherige Tätigkeit in Personalfragen und allen rechtlichen Belangen der Händlerorganisation und unserer Kunden fort. Er gehört heute mit unserem Techniker Karl-Heinz Faber zu den ältesten Mitarbeitern der MBNA. Korallus' Nachfolger als Finanzchef wurde Werner Bischoff von der Mercedes-Benz Argentina. Die MBC wurde weiterhin von Rainer Lange-Mechelen und Hans Jakob erfolgreich geführt.

Der Einsatz in den USA mit seinen abenteuerlichen Anfängen war immer wieder von plötzlich auftauchenden großen Schwierigkeiten geprägt gewesen, wie sie in Pioniersituationen auftauchen können. Bei den Wechselfällen einer solchen Existenz war es notwendig, den Mut nicht zu verlieren und den Humor zu behalten. Offenbar ist mir das gelungen, denn mein »nickname in the States« lautete: »Happy Hoppe«.

Abb. oben: Besuch in Montvale, Karlfried Nordmann, HCH, Heinz Waizenegger. Abb. unten: Mitarbeiter der MBNA, v. links: Fred Meyer, Hans Jordan, Burghard von Cramm, Allan Freund, Marcus Fürst Clary, Walter Bodack, HCH.

1. Zu berichtigen: Kruk/Lingnau (1986) 236–243.
2. The Sun, 29. Oktober 1893.
3. Barthel/Lingnau (1986) 142 f.
4. Lewandowski (1986) II, 231.
5. Barthel/Lingnau (1986) 158–161.
6. Zur Charakterisierung Wychodils vgl. Kap. 4.
7. Vgl. Kap. 2 (Index).
8. Kruk/Lingnau (1986) 184–188.
9. Vgl. Ende des 2. Kapitels.
10. DBHA, PH, Briefwechsel 1955–1958, Aktenvermerk 27. 6. 1955.
11. DBHA, PH, Official Opening March 8th, 1956. Mercedes-Benz Distributors Western Ltd.
12. The Vancouver Sun, March 8, 1956.
13. DBHA, PH, Briefwechsel 1955–1958, Brief an Dr. Schleyer v. 10. 4. 1958.
14. Schönberger, A. (Hg.), Raymond Loewy. Pionier des amerikanischen Industriedesigns, 1990.
15. DBHA, PH, Briefwechsel 1955–1958, Aktennotiz v. 1. 4. 1958.
16. DBHA, PH, Aktennotiz vom 19. 3. 1958.
17. Vertrag Daimler-Benz AG/Curtiss-Wright Corporation, vom 6. März 1957.
18. DBHA, PH, Briefwechsel 1955–1958, Aktennotiz v. 1. 4. 1958.
19. DBHA, PH, Briefwechsel 1955–1958, Memorandum und Stellungnahme v. 14. 2. 1958; Briefe vom 16. 2. 1958.
20. »DER SPIEGEL« Nr. 48 (22. Nov. 1957), S. 27–28; Nr. 9 (26. Feb. 1958), S. 66.
21. DBHA, PH, Briefwechsel 1955–1958, Aktennotiz v. 22. 2. 1958.
22. Markus Fürst Clary, Hoffmann, Lange-Mechelen, von Wassmer, Gerth.
23. November 1959 wurde auch dies rückgängig gemacht.
24. Sie bestand 1959–1974 und wurde dann in die MBNA eingegliedert. Clary (1988) 70.
25. Kruk/Lingnau (1986) 205–209.
26. The Flagbearer, Vol. 50 (1965), No. 1, Titelblatt.
27. Isaacson, W./Thomas, E., The Wise Men. Six Friends and the World they Made, New York 1986.
28. McCloy, J. J. II., Die Verschwörung gegen Hitler. Ein Geschenk an die deutsche Zukunft, Stuttgart 1963.
29. McCloy (1963).
30. Nader, R., Unsafe at any Speed, New York 1965.

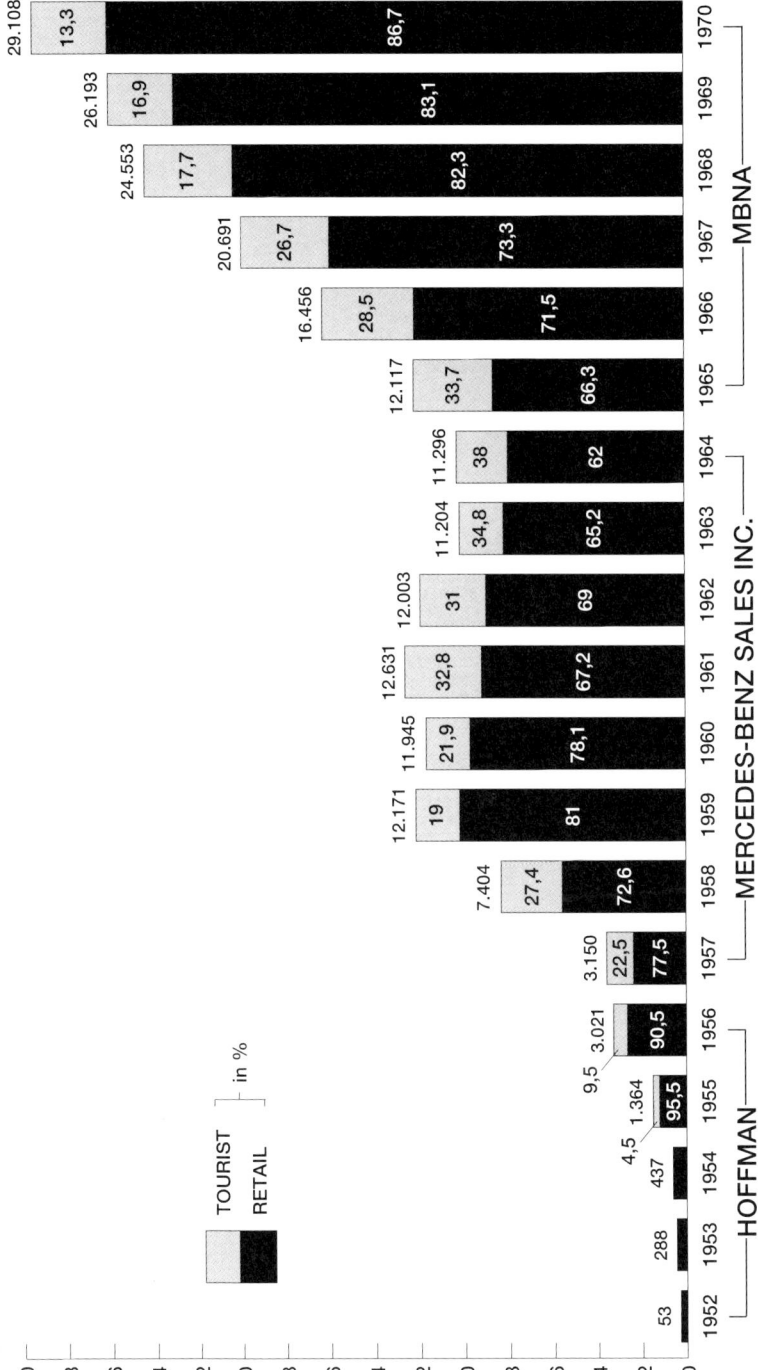

KAPITEL III

Im Vorstand für den Weltvertrieb (1970–1982)

Die Berufung in den Vorstand

Anfang November 1970, als ich gerade zu einem Gespräch mit unserem Anwalt Ed McDermott in Washington war, erhielt ich einen Anruf von Joachim Zahn, damals Vorstandssprecher der Daimler-Benz AG. Er fragte mich, ob ich nach wie vor Interesse an einem Bauernhaus in Oberbayern hätte, eine Vorstellung, die sich bei früheren Gesprächen als Schlüsselwort für eine mögliche Rückkehr nach Deutschland ergeben hatte. Ich bejahte dies kurz, und Zahn kam nicht mehr darauf zu sprechen. Bei meiner Rückkehr nach Fort Lee fand ich ein Telex vor, das mich für die kommende Woche zu einer Aufsichtsratssitzung nach Frankfurt rief. Am Wochenende zwischen Zahns Anruf und meinem Flug nach Deutschland war gerade Richard Freudenberg zu einem Besuch in unserem Haus in Greenwich. Ich unterrichtete ihn über die neue Situation und sagte ihm, dies könnte eventuell eine Berufung in den Vorstand der DBAG bedeuten. Freudenberg, der mir im Lauf der letzten fünfzehn Jahre immer wieder angeboten hatte, zu seinem Unternehmen zurückzukehren, sagte darauf: »Junge, wenn sie Dich in den Vorstand berufen wollen, dann mußt du zusagen, aber dann wirst du für mich zu teuer.«

Vielleicht bestand tatsächlich die Chance zur Rückkehr nach Deutschland, vielleicht sogar unter idealen Bedingungen. Allerdings wollte die Sache gut überlegt sein. Das Geschäft in den USA und generell in Nordamerika lief gut, und ich konnte mit meiner dortigen beruflichen Position sehr zufrieden sein, denn ich war Präsident der drei nordamerikanischen Tochtergesellschaften der DBAG. Ich verfügte über ein hervorragend eingespieltes Team, das den doch relativ geschlossenen US-Markt und den ähnlichen Kanada-Markt mit ihren regionalen Besonderheiten gut kannte. Auch die privaten Verhältnisse, die bei Entscheidungen immer eine große Rolle spielen, waren bestens. Erst 1968 hatte ich ein wunderschönes Haus auf einem großen Seegrundstück gebaut. Die Familie hatte sich gut eingelebt, die Kinder gingen auf amerikanische Schulen und hatten dort ihre Freunde, waren mit den amerikanischen Gepflogenheiten groß geworden, während sie sich mit den deutschen Verhältnissen wenig auskannten.

Am Montag flog ich nach Stuttgart, wo ich am Dienstag eintraf und von da aus nach Frankfurt fuhr. Beim Abendessen im Frankfurter Hof wurde mir von Edzard Reuter, damals Leiter des Hauptsekretariats, mitgeteilt, daß ich in der Aufsichtsratssitzung am kommenden Tag in den Vorstand berufen werden solle. Er erklärte mir den voraussichtlichen Verlauf der Sitzung. Am nächsten Morgen saß ich auf einem Flur des Hauptgebäudes der Deutschen Bank und wartete, bis man mich ins Sitzungszimmer rief. Der Aufsichtsratsvorsitzende der DBAG, Franz Heinrich Ulrich (Sprecher der Deutschen Bank), stellte mir die entsprechenden Fragen zu meiner Vita und der Tätigkeit in den USA, dann mußte ich den Raum wieder verlassen. Nach einigen Minuten wurde ich erneut hereingebeten, und Ulrich gratulierte mir zur Berufung in den Vorstand. Sie erfolgte mit sofortiger Wirkung, was eine unverzügliche Aufnahme der Tätigkeit in Stuttgart bedeutete. Laut Protokoll von Edzard Reuter war es der 11. November um 11 Uhr 11, der traditionelle Beginn des Karnevals in Deutschland.

Hintergrund meiner Ernennung war eine bereits länger als ein halbes Jahr während schwere Erkrankung meines bisherigen Chefs Arnold Wychodil. Designierter Nachfolger Wychodils war eigentlich aufgrund seiner langjährigen Tätigkeit für Wychodil im Exportbereich der schon erwähnte Hans Klotz. Wegen Unstimmigkeiten zwischen Wychodil und Klotz, die auch zu Differenzen mit Zahn geführt hatten, war Klotz als Leiter der Niederlassung Berlin versetzt worden. Obwohl er in Hanns-Martin Schleyer einen Fürsprecher hatte, stieß nun seine Ernennung auf Widerstand. Jedenfalls schlug der Vorstand mich dem Aufsichtsrat als Nachfolger Wychodils vor, und der Aufsichtsrat schloß sich seinem Vorschlag an.

Die Nachfolge Arnold Wychodils anzutreten, war mit Sicherheit nicht einfach, denn während seiner Tätigkeit als Exportchef hatte er stets eine starke Position. Er war bereits 1936 in das Unternehmen eingetreten, vermittelt durch seinen Onkel, den berühmten Rennleiter Neubauer, dessen »Silberpfeile« dem Unternehmen weltweit Bekanntheit verschafft hatten. Wychodil war viele Jahre Assistent des damaligen Vorstandsvorsitzenden Wilhelm Haspel und 1952 bis 1970, also 18 Jahre lang, als Chef des Exportressorts Mitglied des Vorstands der DBAG. Sein Vertrauensverhältnis zu Haspel und später zu dessen Nachfolger Fritz Könecke war gut, und dieses gute Verhältnis erhielt sich auch zu dessen Nachfolger, dem von der VOEST aus Linz, Österreich, stammenden Walter Hitzinger. Erwähnenswert ist auch seine äußerst freundschaftliche Beziehung zu Hermann Josef Abs, der 1955 bis 1970 Vorsitzender des Aufsichtsrats der Daimler-Benz AG war. Die Neuorganisation des Exports nach dem Zweiten Weltkrieg war unter Wychodils Verantwortung erfolgt, alle damaligen Generalvertreter einschließlich Maxie Hoffman waren von ihm eingesetzt worden. Wychodil besaß weltweit das Vertrauen der Organisationen im Außen- wie im Innenverhältnis. Er sprach sieben Sprachen, war klug und humorvoll, lebensfroh und begeisterungsfähig, allerdings auch manchmal cholerisch. Seine Vorstandstätigkeit war wirtschaftlich sehr erfolgreich gewesen. Die Nachfolge dieses Mannes anzutreten war nicht einfach, bedeutete aber für mich eine große Herausforderung.

Die Übernahme des Ressorts von Rolf Staelin, der als Inlandschef das Exportressort kommissarisch geleitet hatte, erfolgte bereits am 12.11.1970. Welche Situation fand ich vor? Es galt, das reguläre Exportgeschäft in 170 Länder, das sind fast alle Länder der Erde, ungestört fortzusetzen bzw. weiterzuentwickeln. Das bedeutete für mich den Wechsel von einem relativ einheitlichen Markt (Nordamerika) zum Weltmarkt, auf dem jeder nationale Markt nach anderen Gesetzmäßigkeiten funktionierte. Während Wychodil in vielen Exportländern selbst gewesen war, kannte ich durch meine Informationsreise von 1967 lediglich einige Länder des Fernen Ostens sowie natürlich Europas. Mein Vorteil bestand jedoch darin, die wichtigsten Marketingmethoden zu kennen, die in den anderen Exportländern zu der Zeit noch wenig bekannt waren. Durch unsere Werbeagentur Ogilvy & Mather hatte ich interessante Erkenntnisse über Marketingstrategien sammeln können. Die USA waren damals als fortgeschrittenste Industrienation der Welt Trendsetter auf vielen Gebieten nicht nur im Marketing, beispielsweise auch bei der Produktausstattung. Ich kannte die dortigen Gegebenheiten genau und hatte Vorstellungen davon, was man von diesem Erfahrungswissen für andere Märkte nutzen konnte.

Die ersten Wochen und Monate benötigte ich zuerst einmal, um mich in der deutschen Mentalität wieder zurechtzufinden und mich in die laufenden Geschäfte einzuarbeiten. Zunächst mußte ich mich jedoch mit der Organisation in Stuttgart befassen, die ich bisher nur »von außen« kannte. Das Exportressort war damals in sechs Marktbereiche aufgeteilt mit je einem Direktor als Marktbereichsleiter und den entsprechenden Mitarbeitern. Insgesamt umfaßte das Ressort mit Kundendienst und Ersatzteilwesen etwa 3000 Mitarbeiter. Der Export bei DB war wie in der gesamten Industrie von entscheidender Bedeutung. Generell gab es das Bestreben, bis zu 50% zu exportieren, um nicht vom Inlandsmarkt abhängig zu sein. Das Exportressort war von Wychodil straff geführt worden: Jede Woche fanden Exportsitzungen statt, bei denen jeder Abteilungsleiter über die Situation in seinem Verantwortungsbereich berichten mußte, wozu häufige Reisen in die Exportländer notwendig waren.

Für mich war es erforderlich, neben der Einarbeitung in das Exportgeschehen bereits die ersten Auslandsreisen durchzuführen. Gemäß den Erfahrungen in den USA versuchte ich, möglichst rasch ein neues Team aufzubauen, zu dem ich als ersten Eberhard Herzog heranzog, der bereits 1954 bis 1958 mein Mitarbeiter in den USA gewesen war und nach seiner Rückkehr nach Stuttgart in der Exportabteilung arbeitete. Neben seiner mehrjährigen Erfahrung in der Zentrale für Motoren und dann als Marktbereichsleiter für den Fernen Osten brachte er auch die notwendige Aus-

Abb. oben: HCH bei der Begrüßung der Vorstandskollegen zu einem internationalen Essen. Abb. unten: HCH im Gespräch mit Sumant Moolgaokar, Chairman von Telco, Bombay, bei einem Besuch in Stuttgart.

landserfahrung mit. Als seinen Nachfolger setzte ich Josef Gorgels ein und machte sehr bald Eberhard Herzog zu meinem Stellvertreter. Einer von uns beiden befand sich fortan stets in der Zentrale, wenn der andere auf Auslandsreise war. Nach und nach stellte ich fest, wo Lücken in der bisherigen Exportorganisation bestanden. Als Konsequenzen wurden in den nächsten Jahren weitere Exportabteilungen für Afrika und UdSSR zusätzlich geschaffen, um eine intensivere Bearbeitung dieser zukunftsträchtigen Gebiete zu gewährleisten.

Eine Umstellung bedeutete für mich, daß ich im Vorstand in einem Gremium von Gleichberechtigten arbeitete, in dem eine ganz andere Themenpalette behandelt wurde, als ich sie in meinem bisherigen Aufgabenfeld gewohnt war. Erschwerend kam hinzu, daß ich als jüngstes Mitglied von einem Tag auf den anderen in diese neue Verantwortung und das neue Milieu eintrat, ohne eine Einarbeitungszeit durch meinen Vorgänger – meinen Nachfolger im Vorstand konnte ich ein Jahr lang einarbeiten. Der Gesamtvorstand hatte damals zehn Mitglieder, darunter starke und heterogene Charaktere. Ich versuchte, in die jeden Dienstag stattfindenden Sitzungen die etwas lockere Art amerikanischer Gesellschaften einzubringen, etwa um ernsthafte Auseinandersetzungen zu entspannen oder eine menschliche Annäherung zu bewirken. Auf den Sitzungen wurden alle anfallenden Themen behandelt, die spätestens bis zum vorhergehenden Freitag angemeldet waren und auf der Tagesordnung standen. Einmal im Monat war eine »technische« Vorstandssitzung angesetzt, auf der Fragen der Produktentwicklung diskutiert wurden – immerhin bestand damals bei Daimler-Benz für ein neues Modell eine Entwicklungszeit von sieben bis neun Jahren, während US-Firmen jedes Jahr ein oft nur leicht modifiziertes Modell auf den Markt brachten. Prinzipiell wurde im Vorstand – oft nach einem Vortrag des Fachreferenten – von allen Vorstandsmitgliedern über alle Vorstandsbereiche diskutiert und entschieden. Obwohl jedes Vorstandsmitglied voll für sein Ressort verantwortlich war, reichte es nicht aus, allein über die Materien des eigenen Ressorts Bescheid zu wissen, sondern man mußte sich auch in den aktuell anfallenden Themen der anderen Ressorts auskennen. Sachkompetenz war oberstes Gebot.

Joachim Zahn war damals Sprecher des Vorstands, er vertrat das Haus Daimler-Benz nach außen und leitete die Sitzungen, wobei er stets in der Lage war, einen bestimmten Sachverhalt durch ein passendes Wilhelm-Busch-Zitat zu charakterisieren, was zur Auflockerung der Arbeitsatmosphäre dienen konnte. Alle Themen von Bedeutung wurden in der Reihenfolge der Tagesordnung diskutiert und zwar solange, bis eine Entscheidung getroffen werden konnte, die von allen Vorstandsmitgliedern mitgetragen wurde.

Für mich bedeutete all dieses zunächst einmal: Einarbeitung in die höchst unterschiedlichen Problemstellungen, von der Arbeitsorganisation bis zur Produktentwicklung. Zum Themenkreis gehörte in den beginnenden 70er Jahren fast immer eine Berichterstattung über den Stand der

Verhandlungen mit der UdSSR oder die Eingliederung von Hanomag-Henschel, die Gespräche mit den Generalvertretern, die Preispolitik oder technische Fragen. Viele Namen und Themen waren mir zu Beginn fremd... Konkret hieß das: nach dem ohnehin nicht kurzen Arbeitstag Aktenstudium bis in die späte Nacht.

Die Neuorganisation des Vertriebs in Westeuropa

Mit der Übernahme meiner Vorstandstätigkeit sah ich mich in die Lage versetzt, meine bisherige, in Nordamerika erprobte Strategie, um die ich so lange mit meinem Vorgänger hatte ringen müssen, auf Europa zu übertragen. Wychodil hatte weltweit – wie in den USA – das Konzept verfolgt, mit Hilfe kapitalkräftiger lokaler Generalvertreter ein Vertriebsnetz aufzubauen, die für Mercedes-Benz-Pkw und -Nfz das größte Absatzpotential bargen. Unmittelbar nach dem Zweiten Weltkrieg war dies sicher das richtige, vielleicht sogar das einzig mögliche Konzept gewesen, um in so kurzer Zeit auf den wichtigsten nationalen Märkten vertreten zu sein, denn die ehemaligen Tochtergesellschaften in Österreich, Ungarn, der Schweiz, Frankreich und England waren sequestriert worden, und eine Neugründung mußte, wenn keine rechtlichen Hindernisse vorlagen, am Kapitalbedarf scheitern.[1] Wychodils System bestand darin, daß die Generalvertreter die Autos bei Verlassen des Werks bezahlten und Verkauf, Kundendienst und Ersatzteilwesen selbständig in den jeweiligen Ländern organisierten. Die Daimler-Exportabteilungen unterhielten Delegierte, die laufend Besuche in ihren sechs Exportgebieten mit den entsprechenden Kundendienst- und Ersatzteilspezialisten durchführten, um eine ordnungsgemäße Versorgung zu gewährleisten. Eine Weisungsbefugnis bestand aber gegenüber den selbständigen Generalvertretern nicht, solange sie sich an ihre vertraglichen Verpflichtungen hielten. Viele der von Wychodil eingesetzten Generalvertreter hatten sich auch als fähig erwiesen, beispielsweise der mit ihm befreundete Günther Wiesenthal und die Brüder Pappas in Österreich, Philippson in Schweden, Herbert Stüber in der Schweiz oder Piero Boccanelli in Italien. Im Grunde war auch Maxie Hoffman in den USA der richtige Mann gewesen, eine deutsche Automarke so unmittelbar nach Kriegsende wieder auf dem Markt erfolgreich einzuführen.

Gerade das amerikanische Beispiel hatte aber gezeigt, daß diesem Modell Grenzen gesetzt waren und daß es ab einem gewissen Punkt die Expansion eher behinderte als förderte. In mir reifte rasch die Erkenntnis, daß das von Wychodil bisher angewandte und bewährte Rezept der Generalvertretungen auch in Europa in der bisherigen Form nicht fortgesetzt werden konnte, sondern den veränderten Verhältnissen angepaßt werden mußte. Allerdings ist es immer leichter, so etwas zu behaupten, als zu beweisen. Deshalb gehörte zu meinen ersten Maßnahmen eine genaue

Untersuchung aller europäischen Märkte, um die beste Form der Vertriebsorganisation herauszufinden. Dabei ergab sich in einigen Ländern fast zwangsläufig die Notwendigkeit zur Gründung eigener Tochtergesellschaften, während es sich auf anderen Märkten aufgrund der geringen Chancen, das Verkaufsvolumen zu erhöhen, als zweckmäßig erwies, die alte Vertriebsorganisation beizubehalten. Als ehemaliger Leiter des Amerikageschäfts in den USA und Kanada hatte ich den ungeheuren Bonus, bewiesen zu haben, daß mein Konzept erfolgreicher war. Die von mir geführte Tochtergesellschaft »Mercedes-Benz of North America« hatte eine Entwicklung eingeleitet, die niemand einem Generalvertreter zugetraut hatte. Eine wichtige Rolle bei der Überlegung zur Gründung eigener Tochtergesellschaften spielte der sich abzeichnende Strukturwandel des Lkw-Geschäfts. Nach dem Bau des Lkw-Werks Wörth bei Karlsruhe, das eine Kapazität von 60 000 Lkw hatte, verfügte Daimler-Benz über große Nutzfahrzeugkapazitäten. Diese Veränderung in der Unternehmensstruktur ließ eine verstärkte Konkurrenz auf dem europäischen Markt erwarten, beispielsweise mit KHD/FIAT, MAN, Volvo oder British Leyland. Über die Generalvertreter konnte dieser Herausforderung kaum begegnet werden, so daß hier ein weiterer Anlaß bestand, über eine Veränderung der Vertriebsorganisation nachzudenken.

Mein Programm bestand darin, das, was in den USA so gut funktioniert hatte und was wir im Hinblick auf den entwickelteren US-Markt an Marketingstrategien erfolgreich erprobt hatten, auf den europäischen Markt zu übertragen. Eine produktive Anwendung der amerikanischen Erfahrungen hieß, die Gründung eigener Tochtergesellschaften in den wichtigeren europäischen Ländern anzustreben. Dies durfte allerdings nicht auf Biegen und Brechen geschehen, sondern mußte mit Rücksichten auf die Besonderheiten der jeweiligen Märkte bewerkstelligt werden, und – ebenfalls wie in den USA – in gutem Einvernehmen mit den bisherigen Generalvertretern. Diese hatten zwar investiert, aber mittlerweile auch einige Jahre am Vertrieb sehr gut verdient. Nun mußte ihnen klargemacht werden, daß diese Zeit vorbei war und daß es notwendig war, mit Daimler-Benz neue Verträge auszuhandeln, die den beiderseitigen Interessen gerecht wurden. Niemand sollte übervorteilt werden, sondern wie im Fall der Verhandlungen mit Studebaker stellte ich mir einvernehmliche Lösungen vor, bei denen beide Beteiligten den Eindruck haben konnten, daß sie gut dabei gefahren waren, und bei denen der Sache am meisten gedient war. Meine Pläne riefen im Vorstand keine einhellige Begeisterung hervor, obwohl es außer der von mir 1964 gegründeten amerikanischen Vertriebstochter MBNA und der bereits 1955 gegründeten MBC inzwischen einen weiteren Präzedenzfall gab: 1968 hatte Zahn bei Wychodil durchgesetzt, daß an der französischen Generalvertretung des Monsieur Delcroix eine Mehrheitsbeteiligung erworben wurde: Mit der »Mercedes-Benz France« (MBF) gab es damit bereits bei meinem Amtsantritt eine dritte direkte Vertriebstochter.

Eine wichtige Rolle bei der Umstrukturierung des internationalen Vertriebsnetzes spielte die zeitlich parallele Eingliederung des Lkw-Herstellers Hanomag-Henschel in die Daimler-Benz AG, durch die unser Unternehmen einen großen Sprung nach vorn machte und zum größten deutschen Nutzfahrzeughersteller, bei LKW über 6 t zum größten Hersteller weltweit wurde. Die Verhandlungen darüber reichten zurück bis ins Jahr 1968, als Hanomag-Henschel noch zur finanziell kränkelnden Rheinstahl AG gehörte.

Über eine 1969 gegründete Hanomag-Henschel-Fahrzeugwerke GmbH (HHF) wurde Daimler-Benz zunächst Mehrheitsgesellschafter, bevor die HHF Ende 1970 zu einer 100prozentigen Tochtergesellschaft wurde. Vorstand Ulrich Raue, der maßgeblich die Eingliederung der HHF mit ihren Produktionsstätten in Kassel, Bremen und Hamburg-Harburg in den Konzern betrieben hatte, unterstützte meine Bestrebungen zur Einrichtung eigener »Vertriebstöchter« im Pkw-Bereich. Er war es auch, der die reichen Generalvertreter stets spöttisch »Landesfürsten« nannte, da sie über ihren Bereich sozusagen unumschränkt herrschen konnten und sich, um es mit seinen Worten zu sagen, an Daimler-Benz »dumm und dämlich verdienten«. Allerdings verfolgte Raue ganz andere Pläne für den Nfz-Bereich: Er wollte getrennt von Daimler-Benz ein zweites Vertriebsnetz für Hanomag-Henschel fortführen bzw. weiter ausbauen, was von den HHF-Angehörigen natürlich lebhaft unterstützt wurde. Gerade die Eingliederung der HHF in die Daimler-Benz AG bot jedoch gute Argumente für die beabsichtigte Neustrukturierung des Exports, die ich zur Durchsetzung meiner Pläne zu nutzen gedachte. Jedem mußte meiner Ansicht nach klar sein, daß es den Konsumenten auf längere Sicht kaum eingeleuchtet hätte, wenn man zwei fast gleiche Produkte – nämlich DB- und HHF-Nfz – unter unterschiedlichen Namen, mit unterschiedlichen Vertriebswegen, unterschiedlichen Konditionen und zweierlei Preisen auf den Markt brächte – man hätte sich selbst Konkurrenz gemacht und einen hausinternen Preiskampf eröffnet.

Der Vorstand beschloß dann nicht nur eine Bereinigung der Produktionsseite, sondern auch die Eingliederung der HHF-Vertriebsorganisation. Die Philosophie des doppelten Vertriebswegs wurde aufgegeben. Dennoch war die Situation nicht unkritisch, denn die DBAG stand vor dem strategischen Problem, daß Vertriebskapazitäten nicht nur für die mit großen Investitionen in den Nfz-Werken in Wörth, Gaggenau, Mannheim und Düsseldorf geschaffenen eigenen Produktionsvolumina, sondern zusätzlich für die hinzuerworbenen HHF-Fabriken in Kassel, Harburg und Bremen geschaffen werden mußten. Besonders schwierig mußte das auf den großen Nfz-Märkten Zentraleuropas, nämlich in Holland, Belgien, Dänemark, Frankreich, Österreich und der Schweiz sein. Widerstand war außerdem von der bestehenden HHF-Vertriebsorganisation als auch von den eingesessenen »Generalvertretern« zu erwarten. All das führte dazu, daß das Exportressort in enger Zusammenarbeit mit der juristischen Abteilung die Verhandlungen sowohl mit den Daimler-Benz-Generalvertretern, als auch mit den Vertretern der HHF aufnahm, um die Neuorganisation möglichst schnell und reibungslos – ohne Einbußen bei den Verkaufszahlen von Pkw und Nutzfahrzeugen – durchzuführen. Die Auseinandersetzungen mit den HHF-Vertretern, die sich nur widerstrebend in unsere neue Vertriebsorganisation eingliedern lassen wollten, waren ziemlich langwierig. Doch führte die Einstellung der Produktion der sogenannten Bremer Schnellastwagen – Transporter mit zulässigem Gewicht von 4 bis 8,5 t, die das Rückgrat des HHF-Geschäfts bildeten – bald zu einer Meinungsänderung.[2] Innerhalb von zwei Jahren war die ganze Übernahme bewerkstelligt, 80% des Umsatzpotentials der HHF-Inlands- und Auslandsorganisation hatten wir in unser reguläres Vertriebsnetz integriert. Die Politik der Integration, für die ich im Vorstand anfangs so sehr zu kämpfen gehabt hatte, hat sich im Nachhinein als richtig erwiesen.

Alle diese Übernahmen erforderten langwierige und nicht immer einfache Verhandlungen. Größere Schwierigkeiten hatten wir etwa mit der Gründung der englischen Tochtergesellschaft »Mercedes-Benz United Kingdom Ltd.« (MBUK), weil wir uns hier mit der Tilling-Gruppe einer Holding gegenübersahen, die auch BMW und andere Markenfahrzeuge vertrat. Für damalige Verhältnisse wurden bei den Pkw bereits ganz ordentliche Verkaufsergebnisse erzielt, doch weigerte sich der Bevollmächtigte der Tilling-Gruppe, Mr. Meany, kategorisch, auch Nutzfahrzeuge zu verkaufen, obwohl Großbritannien damals wie heute den größten Lastwagenmarkt Europas darstellt. Für die Daimler-Benz AG als Nutzfahrzeughersteller war dies unakzeptabel. So hatten wir lange und komplizierte Verhandlungen zu bestehen, die erst 1974 zum Abschluß kamen und schließlich in die Gründung der »Mercedes-Benz United Kingdom Ltd.« (MBUK) mit Sitz in Brentford mündeten. Geleitet wurde die MBUK anfangs von Gerd Hoffmann, von 1977 bis 1983 dann von Erich Krampe, jetzt Präsident von MBNA. Sein Nachfolger wurde Hans Tauscher. Im Board der MBUK, dem ich bis heute angehöre, übte ich 1974 bis 1980 die Funktion des Deputy Chairman, von 1980 bis 1983 die des Chairman aus.

Für England haben wir nach der Übernahme ein völlig neues Konzept entworfen. Mit der Reorganisation des englischen Markts beauftragte ich Gerd Hoffmann, der zuvor lange Zeit die Zone Washington geleitet hatte und aus den USA nach Deutschland zurückgekehrt war. Wie in Washington (Park Avenue) und Paris (Champs Elysées) richteten wir auch in London einen Ausstellungsraum in repräsentativer Lage ein. Trotz hoher

Abb. oben: Empfang bei MBUK 1978, Tauscher, Hinrichs, HCH, Thomas.
Abb. unten: Verabschiedung HCH vom Aufsichtsrat der MBBel, Geschäftsführer Klaus-Dieter Selvers, am 18.7.1985 in Brüssel, v. links: Seizer, Reinert, HCH, Hinrichs, Reimling, Krampe.

Mieten hat sich der Salon am Piccadilly Circus sehr bewährt. Wie richtig die Gründung der Tochtergesellschaft war, zeigt sich daran, daß nach einer Durststrecke von wenigen Jahren der Verkauf stark anstieg und heute in Großbritannien rund 30 000 Pkw und 17 000 Lkw jährlich verkauft werden können.

Die Schweiz war für Daimler-Benz immer so etwas wie das Schaufenster in die Welt gewesen: Die Welt beachtete, was in dem Finanzzentrum Schweiz vor sich ging, und auch wenn die verkauften Stückzahlen in der Schweiz nie ins Unermeßliche steigen konnten, waren sie doch stabil und hatten eine wichtige Funktion. Die Schweizer Tochtergesellschaft, die Mercedes-Benz AG mit Sitz in Zürich (MBZ), war 1926 aus der Zusammenlegung der Niederlassungen der Daimler-Motoren-Gesellschaft und der Benz & Cie. entstanden. Während des Zweiten Weltkriegs wurde sie unter Sequestration gestellt und konnte aufgrund alliierter Bestimmungen nicht mehr wiederbelebt werden. 1949 war dann auf Betreiben des damaligen Vorstandsvorsitzenden Haspel eine Vertriebsgesellschaft, die Handelsgesellschaft für Daimler-Benz Erzeugnisse in Zug (HGZ) gegründet worden, die einem den Alliierten genehmen Eigentümer unterstand: Moritz Straus, dem ehemaligen Besitzer von Horch und der Argus-Motorengesellschaft in Berlin, der als Jude nach Amerika hatte emigrieren müssen. Die Gesellschaft leitete Gertrud Schwyter mit großer Verantwortung 1949 bis zu ihrem Ausscheiden 1979. 1957 verkaufte Straus die HGZ an die DBAG, und als deren Tochtergesellschaft existierte sie weiter. Ich wurde 1972 Vizepräsident, 1979 schließlich Präsident der HGZ und blieb es bis 1984.

Unberührt von der Existenz der HGZ hatte sich jedoch das Nachkriegsgeschäft mit den Personenwagen entwickelt. Generalvertreter für den Pkw-Import war seit Kriegsende Herbert Stüber. Stüber war mit Wychodil besonders eng verbunden gewesen, sie hatten bereits vor und während des Kriegs zusammengearbeitet. Stüber hat sich 1950 dadurch besonders um das Haus Daimler-Benz verdient gemacht, daß er zwei der berühmten »Silberpfeile«, die Anfang 1945 für den Rennfahrer Rudolf Caracciola in die Schweiz gebracht und dort prompt beschlagnahmt worden waren, bei einer Auktion durch Höchstgebot zurückkaufte und damit dem Haus Daimler-Benz rettete. Heute stehen sie im Daimler-Benz-Museum in Stuttgart. Bereits im Februar 1971 führte ich im Genfer Salon das erste Gespräch mit unserem Generalvertreter Herbert Stüber. Die Verhandlungen mit Stüber, zu dem ich bald einen hervorragenden Kontakt entwickelte, zogen sich monatelang hin, bis sich eine Lösung abzeichnete. Entscheidendes Argument für unseren Generalvertreter war schließlich, daß sich die Konkurrenz in der nächsten Zeit sehr verschärfen werde und daß die Eingliederung der HHF und das steigende Volumen der Nutzfahrzeugseite neue Probleme aufwerfen würden. Ausschlaggebend für die Einigung war natürlich auch, daß den an der Generalvertretung beteiligten Familien Stüber und Hirzel faire Bedingungen geboten wurden. Diese

v. links.: Pappas, HCH, Scherenberg, Almeida, Boccanelli, Zahn, DePont – 65. Geburtstag Boccanellis – MBI, Rom 1976.

bestanden unter anderem darin, daß alle Gebäude zu reellen Preisen abgelöst wurden, daß Stüber in den Aufsichtsrat der »Mercedes-Benz Schweiz« (MBCH) und sein Sohn Peter Stüber in die Geschäftsführung derselben Gesellschaft aufgenommen wurde. Als es soweit war, informierte ich den Vorstand und trug eine Kosten/Nutzenanalyse vor. Der Präzedenzfall endete mit einem Vorstandsbeschluß zur schrittweisen Übernahme der Mehrheit an der Gesellschaft. Um dem Grundsatz der einvernehmlichen Lösung gerecht zu werden, waren allerdings lange Übergangsfristen vorgesehen. 1974 übernahm die DBAG 50% der Nutzfahrzeug-Importgesellschaft Merfag AG (Zürich), der vier Jahre später das Pkw-Geschäft eingegliedert wurde. Erst 1978 wurde die »Mercedes-Benz Schweiz AG« mit einer Mehrheit von 51% der DBAG gegründet, an der Stüber prozentual beteiligt blieb. Dem Vorstand der Merfag/MBCH gehörte ich von 1974 bis 1983 an.

In gleicher Weise verhandelten wir mit dem italienischen Generalvertreter Piero Boccanelli, der bislang den Pkw-Verkauf ordentlich vorangetrieben hatte. Boccanelli war einer jener glücklichen Menschen, für die sich alles, was sie anfassen, in Gold verwandelt. Ich kannte ihn bereits von seinen früheren Besuchen in den USA, lernte jedoch erst in Italien seine zauberhaften Besitzungen auf Capri kennen. Boccanelli zeigte mir bei meinen zahlreichen Italienaufenthalten Rom, das mich seit meiner Schulzeit auf dem humanistischen Gymnasium immer besonders interessiert hatte. Als früherer Vertreter von FIAT besaß er bereits Beziehungen in Regierungskreise hinein und bis zum Papst, als er die Vertretung für Daimler-Benz übernahm. Boccanelli vermittelte die Papstaudienz von Hermann Josef Abs, Ehrenvorsitzender Aufsichtsrat Daimler-Benz AG und durch seine Vermittlung kam es schließlich 1981 auch zu jenem Besuch bei Papst Johannes Paul II., an der auch Gerhard Prinz, seine Ehefrau und die Töchter Boccanellis teilnahmen und bei der wir das »Papamobil« übergaben, ein von MB entworfenes Gefährt, in dem der Papst stehend, aber durch Panzerglas vor Attentaten geschützt, durch die Menge fahren kann.

Boccanelli hatte mit großen eigenen Investitionen aufwendige Ausstellungsräume in Rom, Mailand, Bologna und Neapel erbaut, die ihre Zwecke in hervorragender Weise erfüllten. Auch die Kundendienst- und Ersatzteillager waren ausgesprochen aufwendig eingerichtet. Zur Promotion des brachliegenden Nutzfahrzeugmarkts wurde 1973 gemeinsam mit Boccanelli in Rom die »Mercedes-Benz Italia S. p. A.« (MBI) gegründet, an der die DBAG mit 75% beteiligt war und in deren Aufsichtsrat ich von 1974 bis 1983 Mitglied war. Der italienische Markt, insbesondere auch der Absatz von Lkw durch diese Tochtergesellschaft hat sich seitdem ganz planmäßig und positiv entwickelt, in neuerer Zeit bis in anfangs ungeahnte Höhen.

Boccanelli behielt die restlichen Anteile der MBI und wurde erster Präsident der neugegründeten Gesellschaft. Da Boccanelli von seinen großen Bauvorhaben auch zu einem Zeitpunkt nicht abließ, als wir bereits Einfluß zu nehmen begannen, hatte ich manchmal den Verdacht, er wolle sich damit ein Denkmal setzen. Nicht immer entsprach sein Aufwand der Zweckmäßigkeit, und er konnte darauf spekulieren, daß die DBAG diese »Monumente« eines Tages würde ablösen müssen – was schließlich auch zutraf. Nach dem unerwarteten Tod Boccanellis 1981 flog ich nach der Beisetzung von Rom mit Gerhard Liener nach Südafrika, wo wir uns mit Prinz zu einem Board Meeting der MBSA trafen. In unserem kleinen Hotel in der Nähe von Johannesburg schlug Prinz vor, ich solle Präsident der MBI werden, doch ich verwies auf die großen Vorteile, die eine Ernennung von Carlo Mauro, dem Schwiegersohn Boccanellis für die DBAG habe: Unter anderem würde dadurch die Übernahme der Anlagen zu erheblich günstigeren Preisen möglich. Neun Jahre nach Gründung der MBI übernahm diese Tochtergesellschaft der DBAG auch den gesamten Pkw-Import, wobei die Beteiligung der DBAG 1984 auf 88,5% angehoben wurde.[3] Carlo Mauro ist heute noch Präsident der MBI.

In ähnlicher Weise verliefen die Verhandlungen in Holland mit DePont und mit Montanari in Belgien, wo gleichfalls relativ gut organisierte Generalvertretungen in Tochtergesellschaften der DBAG umgewandelt werden konnten. Dabei war es wichtig, in jedem Einzelfall angemessene Flexibilität zu bewahren. So blieb beispielsweise in den Niederlanden De Pont der Vorstandsvorsitzende der Tochtergesellschaft, da auf die latente Zurückhaltung der Bevölkerung gegenüber deutschen Einflüssen Rücksicht genommen werden mußte. Außerdem genoß er in den Niederlanden einen hervorragenden Ruf, da er während der NS-Besatzungszeit als Rechtsanwalt Verfolgte verteidigt hatte. Vielleicht hätten wir damals gar keine direkte Übernahme der niederländischen Gesellschaft angestrebt, wenn nicht der günstige Umstand zu Hilfe gekommen wäre, daß De Ponts Sohn kein Interesse an einer Übernahme der väterlichen Generalvertretung zeigte. Die Gespräche mit den Generalvertretern wegen einer Übernahme der Import- und Wholesale-Aktivitäten begannen sowohl in Belgien als auch in Holland 1975. Wenig später übernahmen wir bereits einen Großteil der Verantwortung, auch wenn das 1976 auslaufende Vertragsverhältnis De Ponts bis zu einer endgültigen Regelung verlängert wurde. Zum 1. Januar 1980 wurden die Aktien der Pkw-Generalvertretung AGAM und die Lkw-Vertriebsgesellschaft MEHACO nebst den angeschlossenen Einzelhandelsbetrieben von der Familie De Pont durch die Daimler-Benz Holding AG in Zürich erworben. Die niederländischen Gesellschaften wurden verschmolzen und in »Mercedes-Benz Nederland B. V.« mit Sitz in Utrecht umfirmiert. Die Hauptverwaltung in Utrecht und die Auslieferungszentrale und Ersatzteillager in Nijkerk wurden übernommen. De Pont blieb im Aufsichtsrat und war lange Zeit Präsident der »Mercedes-Benz Nederland«, bevor Manfred von Coerper diese Aufgabe übernahm. Ich selbst hatte ein Aufsichtsratsmandat für die Jahre 1981 bis 1983.

Sowohl in Holland als auch in Belgien überzeugten wir die Generalvertreter mit der zukünftigen Entwicklung des europäischen Markts, die hohe Investitionen erforderte, die von einer privaten Gruppe kaum aufgebracht werden konnten. In Belgien hatten wir ebenfalls Glück, da Montanari, der sich 1967 in die von Philippson gegründete Importgesellschaft »Importation de Moteurs et d'Automobiles« (IMA) eingekauft hatte, nach 1976 mit dem Gedanken spielte, sich zur Ruhe zu setzen. Die Verhandlungen zogen sich immerhin drei Jahre hin, und erst 1980 waren die Ergebnisse soweit unter Dach und Fach, daß, ebenfalls zum 1. Januar 1980, die »Mercedes-Benz Belgium S. A.« in Brüssel aus der Taufe gehoben werden konnte.[4] Das Personal der früheren Importgesellschaften IMA und MATINAUTO wurde übernommen und seine Weiterbeschäftigung garantiert. Die Familie Montanari schied nach der Übernahme aus dem MB-Verband aus und übernahm auch keine Funktionen im Aufsichtsrat der »Mercedes-Benz Belgium«. Ich selbst gehörte dem Verwaltungsrat der MBBel von 1980 bis 1985 an. Die Geschäftsleitung übernahm Klaus-Dieter Selvers, der sie bis heute noch mit viel Erfolg innehat.

Als besonders schwierig erwiesen sich die Verhandlungen für die Gründung der »Mercedes-Benz Österreich« (MBÖ). Die Vertriebsorganisation in Österreich war nach dem Krieg durch Günther Wiesenthal neu aufgebaut worden. Das 1950 gegründete Zentralbüro für Österreich war nach Wiesenthals Tod 1960 in eine GmbH umgewandelt und Georg Pappas als Geschäftsführer eingesetzt worden. Im Grunde hatte die DBAG an der Geschäftsführung der österreichischen Generalvertreter wenig auszusetzen, man hätte den Vertrieb in eigener Regie kaum besser gestalten können. Die gesamte Produktpalette der DBAG, von den Pkw bis zu den »MB trac« oder Unimog wurden gleichermaßen erfolgreich abgesetzt. Georg Pappas erwies sich als außerordentlich zäher Verhandlungspartner, wobei mir immer noch seine Formulierung erinnerlich ist, auf jeden Fall müsse bei allen Veränderungen sein Besitzstand erhalten bleiben, was auf die für alle Generalvertreter typische Einstellung hinwies. Meine Pläne zur Gründung einer 100prozentigen Österreich-Tochtergesellschaft erwiesen sich als undurchführbar. Das äußerste, was auf dem Verhandlungsweg zu erreichen war, war die Einigung auf eine 50/50-Beteiligung an einer neugegründeten GmbH, deren Geschäftsführer Georg Pappas wurde. Zusätzlich erhielten wir die Option auf den Erwerb eines weiteren Prozents durch die Daimler-Benz AG. Die »Daimler-Benz Österreich Vertriebs GmbH« besteht seit 1980 in derselben Form, die Daimler-Benz hat nie von ihrer Option zum Erwerb eines weiteren Prozents Gebrauch machen müssen. Dem Aufsichtsrat der MBÖ gehörte ich 1980 bis 1983 an.

Der griechische Generalvertreter Phostiropoulos pflegte besonders enge Beziehungen zu Daimler-Benz. Wegen seiner Sprachkenntnisse hatte er dafür eigens seinen Freund Konstantin Isaakidis von Hamburg nach Griechenland zurückgeholt. Unsere Reisen wurden durch Isaakidis bis ins Detail und unter Berücksichtigung zahlreicher kultureller Höhepunkte vorbereitet. Mit Konstantin Isaakidis verband mich durch die häufigen Kontakte bald eine echte Freundschaft, die mich bis zu seinem Tod durch einen Verkehrsunfall mit ihm verband. Die Liebe Konstantins zu seiner griechischen Heimat und seine großen Geschichtskenntnisse haben uns dieses Land in besonderem Maß erschlossen. Die guten persönlichen Beziehungen hinderten uns jedoch nicht daran, auch in Griechenland eine Umstrukturierung des Vertriebs und des Kundendiensts vorzunehmen, sobald dies als sinnvoll erschien. Dies war mit dem EG-Beitritt des Landes der Fall, weil mit dem Fortfall der Importbeschränkungen ein bestehendes Omnibus-Montagewerk geschlossen werden mußte, das in Relation zum Wettbewerb ungünstig arbeitete. Anfang 1982 nahm schließlich in Griechenland die »Mercedes-Benz Hellas« mit Sitz in Athen ihren Geschäftsbetrieb auf, die kurze Zeit vorher von der DBAG zusammen mit dem früheren griechischen Generalvertreter Phostiropoulos gegründet worden war. Heute ist diese Gesellschaft eine 100prozentige Tochtergesellschaft der DBAG. Die wirtschaftlichen Entwicklungen im Land haben die Gesellschaft jedoch nicht begünstigt.

Einen Sonderfall bildete auch Skandinavien: In Schweden, Finnland, Norwegen und Dänemark wurden nämlich keine eigenen Tochtergesellschaften gegründet. Zwar hatte gerade der schwedische Generalvertreter Gunnar Valfried Philippson seit 1950 wesentlich zum Wiederaufbau des Mercedes-Exports nach Skandinavien beigetragen. Doch war wegen der Konkurrenz des schwedischen Herstellers Volvo das Absatzvolumen zu gering, als daß sich die Gründung einer eigenen Vertriebstochter ausgezahlt hätte. Trotz eines entsprechenden Vorstandsbeschlusses kam es auf schwedische Initiative hin zu Verhandlungen. Das Interesse war so groß, daß sich Frau Philippson als Inhaberin der Generalvertretung über die Gruppe Wallenberg an Hermann Josef Abs wandte, der den schwedischen Vorstoß in seiner Eigenschaft als Ehrenvorsitzender des Aufsichtsrats der Daimler-Benz AG an mich weiterleitete. Allerdings war die von der Generalvertretung, der Fa. Philippson und dem Bankhaus Wallenberg geforderte Abfindung in Höhe von ca. 500 Millionen schwedischen Kronen (damals ca. 350 Millionen DM) – aufgrund der darin inkludierten Immobilien, darunter einem Hotel – so phantastisch, daß ich ohne große Pläne in die Gespräche mit Herrn Wallenberg bzw. der Enskilder-Bank hineinging. Letztlich verzichteten wir in diesem Fall gerne darauf, die bestehenden Strukturen anzutasten. Der Vertrieb in Schweden liegt bis heute in den Händen von Philippson, die ihre gute Marktposition behaupten konnte.

Die komplizierten Verhandlungen bei der Gründung der europäischen Tochtergesellschaften korrespondierten zeitlich mit meinen intensiven Verhandlungen in der UdSSR, dem Nahen und Mittleren Osten und schließlich der Volksrepublik China. Um hier eine Entlastung zu schaffen, wurde auf Vorstandsbeschluß in den Jahren 1973/74 ein Ausschuß eingerichtet, der in Abstimmung mit dem Vorstand die Einhaltung der Vereinbarungen mit den Generalvertretern in Europa überwachen sollte und dies bis zum Abschluß des Umwandlungsprozesses auch tat. Diesem Ausschuß gehörten drei Herren an, die jeweils von einem Vorstandsressort delegiert wurden, nämlich Lechner (Personal- und Organisationsressort, Schleyer), Eisenmenger (Beteiligungsressort, Zahn) und Herzog (Vertriebsressort, Hoppe). Vielleicht weil ich ein alter Preuße bin und Friedrich der Große einen entsprechenden Hut trug, wurde diese Gruppe von drei Männern »der Dreispitz« genannt. Der Dreispitz arbeitete jahrelang effizient und hielt mir den Rücken frei für die internationalen Verhandlungen, auf die ich in den nächsten Abschnitten eingehen möchte.

Nach meinem Ausscheiden aus dem Vorstand wurde meine Politik der Gründung von MB-Tochtergesellschaften in Fällen, in denen es sinnvoll war, fortgeführt; so beispielsweise in Portugal, wo wir wegen äußerer Umstände unsere Politik nicht früher hatten durchsetzen können. Die 1949 zum Generalvertreter für Portugal, Angola, Madeira und die Azoren ernannte Firma Santos mit ihrem Hauptpartner Bonaventura Mendes de Almeida wurde nach der Revolution von 1974 durch den portugiesischen Staat enteignet. Almeida selbst konnten wir zwar als Untervertreter bei Mercedes-Benz do Brasil in Iguaçu gut unterbringen, doch die Firma Santos verfiel vollständig. Portugal war als Markt nicht ganz uninteressant, denn immerhin waren 1950 bis 1984 22 450 Pkw und 19 308 Nfz dorthin verkauft worden. Doch die Verkäufe gingen stark zurück, gleichzeitig verbot die Revolutionsregierung Entlassungen, zusätzlich kam es zu Geldunterschlagungen. 1985 wurde schließlich der Vertrag mit der zahlungsunfähig gewordenen Generalvertretung aufgelöst. Eine Änderung trat erst mit dem Beitritt Portugals zur EG ein, der seit 1986 mit einer erneuten Öffnung des Markts verbunden war. Zum 1. Januar 1989 erwarb die DBAG die Anteile der Fa. Santos, die anschließend in »Mercedes-Benz Portugal« umbenannt wurde.

Die Neugliederung des europäischen Markts war innerhalb relativ kurzer Zeit, nämlich während der ersten zehn Jahre meiner zwölfjährigen Vorstandstätigkeit, praktisch abgeschlossen. Der Weg der Gründung eigener Vertriebstöchter war, wie man nachträglich mit Befriedigung feststellen kann, genau richtig gewesen. Die Steigerung der Verkaufszahlen erreichte in jedem Einzelfall eine Höhe, die mit dem alten System der Generalvertretungen nie hätte erreicht werden können – das zumindest ist die Ansicht der meisten Experten auf diesem Gebiet.

UdSSR und Osteuropa

Die Sowjetunion als größtes Land der Erde und politische Weltmacht erschien in den 70er Jahren als äußerst interessanter Markt der Zukunft. Damals war die UdSSR noch relativ abgeschottet gegenüber dem Westen – Ausnahme waren die 1966 vereinbarten Kooperationsverträge mit Fiat (Shiguli bzw. Lada) in Togliatti, die erst 1970 zur Aufnahme der Produktion führten, sowie die Modernisierung des Moskwitsch-Werkes in Moskau durch Renault. Im Rahmen der Entspannungspolitik, insbesondere nach Abschluß des Moskauer Vertrags von 1971, war die Sowjetunion zu größerer Öffnung gegenüber Deutschland bereit, und wir blickten fasziniert auf ein von Natur aus reiches, aber aufgrund seines Staatshandels mit Konsumgütern vollkommen unterversorgtes Imperium. Daß es bei der geringen Fahrzeugdichte in der UdSSR – fünf Pkw pro tausend Einwohner gegenüber 255 Kfz in Westdeutschland – verlockend war, hier rechtzeitig enge Geschäftsbeziehungen aufzubauen, liegt auf der Hand. Einige große deutsche Unternehmen, wie beispielsweise die Deutsche Bank, AEG und Mannesmann, eröffneten schon damals eigene Repräsentanzen in der Sowjetunion. Nach einem ersten Abkommen zwischen der UdSSR und Westdeutschland von 1958 verbesserte das Handelsabkommen vom April 1972 durch Liberalisierung des Handels die Exportvoraussetzungen wesentlich.

Eine Anknüpfung an historische Kontakte mit Rußland war wegen der Zäsur des Zweiten Weltkriegs für die DBAG schwierig. Zwar war bereits 1896 in Rußland ein »Benz Velo« gebaut worden und 1931 gingen 30 %

des Gesamtexports der Daimler-Benz AG in die Sowjetunion (Gesamtwert 3,2 Millionen Reichsmark). Das hört sich aber beeindruckender an, als es tatsächlich war, denn dieser Wert relativierte sich dadurch, daß sich beispielsweise das Exportvolumen von 1972 (1,7 Millionen DM) gerade auf 80 Fahrzeuge verteilte. Der Export hatte zur Zeit der Weimarer Republik bei der DBAG noch keine so große Rolle gespielt.

Die Nachkriegsbeziehungen gingen auf das Jahr 1958 zurück, als der stellvertretende Ministerpräsident Anastas Mikojan das Werksgelände der Daimler-Benz AG in Untertürkheim besucht und mit dem Vorstandsvorsitzenden Fritz Könecke in einem Daimler-Wagen Baujahr 1894 eine Ehrenrunde gedreht hatte. Doch dieses Ereignis blieb eine Episode, zumal offenbar versäumt wurde, Gegeneinladungen aus der Sowjetunion wahrzunehmen. Immerhin wurden seit 1963 Automobilausstellungen regelmäßig beschickt. Etwa gleichzeitig mit der »Autoindustrija 1968« in Moskau setzten von sowjetischer Seite verstärkt Bemühungen ein, mit der DBAG in Geschäftsbeziehungen zu treten. Als ich als Vertreter der deutschen Wirtschaft in den USA im August dieses Jahres zu dem ersten Direktflug der Pan Am von New York nach Moskau eingeladen war, sah ich bei der Reise unserer Gruppe nach Leningrad vor einem Hotel einen Mercedes 600 stehen. Zunächst war ich überrascht, doch dann dachte ich, es könne sich nur um einen der Herren vom Vorstand der DBAG handeln. Tatsächlich war es, wie ich später feststellte, Heinz Schmidt, der zur Ausstellung »Inrybprom« und zu Verhandlungen in der Sowjetunion weilte. Von seiten der DBAG hatte als erster Heinz Schmidt geschäftlich Moskau besucht und über ein russisches Interesse an unseren Lkw berichtet.

Bei meinem ersten Aufenthalt in der Sowjetunion seit dem Ende des Krieges wußte ich noch nicht, wie oft ich mich selbst später zu Verhandlungen in der UdSSR aufhalten sollte. Damals konnte ich noch das reichhaltige Besuchsprogramm genießen, das uns zunächst nach Sotschi am Schwarzen Meer und in den Kaukasus, dann nach Moskau und schließlich nach Leningrad führte. Bereits bei diesem Aufenthalt faszinierte mich die Weite des Landes und sein kultureller Reichtum, der uns bei Besichtigungen im Kreml und in dem beeindruckenden Klosterkomplex von Sagorsk deutlich wurde. Leningrad, das »Venedig des Ostens«, gehörte mit seinen zahlreichen Kanälen und Brücken zu den beeindruckendsten Städten Europas. Der Besuch der Eremitage und der Sommerresidenz des Zaren eröffneten mir einen anderen Blick auf die Stadt als im Jahr 1941, als ich zu Beginn des Angriffs auf Leningrad schwer verwundet wurde. In Leningrad wohnten wir im Hotel Astoria. Die russische Fremdenführerin bemerkte, dieses Hotel sei für den Fall einer deutschen Einnahme Leningrads 1942 bereits für einen Empfang der Nazi-Prominenz vorgesehen gewesen. »Wie Sie wissen«, bemerkte sie ironisch, »hat dieser Empfang jedoch nie stattgefunden.« Später sollte ich im Zuge meiner Verhandlungen mit Josif M. Goberman zusammentreffen, jenem Mann, der für die Versorgung von Leningrad während der deutschen Belagerung von September 1941 bis März 1943 mit dem Lenin-Orden ausgezeichnet worden war. In einer genialen Improvisationsleistung errichtete er über den Ladoga-See die »Straße des Lebens« im Sommer mit Schiffen, im Winter mit Lkw über den zugefrorenen See. Es wurden aus Leningrad Verwundete und Maschinen herausgebracht und Truppenverstärkungen, Lebensmittel und Munition als Nachschub hereingebracht. Solcher Einfallsreichtum kontrastierte mit den allenthalben bemerkbaren Begleiterscheinungen langjähriger Desorganisation und Mangelwirtschaft. Dazu nur ein Beispiel: Die wenigsten Teilnehmer der Reisegruppe von 1968 hatten an die Bademöglichkeit im Schwarzen Meer gedacht. Vor Ort gab es einzig Badehosen in roter Farbe zu kaufen – so traf sich schließlich die ganze Reisegruppe in roten Hosen am Strand.

Den Hintergrund der offiziellen Kontakte zwischen der UdSSR und der Daimler-Benz AG im Jahre 1968 bildeten die Pläne der sowjetischen Führung, die Kapazitäten der Lkw-Produktion von damals 0,5 auf 1,5 Millionen Einheiten pro Jahr zu steigern. Als erste Stufe dieses geplanten Ausbaus war ein Lkw-Werk für 150000 Lkw und 250000 Motoren jährlich projektiert, gewünscht wurde wie bei FIAT Lizenzvergabe, Projektierung, volle technische Verantwortung für das Werk sowie uneingeschränkte Exportfreigabe für die neue Motorenbaureihe 400. Als Standort hatte man die kleine Stadt Naberezhnyje Tschelny ausgemacht, nicht sehr weit von Togliatti im östlichen Teil der Tatarischen ASSR nahe des Flusses Kama, einem Nebenfluß der Wolga. Nach diesem Fluß erhielt das Projekt, für das eine Werksfläche von 100 Quadratkilometern vorgesehen war, den Namen »Kama-Projekt«.[5]

Das »Kama-Projekt«, zu dessen Verwirklichung sich die UdSSR die Daimler-Benz AG ausgesucht hatte, sollte von 1969 an auf Jahre hinaus unsere Beziehungen zur Sowjetunion beherrschen, was schon deshalb kaum verwunderlich ist, weil es sämtliche Dimensionen überstieg, mit denen die Daimler-Benz AG damals in Deutschland Erfahrungen hatte sammeln können. Das einzige auf der grünen Wiese errichtete Werk, das Lkw-Montage-Werk in Wörth, hatte nur einen Bruchteil der Größe des geplanten Kama-Werkes, wobei große Teile der Komponenten (Achsen, Motoren, Lenkung) von anderen Werken oder von deutschen Zulieferfirmen bezogen wurden, während in Kama bis zur letzten Schraube alles direkt produziert werden sollte. Es war eine grundsätzliche Frage, ob sich die Daimler-Benz AG ein derart gigantisches Projekt aufbürden lassen wollte. Zwar lockten die positiven Aspekte eines solchen Unternehmens, die möglichen negativen Konsequenzen aber waren zunächst überhaupt nicht abzusehen. Deshalb versuchte die DBAG, soweit das ging, sich nach allen Seiten abzusichern. So war ich bereits während meiner Zeit in den USA mit dem seit 1969 verhandelten Kama-Projekt in Berührung gekommen. Mehrfach hatte ich über meine guten Beziehungen in den USA bei Präsident Nixon sondiert, ob von seiten der US-Regierung Bedenken gegen eine industrielle Kooperation zwischen der Daimler-Benz AG und der UdSSR bestünden, denn wir hätten unsere wichtigen Westbeziehungen durch ein solches Projekt nicht stören lassen wollen.

Mit meinem Eintritt in den Vorstand hatte ich mich intensiv in die bereits seit zwei Jahren laufenden Verhandlungen einzuarbeiten, die abwechselnd in Moskau und in Untertürkheim geführt wurden. In den Jahren 1970 und 1971 banden diese Verhandlungen beträchtliche Kräfte im Haus Daimler-Benz, da mehr oder weniger alle Beteiligten: Planung, Produktion, Entwicklung und Vertrieb daran teilnehmen mußten. Auf sowjetischer Seite war das Projekt in der Hierarchie relativ weit oben angesiedelt, der Automobilminister A. M. Tarasov war unser regelmäßiger Gast. Die Verhandlungen verliefen immer in einer erstaunlich positiven Atmosphäre, wenn auch von unserer Seite mit einer gewissen Zurückhaltung, da wir noch nicht wußten, worauf wir uns dabei genau einließen.

Für mich als Exportchef stellte sich zum Beispiel die Frage, ob berechtigte Exportwünsche der UdSSR für einen Lastwagen eigener Produktion nicht unseren eigenen Export beeinträchtigen könnten. Dies um so mehr, als in Kama dieselben modernen Lkw-Typen gefertigt werden sollten, wie wir sie damals in unserem Werk Wörth herstellten. Die Risiken lagen einmal in der Qualitätsgarantie, andererseits in dem Umstand, daß sich die große Sowjetunion nicht auf die Preisbindung durch einen westdeutschen Kooperationspartner einlassen wollte. Die Sowjetunion bestand nämlich auf einem uneingeschränkten Exportrecht in alle Länder der Erde. Als ich die Forderung aufstellte, daß ein Export von Kama nur in voller Abstimmung mit dem Hause DB erfolgen könne, stellte mir ihr Verhandlungsführer Poljakoff die Frage: »Glauben Sie, Herr Hoppe, daß die große Sowjetunion in Stuttgart nachfragen muß, ob man Lastwagen nach Syrien exportieren darf?« Als ich dies in ganz klarer Form bejahte, gab er zur Antwort, eine derartige Regelung werde für die UdSSR niemals annehmbar sein. Hieraus ist ersichtlich, in welcher Gefahr wir uns als exportorientiertes Unternehmen befanden.

Im Vorstand der DBAG gab es über das Projekt Kama unterschiedliche Auffassungen. Einerseits hätte ein so großes Projekt dem Unternehmen hervorragende Expansionsmöglichkeiten geboten. So befürwortete z. B. Hanns Martin Schleyer das Projekt. Andererseits bestanden jedoch große Bedenken, ob man sich nicht an einem Projekt von der mehrfachen Größe unseres Werks in Wörth übernehme. Allen voran hegte Zahn solche Bedenken. Als Exportchef war ich derselben Ansicht, da eine Gefährdung unserer internationalen Exportposition nicht zugelassen werden konnte. Um eine Risikoverteilung bei dem gesamten Projekt zu erreichen, bezogen wir im Februar 1971 auch die Gruppe MAN und GHH bei einem Gespräch in Stuttgart mit ein, wobei wir zu dem Ergebnis kamen, daß weitere Konzessionen nicht gemacht werden konnten.

Zu diesem Zeitpunkt gerieten die von Zahn sehr geschickt geführten Verhandlungen mit der sowjetischen Seite jedoch an einem ganz anderen

Punkt ins Stocken, nämlich bei der Frage der Lizenzgebühr, die den sowjetischen Verhandlungspartnern überhöht erschien. Die Frage nach der Errechnung dieser Gebühr beantwortete unser Einkaufschef Otto Jakob sehr deutlich mit der Gegenfrage, wieso der Preis für einen Rembrandt höher liege als für andere Gemälde? Wenn man nur die Kosten für Pinsel, Farben und die Leinwand nehme, sei dieser Preis natürlich durch nichts gerechtfertigt, das wesentliche sei jedoch das Know-how, nach dem sich die Höhe der Gebühr berechne. Man solle demnach Lizenzgebühren von DB mit denen anderer Unternehmen nicht vergleichen. In dieser Frage konnten wir jedoch nie Einigkeit mit den Sowjets erzielen, die Vorstellungen differierten um 100%: Unser Preis, der auch die Gebühren für alle unsere Zulieferer beinhaltete, lag bei ca. $1/4$ Milliarde DM, die Sowjetunion bot für denselben Leistungsumfang gerade die Hälfte.

In einem persönlichen Gespräch teilte Vorstandssprecher Zahn dem Automobilminister Tarasov am 29. 4. 1971 mit, daß im Lauf der einein-halbjährigen Verhandlungen zwischen DB/MAN/GHH und der UdSSR trotz ernsthafter Bemühungen beider Seiten leider keine konkrete und für beide Teile positive Lösung zustandegekommen sei. Zahn bedankte sich für den persönlichen Einsatz des Ministers, gab seinem Bedauern über das offensichtliche Scheitern des Projekts aus kommerziellen Gründen Ausdruck und äußerte den Wunsch, nach anderweitigen Möglichkeiten einer Zusammenarbeit zu suchen. So erhielt dann das Haus Daimler-Benz im Frühjahr 1972 ein Telegramm des Staatskomitees für Wissenschaft und Technik und des Nami-Instituts, daß das Projekt mit Daimler-Benz von sowjetischer Seite nicht weiter verfolgt werde; wenn man die Summe für die Lizenzgebühr in die sowjetische Entwicklung stecke, könne man dasselbe Ergebnis erzielen. Die uns später zugänglich gemachten Produktionszahlen lassen erkennen, daß diese Erwartungen sich nicht erfüllten.

Um mögliche weitere Projekte – auch mit dem übrigen Ostblock – nicht zu gefährden und um unseren guten Willen zu demonstrieren, beschloß der Vorstand nach einer Phase des Abwartens, auf einen Vorschlag von D. M. Gwischiani aus dem Jahr 1971 einzugehen. Gwischiani war stellvertretender Vorsitzender des Staatskomitees für Wissenschaft und Technik des Ministerrats der UdSSR in Moskau und obendrein Schwiegersohn des damaligen Ministerpräsidenten Kossygin (1904–1980). Unter Gorbatschow war er kurzzeitig stellvertretender Vorsitzender von Gosplan. Geplant wurde demzufolge, für 1973 eine große Ausstellung anzubieten, in der im Moskauer Sokolniki-Park fast das gesamte DB-Produktionsprogramm sowie eine Musterwerkstatt für Kundendienst, mit Mustereinrichtung für ein Ersatzteillager gezeigt werden sollte. Erklärtes Ziel der

Abb. oben: Ausstellung 1973 Moskau, Wolski, ZK-Mitglied, HCH und Wilhelm Künkele. Abb. unten: Vorstandskollegen Hans Scherenberg, Joachim Zahn, Heinz Schmidt (verdeckt), Dolmetscher, Gwischiani, HCH, Baschindzhagjan nach Unterzeichnung des Abkommens über »wissenschaftlich-technische Zusammenarbeit«.

DBAG bei dieser Exklusiv-Ausstellung war es, eine Art Good-Will-Aktion wegen des nicht zustande gekommenen Kama-Projekts durchzuführen. Die Ausstellung wurde mit großem Aufwand vom 26. 2. bis 10. 3. 1973 durchgeführt und war ein voller Erfolg. Vorbereitet wurde sie unter der Regie von Klaus Oertel und Erich Krampe mit der bei Daimler-Benz üblichen Gründlichkeit. Die Ausstellung wurde mit einer Pressekonferenz eröffnet, Vorstandsvorsitzender Zahn referierte über die Zusammenarbeit zwischen der DBAG und der UdSSR, und Entwicklungs-Chef Hans Scherenberg erläuterte die wichtigsten Exponate.

Das Ausstellungsprogramm im engeren Sinne umfaßte neun Personenkraftwagen vom »Mercedes 200«, damaliger Preis ca. 15 000 DM, bis zum »Mercedes 600 Pullman«, damaliger Preis ca. 90 000 DM. Weiter wurden 15 Lastkraftwagen gezeigt (preislich zwischen 15 000 und 270 000 DM), Zwei Unimog-Typen (ca. 75 000 DM) und eine Reihe Dieselmotoren und technische Entwicklungen wie Servolenkung und speziell entwickelte Achsentypen.

Sowjetische Prominenz ließ nicht auf sich warten. Am ersten Tag gaben uns der Präsident des Staatskomitees für Wissenschaft und Technik, W. A. Kirillin, der schon erwähnte D. M. Gwischiani, Automobilminister Tarasov, Moskaus Oberbürgermeister Promyslov und der stellvertretende Vorsitzende des Ministerrats der UdSSR und gleichzeitig Präsident der deutsch-sowjetischen Wirtschaftskommission, Wladimir N. Novikov, die Ehre. Des weiteren kamen Außenhandelsminister N. S. Patolitschev und der stellvertretende Vorsitzende von Gosplan, V. D. Lebedev. Auf jeden Fall wurden mit dieser Ausstellung die Qualitätsstandards von Mercedes-Benz einer breiten Führungsschicht der UdSSR nahegebracht. Am letzten Tag der Ausstellung – Zahn, Scherenberg und die Damen waren bereits zu einem Besichtigungsprogramm nach Sagorsk und Leningrad aufgebrochen – wurde von den russischen Behörden auch den Normalbürgern freier Zutritt gewährt. Die Folge war eine unabsehbare Menschenmenge, die den ganzen Tag über in die große Ausstellungshalle drängte. Doch plötzlich tauchten gegen Abend russische Sicherheitskräfte auf, die mit der üblichen Rigorosität innerhalb kurzer Zeit die große Halle von Besuchern leerten. Der Grund dafür war eine überraschend angesetzte Visite des für Maschinenbau zuständigen Abteilungsleiters des ZK, Wolski. Ich führte ihn selbst durch unsere Ausstellung und lud ihn anschließend in die »Schwäbische Stube« im Obergeschoß, wo wir den Besuchern Erfrischungen und Essen zur Stärkung anboten. Wolski fragte mich, warum wir so viele Lebensmittel in die UdSSR mitbrächten, ob wir

Abb. oben: Eröffnung der KD-Station Nr. 7 Moskau, v. links: Hermann Winkler, BMW, Körber, KD-Chef Daimler-Benz, HCH, Konowalov, 1. stellv. Bürgermeister, Erich Krampe und OB Promyslov. Abb. unten: Unterzeichnung eines Abkommens April 1978 in Untertürkheim zwischen dem Vize-Präsidenten des Organisationskomitees der Olympischen Spiele G. Rogulskij. V. Saizew, Heinz Schmidt, HCH und Sachbearbeitern.

etwa glaubten, daß man in der Sowjetunion hungere. Ich antwortete ihm, daß wir nur typisch schwäbische Gerichte wie Spätzle und Maultaschen anboten, lediglich der Wodka sei aus Rußland.

Im Anschluß an die Ausstellung wurde ein Abkommen über »wissenschaftlich-technische Zusammenarbeit« – wir bevorzugten den Begriff »Erfahrungsaustausch« – im Staatskomitee für Wissenschaft und Technik unterzeichnet.[6] Für die sowjetische Seite zeichnete Gwischiani und Petrov, für die DBAG Zahn und ich. Damit wurden die guten Beziehungen, die sich aus der Vorbereitung der Ausstellung entwickelt hatten, sozusagen vertraglich in geregelte Bahnen geleitet. Als Besonderheit ist hervorzuheben, daß es sich bei diesem Abkommen um einen Vertrag zwischen einem Staat, noch dazu einer Weltmacht, und einer privaten kapitalistischen Firma handelte. Vom 1. bis 8. März 1973 wurde die erste Tagung zum wissenschaftlich-technischen Erfahrungsaustausch unter dem Vorsitz von Hans Joachim Förster abgehalten, bei dem von seiten der DBAG beispielsweise über Sicherheitstechnik, den Einfluß der Gesetzgebung auf den Automobilbau, Ersatzteilversorgung und Kundendienst, aber auch über Toxizität der Abgase, Abgasentgiftung von Pkw-Motoren, umweltfreundliche Fahrzeuge mit Elektro-, Gas- und geräuscharmen Motoren gesprochen wurde. Von seiten der UdSSR hielten einige Vertreter des NAMI-Instituts Referate. Das Beiprogramm sah außer dem Besuch einer Reihe von kulturellen Veranstaltungen – mit gesondertem »Damen-Programm« – auch die Besichtigung sowjetischer Automobilwerke vor, darunter Moskwitsch, SIL und das Institut NAMI.[7]

Im Rahmen des wissenschaftlich-technischen Erfahrungsaustauschs wurden verschiedene Projekte auf ihre Durchführbarkeit untersucht, die jedoch nie zur Ausführung kamen. Projekte der Zusammenarbeit scheiterten nicht am fehlenden guten Willen auf einer der beiden Seiten, sondern an der hoffnungslosen technischen Rückständigkeit der UdSSR im Automobilbau, wie auch der Leiter unserer Forschung Hans Joachim Förster bestätigte, der diese Tagungen stets leitete. Die russischen Ingenieure waren sich dessen natürlich ebenfalls bewußt, doch waren beide Seiten bemüht, die Gegensätze nie allzu deutlich hervortreten zu lassen.

Unter anderem wurde auf Anfrage der Sowjets über eine verbesserte Motorisierung des Pkw »Wolga« nachgedacht, überdies über technische Modifizierungen, die zu einer Verbesserung der Fahreigenschaft und des Komforts führen sollten. Die erste Anfrage wegen eines Daimler-Benz-Motors für den Wolga hatte Gwischiani bereits im Oktober 1972 an uns gerichtet. Wir schlugen dafür den 2,5-Liter-Motor, Sechszylinder mit 130 PS Leistung vor, von dem wir nach Abschluß des Vertrags über die wissenschaftlich-technische Zusammenarbeit zunächst eine Attrappe mit Einbauzeichnungen nach Moskau sandten, um überprüfen zu lassen, ob ein Einbau konstruktiv möglich war. Im Februar 1974 wurden schließlich auf Wunsch des Staatskomitees 30 Motoren geliefert. Als daraufhin monatelang keine Resonanz erfolgte, ließen wir im Herbst desselben Jahres nach deren Verbleib forschen. Schließlich wurden sie verstaubt im Werk in Gorki aufgefunden. Ihr Einbau war unterblieben, weil die damit verbundenen Arbeiten nicht in das bestehende Lohn/Prämiensystem paßten, das nur auf eigene Projekte Anwendung fand. Erst eine direkte Anweisung des stellvertretenden Automobilministers Baschindzhagjan führte im Januar 1975 zum tatsächlichen Einbau.

Von den Sowjets wurden wir die ganzen Jahre über stets sehr zuvorkommend behandelt, auch wenn sich immer wieder kritische Situationen zu ergeben schienen. Zahn und ich hatten die Gelegenheit, mit den führenden Persönlichkeiten der Sowjetunion zusammenzutreffen, darunter einer ganzen Reihe von einflußreichen Ministern der UdSSR und der RSFSR, die mit uns nicht nur geschäftlichen, sondern auch gesellschaftlichen Umgang pflegten, so zum Beispiel bei von uns veranstalteten Abendessen und Empfängen.

Ein eher vertrauliches Verhältnis verband uns mit dem Automobilminister Tarasov, der uns das Scheitern des Kama-Projekts zum Glück nicht nachtrug. Tarasov war eine hervorragende Persönlichkeit, die bereits während des Zweiten Weltkriegs für die gesamte Produktion von Panzern und Lastwagen der Roten Armee zuständig war. Im Sommer 1975 wurde ich von Tarasov in Moskau gefragt: »Ich stelle an Sie eine Frage und bitte Sie um eine ganz persönliche Antwort. Was halten Sie von dem Projekt Wolga-Pkw mit dem Mercedes-Einbaumotor M130?« Ich antwortete sehr direkt, daß ich von dem gesamten Projekt überhaupt nichts hielt, da der M130 für den veralteten »Wolga« ungeeignet war. Auf dem Weltmarkt hätte dieses Auto auch mit dem modernen Motor keine Chance gegen japanische Produkte oder Autos von VW oder FIAT, die technisch weit überlegen und preisgünstiger waren. Nach dieser Antwort stand Minister Tarasov auf, nahm mich in den Arm und bedankte sich für meine Ehrlichkeit. Anschließend fand im Kreis meiner Begleitung und der Herren vom Staatskomitee und vom Automobilministerium ein üppiges Abendessen statt. Tarasov eröffnete mir in seiner Ansprache, daß ich nun einen Wunsch äußern könne, den er in vollem Umfang erfüllen würde. Krampe reichte mir daraufhin einen Zettel mit dem Stichwort »Besuch Königsberg«, doch sprach ich diesen Wunsch aus politischen Erwägungen nicht aus. Statt dessen wünschte ich, daß Minister Tarasov, von dem wir wußten, daß er schwer erkrankt war, möglichst bald wieder gesunden möge, so daß wir zusammen im Ural auf Bärenjagd gehen könnten. Leider ist es dazu nicht mehr gekommen, da Tarasov wenig später verstarb. An seinem Grab legte ich auf dem Moskauer Prominentenfriedhof beim Jungfrauenkloster einen Kranz nieder, auf dessen Schleife stand: »In dankbarer Verbundenheit – der Vorstand der Daimler-Benz AG«.

Im Zuge der Verhandlungen über mögliche Großprojekte, die Automobilausstellung 1973, das Abkommen über wissenschaftlich-technische Zusammenarbeit etc. hatten immer wieder gewisse Stückzahlen von Pkw und Nfz in die UdSSR geliefert werden können, so daß der große Aufwand, den wir mit unseren Ostkontakten betrieben, nicht nur eine Investition in die Zukunft war, sondern sich auch direkt auszahlte. So war die Ausstellung in Moskau 1973 für die DBAG ein voller Erfolg. Während 1968 bis 1972 insgesamt nur 334 Pkw – fast ausschließlich Diplomatenwagen – in die UdSSR geliefert werden konnten – das waren zwar 62,3 % des deutschen Importanteils, aber insgesamt nicht viel –, bahnten sich jetzt intensivere Geschäftsbeziehungen an. Auch das Nutzfahrzeuggeschäft brachte von 1968 bis 1972 mit 32 Stück oder einem deutschen Importanteil von 76,5 % völlig unbedeutende Resultate. In der Folge unserer intensiven Verhandlungen wurden von der Stadt Moskau, mit deren Oberbürgermeister Wladimir F. Promyslov wir uns sehr gut verstanden, immer wieder einige Pkw der S-Klasse bestellt, ebenso über 100 Unimogs für die Straßen- und Schneeräumung in der Hauptstadt Moskau. Promyslov blieb über Jahre hinweg mein bevorzugter Gesprächspartner in Moskau, Besuche begannen regelmäßig damit, daß Promyslov über die aktuellen Entwicklungen der sowjetischen Millionenstadt berichtete, wonach ich meinerseits über die aktuellen Pläne der Daimler-Benz AG informierte. Übernachten konnten wir stets mit allem Komfort in einer Datscha der Stadtverwaltung von Moskau. Das Verhältnis mit Promyslov blieb immer sehr gut, er kam später zu Besuchen nach Untertürkheim, und ich konnte ihn sogar in meinem Haus am Tegernsee empfangen. Die privaten Kontakte spielten bei der Vermittlung interessanter Geschäfte immer wieder eine Rolle. Als Konsequenz der ausgesprochen guten Beziehungen, die wir trotz des Scheiterns der Kama-Verbindungen zu den Vertretern der UdSSR gewannen, gründete ich hausintern einen neuen Exportbereich, der die Comecon-Länder und Jugoslawien umfaßte. Die Geschäfte hatten zwar punktuellen Charakter, erreichten dann allerdings meist gleich größere Ausmaße, wie die Lieferung von 1200 Schwerlastwagen an »Sovtransavto«, die internationale sowjetische Transportgesellschaft. Wartung und Reparaturen der Nutzfahrzeuge, auch der Unimog und der Pkw der S-Klasse im Polizeieinsatz wurden, durch uns beraten, in eigener Regie des Kunden durchgeführt.

Im Frühjahr 1976 hatte ich Gelegenheit zu einem Besuch des großen sowjetischen Automobilwerks in Togliatti, wo der »Shiguli« hergestellt wurde, eine Lizenz-Produktion von FIAT. Zusammen mit Künkele und Binder flog ich von Frankfurt am Main nach Moskau, wo wir in eine russische Maschine umstiegen, in der uns Deutsche aus der damaligen DDR fragten, warum wir vom Personal im Vergleich zu ihnen bevorzugt behandelt wurden. In Kujbyschew an der Wolga holte uns die Werksleitung vom Flughafen ab. Togliatti, so benannt nach dem italienischen Kommunistenführer Palmiro Togliatti, war damals eine der modernsten Städte in der UdSSR. Eine futuristisch anmutende Straßenführung mit zahlreichen Über- und Unterführungen mit eigenen Einkaufszentren, Schulen, Kinos etc. Die Stadt wirkte wie ein sowjetisches Brasilia. Trotz vorhandener Freizeitmöglichkeiten und des großen Stausees mit künstlichem Strand an der Wolga, mit Einrichtungen zum Baden und Schiffahren, klagten jedoch die Bewohner über die Sterilität der Siedlung, die über kein eigentliches Zentrum verfügte. Bei der Fabrikbesichtigung kam Künkele zu der Ansicht, daß hier durchaus moderne Produktionseinrichtungen vorhanden waren, wir sahen jedoch auch, daß die Arbeitsmoral sehr schlecht war. Viele Fließbänder liefen nicht richtig, Arbeiter standen herum und setzten sich erst in Bewegung, wenn eine Aufsicht auftauchte. Die Desorganisation war im Leistungsbereich so hoch, daß noch nach Jahren italienische Ingenieure anwesend waren, da vertraglich vereinbart worden war, daß sie erst abreisen durften, wenn die Anlage einwandfrei funktionierte.

Im Togliatti-Werk hörten wir folgenden Witz: Ein amerikanischer Besucher fragt einen Russen, wem die ganze Anlage und die wenigen Autos vor der Werkstür gehörten. Der Russe antwortet darauf: Die Fabrik gehört dem Volk, aber die Autos gehören der Geschäftsleitung. Bei seinem Gegenbesuch in Detroit ist der Russe erstaunt über die großen Mengen von Pkw vor den Werkstüren. Auf die Frage, wem denn das alles gehöre, bekommt er zur Antwort: Die Fabrik gehört Henry Ford, aber die Autos gehören den Arbeitern.

Bei einer der mehr informellen Reisen mit sowjetischen Politikern, einem Jagdaufenthalt im Kaukasus, ergab sich nach ausführlichen Gesprächen eine folgenreiche Episode: Auf den unendlichen Feldern des Kuban-Gebiets fiel mir die ineffiziente Bearbeitung der landwirtschaftlichen Flächen auf, wo sehr viel per Hand oder mit hoffnungslos veralteten und viel zu schweren Maschinen gearbeitet wurde. Die Kraft der reichen Böden blieb so großteils ungenutzt, während gleichzeitig die große Sowjetunion ihre eigene Bevölkerung nicht immer ausreichend mit landwirtschaftlichen Gütern versorgen konnte und sogar Getreide aus den USA zukaufen mußte. Ich schlug deshalb einen Leistungsvergleich vor: Neben einem wie üblich bewirtschafteten Kolchos-Feld sollte ein gleich großes Feld unter der Regie von Daimler-Benz angelegt werden, das mit unseren landwirtschaftlichen Nutzfahrzeugen MB-trac und Unimog bearbeitet werden sollte. Bei etwa 50000 Kolchosen in der Sowjetunion könnte sich daraus ein großes Geschäft ergeben, den Gesamtbedarf an Unimogs schätzten wir auf 200000–350000 Stück. Dabei war uns aber klar, daß solche Stückzahlen nicht importiert werden konnten, sondern daß andere Formen der Zusammenarbeit gefunden werden mußten. Mein Vorschlag kam nicht von ungefähr. Bereits 1973 waren wir in internen Strategiepapieren davon ausgegangen, daß die UdSSR spätestens mit dem übernächsten Fünfjahresplan (1981–1985) eine drastische Erhöhung der Produktivität in der Landwirtschaft bei einer möglichen Verringerung der Beschäftigtenzahl anstreben müsse.

Schließlich erfolgte vom Minister für Landmaschinen- und Traktorenbau Jeshevskij der Vorschlag zum Test von Unimogs, der bei Erfolg zu einer Empfehlung an das Außenhandelsministerium zur Abnahme einer gewissen Stückzahl führen sollte. Der erste Test, zu dem wir die Materialien selbst stellten, fand von September 1973 bis zur Jahresmitte 1974 statt und erstreckte sich auf den Anbau von Zuckerrüben in der Ukraine. Bei der Bilanz im November 1974 zeigte sich jedoch, daß die Leistung des sowjetischen Traktors MTZ-82 unter den spezifischen klimatischen Bedingungen gar nicht so schlecht war. Die Vorteile, die der Unimog bei der Aussaat (plus 25%), beim Düngerstreuen (plus 95%) und bei Transportarbeiten (plus circa 100%) bot, wurden geschmälert durch Schwierigkeiten bei der Spurweite und der Reifengröße, wegen der man bei den – bei uns unvorstellbaren riesigen Anbauflächen – die ganze Anbauform hätte umstellen müssen. So war das Testergebnis im ganzen zwiespältig, und man einigte sich schließlich darauf, weitere Tests durchzuführen, deren Kosten diesmal allerdings voll zu Lasten der sowjetischen Seite gingen. Als Testfall einigten wir uns auf einem Treffen mit Vertretern der »Sojuzselchoztechnika« Mitte September 1976 diesmal auf den Zuckerrüben- und Maisanbau im Kubangebiet.

Das Testgebiet des staatlichen Instituts »Kubniitim« mit einer Größe von 100 Hektar liegt ca. 100 Kilometer nordöstlich von Mineralnyje Wody, das an den Nordausläufern des Kaukasusgebirges liegt. Die Testzeit reichte vom 3. Mai 1977 bis 24. Januar 1978. Als Saatgut bezogen wir mit Schutzkapseln überzogene Samen, so daß von vornherein der übliche Schwund bei der Aussaat wegfiel, beim Ackerbau erwiesen sich unsere Traktoren »Mercedes-Benz Trac 1300« den dort üblichen Nutzfahrzeugen als überlegen, allerdings wieder mit den entsprechenden Einschränkungen. Obwohl auf Vorschlag der Sowjets eine Fortsetzung des Tests auf einem dreimal größeren Areal vereinbart wurde, kamen wir letztlich nicht ins Geschäft. Als Begründung bekamen wir von »Kubniitim« Ende 1978 einen abschlägigen Testbericht vorgelegt. Neben den technischen Argumenten in den offiziellen Berichten (Nichtkompatibilität mit der russischen Technik etc.), die unserer Ansicht nach nicht immer der Wirklichkeit entsprachen, bekamen wir in inoffiziellen Gesprächen begeisterte Kommentare über die Leistungskraft des MB-trac zu hören, aber auch, daß die beschäftigungspolitischen Auswirkungen des arbeitssparenden Gefährts nicht erwünscht seien. Das lag unter anderem auch daran, daß die verdienten Genossen, die einst für die Anschaffung der vorhandenen Arbeitsgeräte Orden erhalten hatten, noch im Amt waren. So beendete ich am 4. April 1979 dieses Kapitel der »Zusammenarbeit« mit dem inzwischen in »Goskomselchoztechnika« umbenannten Institut mit einem freundlichen Brief an den Minister Alexander A. Jeshevskij.[8]

Im Januar 1978 befand ich mich einige Tage in Moskau, um dem Innenminister nach einem Gespräch den Zündschlüssel – an einem mit einer

---

Abb. oben: Blick auf den Elbrus, 5642 m, HCH und Lothar Gleitze, Leiter der Repräsentanz Moskau. Abb. unten: Zuckerrüben-Versuchsfelder des staatlichen Instituts Kubniitim, HCH und sein Dolmetscher Fred Langeberg.

goldenen Daimler-Benz-Münze versehenen Schlüsselanhänger – für den Mercedes Breschnews zu übergeben. Der Innenminister kommentierte das Abbild von Gottlieb Daimler und Carl Benz auf der Münze schmunzelnd: »Sind das Marx und Engels?« Im Ministerium wurde mir als altem Jagdfreund durch den Innenminister ein Gewehr mit meinen Initialen überreicht, eine russische Schrotflinte, die wir an Ort und Stelle zusammenbauten, die sich jedoch überraschenderweise nicht wieder zerlegen ließ. Als ich das sowjetische Innenministerium mit geschultertem Gewehr verließ, dachte ich, daß das wohl in der russischen Nachkriegsgeschichte ziemlich einmalig gewesen sein dürfte. Am nächsten Tag fand für mich im Regierungsjagdgebiet im Raum Kaluga eine Jagd statt. Wir fuhren mit rasender Geschwindigkeit durch den eisigen russischen Winter, wobei man in der Weite der Landschaft nur ganz selten am Horizont Lichter entdecken konnte. Bei einer Außentemperatur von −25 bis −35 Grad und völlig unzureichender Heizung froren im Auto die Füße fast am Boden fest. Angekommen in Breschnews Jagdhütte, wurde ich zu meiner Überraschung völlig neu eingekleidet, in Fellhosen, Filzstiefel mit Fußlappen, einen großen zottigen weißen Mantel und einer großen Nerzmütze, alles in genau passender Größe. Ich fühlte mich wie Zar Nikolaus II. Russische Soldaten dienten uns als Jagdhelfer. Bei dem Ansitzen auf Wildschweine, das noch am gleichen Abend stattfand, zeigte sich bei mir »kein Schwein«, während vor meinem unbewaffneten Begleiter etwa 20 Stück erschienen. Bei der Treibjagd am nächsten Morgen wurde ich auf den Hochstand des Generalsekretärs Leonid Breschnew gestellt. Von dort aus konnte ich zwei Elche erlegen. Das Haupt eines dieser Tiere wurde mir später per Lastwagen von Moskau direkt zu meinem damaligen Privathaus nach Rottach gefahren.

Bei einer längeren Reise in die Sowjetunion im September/Oktober 1978 nutzte ich die Gelegenheit, unseren Freund Gwischiani über den Stand der Verhandlungen zwischen der Daimler-Benz und der VR China zu informieren. Damals glaubten wir, daß die Kooperationsverhandlungen über ein Montagewerk in China kurz vor dem Abschluß standen, und ich wollte nicht, daß die russischen Freunde davon aus der Presse erfuhren. Dieser offene Umgang mit den Russen hat das Vertrauen gefördert und den Geschäften nie geschadet, wie sich bei dieser Gelegenheit wieder zeigen sollte. Besprochen wurde bei diesen Diskussionen auch der sowjetische Wunsch, den damals geplanten Mercedes 190 (Werksbezeichnung W201) in der Sowjetunion fertigen zu lassen. Aus den schon öfter genannten Gründen war ich persönlich gegen eine solche Möglichkeit, und ich versuchte, dem stellvertretenden sowjetischen Automobilminister Baschindzhagjan die Probleme darzulegen. Der Hintergrund, der zum Bau des W201 führte, war die Flottenverbrauchs-Gesetzgebung der USA: Wir *mußten* den W201 in Deutschland herstellen, da er ja wegen seines niedrigen Treibstoffverbrauchs die Grundlage für den ungehinderten Export des ganzen MB-Programms in die USA war. Das wurde von den russischen Gesprächspartnern nicht ganz eingesehen. Schon eher akzeptierte man das Argument, daß unsere Arbeiter in Deutschland einer Verlegung der Produktion in die UdSSR nicht zustimmen würden, solange in Deutschland noch Arbeitslosigkeit vorhanden sei. Nach Abschluß der Diskussion versprach ich, das sowjetische Anliegen im Vorstand der DBAG vorzutragen. Die offizielle Stellungnahme der DBAG, unterzeichnet von Zahn und mir, wich jedoch im Ergebnis nicht von der schon im ersten Gespräch eingeschlagenen Linie ab.

Nach Abschluß dieser Gespräche flogen wir in die aserbaidschanische Hauptstadt Baku am Westufer des Kaspischen Meeres, eine der wichtigsten Industriestädte der UdSSR. Dort nahmen wir an einer Messe teil, bei der die DBAG Motoren der MTU sowie das Sanitätsauto »Reanimobil« ausstellte, das einem fahrbaren Krankenhaus mit den modernsten medizinischen Einrichtungen gleichkam. Tatsächlich erwarb die UdSSR einige Stücke dieses Modells, die dann in den Großstädten zum Einsatz kamen und vorrangig dazu dienten, der überalterten sowjetischen Politprominenz die schnellstmögliche medizinische Versorgung zuteil werden zu lassen. Darüber hinaus stellten wir Container mit Stromaggregaten für den Einsatz auf Ölfeldern aus – Baku mit seinen seit dem Altertum bekannten Ölquellen ist ja ein Zentrum der sowjetischen Erdölförderung. Selbstverständlich gehörte neben der Stadtrundfahrt, bei der wir die bedeutenden mittelalterlichen Bauten aus der Zeit der Khane von Schirwan besuchen konnten, auch die Besichtigung der berühmten Ölfelder zum Besuchsprogramm. Von der reichen Kultur Aserbaidschans, geprägt durch die persische Kultur, die türkische Sprache und die islamische Religion, beeindruckten mich auch die Ausführungen unseres estnischen Dolmetschers Langeberg über die Sonderkultur der Anhänger Zarathustras und der »Feueranbeter«, die sich in dieser kulturellen Nische im Schnittpunkt dreier Reiche (Osmanische Türkei, Persien, Rußland) hatten halten können. Die Betreuung von sowjetischer Seite war in Baku sehr einfallsreich, zum Beispiel holte mich der Oberbürgermeister der Millionenstadt mit einer Pferdekutsche vom Hotel zum Abendessen ab.

Von Baku aus unternahmen wir in Begleitung des Sowjetgenerals Smolin und Oberstleutnant Kosarev in einer Wolga-Limousine eine wilde Fahrt in das etwa 150 km entfernte Kuba. Die Polizeieskorte – ein Wagen vor und einer hinter uns – jagte alle übrigen Verkehrsteilnehmer per Lautsprecher in den Straßengraben. Selten habe ich einen Sicherheitsgurt so vermißt wie bei dieser Gelegenheit.

Von Kuba aus, wo die Miliz für uns in einer Apfelplantage ein Mittagessen ausrichtete, sollten wir mit einem Militärhubschrauber zur Jagd in den Kaukasus fliegen. Der Flug mußte jedoch wegen gefährlicher Aufwinde abgebrochen werden, und wir landeten ziemlich bleich wieder bei unserer Apfelplantage. Nun sollte die Fahrt ins Gebirge mit einem russischen Jeep erfolgten. Wegen fehlender Straßen wurde teilweise in ausgetrockneten Flußbetten gefahren, die Fahrt ging buchstäblich über Stock und Stein, bis der Jeep bei der Durchquerung eines Flußbetts zusammenbrach. Schwer lädiert und bleich stiegen wir aus. Während unsere russischen Begleiter versuchten, das Fahrzeug wieder in Gang zu bringen, wurden wir in einem nahegelegenen Bauernhof einquartiert. Wegen der im Hochgebirge drohenden Schneemassen waren die Häuser in mehreren Meter Höhe von balkonartigen Brettersteigen umgeben, die ein Verlassen des Hauses auch im Winter ermöglichten. Obwohl uns durch die Fahrt der Hunger bereits vergangen war, wurde zu unseren Ehren ein Hammel am Spieß geröstet, den wir unter Hinzunahme von großen Mengen Wodka verspeisen mußten. Nachdem wir einige Stunden auf Dielen hatten ausruhen können, wurden wir von einem Russen mit dem deutschen Wort »Aufstehen!« hochgeschreckt: Sie hatten es tatsächlich geschafft, den Jeep wieder in Gang zu bringen. Nach weiteren zwei Stunden Fahrt kamen wir in einem Camp an, in dem bereits Soldaten bereitstanden, die am nächsten Tag als Treiber dienen sollten.

Mir wurde ein Einzelzelt zugewiesen. Doch bereits nach kurzer Nachtruhe wurden wir zum Frühstück geweckt. Auf einer Plastikdecke am Boden war ein Berg von Kaviar hergerichtet, daneben standen nur Wodkaflaschen. Dies war das Frühstück. Bei aller Freundschaft machte sich auch bei diesem Jagdausflug die sowjetische Desorganisation an allen Ecken und Enden bemerkbar. Drei russische Stabsoffiziere, die sich mit den Aseris nur per Dolmetscher verständigen konnten, waren mir für Sicherheit, Wache und Transport zugeteilt worden; von jedem bekam ich Anweisungen in ausgesprochen höflichem und nettem Ton, doch leider mit völlig widersprüchlichen Inhalten. Von hier aus ging der Ausflug zu Pferd in das Hochgebirge, dem Biotop des Muffelwilds und der Bergziegen. Der nach rechts steil abfallende Felsen behagte mir wenig, und ich verweigerte schließlich den Weiterritt. Nach der Jagd ritten wir gegen Abend zum Lager, und die Rückfahrt durch das Flußbett verlief diesmal reibungslos. Die Fahrt im Wolga von der Obstplantage in Kuba nach Baku erfolgte in derselben halsbrecherischen Weise wie die Anreise.

Von Baku reisten wir nach Moskau mit der Eisenbahn, wobei mein Mitarbeiter zu meiner größten Überraschung plötzlich eine Flasche Württemberger »Trollinger« aus seiner Tasche zauberte, den er von zu Hause mitgebracht hatte. In Mineralnyje Wody unterbrachen wir die Reise, um von dem berühmten Kurort Pjatigorsk aus mit einem Intourist-Kleinbus einen Abstecher zum Elbrus zu unternehmen, dem mit 5642 m höchsten Berg des Kaukasus. Bei der Talstation der Bergbahn wartete bereits eine ziemlich angerostete Gondel auf uns. Mit von der Partie war auch ein kleiner Hund, der als erster in die Gondel sprang. Als er diese jedoch sofort wieder verließ, wurde ich mißtrauisch, weil Tiere oft Unglücksfälle voraussahnen

Abb. oben: HCH mit Chef der Miliz in Kuba, Fred Langeberg, Helmut Neuhaus.
Abb. unten: Obstl. Kosarev befördert mich wegen nächtlicher Kälte mit seiner Jacke zum Oberstleutnant der Sojwetarmee.

und sich dementsprechend verhalten. Erst als der Hund die Seilbahn wieder bestieg, ging auch ich mit meinen Begleitern in die Gondel. Der Elbrus barg auch eine historische Reminiszenz, denn bis zu diesem von Deutschland doch recht weit entfernten Punkt waren im Zweiten Weltkrieg deutsche Gebirgsjäger gekommen und hatten ihre Fahnen gehißt. Auf diese Tatsache – und natürlich auch auf den »Großen Vaterländischen Krieg« – machte die Sowjetunion mit einem »Antifaschistischen Museum« an der Bergstation der Seilbahn in 3800 m Höhe aufmerksam, das wir natürlich besichtigten. Auf der Weiterfahrt von Mineralnyje Wody besuchten wir dann im Nordkaukasus die landwirtschaftlichen Versuchsgebiete von Kubniitim, von denen schon die Rede war.

Einen großen Werbeeffekt versprachen wir uns von der Übernahme der Fahrzeugbetreuung anläßlich der Olympischen Spiele in Moskau, bei denen wir nach langen Verhandlungen und einigen Vorleistungen die begehrte Rolle des »Hoflieferanten« übernehmen konnten. Zugute kam uns natürlich, daß wir auf die Übernahme dieser Funktion bei den vorangegangenen Olympiaden 1972 in München und 1976 in Montreal verweisen konnten. Nach Vorgesprächen mit dem Stellvertretenden Vorsitzenden des Ministerrats und Vorsitzenden des NOK der UdSSR, I. T. Novikov, wandten wir uns 1976 an das Organisationskomitee der XXII. Olympiade, um die Bedingungen der Zusammenarbeit zu vereinbaren. Im Oktober 1978 wurde uns schließlich das Prädikat »Offizieller Lieferant der Spiele der XXII. Olympiade 1980 in Moskau« verliehen. Die Presse wertete den Vertragsabschluß zwischen dem sowjetischen NOK und der DBAG 1978 durchweg als Sensation. »Der Spiegel« kommentierte unseren Erfolg unter dem Titel »Stern über Moskau«:

»Daimler-Benz-Verkaufschef Heinz C. Hoppe will pünktlich zu den Moskauer Olympischen Spielen 1980 den vorletzten weißen Fleck auf der Mercedes-Weltkarte tilgen: Mercedes wurde von den Russen als offizieller Lieferant für die Olympiade akzeptiert und erhielt gleichzeitig die Zusage, man werde über den Ausbau von zehn Lastwagen-Service-Stationen entlang der wichtigsten Rußland-Fernstraßen verhandeln. Wenn Ersatzteilnachschub und Reparatur-Service erst einmal sichergestellt sind, so das Kalkül der Stuttgarter, sind alle Konkurrenten bei zukünftigen Rußland-Aufträgen abgeschlagen.«[9]

Noch im November 1978 erfolgte in Moskau die feierliche Unterzeichnung der Vereinbarungen zwischen der DBAG und der UdSSR, die vom russischen Fernsehen übertragen wurde. Bei diesem Anlaß wurden auch Aufträge für einen gepanzerten Mercedes 600 und zwei gepanzerte Mercedes 380 SE an uns erteilt. Am anschließenden Abendessen im Nobelhotel »Praha« nahm neben dem Oberbürgermeister von Moskau auch der Stuttgarter Oberbürgermeister Manfred Rommel teil. Selbst der damalige deutsche Botschafter Wieck, der zunächst gar nicht zu unserem Empfang hatte kommen wollen, zeigte sich von der großen Zahl hochrangiger Gäste beeindruckt. Während dieses Aufenthalts waren wir als Gäste der Stadt

HCH auf dem Weg zum Elbrus.

Moskau zu einem Konzert im Kreml eingeladen. Vor dem Kreml stand ein Daimler-Benz-Oldtimer des Jahres 1935, der dem Vater des Schahs von Persien gehört hatte und während der russischen Besetzung im Zweiten Weltkrieg nach Moskau verschleppt worden war. Wir wurden damit nach dem Konzert durch Moskau und zurück zur Datscha kutschiert. Mein Versuch, dieses Fahrzeug für das Automobilmuseum in Untertürkheim zu erwerben, schlug leider fehl.

Die ganze Schwierigkeit der Zusammenarbeit mit der Sowjetunion offenbarte sich bei dem Plan, eine Kundendienststation in Moskau einzurichten, die alle Fahrzeuge bei den Botschaften und Ministerien kundendienst- und ersatzteilmäßig versorgen sollte. Oberbürgermeister Promyslov hatte uns bereits 1973 die Kundendienststation Nr. 7 vom Moskauer Stadtsowjet zur Verfügung gestellt, die wir arbeitsfähig machen wollten. Die Ausstattung wollte die DBAG kostenlos zur Verfügung stellen, dafür sollten von russischer Seite die notwendigen baulichen Veränderungen vorgenommen und eine geeignete Zufahrt angelegt werden. Zum Abschluß der entsprechenden Vereinbarungen bestellte ich die leitenden Herren vom Kundendienst in Stuttgart nach Moskau, damit im direkten Gespräch mit der sowjetischen Seite verhandelt werden konnte. Obwohl eigens ein DB-Mitarbeiter zur Überwachung des Ablaufs der Arbeiten nach Moskau abgestellt wurde, erwies sich diese Aufgabe doch als unerwartet schwierig, was nicht zuletzt darauf zurückzuführen war, daß der zuständige sowjetische Sachverständige, der bereits erwähnte, mit dem Leninorden ausgezeichnete Goberman, unserem Eindruck nach nicht richtig wollte, daß wir als Deutsche eine Kundendienststation in den Griff bekamen, die dann funktionierte, während die anderen Stationen unter seiner Regie nicht recht in Schwung kamen. Es handelte sich sozusagen um jene Form der versteckten Sabotage, die später Präsident Michail Gorbatschow bei der Durchsetzung seiner Politik der Perestrojka immer wieder zu beklagen hatte. Trotz jahrelanger Bemühungen gelang es unseren Kundendienstingenieuren nicht, die Kundendienststation Nr. 7 entsprechend unseren Vorstellungen wirklich in Gang zu bringen.

Im Vorfeld der Olympiade 1980 wurde ich im Mai 1979 von Gwischiani eingeladen, vor der Akademie für Volkswirtschaft in Moskau einen Vortrag über das Organisations- und Vertriebssystem der Daimler-Benz AG zu halten, wobei ich natürlich nicht vergaß, auf unsere bisherigen Erfolge in der UdSSR hinzuweisen, angefangen von den ersten Kontakten Gottlieb Daimlers im Jahr 1891 über die Unterzeichnung des Abkommens über wissenschaftlich-technischen Erfahrungsaustausch im Jahr 1973 bis hin zur aktuellen Ernennung zum »Offiziellen Lieferanten« der Moskauer Olympiade. Ich erwähnte bei dieser Gelegenheit auch kleinere geschäftliche Ansätze, etwa den Einsatz von Krankenrettungswagen und Spezialfahrzeugen in der Stadt Moskau, die seit dem Vorjahr stattfindende Erprobung zweier MB-Gelenkbusse, ebenfalls in Moskau, oder die 1200 Zugmaschinen, die »Sovtransauto« von uns gekauft hatte. In der Hauptsache gab ich jedoch einen Überblick über die Struktur der Daimler-Benz AG, ihre Produktpalette, die Produktionsstätten, die interne Organisation, Mitarbeiterstruktur und Mitbestimmung, schließlich die interne und externe Vertriebsorganisation und das weltweite Vertriebssystem. Dabei machte ich deutlich, daß wir unsere neue Funktion als »Hoflieferant« bei den Olympischen Spielen dazu nutzen wollten, ein Servicenetz in der Sowjetunion aufzubauen. Ausführlicher – weil für sowjetische Ohren vielleicht ungewohnt – behandelte ich die Marktorientierung unseres Unternehmens, gipfelnd in dem Leitsatz: »Alle Planungen des Unternehmens Daimler-Benz orientieren sich am langfristigen Absatztrend auf dem Weltmarkt.« Daneben versuchte ich wie stets, die Vorteile der Daimler-Benz-Spezifika hervorzuheben: Qualität, Sicherheit, Wirtschaftlichkeit, hohe Lebensdauer bei Nutzfahrzeugen wie bei Personenkraftwagen. Abschließend kam ich auf jene Punkte zu sprechen, die die Sowjets besonders interessieren mußten: Das Streben nach langfristiger und kontinuierlicher Zusammenarbeit.[10]

Die Vorbereitung der Olympiade in Moskau erforderten auf sowjetischer Seite gewaltige Anstrengungen. Um die russische Metropole einer wachen Weltöffentlichkeit in festlichem Gewand präsentieren zu können, wurden Millionen von Bäumen, Sträuchern und Blumen gepflanzt, Fassaden gestrichen etc. Das Prädikat »Offizieller Lieferant der Spiele der XXII. Olympiade 1980 in Moskau«, mit dem Mercedes-Benz 1978 ausgezeichnet wurde, hatte einige Konsequenzen. Daimler-Benz erhielt den Auftrag, die Moskauer Polizei mit Mercedes-Benz-Wagen auszustatten, mit Omnibussen und Limousinen die Fahrdienste für Sportler und Prominenz zu übernehmen, inklusive der notwendigen Logistik, also Ersatzteillager und Kundendienst zu stellen. Einen besonderen Effekt versprachen wir uns von der Einrichtung eines mobilen Kundendienstes auf den Haupttransitstrecken von Süden, Westen und Norden nach Moskau. Dieser Kundendienst sollte nicht nur defekte Daimler-Benz-Fahrzeuge unverzüglich instandsetzen, sondern zur Werbung für den Ruhm des Sterns kostenlos *alle* liegengebliebenen Fahrzeuge versorgen, soweit dies nicht an fehlenden Ersatzteilen – etwa bei sowjetischen Produkten – scheiterte. Elf Servicestationen waren als Operationsbasen der mobilen Einsatzdienste vorgesehen.

Um unseren Goodwill unter Beweis zu stellen, bot ich in einem Gespräch mit dem sowjetischen Außenhandelsminister Manzhulo an, ein »Konsignationslager« für Ersatzteile einzurichten – kein »Konzentrationslager«, wie eine Dolmetscherin fälschlich übersetzte. Die Konsignation ist eine übliche Form des Kommissionshandels, bei der die Ware am Bestimmungsort im Besitz des Herstellers verbleibt. Wir wollten unsere Ersatzteile auf eigene Kosten lagern, und die UdSSR sollte nur für den tatsächlichen Verbrauch in Valuta bezahlen. Die Sowjetunion konnte dadurch Geld sparen; und wir wollten die volle Disposition über die Ersatzteile haben, um innerhalb von 24 Stunden an der Bürokratie vorbei alle benötigten Teile zu dieser Werkstätte befördern zu können. Die Durchsetzung dieser für beide Seiten vorteilhaften Regelung erwies sich jedoch als unerwartet schwierig, da sich der Oberste Sowjet nicht zu einer klaren Entscheidung durchringen konnte, ob fremdes (kapitalistisches) Eigentum in der Sowjetunion geduldet werden konnte. In langwierigen Gesprächen verdeutlichte Außenhandelsminister Manzhulo mir gegenüber immer wieder die Zähflüssigkeit in den Entscheidungsprozessen. Schließlich wurde die Erlaubnis erteilt mit dem ausdrücklichen Hinweis, daß dies eine einmalige Ausnahme sei, die keinem anderen Automobilhersteller zuvor erteilt worden sei oder in Zukunft erteilt werden würde. Trotz aller bürokratischen Hemmnisse konnte das Konsignationslager 1979, also rechtzeitig vor Beginn der Olympiade, eröffnet werden.[11]

Eine interessante Tatsache war, daß aus Anlaß der Olympiade die Reisebeschränkungen in die baltischen Republiken aufgehoben wurden (Ausnahme Königsberg). Mercedes-Benz nahm dies zum Anlaß, Kontakte mit der estnischen Hauptstadt Tallinn aufzunehmen, denn es ergab sich die Möglichkeit, an die Regierungsgarage mehrere Mercedes-Benz PKW zu liefern. Im Sommer 1979 beteiligte sich MB an einer Fachausstellung in Tallinn mit der Thematik Mercedes-Benz Service. Aus diesem Anlaß reiste ich auf Einladung von Oberbürgermeister Promyslov über Riga nach Tallinn. Während dieses Aufenthaltes besprach ich mit Burghard von Cramm während einer Postbesprechung die Frage der Akkreditierung eines Mercedes-Benz-Büros beim Staatskomitee. Dabei entschied ich, daß neben seiner Tätigkeit als Abteilungsleiter der UdSSR, Lothar Gleitze mit der Leitung des Büros beauftragt werden sollte. Der Abschluß dieses Besuches, bei dem ich mit Regierungsvertretern sehr eingehende Gespräche über die Zukunft der baltischen Republiken führte, war insofern bemerkenswert, als ich durch die Generalvertretung Veho, Helsinki, Cederberg, mit einer privaten Jacht aus Tallinn abgeholt wurde. Es war das erste private Schiff, das nach dem Zweiten Weltkrieg die Erlaubnis bekam, Tallinn anzulaufen. Die internen Kontakte zur Regierungsgarage in Tallinn haben inzwischen dazu geführt, daß Mercedes-Benz als erste Automobilfirma außerhalb von Moskau eine autorisierte Service-Station im Dezember 1990 einrichten konnte.

Nach der formellen Akkreditierung mit Datum 1. 5. 1979 gelang es durch die Unterstützung von Mossowjet, Oberbürgermeister Promislov, zwei Wohnungen im Souterrain eines typischen Moskauer Vorstadtwohnhauses zu erhalten. Mit Hilfe der Ausstellungsabteilung und des Architekturbüros von Mercedes-Benz wurden die Räume im 1. Halbjahr 1980 umgestaltet und durchrenoviert. Zunächst war geplant, dieses Büro bereits während der Olympiade im Sommer 1980 zur VIP-Betreuung einzusetzen. Die Ereignisse in Afghanistan führten jedoch zu einer geplanten Verzögerung in der Fertigstellung, so daß erst im Herbst 1980 die Eröffnung vorgenommen werden konnte. Neben verschiedenen Vertretern von Ministerien und Organisationen war der Besuch von Oberbürgermeister Promyslov, vor allem aber auch des ehemaligen Botschafters der UdSSR, Valentin Falin, der uns besonders zugetan war, sehr bemerkenswert. Es zeigte sich, daß es Mercedes-Benz gelungen war, die negativen Auswirkungen des Boykotts der Olympiade ohne Schaden an den guten Beziehungen zu überwinden. Das Büro wurde von den sowjetischen Partnern sehr positiv angenommen. Die sechs sowjetischen Mitarbeiter standen dem Leiter des Büros sowie dessen Stellvertreter von der Kundendienstabteilung als Mannschaft zur Seite. Bis heute sind alle Mitarbeiter der sowjetischen Seite dem Büro treu geblieben.

Leider hatten die Olympischen Spiele in Moskau aufgrund des von US-Präsident Jimmy Carter – wegen des sowjetischen Einmarsches in Afghanistan – verhängten Boykotts nicht den zu erwartenden Public-Relations-Effekt. In ökonomischer Hinsicht waren die Spiele für die DBAG trotzdem ein Erfolg.[12] Den weiteren Geschäftsbeziehungen mit der UdSSR war unser kreatives Engagement bei den Olympischen Spielen durchaus zuträglich. Die betroffenen Minister teilten uns ihre uneingeschränkte Zufriedenheit mit, sowie die Absicht, weitere Mercedes-Benz-Fahrzeuge anschaffen zu lassen.[13] Die für die Olympiade geschaffenen Service- und Ersatzteileinrichtungen blieben danach bestehen und werden bis heute genutzt.

Trotz der enormen Intensität unseres Geschäftes in der westlichen Welt war ich mir von vornherein im klaren darüber, daß bei allen zu erwartenden Schwierigkeiten das riesige Potential des kommunistischen Blockes nicht vernachlässigt werden durfte. Ich habe unsere jahrzehntelangen Erfahrungen in vielen Ländern der Erde zugrunde gelegt, wo wir jahrelang in mühsamer Einzelarbeit kleine und kleinste Geschäfte abgewickelt haben, bis eines Tages diese Länder plötzlich wirtschaftlich bedeutend wurden und wir aufgrund unseres »Standing« dort an erster Stelle standen für die Deckung eines neuen, nun großen Bedarfs. Ich denke hier z. B. an die Entwicklung der Öl-Länder in den 70er Jahren.

Genauso habe ich Wert darauf gelegt, in den heute noch sehr beschränkt zugänglichen und wirtschaftlich begrenzten kommunistischen Ländern Grundsteine zu legen für ein interessantes Zukunftsgeschäft.

Wie erwartet wirkte die stetige Verbesserung unserer Beziehungen zur UdSSR in den 70er Jahren sich als positives Signal auf den gesamten Osthandel der DBAG aus. In die Länder, die damals der östlichen Wirtschaftsgemeinschaft »Comecon« angehörten, kam es seit den 70er Jahren zu beachtlichen Großflottenverkäufen von Lkw und Unimog. Die Beziehungen zu *Ungarn* hatten auch deshalb für uns große Bedeutung, weil die staatliche Gesellschaft »Hungarocamion« mit ihrem Generaldirektor Gabor Mezei für uns die Überführung von vielen tausend Lkw von unserem Werk in Wörth in den Nahen und Mittleren Osten organisierte. Die Fahrtroute ging von Wörth am Rhein über die damalige DDR und die ČSSR mit »Hungarocamion«-Fahrern zuerst nach Budapest, wo in der »Hungarocamion«-Werkstatt der erste Kundendienst gemacht wurde.

Von dort fuhren die Lkw-Kolonnen über Bulgarien und die Türkei weiter. Auf dem gleichen Weg wurden von »Hungarocamion« auch viele Lkw-Ladungen Ersatzteile in den Irak, nach Kuwait und Saudi-Arabien transportiert.

Im Mai 1982 weilte ich in Budapest zur Einweihung der neuen Hungarocamion-Mercedes-Werkstatt, die auch die mittlerweile 1500 MB-Lastwagen der Hungarocamion zu betreuen hatte und bei deren Ausstattung die DBAG Ausrüstungshilfe geleistet hatte.

Der stellvertretende Verkehrsminister Dejö Kiss hatte bereits Anfang der 70er Jahre ein offenes Ohr für die Angebote der Daimler-Benz AG, während seiner Ägide führten wir die ersten Betriebsbesichtigungen in Ungarn durch. Bei einer solchen Gelegenheit fuhren wir 1971 mit einem Sonderzug zusammen mit Kiss und Eberhard Herzog und Begleitung von Budapest in die alte Bischofsstadt Erlau (ungarisch: Eger). Während der ganzen Bahnfahrt wurden ununterbrochen Witze erzählt, das Repertoire schien unerschöpflich. Stefan Timczak, der als Übersetzer fungierte, hatte am meisten davon, denn er hörte jeden Witz in zwei Sprachen. 30 km von Eger besuchten wir ein Schloß, in dem Lipizzaner gezüchtet wurden. Die Lipizzaner stammen von der Halbinsel Iberien und Italien. Nach dem Besuch dieses Gestüts wurden uns die staatlichen Kellereien vorgeführt, in denen der bekannte Wein »Erlauer Stierblut« eingelagert wurde. Dort im Weinkeller wurde ich zum Botschafter der Erlauer Weine ernannt. Diese Auszeichnung ist angeblich eine Tradition aus der Zeit des Mittelalters. Sie wird bekannten Persönlichkeiten verliehen, die den Ruf der Erlauer Weine, besonders des Weines Erlauer Stierblut (Egri bikavér) weltweit bekannt machten. Für diese Leistung dürfen die Botschafter der Erlauer Weine – immer, wenn sie nach Eger kommen – umsonst (ohne Geld) Weine trinken. Von den Weinen muß man den Erlauer Stierblut hervorheben. Den Namen hat dieser Wein unter der Türkenherrschaft erhalten. Die Türken durften als Muslime nämlich keinen Wein trinken, und sie haben ihn als »Stierblut« getrunken. Die Tradition der Ernennung der Botschafter der Erlauer Weine hat bis zum 20. Jahrhundert gehalten. Zum Botschafter wurden z. B. Breschnew, Tito, Strauß (Ministerpräsident von Bayern) und verschiedene andere Persönlichkeiten ernannt. Es war immer wichtig – bevor die Auszeichnung verliehen wurde – eine Weinkostprobe mitzumachen. Das bedeutet, daß der Kandidat die zehn berühmtesten Erlauer Weine kosten mußte. (Z. B. hat der mongolische Verkehrsminister Gombosüren (145 kg) vom zehnten Wein eine ganze Kanne ausgetrunken und bis nächsten Mittag geschlafen.)

Sehr gut erinnere ich mich an einen längeren Aufenthalt in Budapest im Januar 1979, in dessen Verlauf ein Vertrag mit der ungarischen Regierung über die Einrichtung eines Verkehrshofs Hungarocamion mit Service-Zentrum am Autobahndreieck Budapest/Wien abgeschlossen werden konnte. Diese Servicestation lag strategisch besonders günstig an dem Autobahndreieck Budapest/Wien an der ungarisch-österreichischen

Grenze und war somit die Drehscheibe für den Ost-West-Verkehr. Ein Opernbesuch in der Präsidentenloge, Besuche bei dem Politbüromitglied Hussar in der Parteizentrale an der Donau und bei Außenhandelsminister Biro sowie ein Jagdausflug in der Nähe des Esterhazy-Schlosses bei Gödölö rundeten diesen Besuch in Ungarn in angenehmer Weise ab.

Ähnliche strategische Bedeutung wie Ungarn hatte für die DBAG auch *Bulgarien*. Wie Ungarn war es kein bloßes »Transitland«, sondern die staatliche bulgarische Transportfirma »Somat« transportierte in großem Stil Ersatzteile auf der Transitstrecke Westeuropa – Naher Osten für die großen Mercedes-Flotten in Persien und Arabien. Daß dies nicht etwa mit Volvo- oder MAN-Lkw vor sich gehen konnte, ist klar. So bestellte »Somat« unter ihrem damaligen Generaldirektor Parvanov innerhalb weniger Monate ca. 4200 MB-Schwerlastwagen. Der bulgarische Staatschef Todor Schivkov (geb. 1911), der seit 1954 Generalsekretär der bulgarischen KP war und 1971 bis 1989 das Amt eines Staatsratsvorsitzenden des Landes bekleidete, bemühte sich um enge Kontakte zur DBAG, was sich in einer entsprechenden Behandlung niederschlug: Bei einem »Staatsbesuch« im Juni 1977 wurden Zahn, dessen Frau, Liener, ich und unsere Begleiter ganz feudal im Schloß Vrana untergebracht, der Residenz des ehemaligen Zaren Boris von Bulgarien (1894–1943), mit Wachtposten am Eingang und riesiger Parkanlage.

Diese von der Umwelt abgeschnittene, sehr großzügige Anlage nutzte ich, um eine Mißstimmung auszuräumen, die zu diesem Zeitpunkt zwischen Zahn und mir bestand. Ursache war ein Gespräch zwischen mir und Dr. Guth, dem Aufsichtsratsvorsitzenden der Daimler-Benz AG, am Rand eines Empfangs für den Chairman der Bank of China in der Hauptverwaltung der Deutschen Bank in Frankfurt gewesen. Am Rande des Mittagessens hatte mich Guth gefragt, was es Neues bei Daimler-Benz gäbe. Ich erzählte ihm daraufhin, daß die Gesetze über den »Flottenverbrauch« in den USA bekanntgegeben worden seien, die für das Haus Daimler-Benz zur Fertigung des kleineren Mercedes 190 führen müßten, um dann die neuen Importbestimmungen zu Beginn der 80er Jahre erfüllen zu können. Dies war wirklich eine wichtige Neuigkeit, da sie eine Investition in einer Höhe von circa 3,5 Milliarden DM erforderlich machte. Auf unserer nächsten Vorstandssitzung bemerkte ich dann, daß ich von Zahn sichtbar übergangen wurde. Edzard Reuter sagte mir damals, ich hätte scheinbar wohl »eine Tür zu früh aufgemacht«: Zahn war der Ansicht, ich hätte unter Umgehung seiner Person den Aufsichtsratsvorsitzenden für meinen Plan eingenommen, was aber effektiv nicht stimmte. Unmittelbar nach dieser Vorstandssitzung erfolgte unsere Bulgarienreise.

Im Königsschloß Vrana bat ich Zahn daher um ein Gespräch, um Mißverständnisse auszuräumen und die entstandenen Spannungen abzubauen. Die Abenddämmerung brach bereits an und wir machten uns zu einem Spaziergang in den Park auf. Das Gespräch verlief anfangs gar nicht so, wie ich es mir vorstellte. Plötzlich sah ich in einiger Entfernung eine

Rehplastik aus Bronze im hohen Gras der Wiese stehen. Ich hielt Zahn an und wies ihn auf das »Reh« hin. Wir gingen in Deckung, und sehr leise und langsam pirschten wir uns zusammen an das »Wild« heran. Erst direkt vor der Plastik erkannte Zahn den Streich. Die bisherige Anspannung löste sich in befreiendes Gelächter auf – jetzt war eine Klarstellung möglich, die den genauen Verlauf meines Gesprächs mit Guth wiedergab.

Der gesamte Besuch in Bulgarien lief nach dem großen Protokoll des Staatspräsidenten ab, daneben fanden sich jedoch immer auch Gelegenheiten zu privateren Begegnungen mit den Mächtigen der »Nomenklatura«. Todor Schivkov lernten wir bei der Übergabe eines »300 SEL 6.3«-Fahrzeugs vor der Residenz Bojana kennen. Zur Vorführung des damals stärksten Mercedes-Pkw setzte sich Zahn selbst ans Steuer, Schivkov saß neben ihm auf dem Beifahrersitz und ich auf dem Rücksitz. Zahn gab Vollgas, die Antriebsreifen drehten auf der Stelle durch, und der große Wagen machte einen solchen Satz, daß an der Anfahrtsstelle durch die Wucht des Antriebs einige Pflastersteine herausgerissen wurden. Darauf aufmerksam gemacht, meinte Schivkov lächelnd: »Gutes Fahrzeug, schlechter Pflasterer, den Mann verhaften.« Der Staatsratsvorsitzende und KP-Chef agierte im Vollgefühl seiner Macht und war derberen Scherzen nicht abgeneigt. Als Zahn ihn spaßhalber fragte: »Was ist der Unterschied zwischen einem Präsidenten und einem Bürger?«, zuckte Schivkov die Achseln. Auf die Antwort: »Es gibt keinen Unterschied, doch der Präsident weiß das leider meistens nicht!« brach Schivkov nach kurzem Zögern in ein dröhnendes Gelächter aus.

Am nächsten Tag, an dem die Besichtigung einer Omnibusfabrik in Botevgrad auf dem Programm stand, führte uns Schivkov als besondere Ehrung in seinen Geburtsort, in dessen Nähe wir dann in einer Freizeitanlage mit Night-Club zu Abend aßen.

Bei den Fahrten über Land in schweren »Sil«-Limousinen und »Salon«-Hubschraubern begleitete uns der damalige Botschafter Meshdorezky, der später Oberbürgermeister von Sofia wurde. Auch zu Gesprächen mit anderen führenden Politikern Bulgariens bestand bei diesem Aufenthalt reichlich Möglichkeit, darunter mit dem Politbüromitglied Lukanov, der 1990 Ministerpräsident des Landes wurde, und dem stellvertretenden Außenhandelsminister Komov, der später bulgarischer Botschafter in Bonn wurde, oder dem Maschinenbauminister Kaltshev. Bei der Erstellung eines gemeinsamen Communiqués über den Besuch mit der Aufzeigung wichtiger Kooperationsfelder (Gabelstapler, Zulieferung für DBAG, Nfz-Motoren-Projekt, wissenschaftlich-technische Zusammenarbeit) beklagten sich innerhalb unseres Kreises Dieter Schmitt und Burghard von Harling über die ständig vollen Aschenbecher. Wir werteten es als Effekt einer gut funktionierenden Abhöranlage, daß unverzüglich frische Aschenbecher gebracht wurden. Vor der Abreise fand sich die Gelegenheit zum Besuch der Nevsky-Kathedrale in Sofia, wo eine geradezu märchenhafte Ikonenausstellung zu besichtigen war. Ein Chor von fünfzig Män-

Joachim Zahn und HCH im Gespräch mit Staatspräsident Schivkov 1978.

nern des staatlichen Rundfunkchors trug charakteristische bulgarische Volkslieder vor, ein Eindruck, den ich nie vergessen werde.

Nach mehreren Besuchen und Gegenbesuchen fuhr ich im Mai 1982 zu einem mehrtägigen Aufenthalt in die *Tschechoslowakei* (damals ČSSR, heute ČSFR). Nach der Ankunft mit der DB-Firmenmaschine in der »goldenen Stadt« Prag hatten wir ein Abendessen in der Prager MB-Vertretung »Mercanta«. Unser Ansprechpartner in der Regierung war der Minister für Maschinenbau Pavel Bahyl, der an einer Zusammenarbeit mit Mercedes-Benz wegen unserer Zuverlässigkeit sehr interessiert war. Über die Kooperation mit Alfa Romeo beim Bau des Leichttransporters »Avia« hatte er dagegen eine wenig günstige Meinung: »Die Zusammenarbeit mit Italien ist schwierig, einmal wird dort gestreikt, und einmal wird nicht gearbeitet.«

Bei einem Flug mit einer Maschine des Ministerrats von Prag nach Ostrava (Mährisch Ostrau) sagte Stolc, der Protokollchef des Ministers, zu mir: »Herr Hoppe, machen Sie sich keine Sorgen, die Triebwerke stammen aus England, die Navigation aus den USA, nur die Getränke sind aus der Tschechoslowakei.« Natürlich standen neben einigen Besichtigungen (Prager Innenstadt, Altstadt, Judenfriedhof) auch der Besuch von Motorenfabriken und Automobilwerken auf dem Programm, unter denen ich das Tatra-Werk in Koprivnice hervorheben möchte – nicht nur deshalb, weil der erste »Tatra« mit einem Benz-Motor fuhr, wie im Werksmuseum zu erfahren war. Chefingenieur Svoboda zeigte mir eine Urkunde über seine Einstellung als Jung-Ingenieur bei der DBAG in Stuttgart aus dem Jahr 1941. Auf der Rückseite stand geschrieben: »Heil Hitler DB AG«. Auf meine scherzhafte Frage: »Zeigen Sie mir dies, um von der DBAG eine Rente zu bekommen?« antwortete er, er sei bereits nach einem Jahr offiziell wieder entlassen worden.

Von einigen kuriosen Begebenheiten begleitet war bei einer Fahrt nach Teplice ein Besuch des Schlosses Clary zusammen mit Markus Fürst Clary, meinem früheren Mitarbeiter bei der MBNA in den USA, dessen Verdienste um den MB-Club in den USA ich schon erwähnt habe. In der damaligen ČSSR reiste ich mit ihm zu den historischen Wurzeln seiner traditionsreichen Familie: Die Clary waren im 14. Jahrhundert von Cividale (Friuli) nach Böhmen eingewandert und gelangten dort im 17. Jahrhundert durch Heirat in den Besitz der Grafen von Aldringen. 1767 waren sie unter Kaiser Joseph II. in den Reichsfürstenstand erhoben worden.

Die Tour begann schon damit, daß die Intourist-Führerin bei der Bekanntmachung Markus – »unserem Herrn« – die Hand küssen wollte. Mit verschmitztem Lächeln fragte sie ihn später, ob er ihre Freundin sehen wolle, die ihn in jungen Jahren sehr gut gekannt habe – er wollte nicht! Auf die Anregung, daß an dem Schloß eine Gedenktafel für die früheren Besitzer angebracht werden sollte, meinte Clary: »Nicht notwendig, die Haus- und Telefonnummern sind noch identisch und mein Familienwappen hängt über dem Portal.« Als er sich im Museum – dem früheren Schloß – zum Ausruhen auf eine Truhe setzen wollte, reagierte er auf den Verweis des Museumswärters mit den Worten: »Ich werde ja wohl noch auf meiner Truhe sitzen dürfen.« Ein nervöser Museumsdirektor genehmigte schließlich das Übersteigen eines Absperrseils, nachdem er hörte, mit wem er es zu tun hatte. Markus Fürst Clary wollte mir zeigen, von welchem Fenster er immer in die Küche und in die Bibliothek geschaut hatte. Mit von der Partie war bei dieser Reise auch mein früherer Mitarbeiter und damaliger Präsident der MBNA Walter Bodack, dessen Familie ebenfalls aus Böhmen stammte. Auf der Rückfahrt nach Deutschland fuhren wir mit dem Auto, wobei wir außer Bodacks Geburtshaus noch eine Glasfabrik in Gablonz und in Pilsen die berühmte Brauerei besuchten. Als wir von der Brauereibesichtigung zu unserem Mercedes zurückkehrten, hatte man uns zwei Kisten »Pilsener« Bier in den Kofferraum gestellt, die wir mit nach Stuttgart brachten.

Auch mit *Polen* bahnten sich seit den 70er Jahren Kontakte an, was nicht zuletzt auf die anhaltenden Gebrauchtwagenkäufe der Polen auf dem Westberliner Markt zurückzuführen war. Jährlich gelangten auf diese Weise ca. 5000 Gebraucht-Mercedes nach Polen, wodurch Mercedes innerhalb einiger Jahre zur stärksten westlichen Automarke in diesem Land des damals noch existierenden Comecon wurde.

Zu Polen hatte ich immer eine besondere Beziehung, da meine Heimat Ostpreußen und mein Geburtshaus im Kreis Rastenburg heute ganz im Osten des polnischen Staatsgebiets liegt. Als ich 1971 zu einem Jagdaufenthalt bei Olstyn, dem ehemaligen ostpreußischen Allenstein, in Polen eingeladen war, bat ich den Dolmetscher und Fahrer, gegen Entgelt etwa hundert Kilometer weiter nach Norden zu fahren, weil ich gerne mein Elternhaus wiedersehen wollte. Wir fuhren schließlich auf hundert Meter an das ehemalige Gut Gr.-Schatten heran, bis man die Leute sehen konnte, die darin wohnten. Näher wollte der Fahrer jedoch nicht fahren, da er befürchtete, daß sein unerlaubter Abstecher auffallen könnte. Erst 1975 war es mir möglich, mit meiner ganzen Familie noch einmal mein Elternhaus zu besuchen. Dabei habe ich stets darauf geachtet, daß es nicht zu Gegensätzen mit den jetzigen Bewohnern gekommen ist, die ja nichts für die politischen Entwicklungen können.

Bei der Papstaudienz konnte ich 1980 dem aus Polen stammenden Papst von meinen verschiedenen Besuchen berichten, von einigen materiellen Hilfsaktionen für die polnischen Bewohner meiner Heimat, darunter auch der Bereitstellung eines Reisebusses, mit dem die Einwohner von Gr.-Schatten nach Warschau fahren konnten, als der Papst zum erstenmal nach Polen zurückkehrte. Immerhin hatte ich in meiner Jugend zu den 0,1% Katholiken gehört, die es damals in Ostpreußen gegeben hat.

1978 reiste ich für einige Tage mit meinen zuständigen Mitarbeitern nach Warschau. Dort führten wir Gespräche mit der staatlichen Handelsorganisation »Timex«. Mit deren Direktoren Leschinsky und Skotschinsky sprachen wir über eine Autorisierung einiger privater Werkstätten in Warschau, Posen, Danzig, Lodz und Katowicz sowie über die Einrichtung eines zentralen Ersatzteilkonsignationslagers unter der Obhut der Timex. Daneben fanden Gespräche mit dem Automobilministerium und PolMot über eventuelle Kooperationsmöglichkeiten bei der Herstellung von Nutzfahrzeugen statt. Natürlich nutzten wir diesen Aufenthalt auch zu einem Jagdausflug und zu umfangreichen Besichtigungen in der Hauptstadt, wobei das Schloß, die Altstadt, der alte Marktplatz, das ehemalige jüdische Ghetto und das Ghettodenkmal die Stationen bildeten.

Innerhalb der DBAG reagierte der Finanzbereich zunächst sehr zurückhaltend auf das Angebot der Timex zur Einrichtung des Konsignationslagers, was einen sehr einfachen Grund hatte: Polen war pleite. Das Zahlungsrisiko erwies sich jedoch als sehr viel geringer als befürchtet, denn die Nachfrage nach Service war durch das hohe Fahrzeugaufkommen groß, und die polnischen Behörden erkannten schnell, daß die Einrichtung einer Servicestation zu Deviseneinnahmen führen konnte: An Devisen fehlte es ja nicht in Polen. Im Oktober 1982 reiste ich zur Einweihung unserer Werkstatt nach Warschau. Diese Werkstatt (Borowski) mit dem zentralen Ersatzteilkonsignationslager bewährte sich in der Folge. Die Polen kamen ihren Zahlungsverpflichtungen mit peinlichster Genauigkeit nach.

Nach dem Machtwechsel von Breschnew zu Jurij Andropow (1914–1984) hatte ich 1983 noch einmal Gelegenheit, in offizieller Mission in Begleitung des baden-württembergischen Ministerpräsidenten Lothar Späth, seiner Frau und Staatssekretär Matthias Kleinert, dem heutigen Sprecher der Daimler-Benz AG, nach Moskau zu reisen. Die Einladung zu dieser Reise, an der auch zwei weitere Unternehmensvertreter dieses Bundeslandes teilnahmen, kam vom Vorsitzenden des Ministerrats der RSFSR, M. Solomenzew. Dieser hielt bei der offiziellen Begrüßung eine einstündige Rede, an deren Ende er darauf zu sprechen kam, daß die einzige Sorge, die den Sowjetbürger plage, die Angst vor einem kriegerischen Angriff der USA sei. Ministerpräsident Späth konterte daraufhin schlagfertig: »Herr Vorsitzender Solomenzew, ich lade Sie nach Stuttgart ein, und wir beide fahren an den Bodensee und halten an irgendeiner Stelle. Dann werden wir einen Bürger fragen: ›Wie geht es dir?‹ – Und er wird antworten, es gehe ihm gut, es plage ihn nur eine Sorge, nämlich die vor einem Angriff der Sowjetunion.« Diese Antwort führte zu beträchtlichem Gelächter auf beiden Seiten.

Teil des Besuchsprogramms war eine Besichtigung des Kreml, wo der Führerin im ehemaligen Arbeitszimmer Lenins jedesmal bei dem Wort »Lenin« Tränen die Wangen hinunterliefen. An einem der Besuchstage, als der Ministerpräsident mit Teilen der Delegation nach Nowosibirsk geflogen war, machte ich mit den Herren unseres Moskauer Büros einen Ausflug in das Kamagebiet, das uns von unseren jahrelangen Verhandlungen noch lebhaft in Erinnerung war. Auch suchte ich im Außenhandelsministerium den Minister Manzhulo auf, mit dem ich über das Konsignationslager anläßlich der Olympiade in Moskau 1980 verhandelt hatte. Neben zahlreichen anderen Gesprächen und kulturellen Programmpunkten fand eine Kranzniederlegung am Grabmal des »Unbekannten Soldaten« statt. Anschließend suchten wir den deutschen Soldatenfriedhof in Lublino bei Moskau auf, für den wenig später ein Besuch des Bundeskanzlers Helmut Kohl vorgesehen war. Der Friedhof, auf dem hauptsächlich Jugendliche unter zwanzig Jahren begraben lagen, die in den Lazaretten gestorben waren, befand sich in so miserablem Zustand, daß ich gegenüber Herrn Späth, Botschafter Meier-Landruth und dem ebenfalls anwesenden Botschaftsrat Graf Lambsdorff vorschlug, daß das Haus Daimler-Benz über seine guten Verbindungen zum Moskauer Oberbürgermeister Promyslow versuchen könnte, Abhilfe zu schaffen und den Friedhof in einen menschenwürdigen Zustand zu versetzen, auch um dem Bundeskanzler diesen erschütternden Anblick zu ersparen. Tatsächlich gelang es mir, dies zu erreichen, und beim Kanzlerbesuch befand sich der deutsche Friedhof schließlich in einem hervorragenden Zustand, auch die weitere Pflege war sichergestellt.

Besonders hervorheben möchte ich das gute zwischenmenschliche Verhältnis, das wir trotz aller politischen Gegensätze und historischen Belastungen zu vielen Repräsentanten der UdSSR in der Wirtschaft, der Verwaltung und Diplomatie entwickeln konnten. Stellvertretend auch für andere möchte ich den langjährigen Botschafter der Sowjetunion in der Bundesrepublik Deutschland, Valentin Mikhaylovich Falin nennen. Falin war mit seiner außerordentlich guten Kenntnis der deutschen Geschichte und Literatur immer ein interessanter Gesprächspartner, und ich stehe heute noch in Kontakt mit ihm. Als Falin 1978 im achten Jahr seiner Bonner Amtszeit in die UdSSR zurückberufen wurde, gab er für Zahn, Bundesbankpräsident Pöhl und mich in kleinstem Kreis am Tag vor seiner Abreise ein Abschiedsessen, bei dem wir die Ereignisse der 70er Jahre Revue passieren ließen. Falin kritisierte bereits damals, also noch vor Gorbatschow, in scharfer Form die Inkompetenz der sowjetischen Bürokratie und andere Mängel der sowjetischen Gesellschaft. Heute ist Falin, der führende außenpolitische Experte der UdSSR für Westeuropa, Abteilungsleiter im Zentralkomitee der KPdSU und Abgeordneter des Volksdeputiertenkongresses, und ich bin mir sicher, daß bei Politikern wie Falin der Wunsch nach »Völkerverständigung«, besonders was das deutsch-russische Verhältnis anbelangt, keine leere Redensart ist.

China, Indien und Asien

»Einmal sehen ist besser als hundertmal hören«

(Chinesisches Sprichwort)

Nach unserem Vertragsabschluß mit der UdSSR über die Belieferung der Olympischen Spiele von Moskau hieß es 1978 in der Presse:
»Mercedes verfügt auf der Erde bisher über etwa 3000 ›Stützpunkte‹. Wenn der neonbeleuchtete Stern künftig auch im sowjetischen Vielvölkerstaat bundesdeutsche Arbeit signalisiert, ist nur noch China ein ›weißer Fleck‹ auf der Generalstabskarte in den Chefetagen. Aber dort, in China, war Verkaufschef Hoppe ebenfalls schon zum Tee.«[14]
Das war übertrieben und untertrieben gleichermaßen. Tatsache ist, daß ich bereits im November 1972 mit dem chinesischen Botschafter in Bonn Kontakte geknüpft hatte und 1973 (21. 5. bis 1. 6.) als Vorstandsmitglied der Daimler-Benz AG – und stellvertretend für die deutsche Automobilindustrie – Mitglied der von Berthold Beitz geführten ersten deutschen Wirtschaftsdelegation in der Volksrepublik China war, die sich Eindrücke vom Markt China und von den Möglichkeiten eines erweiterten Handelsaustausches sowie einer Kooperation zwischen der Volksrepublik China und der Bundesrepublik Deutschland verschaffen wollte. Ziel war nicht der Abschluß von Geschäften, sondern das Knüpfen erster Kontakte nach einer längeren Periode, während der sich China von der Außenwelt abgeschlossen hatte. Der Delegation gehörten führende Vertreter der deut-

schen Industrie an, u. a. Heinz Wolf Mommsen (Krupp), Heinz Hufnagel (Mannesmann), Herbert Culmann (Lufthansa), Hans Groebe (AEG), Christian-Peter Henle (Klöckner), Alfred Herrhausen (Deutsche Bank), Cai Graf zu Rantzau (Dresdner Bank), Konrad Henkel (Henkel) und Hans Leussink (Bundesminister für Bildung und Wissenschaft a. D.).[15]

Die Vorgeschichte zu dieser Reise lag im politischen Bereich: Nach dem Beginn der »Ping-Pong-Diplomatie« zwischen den USA und China hatte Anfang der 70er Jahre als Folge des neuen weltpolitischen Gegensatzes zwischen den beiden kommunistischen Großmächten UdSSR und China eine Periode der Öffnung gegenüber dem Westen eingesetzt, von der auch die deutsche Industrie zu profitieren hoffte. Ursache der chinesischen Öffnung nach Westen war ja unter anderem der Abzug der russischen Techniker und Fachleute samt aller Baupläne und Ersatzteile, der in China eine große Zahl von Industrieruinen hinterließ.

Die Politik des »Großen Sprungs nach vorn«, also die Industrialisierung aus eigener Kraft, war mittlerweile am fehlenden Know-How gescheitert. Voraussetzung für die China-Reise speziell der deutschen Wirtschaftsdelegation war die Aufnahme diplomatischer Beziehungen zwischen der Bundesrepublik Deutschland und der Volksrepublik China im Jahr 1972 gewesen. Mit dem ersten deutschen Botschafter in Peking, Rolf Pauls, den ich bereits aus meiner Zeit in den USA gut kannte, sollten wir gute Kontakte pflegen. Wir waren uns klar darüber, daß China als eine der alten Hochkulturen mit seiner dreitausendjährigen Tradition ein ganz spezifisches Kennenlernen und sorgfältige Behandlung erforderte. Gerade während der Jahrzehnte nach dem Zweiten Weltkrieg hatte sich noch einmal die Eigenständigkeit des »Reichs der Mitte« gezeigt, der Maoismus konnte als Fortsetzung der älteren chinesischen Philosophie betrachtet werden. Chancen sahen wir deutschen Industriellen langfristig wegen der Größe dieses volkreichsten Landes der Welt und seinem in Zukunft zu erwartenden riesigen Marktpotential. Bereits damals lebten allein in der VR China mehr Menschen als in den USA, der UdSSR und Europa zusammen. Und diese Möglichkeiten waren bislang kaum genutzt worden.

Die Reise ging nicht gerade ins Blaue, war aber doch mit einigen Unsicherheiten behaftet, denn einen Präzedenzfall für eine Reise ins Reich Mao Tse-Tungs gab es nicht, und der Verlauf der Reise, vor allem ihre Gewichtung durch die chinesische Seite, war protokollarisch nicht bis ins letzte geregelt. Erfreulicherweise wurde ihre Bedeutung durch die Volksrepublik China dann ziemlich hoch eingestuft, wie der betont herzliche Empfang durch den Ministerpräsidenten Tschou En-lai in der Großen Halle des Volkes zeigte. Dieser Empfang stellte natürlich den Höhepunkt

Abb. oben: Deutsche Wirtschaftsdelegation 1973, Empfang Tschou En-lai, Große Halle des Volkes, Peking.
Abb. unten: ›Campai‹ mit ›Mao Tai‹ (Umtrunk mit Reisschnaps) mit dem stellv. Außenhandelsminister Li Chiang, Berthold Beitz und dem stellv. Außenminister

der Reise dar. Weitere Gesprächspartner waren jeweils die stellvertretenden Minister für das Äußere und den Außenhandel. Entsprechend fielen auch die Berichte darüber aus, etwa im Stern Magazin, in der Prawda oder in Time. Unserer neunzehnköpfigen Delegation wurden nicht nur alle möglichen Freundlichkeiten erwiesen, sondern, was uns wichtiger war, auch große Einblicke in die Produktionsstätten der chinesischen Industrie gegeben; wir konnten Stahl-, Maschinen-, Textil- und Radio- und Autofabriken besichtigen, darunter auch die Fertigungsstätte des Renommierautos »Rote Fahne«. Tatsächlich war das hervorragend organisierte Besuchsprogramm so vollgepackt, daß uns täglich nur fünf Stunden Schlaf übrigblieben. Neben der »verbotenen Stadt« und ihren nach der Kulturrevolution verbliebenen Kunstschätzen stand unter anderem auch die Besichtigung der Ming-Gräber und der Großen Mauer auf dem Programm, wozu beträchtliche Wegstrecken zurückgelegt werden mußten.

Als Vertreter von Daimler-Benz beeindruckte mich natürlich, daß auf den Straßen fast nur Fahrradfahrer, aber diese in ameisenhafter Dichte, anzutreffen waren. Wenn wir auch von den technischen Standards der Produktionsanlagen wenig beeindruckt waren, dann um so mehr von der Liebenswürdigkeit, Pünktlichkeit, Disziplin und Aufgeschlossenheit unserer Gastgeber. In einem Krankenhaus, in dem der Arzt des Krupp-Krankenhauses und ich, der ich aus familiärer Tradition eigentlich hätte Arzt werden sollen, einer Kropfoperation unter Akupunktur beiwohnen durften, beeindruckte die Durchführung der Operation sowie die hervorragende Hygiene. Weniger gefielen uns die einheitlichen Mao-Uniformen, die allenthalben getragen werden mußten. Berthold Beitz faßte das Ergebnis unserer Reise folgendermaßen zusammen: »Wir haben die Grundlagen der chinesischen Wirtschaft kennengelernt. Wir sind als Fremde gekommen und als Freunde gegangen. Deutsche Firmen, die mit China verhandeln wollen, werden es jetzt leichter haben.«[16]

Die Beziehungen der Daimler-Benz AG waren »spezieller« Natur. China war das einzige asiatische Land, von der Mongolei einmal abgesehen, zu dem wir keine offiziellen Beziehungen unterhielten. Dennoch konnten wir feststellen, daß auch damals schon nicht wenige Mercedes – Lkw und Pkw – im Pekinger Straßenbild zu sehen waren, die auf dubiosen Wegen dorthin gelangt sein mußten. Dies war durchaus von Vorteil, denn aufgrund dieser Oldtimer war Mercedes bereits vor unserem leibhaftigen Erscheinen ein Begriff, der mit Qualität und Haltbarkeit assoziiert wurde, was in einem Land mit niedrigem Pro-Kopf-Sozialprodukt ein wichtiges Argument ist. Lieferungen waren im Jahr 1957 wiederaufgenommen worden, doch sind in den Jahren 1957 bis 1972 insgesamt nur 515 Pkw und 116 Lkw importiert worden, im Vorjahr 1972 genau 48 Pkw und 12 Lkw. Diese Geschäfte waren über die »Otto Wolff Automotive« in Hongkong als Bargeschäft abgewickelt worden.[17] Bereits im November 1972 hatte ich angesichts der Bewegung in den Beziehungen zur Volksrepublik China meinen Mitarbeiter Gorgels (Marktbereichsleiter Ferner Osten) auf die jährlich stattfindende Kanton-Messe entsandt, die damals das Schaufenster Chinas für den Westen bildete. Gorgels berichtete nicht nur von der relativ einfachen Lebensweise in China, sondern auch von der großen Ähnlichkeit, die der Automobiltyp »Shanghai« mit dem Mercedes 220 der Baureihe von 1958 aufwies, eine Beobachtung, die sich später bestätigen sollte. Auch ich glaubte 1973, bei den chinesischen Eigenproduktionen eine Anlehnung an Daimler-Produkte erkennen zu können. Insbesondere die chinesische Prunkkarosse »Rote Fahne«, deren Fertigungsstätte in Chang Chun wir besichtigen konnten, schien im Stil dem »Mercedes 600« nachgebaut zu sein. Der Daimler-Motor MB 820 wurde ohne Lizenzvergabe unter dem Namen »Rote Flagge« nachgebaut.[18]

Ähnlich wie im Fall der UdSSR galt auch für die Volksrepublik China, daß hier von »normalen« Geschäftsbeziehungen keine Rede sein konnte, daß vielmehr die Aufnahme der Kontakte von seiten der Daimler-Benz AG mit hohem Aufwand erfolgte, der nur als Investition in die Zukunft zu rechtfertigen war. Im Mai 1973 stellten wir der chinesischen Regierung ein erstes Musterfahrzeug zur Verfügung, in der Zeit darauf begannen Verhandlungen über weitere Aufträge. Bereits nach einem Jahr, im Mai 1974, erfolgte ein für chinesische Verhältnisse größerer Auftrag in Höhe von 154 Nutzfahrzeugen, die in einem Ölfeld eingesetzt werden sollten. Wie bei der Sowjetunion bargen auch diese Verhandlungen eine politische Dimension. Nach der guten Aufnahme unserer Wirtschaftsdelegation in China versuchten wir natürlich von Firmenseite, die von mir geknüpften Kontakte nicht wieder abreißen zu lassen, da dies überhaupt die ersten direkten Kontakte der DBAG zu China nach dem Krieg waren. Auf jeden Fall entwickelte ich nach dem Besuch gegenüber dem Vorstand die Absicht, die DBAG von der »Otto Wolff Automotive«, die bisher unsere Geschäfte zu unserer Zufriedenheit abgewickelt hatte, im Sinn zukünftiger größerer Vorhaben abzunabeln und selbst direkt mit den Chinesen zu verhandeln.[19]

Tatsächlich gab es fortan laufend Besuche der Chinesen bei uns und umgekehrt. Nach dem ersten China-Besuch arbeiteten wir bei Daimler-Benz an Konzepten, wie dem chinesischen Markt beizukommen sei. Fremde Investitionen oder Kreditvergabe waren von der damaligen chinesischen Führung nicht erwünscht, weil man eine erneute Abhängigkeit vom Ausland fürchtete. Man war jedoch an Importen interessiert, die in Raten mit einem Zins von nicht mehr als 6% abbezahlt werden sollten. Meine Ansicht war, daß der Verkauf von Mercedes-Benz-Pkw kurz- und mittelfristig an der fehlenden Kaufkraft scheitern mußte. Aus demselben Grund war – trotz hohen Bedarfs – auch kein sprunghafter Anstieg des Nutzfahrzeug-Imports zu erwarten. Interessant war allein der Markt für Nutzfahrzeuge (Omnibusse, Geländewagen, Lkw, Schwerst-Lkw) und Motoren, wobei wegen der großen Entfernungen und bei der Größe des Markts nur ein Montagewerk vor Ort mit »local content« in Frage kommen konnte. Es fehlte zwar im kommunistischen China an einer an westlichen Maßstäben zu messenden Zulieferindustrie, doch konnte man sich vor Ort zunächst auf die Produktion einfacher Teile beschränken und nach und nach, wie in Indien, eine komplette Produktion aufbauen.

Hauptthema der komplizierten Gespräche mit unseren chinesischen Verhandlungspartnern, die in meiner Abwesenheit von Michael Bassermann und in technischen Fragen von Karlheinz Bendak geführt wurden, war eben diese anvisierte Montage von Fahrzeugen in der Volksrepublik. Die chinesischen Gesprächspartner waren stets für Vorschläge offen, beispielsweise für meine Anregung, den Handelsbeziehungen eine genaue Marktanalyse vorhergehen zu lassen. Als Vorleistung stellten wir bereits im Juni 1973 der staatlichen Import/Export-Firma Machimpex einen Lkw Typ LAK 2624 mit Kipperaufbau zu Erprobungszwecken zur Verfügung. Die Verbindung zu Madame Li von Machimpex sollte in der Folgezeit stets wichtig bleiben. Gute Kontakte pflegte ich seit 1972 zum chinesischen Botschafter Wang Shu in Bonn, ein Kontakt, der auch erhalten blieb, als dieser 1977 als neuer Chefredakteur des Parteiorgans »Rote Fahne« nach Peking zurückging. Seinen Nachfolger in der Botschaft, Chang Tung, konnten wir bald als Gast in Stuttgart empfangen, um mit ihm die Möglichkeit einer Übertragung des erfolgreichen indischen Entwicklungsmodells DB/Tata auf die Volksrepublik China zu diskutieren. Allerdings machte Chang Tung deutlich, daß sein Heimatland nur an neuester Technologie, also Fahrzeugen der »Neuen Generation« interessiert war. Wir waren mit unseren Geschäften zu diesem Zeitpunkt lediglich im Lastwagenbereich etwas stärker vorangekommen, doch insgesamt verlief das Geschäft unbefriedigend. In zwanzig Jahren (1957 bis 1977) waren offiziell gerade 687 Pkw und 367 Lkw in das »Reich der Mitte« abgesetzt worden, wovon die Lieferung von 154 Mercedes-Benz-Sattelschleppern für den Transport von Pipeline-Rohren zu den chinesischen Ölfeldern im Jahre 1974 eindeutig den größten Posten ausmachte.

Auch die Beschickung der deutschen Industrieausstellung »Technogerma« in Peking 1975 hatte daran nicht viel geändert, obwohl Machimpex immer wieder bestätigte, daß man mit den gelieferten Fahrzeugen sehr zufrieden sei, der Kundendienst gut funktionierte und kaum Beanstandungen kämen. Im Jahr 1977 lieferte die DBAG 115 Lkw, 45 Pkw und fünf Busse nach China. Nach dem chinesischen Kalender war 1976 das Jahr des »Feurigen Drachen« gewesen, die Wirtschaftsbeziehungen waren wegen der innenpolitischen Ereignisse praktisch tot. Ministerpräsident Tschou En-lai starb, es kam zu aufstandsähnlichen Unruhen, der schon einmal im Verlauf der »Kulturrevolution« wegen angeblicher »kapitalistischer« Ambitionen entmachtete Deng Xiaoping (geb. 1904), der 1973 bis 1976 stellvertretender Ministerpräsident war, wurde auf Betreiben von Maos Witwe Tschiang Tsching gestürzt, die später so genannte »Viererbande«, bestehend aus vier ultralinken Kommunisten, begann Macht auszuüben. Dann starb Mao Tse-tung, und schließlich kam es im innerchinesischen Machtkampf zur Verhaftung der »Viererbande«, die in der Folge für alle Übel in der chinesischen Wirtschaft und Gesellschaft verantwortlich gemacht wurde. In dieser Zeit wechselten in China ständig die Zuständigkeiten, Gesprächspartner verschwanden spurlos und bei der nächsten Verhandlung konnten sich die neuen Delegationen nicht mehr an frühere Vereinbarungen erinnern. Mit wem und worüber man auch sprach, man bekam immer nur zu hören, daß die »Viererbande« Schuld trage. Von Maos Nachfolger Hua Guofeng (geb. 1920), der immer wieder gerüchtehalber als natürlicher Sohn Maos bezeichnet wurde, war bekannt, daß er wirtschaftlich einen pragmatischeren Kurs steuern würde, und auch Deng Xiaoping stieg 1977 erneut zum führenden Politiker der Volksrepublik China auf. So waren wir an engeren Kontakten interessiert, denn nach einem Jahr der Konsolidierung konnte 1978 für China einen wirtschaftlichen Aufschwung bringen.

Die Hauptaktivität unserer Verhandlungen mit der VR China lag in den Jahren 1978/79. Bereits Ende Januar 1978 war ich aufgrund der Vorgespräche mit der chinesischen Botschaft mit mehreren Mitarbeitern zu Gesprächen in Peking. Schwerpunktthemen waren die Ausweitung des Liefergeschäfts und die Möglichkeiten zu weitergehender Zusammenarbeit, insbesondere der Aufnahme einer Montage in China. Alle Gespräche verliefen in betont freundlicher Atmosphäre, und wir hatten den Eindruck, daß die Pflege der seit 1973 bestehenden Kontakte nun Wirkung zeigen würde. Die Gespräche drehten sich um ein Auftragsvolumen von 1000 Nutzfahrzeugen, doch verlangte die chinesische Seite Entgegenkommen bei der Preisgestaltung, da andere westeuropäische Hersteller erheblich unter unseren Preisen anboten. Immerhin gelang noch im Februar 1978 der Abschluß eines Auftrags über die Lieferung von 650 Lkw-Einheiten, das war immerhin mehr als in den vorhergehenden zwanzig Jahren, oder, wenn man es dramatischer ausdrücken will, jemals zuvor. Der Auftragswert, der auch die Ausbildung von zehn Technikern für die Wartung beinhaltete, lag netto bei einer Größenordnung von ca. 50 Millionen DM, und weitere Großaufträge wurden in Aussicht gestellt.

Die Verhandlungen mit den Chinesen drehten sich jedoch 1978 in erster Linie um eine Kooperation bei der Herstellung von schweren Lkw in der VR China selbst. Um unsere Vorschläge zum Bau einer Fertigung in China zu fördern, beschlossen wir, die chinesischen Experten zur Besichtigung unseres Lkw-Werks in Wörth einzuladen, getreu dem chinesischen Sprichwort: »Einmal sehen ist besser als hundertmal hören.« – was übrigens nicht nur für Chinesen zutreffen soll. Im April/Mai 1978 erschien eine vierzehnköpfige Delegation unter Leitung des Vizeministers für Maschinenbau, Yang Keng, für drei Wochen in Deutschland, um Fertigungstechnik, Produktionsordnung, Typenprogramm, Beschaffungswesen, Personalwesen etc. der DBAG kennenzulernen. Die Delegation zeigte sich von allem sehr beeindruckt und konnte sich sowohl von unserer Leistungskraft als auch unserem Kooperationswillen überzeugen. Sie machte aber auch kein Hehl daraus, daß weitere Regierungsstellen über ihren

Abschlußbericht befinden würden. Ende Oktober 1978 besuchte der stellvertretende Ministerpräsident der VR China, Fang Yi, die Bundesrepublik Deutschland. Als Verantwortlicher für das Ressort Wissenschaft und Technologie besuchte Fang Yi auch die Daimler-Benz AG, um sich vor Ort ein Bild vom neuesten Stand der Nutzfahrzeugfertigung zu machen. Bei einem Besuch des Lkw-Werks in Wörth sagte ich in der Ansprache: »Wir sind stolz, in diesem Jahr mehr als 1300 schwere Lastwagen aus diesem Werk in die Volksrepublik China liefern zu können«, denn die Bestellungen hatten sich gegenüber dem Februar mittlerweile verdoppelt.[20]

Fang Yi war als stellvertretender Ministerpräsident der bis dahin ranghöchste Besucher aus der VR China bei Daimler-Benz, und wir gingen davon aus, daß nun Bewegung in die Verhandlungen über den Bau einer Lkw-Fabrik in China selbst kommen würde. In meiner Ansprache versuchte ich stets, auf das chinesische Eigeninteresse hinzuweisen. Bei der Einrichtung einer Fertigungsstätte wurde von chinesischer Seite sofort in einer Größenordnung von 200 000 Einheiten gedacht, die allerdings stufenweise aufgebaut werden sollte. Ich versuchte von vornherein, das Projekt auf eine realistische Größe – unter 50 000 Einheiten – herabzuschrauben und gleichzeitig eine von uns verlangte Generalunternehmerschaft abzulehnen. Wir erklärten uns bereit, über Lizenzen, technical engineering und technical assistance Verträge auszuhandeln. Unsere Hoffnung auf Bewegung in den Verhandlungen trog jedoch. Über die Form der Zusammenarbeit verfügte man in der von Fang Yi geleiteten Delegation über keine eigenen Vorschläge.

Alles in allem hegten wir 1978 für China sehr optimistische Erwartungen, was sich durch den Besuch des Ministers für Maschinenbau, Tschu-Tzu-chien, Ende November 1978 in Untertürkheim noch steigerte. Nach den Begrüßungsreden wurden auf Vorschlag des Ministers zwei Arbeitsgruppen gebildet, die bis in Details hinein die vorgeschlagenen Projekte erneut diskutierten. Dabei zeigte sich, daß die früher von uns vorgeschlagenen Kerndaten (50 000 Einheiten im Zweischichtbetrieb etc.) nun akzeptiert wurden, aber bei der Durchführung Modifikationen vorgeschlagen werden sollten, wobei auch eine direkte Kapitalbeteiligung der DBAG bis zu 49% erstmals ins Gespräch kam. Hintergrund dieses Angebots war, daß man dadurch hoffte, nicht nur Lizenzrechte, sondern überhaupt den Anschluß an die technische Entwicklung zu gewinnen. Außerdem wollte man nicht nur »chinesische Lkw«, sondern Daimler-Benz-Lkw produzieren, also Lkw mit dem DB-Warenzeichen, dem Mercedes-Stern. Dies stellte uns vor eine unerwartete Situation. Ich betonte, daß die Beteiligungsfrage prinzipiell keinen Einfluß auf die technische Realisierung habe.

Abb. oben: Museumsbesuch 1978 – chinesische Delegation – Eberhard Herzog, Yang Keng, HCH. Abb. unten: Außenhandelsminister der VR China Li Chiang mit Heinz Schmidt, Werner Niefer, HCH.

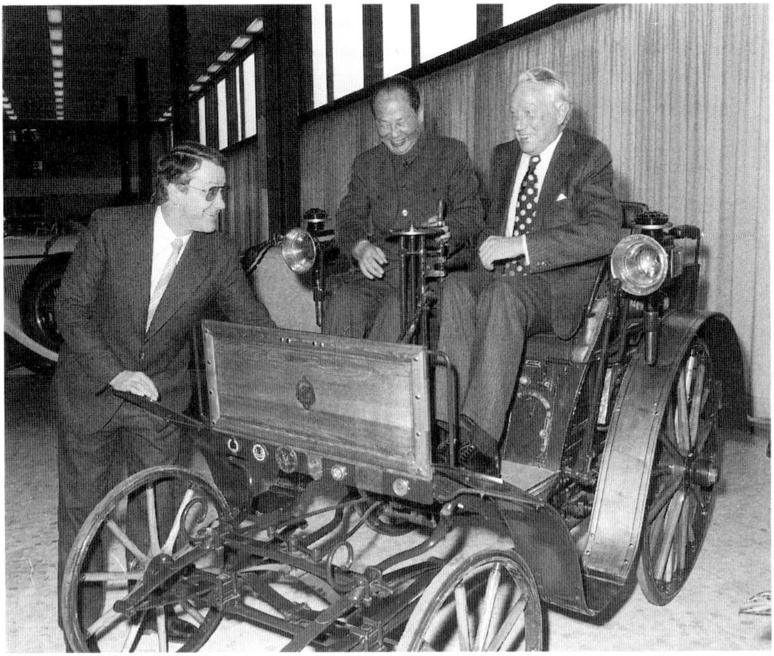

Daimler-Motoren-Gesellschaft
CANNSTATT

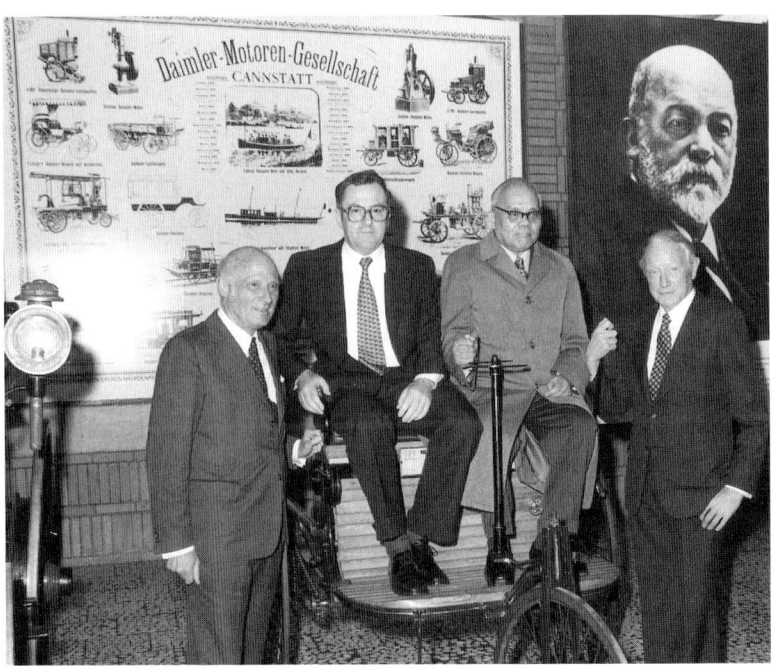

Tatsächlich drohte nun aber wieder das gleiche Problem wie bei dem sowjetischen Kama-Projekt, nämlich der Export von chinesischen DB-Produkten auf Drittmärkte, wo deutsche DB-Produkte im Preis unterboten werden könnten. Auf meine Frage nach der Kapitalverzinsung im Fall einer Beteiligung erhielten wir keine eindeutige Antwort. Der Minister machte allerdings deutlich, daß die Gründung von Tochtergesellschaften in China nicht in Frage käme, sondern daß lediglich die Zusammenarbeit in Form von Beteiligung oder Joint-Venture möglich sei. Auf Nachfrage erklärte er noch einmal, daß auch im Fall eines Joint-Venture die Fahrzeuge unter dem Stern produziert werden müßten. Ich versuchte sofort, deutlich zu machen, daß eine Zustimmung zu einem solchen Projekt weder vom Aufsichtsrat noch vom Vorstand der DBAG zu erhalten sein würde, falls durch Exporte aus China Arbeitsplätze in Deutschland gefährdet würden. Die chinesische Seite betonte daraufhin, daß es sich nur um Gedankenspiele handele und daß sie vor allem an einer schnellen Realisierung des Projekts interessiert seien. Nach dem turbulenten Verlauf dieser Gespräche waren wir froh, daß die Werksbesichtigung in Wörth programmgemäß verlief und der Besuch harmonisch bei einem Empfang der baden-württembergischen Landesregierung in Stuttgart ausklingen konnte. Noch im Winter 1978/79 gingen weitere Delegationen zwischen Stuttgart und Peking hin und her, die Besichtigung chinesischer Automobilwerke durch eine Techniker-Delegation unter Leitung von Werner Niefer sollte die Voraussetzungen für ein Projekt im Detail klären. Dabei ergab sich ein doch relativ hoher Standard der chinesischen Maschinenindustrie, die zu 70 bis 80% in ein dortiges Projekt einbezogen werden konnte.

Gleichzeitig liefen natürlich die Versuche weiter, China zum Import von Nutzfahrzeugen anzuregen. Bei meinem Besuch in Peking Anfang Dezember 1978 erhielt ich eine Einladung von Fang Yi in der Großen Halle des Volkes zu einem persönlichen Gespräch, in dem er mich auf die schlechte Devisenlage der Chinesen hinwies. Es war bekannt, daß die Chinesen eine Auslandsverschuldung ablehnten. Als Fang Yi darauf zu sprechen kam, der Reichtum seines Landes läge unter der Erde, ergriff ich die günstige Gelegenheit mit dem Argument, daß wir über die Mittel verfügten, die Rohstoffe aus der Erde zu holen, so daß eine umfassende Zusamenarbeit nur logisch erschien. Gleichzeitig versuchte ich, das Interesse der Chinesen an Schwerst-Lkw und Muldenkippern zu wecken, über die wir seit dem Erwerb der Firma Euclid in den USA verfügten. Diese Fabrik hatten wir nicht zuletzt im Hinblick auf Exportmöglichkeiten in die

Abb. oben: Begrüßung des Parteivorsitzenden Hua Guofeng in Sindelfingen durch Gerhard Prinz, Frau Salland-Staib, Werner Niefer, HCH, Hua Guofeng, 1979. Abb. unten: Gruppenphoto nach intensiven Gesprächen mit Fang Yi, stellv. Ministerpräsident VR China, und unseren chinesischen Verhandlungspartnern in der Großen Halle des Volkes, 1978, v. links: Bendak, HCH, Fang Yi, Inge Cromme, Bassermann, Gorgels, Wolters.

UdSSR und China erworben, da dort unserer Ansicht nach großer Bedarf an Spezialfahrzeugen für schwere Erdbewegungen bestand. Zum Aufbau einer modernen Infrastruktur waren schwere Lkw nötig, und diese konnten entweder importiert oder im Land selbst mit westlicher Technologie hergestellt werden.

Da sich Fang Yi in diesem Gespräch an den Möglichkeiten der Euclid-Nutzfahrzeuge, die für das Schürfen von Erzen geeignet waren, sehr interessiert zeigte, setzte ich mich nach meiner Rückkehr mit der Metallgesellschaft Lurgi in Verbindung. Wir waren bereit, Kompensationsgeschäfte mit Rohstofflieferungen zu akzeptieren, wozu allerdings die Einschaltung weiterer Firmen im Ausland notwendig war. Gleichzeitig fanden auch Gespräche mit Banken statt, um auch eine finanzielle Basis für diese Geschäfte zu schaffen. Die Voraussetzungen für eine Einigung auf dieser Basis sahen günstig aus.

Bei einem Gespräch mit dem chinesischen Botschafter in Bonn wurde mir im März 1979 mitgeteilt, daß die Entscheidung über weitere Importe sowie über das Lkw-Projekt aus Kapitalmangel und strukturpolitischen Gründen um ein Quartal vertagt worden sei. Das paßte zu Berichten der internationalen Wirtschaftspresse über eine generelle Vertagung von Großprojekten in China zu diesem Zeitpunkt, aber erfreute uns nicht sehr, denn für Juli 1979 waren schließlich längere Verhandlungen in Peking (20.7. bis 4.8.) vorgesehen, wobei sich durch Telexe bereits abzeichnete, daß die Exportfrage bei dem geplanten Lkw-Projekt zu Konflikten führen mußte. Obwohl wir bereit waren, beschränkte Exporte nach Südostasien hinzunehmen, wollten wir doch unsere Auffassung durchsetzen, daß die Zielrichtung des geplanten Pilotwerkes nicht der Export, sondern die Belieferung des chinesischen Marktes sein mußte.

Diese Verhandlungen zeigten, daß die Chinesen nach wie vor keine besonders klaren Vorstellungen über ihr Vorhaben hatten. Sie wichen in Verhandlungspositionen zurück und schraubten ohne Gründe die Auslegung des Werks auf die von uns schon früher vorgeschlagenen 25 000 Einheiten zurück, mit einer Option auf Verdoppelung. Gleichzeitig betonte man die große Bedeutung, die man chinesischerseits dem Projekt zumaß. Tatsächlich arbeiteten zu diesem Zeitpunkt 50 Mitarbeiter des »Bureau of Automotive Industries« im »First Ministry of Machine Building« inzwischen seit zwei Jahren permanent an diesem Projekt. Das Projekt sollte nach Vertragsabschluß innerhalb von sieben bis acht Jahren verwirklicht werden. Als Name des gemeinsamen Projekts wurde »Chang Jiang Motor Corporation Ltd.« vorgeschlagen. Wir erklärten der chinesischen Seite unsere Enttäuschung darüber, daß unsere bis ins Detail durchdachten Vorschläge, die auch die chinesischen Interessen berücksichtigten, auf keine angemessene Resonanz gestoßen waren und weiterhin keine konkreten Festlegungen erfolgten. Daraufhin wurde uns erklärt, man möge die chinesischen Vorstellungen nicht als endgültig betrachten, man sei zu weiteren Gesprächen und zu Kompromissen bereit.

Im Hinblick auf den bevorstehenden Besuch des Ministerpräsidenten Hua Guofeng in der Bundesrepublik Deutschland (22. bis 29.10.1979) und den Eindruck unserer Delegation, daß das Industrieministerium unter Zugzwang stehe, arbeiteten wir bis Ende August noch einmal ein neues Konzept der Zusammenarbeit unter reduzierter Kapazität aus, um den Vorstellungen der Chinesen entgegenzukommen. Gleichzeitig überprüften wir die Verhandlungen, die die VR China mit General Motors und VW führte, weil wir eine Hinhaltetaktik befürchteten. Mitte September befanden wir uns schon wieder zu zweiwöchigen Gesprächen in Peking, die mit der Unterzeichnung eines gemeinsamen Protokolls endeten, wieder ohne konkrete Entscheidung. Obwohl aus Proporzgründen ein Besuch des Landes Baden-Württemberg und damit der DBAG durch Hua Guofeng nicht vorgesehen war, erreichten wir mit Hinweis auf unsere Vorreiterrolle bei der geplanten Zusammenarbeit mit China bei Bonner Politikern, insbesondere dem Wirtschaftsminister, eine Umstellung des Besuchsplans.

Inzwischen war ich in den Augen der deutschen Medien zu einer Art Sachverständigen für chinesische Wirtschaftsfragen bekannt. Aus Anlaß des Besuchs des chinesischen Staatsoberhaupts bat mich am 24. Oktober 1979 die Tagesschau zu einem Fernsehinterview, in dem ich Auskünfte geben sollte über die Absichten Huas. Ich durfte den Fernsehzuschauern erklären, Hua erwarte meiner Ansicht nach Aufschlüsse über den neuesten Stand der Technologie in Deutschland, und die Bedeutung des Besuchs liege darin, daß die VR China trotz der Nähe Japans wirtschaftliche Zusammenarbeit gerade mit der Bundesrepublik Deutschland suche. Hua Guofeng befand sich zum Zeitpunkt des Interviews bereits in Deutschland, und am 26. Oktober 1979 besuchte er die DBAG in Stuttgart-Untertürkheim, frei nach dem Motto: »Wer die DBAG nicht gesehen hat, hat Deutschland nicht gesehen«, wie ich in einer Begrüßungsrede zu bemerken wagte. Der Besuch war ein glänzender Erfolg und hatte auch eine positive Resonanz in der Presse. Der große Eindruck war erkennbar, den die Besichtigung der Werksanlagen in Sindelfingen bei dem Ministerpräsidenten und seiner gesamten Delegation machte. Hua Guofeng äußerte überraschend den Wunsch, aus dem Besichtigungsbus auszusteigen und eine Strecke im Werk zu Fuß zu gehen. Der Vorstand folgte diesem Vorschlag gern, verstärkte diese Abweichung vom Protokoll doch den Eindruck eines besonders guten Verhältnisses zu China, und die Chinesen trugen in jeder Hinsicht zu diesem Eindruck bei. So sagte Ministerpräsident Hua in seiner Antwort auf meine Begrüßungsrede auf chinesisch: »Ich spreche bereits fließend deutsch: Mercedes-Benz.«

Auf die hochgespannten Erwartungen folgte in den Jahren 1980/81 eine Phase der Ernüchterung, nachdem die chinesische Seite die Verhandlungen immer weiter ohne Entscheidung hinauszögerte. Unser neuer Hauptverhandlungspartner, der stellvertretende Minister für Maschinenbau, Rao Bin, nährte im März 1980 noch das optimistische Klima. Kurioserweise wurden die Gespräche am Krankenbett geführt, da Rao Bin während seiner Reise erkrankt war. Doch wenig später stellte sich heraus, daß China bei der Industrialisierung neue Prioritäten setzen wollte, Landwirtschaft und Leichtindustrie traten in den Vordergrund, während die Schwerindustrie, zu der die Automobilherstellung rechnete, in den Hintergrund gerückt wurde. Das ständige Hin und Her der chinesischen Verhandlungspositionen, auch der ständige Wechsel der Gesprächspartner führte auf unserer Seite schließlich zu stärkerer Zurückhaltung. Die Chinesen verfügten über kein klares Entwicklungskonzept, auch wenn sie immer wieder betonten, wie sehr sie an einer Zusammenarbeit mit der DBAG interessiert waren. Obwohl wir bei unseren Verhandlungen immer wieder über Joint-Venture, Beteiligungen etc. sprachen, war die Gesetzgebung in China dafür bisher ebensowenig vorhanden wie etwa für Investitionsschutzabkommen. Dies führte zur Überlegung im deutschen Wirtschaftsministerium, unter Leitung von Graf Lambsdorff eine ständige deutsch-chinesische Wirtschaftskommission einzusetzen, die derartige Fragen prüfen sollte, die ja nicht nur für die DBAG, sondern auch für andere Industrien in Deutschland interessant waren.

Meine Zuständigkeit in diesem Gremium erstreckte sich auf Joint-Venture-Abkommen, wobei sich in Gestalt der Schweizer Fahrstuhlfirma Schindler bald ein Präzedenzfall anbot. Im August 1980 war ein Arbeitsbesuch einer deutschen Delegation, bestehend aus dem Wirtschaftsminister Otto Graf Lambsdorff, dem damaligen BDI-Präsidenten Rodenstock und weiteren Mitgliedern der ständigen deutsch-chinesischen Wirtschaftskommission und mir zu Gesprächen in China über die weitere wirtschaftliche Zusammenarbeit geplant.

Ich flog bereits einige Tage vor der Kommission des Bundeswirtschaftsministers nach China, um in Gesprächen mit dem Vizepremier Gu-mu, dem stellvertretenden Vorsitzenden der staatlichen Planungskommission Gu-ming und Yuan Baohua, dem Präsidenten der »CEMA« (Chinese Enterprise Management Association) über unsere geschäftlichen Angelegenheiten zu verhandeln. Von der CEMA wurde ich eingeladen, in der »Großen Halle des Volkes« am Beispiel der Daimler-Benz AG einen Vortrag darüber zu halten, wie ein modernes Unternehmen nach heutigen Erkenntnissen und Gesichtspunkten organisiert werden mußte. Dieser Vortrag von mir am 7. August 1980 war der erste Vortrag, den je ein Ausländer in der Großen Halle des Volkes gehalten hat. Neben hochgestellten Persönlichkeiten aus der chinesischen Wirtschaft waren auch zahlreiche Politiker anwesend. In meinem Vortrag wies ich unter anderem auf die unbedingt notwendige Sorgfalt beim Aufbau einer Automobilindustrie in China hin. Ich plädierte für ein organisches Wachstum und warnte vor zu schnellem Handeln, weil dies zu Enttäuschungen oder sogar zu schwerwiegenden wirtschaftlichen Einbußen führen könnte. Diesen Ratschlag garnierte ich mit dem chinesischen Sprichwort: »Ein Augenblick der Geduld kann vor großem Unheil bewahren, ein Augenblick der Ungeduld ein ganzes Leben zerstören.«

Die erste Tagung des gemischten Ausschusses für wirtschaftliche, industrielle und technische Zusammenarbeit fand vom 11. bis 13. August 1980 in Peking statt, die Sitzungen wurden gemeinsam von Otto Graf Lambsdorff und dem chinesischen Außenhandelsminister Li Qiang geleitet. Am Rand kam es zu Gesprächen mit dem Maschinenbauminister Zhou Zijan und seinem Vize Rao Bin sowie mit Vizepremier Fang Yi. Die beiden letztgenannten hatten wir schon in Stuttgart als Gäste empfangen können. Am 13. August fand dann als Höhepunkt ein einundeinhalbstündiges Gespräch mit dem Ministerpräsidenten Hua Guofeng statt, an dem Lambsdorff, Rodenstock und ich teilnahmen. Lambsdorff berichtete über die wirtschaftliche Entwicklung Deutschlands und ich über die Schwierigkeiten unserer Zusammenarbeit mit der VR China, wobei mir die in den vergangenen sieben Jahren geführten Verhandlungen genügend Stoff boten und ich außerdem an Huas Besuch bei Daimler-Benz im vergangenen Oktober anknüpfen konnte. In beeindruckender, schlichter Weise sprach Hua von den jüngsten Erkenntnissen seiner Regierung, daß sich nämlich die staatliche Planwirtschaft an den Bedürfnissen des chinesischen Marktes vorbeientwickelt habe, man habe viele Fehler von der Sowjetunion übernommen. Eine der Schlußfolgerungen daraus sei die Abkehr von Groß- und Superprojekten. Für China gelte es, den historisch bedingten Entwicklungsrückstand aufzuholen und die Wirtschaft stufenweise und organisch aufzubauen. Vor dem Hintergrund des sowjetischen Einmarschs in Afghanistan signalisierte Hua ein Interesse Chinas an einem wiedervereinigten Deutschland in einem starken Europa, das mit den USA zusammenarbeitete. Bei der Verabschiedung der Delegation bedankte sich der Ministerpräsident noch einmal für die eindrucksvolle Führung durch das Mercedes-Werk im vergangenen Jahr.

Nach diesem Besuch zogen wir uns von weiteren Großprojekten in der Volksrepublik China zurück. Das bedeutete jedoch weder ein Ende der Kontakte noch der Geschäftsbeziehungen. Immer wieder wurden kleinere oder größere Mengen von Fahrzeugen, vor allem Lkw, bei der DBAG bestellt. Noch im gleichen Jahr richteten wir eine vertraglich vereinbarte Kundendienstwerkstatt und ein Büro in Peking ein, in dem neben anderen Alexandra von Brockhusen arbeitete, eine Tochter meines früheren Mitarbeiters, die Sinologie studiert hatte. 1982 wurde schließlich ein Service-Center mit Konsignationslager eingerichtet, wobei wir auf unsere Erfahrungen in den osteuropäischen Staatshandelsländern zurückgreifen konnten. Das Halten unserer Stellung in der VR China beruhte auf der Überlegung, daß die Stunde noch kommen würde, zu der man auf unsere früheren Projektpläne zurückkommen konnte und daß dazu eine kontinuierliche Präsenz im Land nützlich sein würde. Peter-Emil Rupp, der bis zu diesem Zeitpunkt die Projektleitung in China innegehabt hatte, wurde jedoch durch das vorläufige Ende der Großprojektpläne frei für seine neue Aufgabe als Präsident der Firma Euclid in Cleveland.

Nach meinem Ausscheiden aus dem Vorstand trat 1983 Ministerpräsident Lothar Späth an den Vorstand des Hauses Daimler-Benz mit der Bitte heran, ob ich mich angesichts meiner langjährigen freundschaftlichen Beziehungen zur VR China nicht in einer »Baden-Württembergischen Gesellschaft zur Förderung der Wissenschaftlichen und Technischen Zusammenarbeit mit der VR China e. V.« zur Verfügung stellen könnte. Zusammen mit einigen anderen erfahrenen Personen wie Matthias Seefelder, dem Aufsichtsratsvorsitzenden der BASF, und Horst Sund, Rektor der Universität Konstanz, fand noch im selben Jahr in Heidelberg eine konstituierende Sitzung für den Vorstand dieser Gesellschaft statt.[21] Ihre Aufgabe sollte die Pflege der freundschaftlichen Beziehungen sein, die sich unter anderem auch auf die vielen tausend chinesischen Studenten erstrecken sollte, die sich zu Sprachstudien mittlerweile in Deutschland befanden. Auch der Industrie lag viel daran, von vornherein künftige potentielle Gesprächspartner zu betreuen und ihnen Werksbesichtigungen und den Besuch kultureller Veranstaltungen zu ermöglichen. Beabsichtigt war außerdem die Errichtung eines Industrieparks in der Nähe von Shanghai, der klein- und mittelständischen baden-württembergischen Unternehmern die Gelegenheit zur Selbstdarstellung und zur Erschließung von Kooperationsmöglichkeiten geben sollte. Schließlich wurde die Veröffentlichung eines Buches über die Bundesrepublik Deutschland unterstützt, da wir festgestellt hatten, daß in der VR China damals Deutschland nur aus dem Blickwinkel der DDR bekannt war. Seit 1986 gibt diese Gesellschaft den »China-Report« heraus, in dessen erster Ausgabe natürlich über »Die Daimler-Benz AG in der Volksrepublik China« berichtet wurde. Bis dahin waren 3000 Pkw und ca. 7000 Nfz in die VR China geliefert worden.[22]

Es muß betont werden, daß während der ganzen Zeit der Verhandlungen das Ansehen der DBAG in China keinen Schaden erlitten hat, sondern eher noch an Glanz gewann. Doch erst im September 1988 wurde im Zuge weiterer Verhandlungen nach vier Jahren ein Vertrag mit der Norinco über den Bau eines Montagewerks für Schwerlastwagen in Anwesenheit von Edzard Reuter durch Jürgen Schrempp und den chinesischen Premierminister Li Peng unterzeichnet. Dieser Vertrag über eine Fertigungsstätte in Baotou mit einer geplanten Kapazität von 6000 Lkw war gewissermaßen die Fernwirkung von fünfzehnjährigen Verhandlungen. Da ich lange Zeit an diesen Verhandlungen in vorderster Linie teilgenommen habe, war ich sehr erfreut, als ich von Edzard Reuter, Jürgen Schrempp und Michael Bassermann in einem Telex direkt vom Erfolg dieser Verhandlungen unterrichtet worden bin.

Abb. oben: Geisha-Party mit Edzard Reuter und HCH in Tokio 1974.
Abb. unten links: DB-Generalvertreter in Japan Jiro Yanase und HCH.
Abb. unten rechts: Ausflug mit Edzard und Helga Reuter, Josef Gorgels, HCH in die Kaiserstadt Kyoto.

Japan zählt heute bekanntlich zu den führenden Automobilherstellern auf der ganzen Welt. Bereits während meines Aufenthalts in Amerika hatte ich am Ort des Geschehens die ersten Verkaufsoffensiven der japanischen Automobilindustrie in den USA miterlebt. Japan, das bei Kriegsende praktisch über keine eigene Automobilindustrie verfügte, hatte es sich zum Ziel gemacht, den amerikanischen Markt zu »erobern«. Doch Toyota und Mitsubishi waren im ersten Anlauf mit völlig unzulänglichen Billigprodukten kläglich gescheitert und hatten sich noch einmal ganz zurückgezogen. Nach einigen Jahren kamen sie jedoch mit neuen Entwicklungen zurück zu ihrem zweiten – diesmal erfolgreichen – Eroberungsversuch.

Ich hatte Japan erstmals 1967 bei einer Informationsreise kennengelernt, und bereits dieser erste Besuch hatte mir bei einem Aufenthalt von nur vier Tagen einen nachhaltigen Eindruck vom Fleiß und der Disziplin der Japaner vermittelt. Unser Generalvertreter Jiro Yanase und der Leiter des Mercedes-Benz-Vertriebs, Akiguchi, haben durch unsere Besichtigung in der Zwölfmillionenstadt Tokio, der Kaiserstadt Kyoto und Ausflüge in die Umgebung eine Einführung in diese Umgebung erleichtert. Der Kontakt zu Toyoda, dem Sohn des Gründers des Automobilkonzerns Toyota, den ich bereits in den USA geknüpft hatte, erwies sich als nützlich. Bei einem Besuch der Fertigungsstätten konnte ich mir ein Bild von der Modernität dieser Anlagen machen, in denen – wie so oft in Japan – auf engstem Raum Höchstleistungen erzielt wurden.

Während meiner Vorstandszeit hielt ich mich dann häufiger in Tokio auf, darunter 1974 einmal in Kyoto und Umgebung – mit Abstecher zum Fudchijama, dem höchsten Berg Japans – zu einer Informationsreise zusammen mit dem heutigen Vorstandsvorsitzenden der Daimler-Benz AG, Edzard Reuter. Meine Japanaufenthalte nutzte ich auch dazu, die Kontakte mit Mitsubishi zu pflegen, Ansprechpartner waren der Chairman der Gesellschaft, Mr. Kubo, den ich von der Sicherheitskonferenz 1971 in Sindelfingen, aber auch bereits aus den USA kannte, und Mr. Kato, Präsident von Toyota. Mir schwebte eine gemeinsame Vorratsentwicklung Mercedes-Benz/Mitsubishi vor. Darunter verstehe ich die Zusammenarbeit bei der Lösung von technischen Problemen, deren Verwirklichung nicht unmittelbar anstand, wobei es ungeachtet der potentiellen Konkurrenzsituation möglich war, die fremde Mentalität und Arbeitsweise, auch den Stand der Technik bei einem anderen großen Automobilhersteller kennenzulernen.

Anfangs hatten die Treffen beinahe konspirativen Charakter: Zu den Zusammenkünften in einem Gästehaus der Firma auf deren Fabrikgelände ließ mich Kubo nicht etwa mit einem Mitsubishi abholen, sondern mit

Abb. oben: Besuch bei Hyundai, Süd-Korea, Übergabe eines Gastgeschenkes durch Chairman Chung Se Yung, 1980. Abb. unten: HCH-Geburtstagsfeier in Ancient City, Bangkok, Resümee mit Leck und Gorgels.

einem Auto der Konkurrenzfirma Toyota. Die von mir angebahnten Kontakte mit Mitsubishi mündeten in eine langjährige Geschäftsbeziehung, die schließlich zu den heute bestehenden Kooperationsverträgen zwischen Mercedes-Benz und Mitsubishi führten. Außerdem kam es in den 80er Jahren doch zu einer direkten technischen Kooperation mit dem Hause Mitsubishi in Spanien.

Japan spielte in den 70er Jahren in unserem Kalkül noch keine allzu große Rolle, was vor allem daran lag, daß für den Automobilimport große Hürden bestanden und außerdem zu der Zeit keine Notwendigkeit bestand, uns in dem anspruchsvollen japanischen Markt finanziell zu engagieren, zumal wir in Deutschland und Europa sehr lange Lieferzeiten hatten.

Das Handelshaus Yanase, eine Tochtergesellschaft von Western Automobil, die den Verkauf und Service der Mercedes-Benz-Fahrzeuge durchführte, vertrat die Daimler-Benz AG in Japan seit Mitte 1952. Yanase verkaufte jährlich ca. 3000 bis 4000 Pkw – von 1970 bis 1982 stieg die Zahl der verkauften Einheiten von 2700 auf 3500 –, was wir unter diesen Umständen zunächst als Optimum betrachteten. Allerdings setzte ich Yanase als mittelfristiges Ziel eine Erhöhung des Verkaufs auf 10000 Einheiten pro Jahr. Bei einer längeren Japanreise mit dem damaligen Vorstandsvorsitzenden Gerhard Prinz im April 1982, in deren Verlauf wir die großen Automobilwerke von Toyota, Honda, Nissan und Mitsubishi besuchten und Gespräche in Sachen Vorratsentwicklung führten, ließ Mitsubishi – ohne unser Wissen und entgegen dem Gesprächsinhalt – gegenüber der Presse durchblicken, man werde demnächst den Alleinvertrieb von Mercedes in Japan übernehmen. Am nächsten Morgen stand dies in allen japanischen Zeitungen. Am Flughafen von Tokio fing uns vor unserem Abflug Herr Akiguchi mit den Zeitungen in der Hand ab und fragte, was dies zu bedeuten habe. Wir fielen aus allen Wolken, denn wir hatten nie mit einem solchen Gedanken gespielt, der uns in Abhängigkeit von einem potentiellen Rivalen hätte bringen können. Noch auf dem Flughafen gaben wir eine offizielle Erklärung gegenüber der Presse ab, um diesen Vorstoß abzublocken.

Als nach meiner Amtszeit gewisse Importhindernisse entfielen, schritt die DBAG zur Gründung einer eigenen Tochtergesellschaft, der »Mercedes-Benz Japan«. Zwar hatte Yanase seine Geschäfte stets zu unserer Zufriedenheit geführt, doch war das hochindustrialisierte Japan mit seinen über 120 Millionen Einwohnern ein so vielversprechender Markt, daß man den Vertrieb nach dem Muster der europäischen Tochtergesellschaften in eigene Regie übernehmen wollte. Die Besonderheiten des japanischen Marktes, zu denen nicht zuletzt die gewaltigen Preise ohnehin unerreichbarer Grundstücke zählten, brachten uns jedoch zu dem Schluß, schrittweise vorzugehen, also die gewachsenen Beziehungen zu Yanase zu pflegen, eigene Aktivitäten aufzubauen und einen weiteren Teil des Marktpotentials durch eine Zusammenarbeit mit Mitsubishi zu erschließen. Wie im Fall der USA und aller späteren Tochtergesellschaften sollte sich diese Weiterentwicklung unserer Vertriebsstruktur innerhalb weniger Jahre auszahlen: Heute liegt der Verkauf bereits bei über 38 000 Einheiten, einer Zahl, die wir in den 70er Jahren noch für vollkommen utopisch gehalten hätten.

Im Anschluß an meinen Aufenthalt in Japan 1980 machte ich einen Besuch bei der Firma Hyundai in *Süd-Korea*. Dort wurde ich von dem Chairman Chung Se Yung begrüßt. Anschließend besichtigten wir ein Automobilwerk, wo Kleinwagen mit der Bezeichnung Pony hergestellt wurden. Dieser Kleinwagen war als direkte Konkurrenz zu den Japanern gedacht. Das Auto Pony machte auf mich einen guten Eindruck, und auf die Frage von Chung Se Yung, ob dieses Auto auf dem Weltmarkt Chancen habe, antwortete ich, wenn das Fahrzeug technisch in Ordnung und der Preis stimme, habe dieses Fahrzeug durchaus gute Chancen, was sich dann auch bei ersten Importen in Kanada und später weltweit herausstellte. Die Firma Hyundai gehört zu den größten Unternehmen Süd-Koreas und hatte sich bereits einen guten Namen gemacht durch den Bau größter Tanker, ebenfalls in direkter Konkurrenz zu den Japanern. Sie verfügte über ein Trockendock von 2 Mio. Bruttoregistertonnen. Mit meinem Besuch beabsichtigte ich eigentlich, da Hyundai sich im Nahen und Mittleren Osten im Straßenbau sehr engagiert hatte, die Lieferung von Lastwagen direkt von Deutschland aus zu empfehlen.

Eine weitere Überlegung war, Hyundai für die Schwerstfahrzeuge der Firma Euclid, die wir in USA erworben hatten, und deren Vertrieb in Süd-Korea zu interessieren. Aus diesen Verhandlungen ist allerdings nichts geworden, da wir nach langen Verhandlungen später Euclid an Clark in den USA verkauften.

Bei der Werksbesichtigung machte mich Mr. Chung Se Yung darauf aufmerksam, daß die Arbeiter aus Furcht vor einem Überraschungsangriff aus Nord-Korea in der Fabrik in ihren Kleiderschränken alle ihre Uniformen und Waffen hatten, um einem plötzlichen Angriff begegnen zu können. Anschließend an die Besichtigung flogen wir mit einem Hubschrauber von der Firma Hyundai an der Küste entlang, wo etwa alle 200 m ein Bunker war, der am Tage mit einem Mann und nachts mit zwei Männern besetzt war. Zu der Zeit gab es gerade größte Spannungen zwischen Nord- und Süd-Korea.

Auch einige andere asiatische Länder, in denen die Daimler-Benz AG über gut funktionierende Generalvertretungen verfügte, konnte ich bereits auf meiner Informationsreise von 1967 erstmals besuchen. Bei diesem Anlaß lernte ich die *Philippinen* kennen, wo ich das damalige Montagewerk für Pkw mit Mr. Robert Lee besuchte. Auf den hochinteressanten Fahrten ins Landesinnere sah ich erstmals die strapaziöse Arbeit in den Reisfeldern. Natürlich besuchte ich den historischen Ort, an dem 1944 bei der Eroberung der Philippinen durch die Japaner der US-General McArthur beim Verlassen der Insel prophezeite: »I shall return!«, was wenig später auch der Fall war. In *Singapur*, wo damals gerade der Weltpokal im Golfspielen stattfand, konnte ich 1967 zum erstenmal das Montagewerk von Mercedes bei Chua-Boonan besuchen. Bei meiner Ankunft in Kuala Lumpur, der Hauptstadt von *Malaysia*, war in der ganzen Stadt geflaggt, was von Josef Gorgels, der mich durch die Stadt fuhr, scherzhaft als Empfangszeremonie für mich dargestellt wurde, in Wirklichkeit jedoch dem damaligen Bundespräsidenten Heinrich Lübke gegolten hat.

In der britischen Kronkolonie *Hongkong* fielen mir die zahlreichen Mercedes-Benz-Fahrzeuge im Straßenbild auf, insbesondere die Taxis. Betreut wurde ich in Hongkong, einer eindrucksvollen Stadt, von meinem alten Freund Walter Sulke, der dort die Funktion des Chairman der Firma Zung Fu ausfüllte. Während meiner Reise durch Südostasien wollte ich immer »die Brücke am River Kwai« sehen, da damals der gleichnamige Film in der ganzen Welt großes Aufsehen erregte, doch bisher hatte mir niemand sagen können, wo diese zu finden war. In *Thailand* wurde ich schließlich fündig: Der Werksdelegierte der DBAG, Karl Möhrmann, fuhr mich vom Flughafen direkt dorthin. Die Brücke sah jedoch in Wirklichkeit ganz anders als in dem Film aus. Nahe dabei lagen die Gräber von Soldaten vieler Nationen, die dort vor allem an Malaria gestorben waren.

Unser Generalvertreter in der thailändischen Hauptstadt Bangkok, dessen langen Namen wir immer in »Leck« abkürzten, war nicht gerade ein Freund der Japaner, und es ging die Sage, daß er Mercedes-Omnibusse sogar unter dem Einstandspreis verkaufte, nur um den Japanern Schaden zuzufügen. Leck, der in Bangkok Omnibusse und Pkw von Mercedes-Benz montieren ließ, gehörte von Haus aus zu den reichsten Männern der Region. Sein Lebenswerk war die Errichtung der »Ancient City«, einem großen Park, in dem zahlreiche bedeutende siamesische Bauwerke, in der Hauptsache Tempel, standen. Alle Bauwerke hatten anderswo abgebaut werden müssen, Leck hatte sie nach Bangkok bringen und auf seine Kosten durch Kunststudenten wieder im Original rekonstruieren lassen. Eine öffentliche Ordensverleihung für dieses Wunderwerk soll Leck mit den Worten abgelehnt haben: »Ich brauche keinen Orden, und wenn der König mir einen Orden verleihen will, soll er dazu hierher zu mir kommen.«

Leck zeigte sich bereits bei der ersten Reise von seiner liebenswürdigsten Seite, und die gute Verbindung hielt über viele Jahre hinweg. Einmal, als ich mich während meines Geburtstags in der Region aufhielt, fiel mir auf, daß nicht er mich wie sonst vom Flughafen abholte, sondern seine Frau. Auf die Frage nach seinem Verbleib schwieg sie geheimnisvoll. Der Weg, den wir nun nahmen, war ein anderer als üblich, er führte geradewegs zur Ancient City. Als sich deren Tore öffneten, war ich überwältigt: Die ganze Szenerie war belebt mit Menschen in traditionellen Kostümen, und mir wurde ein Empfang bereitet, wie er früher vielleicht orientalischen Prinzen zuteil geworden ist. Ich mußte in eine Sänfte umsteigen und wurde zum Festbankett getragen. Die Geburtstagsfeier dauerte bis in die späte Nacht hinein. Der feierliche Anblick der Fackeln auf den Kanälen, das für europäische Sicht unglaubliche Aufgebot an Menschen, die dargebotenen traditionellen Tänze ergaben eine unvergeßliche Szenerie, wie man sie sich traumhafter kaum vorstellen kann.

Im Vergleich zu China, Japan und dem übrigen fernen Osten stellte *Indien* bzw. der indische Subkontinent für Daimler-Benz in den 70er Jahren bereits ein fast vertrautes Territorium dar. Das Engagement ging hier bis in die unmittelbaren Gründerjahre nach dem Zweiten Weltkrieg zurück, denn die Aktivitäten auf dem Nutzfahrzeugsektor erfolgten unmittelbar nach denjenigen in Brasilien. Hintergrund dieses frühen Erfolgs waren die Bestrebungen der indischen Regierung, nach der 1947 errungenen Unabhängigkeit von England eine eigene Automobilindustrie aufzubauen. General Motors verfügte damals zwar bereits über ein Montagewerk in Indien, doch GM war nicht bereit, die Forderung der indischen Regierung nach einem hohen »local content«, der einheimischen Teilfertigung, zu erfüllen. GM verlegte sein Montagewerk in der Folge nach Pakistan, und die DBAG bewarb sich seit 1951 um die Möglichkeit, gemeinsam mit einer renommierten indischen Firma eine Nutzfahrzeugindustrie in diesem Teil der Welt aufzubauen.

Die Vertragsverhandlungen mit der Firma »Tata Engineering and Locomotive Company« (Telco) kamen im Frühjahr 1954 in Genf zum Abschluß. Nach der Vertragsunterzeichnung machte sich ein Lkw-Konvoi unter Leitung von Eberhard Herzog auf den Weg, der von jedem Lkw-Typ ein Exemplar auf dem Landweg vom Werk Gaggenau über die Türkei und Afghanistan bis Bombay überführte und damit gleichzeitig die Leistungskraft der DB-Produkte unter Beweis stellte. Eine Gruppe von DBAG-Ingenieuren und -Produktionsfachleuten, unter denen sich auch mein späterer Mitarbeiter Walter Bodack befand, machte sich daran, in Jamshedpur im indischen Bundesstaat Bihar, ca. 150 Meilen westlich von Kalkutta, die Lkw-Produktion aufzubauen. Bereits 1955 wurden Einfachteile von lokalen Zulieferern produziert, der Verkauf erfolgte durch von TATA ausgewählte Händler. Innerhalb von nur zwei Jahren war unser Produkt – Lastwagen und Omnibusse – in ganz Indien als qualitativ hervorragend bekannt. Bereits nach zehn Jahren hatte das Telco-Werk in Jamshedpur einen Eigenfertigungsanteil von 90%.

Indien lernte ich ebenfalls erstmals während meiner großen Informationsreise von 1967 kennen. In Jamshedpur wurde ich von unserem Werksleiter, Hans Stöhr, begrüßt. Chairman der Telco, Mr. Sumant Moolgoakar kannte ich bereits von vielen Besuchen, die ihn zum Einkauf von Maschinen in die USA geführt hatten. Die Industriellenfamilie Tata, die der Religionsgemeinschaft der Parsen angehört, hatte nichts von der in Indien verbreiteten Gleichgültigkeit gegenüber dem irdischen Schicksal, die mich bereits bei meinem ersten Besuch in Indien so erschütterte. Die Lastwagenfabrik Daimler-Benz/Tata hatte sich seit 1954 enorm entwickelt und den ganzen Ort beeinflußt. Jamshedpur glich einer blühenden

Oase in einer Wüste des Elends, wo die Angestellten in schmucken Häuschen mit Gärten lebten und wo sich der deutsche Einfluß in einem modern eingerichteten Krankenhaus, einem Schwimmbad und anderer moderner Infrastruktur bemerkbar machte. Bereits 1967, dem Jahr meines ersten Besuchs, produzierte Tata 21 000 Einheiten Lkw pro Jahr, damals noch unter dem Mercedes-Signet, dessen Benutzung durch Auslaufen des ersten Lizenzvertrags 1969 untersagt und das seitdem durch das Tata-»T« im Kreis ersetzt wurde.

In Bombay, wo ich im Hotel »Haus Tata« übernachten wollte, lagen bei meiner Ankunft bereits mehrere Telexe für mich bereit, aus Stuttgart, New York und eine Nachricht von Sumant Moolgoakar, der mitteilte, daß er mich bereits am kommenden Morgen um 6.00 Uhr am Flughafen zu einem Jagdausflug nach Indore abholen wollte. Zuerst bekam ich einen Schreck, da ich darauf gar nicht eingerichtet war. Mit einer Privatmaschine Tatas flogen wir nach Indore, wo wir von dem Maharadscha begrüßt wurden, bevor wir zu dem örtlichen Mercedes-Vertreter von Telco fuhren, der Panther statt Katzen im Haus hielt. Von dort ging es weiter mit dem Jeep auf das Hochplateau von Indore, dort standen auf einer Lichtung im Dschungel ein kleines Steinhaus und Zelte bereit. Über 20 Inder standen zu unserer Bedienung zur Verfügung. Zum Essen schossen wir Wildtauben, doch der eigentliche Zweck des Aufenthalts war die Tigerjagd auf einen jener »man-eater«, den die indische Regierung zum Abschuß freigegeben hatte. Die Bevölkerung hauste hier in einfachen Hütten aus geflochtenen Zweigen, die mit Lehm verschmiert waren, nachts konnten wir die eintönigen Rhythmen ihrer Musik hören. Einmal sahen wir auch die Tänze der Frauen, die tagsüber die Plantagen bewässern mußten und die auf ihren Wegen zu den Quellen durch den man-eater am meisten gefährdet waren. Die mit äußersten Strapazen verbundene und nicht ganz ungefährliche Jagd dauerte schließlich fünf Tage und stellte den Höhepunkt meiner jagdlichen Erfahrungen dar, als ich am 9. März 1967 diesen Tiger erlegen konnte. Er war mehr als drei Meter lang und fünf Zentner schwer. Nach der Enthäutung sammelten sich sofort über hundert Geier, die sich aus großer Höhe auf den Kadaver stürzten und ihn innerhalb kurzer Zeit völlig abfraßen, so daß nur das Knochengerüst übrig blieb.

An der positiven Zusammenarbeit mit Tata änderte sich auch während meiner Vorstandszeit nichts. Die Zusammenarbeit erfolgte auf der Grundlage des Rahmenlizenzvertrags von 1954, lediglich die Produktion des Omnibus OM352 lief als direkte Lizenznahme 1981 neu an. Das Produktionsprogramm der Telco erstreckt sich heute auf Lkw und Busse von 8–17 t Gesamtgewicht mit Dieselmotoren von 65 bis 160 PS. Die Kapazität

Abb. oben: Tigerjagd März 1967 im Dschungel-Hochplateau von Indore zur Freude und Beruhigung der einheimischen Bevölkerung. Abb. unten: Jagd vom Elefanten im Vorgebirge des Himalaya.

der beiden Werke in Jamshedpur und Poona ist mittlerweile auf 60 bis 70 000 Einheiten pro Jahr gestiegen, der Markanteil bei schweren und mittelschweren Nfz liegt bei 80 %.

Als sich die indische Regierungschefin Indira Gandhi (1917–1984) Anfang der 80er Jahre zu einem Staatsbesuch in Bonn aufhielt, bat sie mich bei einem Empfang in Bonn zu meiner großen Überraschung und Freude zu einem persönlichen Gespräch, in dem sie sich nach dem Geschäftsablauf von Mercedes-Benz und Telco in Indien, vor allem jedoch nach der Möglichkeit des Aufbaus einer indischen Pkw-Produktion zusammen mit Daimler-Benz erkundigte. Wie viele andere Länder der Dritten Welt hegte auch Indien solche Pläne, doch mußte ich Frau Gandhi sagen, daß wir Mercedes-Pkw prinzipiell nur in Sindelfingen fertigen wollten. Wenig später wurde sie im Zusammenhang mit der Erstürmung des Goldenen Tempels von Amritsar von zweien ihrer Leibwächter, die einem fanatischen Flügel der Religionsgemeinschaft der Sikhs angehörten, in Neu-Delhi ermordet. Mit dem Ausscheiden Zahns aus der Telco (DB-Anteil 11,8 %) wurde ich schließlich 1982 in den Aufsichtsrat berufen, eine Aufgabe, die ich auch deshalb gerne übernahm, weil ich so meinen guten Freund Sumant Moolgoakar häufiger wiedertreffen konnte. Dem Aufsichtsrat der Telco gehörte ich bis 1988 an.

Naher Osten, Afrika und Australien

Zum Nahen Osten wurde in der Vertriebsorganisation der DBAG traditionell auch die *Türkei* gezählt. Das stimmt zwar nicht ganz, denn Istanbul liegt in Europa, und als NATO- und EG-Mitglied ist uns die Türkei eng verbunden. Tatsächlich verfügte auch die DBAG zur Türkei über engere Beziehungen als zu den übrigen islamischen Ländern. Bereits unmittelbar nach dem Ende des Zweiten Weltkriegs konnte der Export in die Türkei wieder aufgenommen werden. Nach einem türkischen Industrialisierungsdekret von 1963 wurde die Einfuhr kompletter Fahrzeuge jedoch erschwert, um den Aufbau einer eigenen Automobilindustrie zu erreichen. Zusammen mit dem Generalvertreter Mengerler und dem türkischen Aktionär Has wurde 1967 deshalb die Firma Otomarsan (Otobüs ve Motorlu Araclar Sanayi) in Istanbul gegründet. Firmenzweck war die Errichtung eines Montagewerks für Autobusse des Typs O 302, die in Lizenz von Daimler-Benz für den türkischen Markt gebaut wurden, aber auch in den Nahen und Mittleren Osten exportiert werden konnten. Die DBAG hielt 36 % des Grundkapitals. Otomarsan erlebt seitdem eine dynamische Entwicklung. Der Umsatz stieg von 11 Millionen DM 1968 auf 230 Millionen DM im Jahr 1985. Mit ihren Bussen hält die Otomarsan heute in der Türkei einen Marktanteil von 60 %.

An der Otomarsan verfügten die drei Gesellschafter über Anteile von ähnlicher Höhe. Kein Wunder, daß es jedes Jahr bei der Gesellschafterversammlung immer wieder zu starken Auseinandersetzungen kam. Die beiden anderen Gesellschafter konnten sich zwar nicht leiden, taten sich jedoch regelmäßig zusammen, wenn es um den Vertrieb der Otomarsan-Produkte ging: Sie wollten die Fahrzeuge nur über Händler ihrer Wahl verkaufen und auf diese Weise an jeder Einheit doppelt verdienen, was nicht im Interesse der DBAG sein konnte. Wegen der Gesellschafterversammlungen war ich regelmäßig in Istanbul, der alten byzantinischen Stadt am Marmara-Meer, die mich mit ihrer Lebendigkeit, den Basaren und den eindrucksvollen Bauten, etwa der großartigen Blauen Moschee, faszinierte. Die Gesellschafterversammlung, die aus rechtlichen Gründen Ende März stattfinden mußte, verlegten wir 1978 wegen der Errichtung einer neuen Servicestation einmal nach Antalya an der türkischen Südküste, was sich so sehr bewährte, daß wir es fortan bei diesem Tagungsort beließen. Meistens hatten wir dann Gelegenheit, an den Arbeitsaufenthalt ein paar Tage anzuhängen, um während der schönsten Frühlingszeit die Spuren der alten Geschichte zu studieren. Gerade in diesem Teil Kleinasiens gibt es eine unglaubliche kulturelle Reichhaltigkeit, bedingt durch das Zusammentreffen bzw. die Abfolge so unterschiedlicher Hochkulturen wie der des Persischen Weltreichs, der Griechen und der Römer. Ein Großteil der alten griechischen Städte liegt ja in diesem Teil Kleinasiens, der heute zur Türkei gehört. Man denke nur an Namen wie Troja, Pergamon oder Milet. Vor allem die Ausgrabungen in Ephesus, aber auch auf der Insel Poros haben mich tief beeindruckt.

Ansonsten behielten wir den Einblick in die türkischen Geschäfte durch einen unserer Leute vom Beteiligungsressort, Horst Westphal, der als Finanzmann in der Geschäftsleitung von Otomarsan saß und uns über die aktuelle Entwicklung auf dem laufenden hielt.

Der Entwicklungseffekt einer Firma wie Otomarsan sollte für ein Land, das – wie damals die Türkei – über keine eigene Automobilindustrie verfügt, nicht unterschätzt werden. Die Zahl der Beschäftigten stieg von 293 im Jahr 1968 auf 2080 im Jahr 1985. Heute können in Istanbul jährlich 1300 Omnibusse produziert werden. Zu dem Omnibuswerk in Istanbul kam später das Werk für schwere Lkw in Aksaray in Zentralanatolien hinzu. Jährlich können dort 3600 Lkw, 1200 Geländewagen, 600 Unimog und 6000 Dieselmotoren hergestellt werden. Die Ausfuhr dieser Produkte in den Nahen Osten trägt inzwischen wesentlich zur Verbesserung der türkischen Außenhandelsbilanz bei. Ein interessantes Phänomen war die Gründung von Zulieferbetrieben für Otomarsan durch rückwandernde Gastarbeiter, die zuvor beispielsweise im Mercedes-Benz-Omnibus-Werk Mannheim oder in anderen MB-Werken in Deutschland gearbeitet hatten und darin eine Chance sahen, sich in ihrem Heimatland selbständig zu machen. Die Gründung einer Tochtergesellschaft für den Pkw-Import ist für die Türkei bislang nie vorgesehen worden, der Vertrieb erfolgt in diesem Marktbereich nach wie vor durch den Generalvertreter. Am Rande sei erwähnt, daß der Generaldirektor von Otomarsan, Herr Önalp, später

Verkehrsminister der Türkei wurde. In meinen beiden letzten Dienstjahren 1981/82 war ich Präsident dieser Gesellschaft.

Das Nachbarland der Türkei, der *Irak*, war für die Daimler-Benz AG wie die anderen arabischen Länder ein äußerst interessanter Markt. Traditionell beherrschten hier Nutzfahrzeuge der Marke Mercedes-Benz das Straßenbild, da sie wegen ihrer großen Zuverlässigkeit von den Kunden sehr geschätzt wurden. Gefragt war insbesondere das sogenannte »Haubenfahrzeug«, ein deutsches Nachkriegs-Lkw-Modell, das durch die Form seiner Kühlerhaube auffiel und sich gegenüber den raffinierteren neueren Modellen durch seine einfache Robustheit auszeichnet. Nach der sogenannten »Ölkrise« von 1973, während der die ölproduzierenden Länder den Ölpreis drastisch erhöhen konnten, wurden auch im Irak ungeheure Deviseneinnahmen verzeichnet, die für ehrgeizige Industrialisierungsprojekte und für die Verbesserung der Infrastruktur, etwa für Investitionen im Verkehrswesen, ausgegeben werden konnten – Eisenbahnverbindungen gab es praktisch kaum. Für Entwicklungsländer ist damit außerdem eine viel kostspieligere Infrastruktur verbunden als für Nutzfahrzeuge.

Die logische Konsequenz war ein rapide steigender Bedarf an Lkw. Der Ankauf erfolgte jeweils von verschiedenen staatlichen Stellen – insgesamt hatten wir 25 verschiedene Adressen –, die nicht miteinander kooperierten. Jeder Staatsbetrieb strebte Autarkie an, die Kooperation mit anderen Stellen bedeutete eine potentielle Schmälerung der eigenen Machtposition und wurde daher vermieden. Die staatlichen Gesellschaften beschränkten sich auf die Importfunktion. Kundendienst und Ersatzteillager waren höchst unzureichend. Privatkunden waren auf ihr Organisationsgeschick angewiesen, das allerdings in arabischen Ländern besonders groß entwickelt ist. Es gab zwar eine staatliche Importgesellschaft, die für den Import von Ersatzteilen zuständig war und ein 10000 qm großes Zentrallager errichtete, aber die wenigen Mitarbeiter erstickten in der Lieferung von Ersatzteilkisten, die sie organisatorisch nicht bewältigen konnten. Dezente Hinweise auf diese Mißwirtschaft wurden mit der lakonischen Antwort eines Director General beschieden: »Why do you worry? Higher authorities have decided.«

Der Irak erteilte im September 1974 – neben dem Einkauf von tausend Omnibussen, mittleren Lastwagen und Unimogs in diesem Jahr – einen Großauftrag über 10000 Lkw, eine Größenordnung, die auch bei einer Firma wie Daimler-Benz von einem Einzelkunden eine Seltenheit ist, denn der Auftragswert belief sich auf über eine Milliarde DM. Nach diesem Vertragsabschluß, der als größter in der Geschichte der Daimler-Benz AG betrachtet wurde und zu dessen Unterfertigung ich nach Bagdad geflogen war, feierten wir mit etwa dreißig Personen von Mercedes und einigen Irakern eine große Barbecue-Party. Sie fand statt auf einer Insel im Tigris, der Pigs-Island, die nur mit dem Boot zu erreichen war. Unser Consultant im Irak, Hussam Rassam, erinnert sich daran, daß auf der Rückfahrt mitten in der Nacht plötzlich das Boot zu kentern drohte, was ich durch ein rasches Kommando »Alle auf die andere Seite« zu verhindern wußte. Nur so konnten wir heil nach Bagdad zurückkehren.

Kontraktpartner bei den Großaufträgen war immer der Staat, der Import erfolgte durch eine staatliche Gesellschaft. Bald nach dem Eintreffen größerer Lieferungen von MB-Lkw zeigte sich, daß nichts funktionierte. Wir bekamen die alarmierende Nachricht, daß angeblich die aus Deutschland gelieferten Fahrzeuge nicht ordnungsgemäß liefen. Unsere in den Irak abgestellten Leute beschwerten sich dagegen in Stuttgart wegen falscher Behandlung der Fahrzeuge – sie waren einfach ungeschützt in die Wüste gestellt worden – und ungenügendem Zugang zu den Ersatzteilen – abgesehen davon, daß auch sonst nichts zufriedenstellend funktionierte. Hier schien sich eine größere Krise anzubahnen, angesichts der Größenordnung des Auftrags sogar eine von dramatischen Ausmaßen, die unverzügliches Handeln erforderte. Ohne zu zögern, überlegte ich mir die notwendigen Maßnahmen, trommelte eine Gruppe von Kundendienst- und Ersatzteilleuten zusammen und flog mit unserer Werksmaschine, die immer für solche Fälle bereitzustehen hatte, mit ihnen nach Bagdad. Ein erstes Gespräch mit dem »Director General« endete nur mit gegenseitigen Schuldzuweisungen und war äußerst unerquicklich. Daraufhin beschloß ich, mir persönlich ein Bild von der Lage der Dinge zu machen. Die Besichtigung vor Ort zeigte, daß die Fahrzeuge ungeschützt in der offenen Wüste deponiert worden und großenteils bereits total versandet waren – teilweise standen sogar Türen und Fenster offen. Unsere örtlichen Vertreter berichteten, daß die Arbeiter auch mit den Ersatzteilen vollkommen achtlos und unfachmännisch umgingen, etwa indem sie Versandkisten für Ersatzteile einfach von der Ladefläche der Lkws auf den Boden hinunterkippten, was dem Inhalt natürlich nicht gut bekam.

Angesichts dieser Verhältnisse war mir klar, daß man hier mit freundlichen Worten kaum weiterkommen würde, zumal der irakische Offizielle von der Sorte Mensch zu sein schien, die sich hinter einem repräsentativen Schreibtisch großartig vorkommt. Bei dem zweiten Gespräch mit diesem »Director General« ging ich auf totalen Konfrontationskurs, gab ihm persönlich die Schuld an der ganzen Situation und drohte mit einer direkten Beschwerde beim Staatspräsidenten, da er als Verantwortlicher dem Staat Schaden zugefügt habe. Daraufhin wurde der »Director General« plötzlich sehr liebenswürdig und versprach, alle Fahrzeuge instandsetzen zu lassen und den Zugriff zu den Ersatzteilen zu gestatten. Selbst meine Ankündigung, daß bis zur Instandsetzung aller bisher gelieferten Fahrzeuge unter Anleitung der Mercedes-Kundendienstleute alle weiteren Lieferungen ausgesetzt würden, akzeptierte er. Tatsächlich unterbrachen wir dann von Stuttgart aus vorübergehend die Lieferungen, während der Irak weiterhin pünktlich seinen Zahlungsverpflichtungen nachkam. Dieser Vorfall ist ein Beispiel dafür, daß in solchen akuten Krisenfällen eine sofortige persönliche Intervention erforderlich ist.

Es gab allerdings eine weitere Schwierigkeit, die generell mit der Mentalität des Nahen Ostens zusammenzuhängen schien. Der Großauftrag über 10 000 Einheiten erstreckte sich auf den damals modernen Lkw-Typ, nicht auf das robuste und langlebige Nachkriegsmodell des Mercedes-Benz-Haubenfahrzeugs, das in den 70er Jahren immer noch den Industriestandard des Nahen Ostens bildete. Ein praktischer Grund dafür war sicher, daß sie einfach zu warten und zu reparieren waren und man Ersatzteile dafür mittlerweile quasi in jedem Souq erwerben konnte. Es gab jedoch noch andere Gründe.

Die Fahrer der Lkw wohnten zum Teil in den Fahrzeugen und schmückten Kabinen und Hauben mit allen möglichen Accessoires, z. B. bunten Federn und Ornamenten. Zudem scheint die lange Kühlerhaube dem Repräsentationsbedürfnis oder dem Männlichkeitsgefühl der Betreiber entsprochen zu haben. Der moderne Frontlenker war zwar leichter und leistungsstärker, aber er paßte nicht ins damalige Arabien. Bei jeder Wartung mußte die Kabine gekippt werden, was den ganzen Hausrat der Fahrer und den Schmuck auf dem Dach in Mitleidenschaft zog. Das Gefühl der Sicherheit, das die lange Haube vermittelte, entfiel ersatzlos. Der neue Fahrzeugtyp widersprach einfach der Mentalität der arabischen Fahrer. Zudem gab es technische Schwierigkeiten. Das komfortable 8-Gang-Synchrongetriebe war komplizierter als das alte robuste Klauengetriebe. Die Fahrer fuhren im fünften Gang an oder schalteten vom vierten in den ersten Gang, wenn sie beschleunigen wollten. Alle Versuche, den Berufsfahrern durch Schulungen auf die Sprünge zu helfen, waren vergebens. Der gute Name »Mercedes-Benz« konnte nur dadurch erhalten werden, daß von einer eigens bereitgestellten Service-Mannschaft diese Mängel – koste es was es wolle – unter großen persönlichen Opfern der Mitarbeiter, teilweise unter sengender Sonne, behoben wurden. Unter der Leitung von Wilhelm Wentges wurde hier unter äußerst harten Bedingungen Großes geleistet.

Der Freizeitwert der 4,5-Millionenstadt Bagdad wurde von unseren Mitarbeitern aus Deutschland nicht gerade besonders hoch veranschlagt, und die damaligen Versuche eines Wirtschaftsaufbaus durch westliche Firmen erfolgten unter pionierhaften Bedingungen. Das Klima und die Beschränkungen der westlichen Lebensart durch die islamische Kultur engten auch in einem nominell laizistischen Staat wie dem Irak die üblichen Entfaltungsmöglichkeiten ein. Das Leben der Mitarbeiter spielte sich im wesentlichen innerhalb der Ausländerkolonie ab. Bei meinen relativ häufigen Besuchen vermochte ich jedoch diesem Land andere Seiten abzugewinnen. Der Irak steht in der Nachfolge des »Zweistromlandes« an Euphrat und Tigris, der Wiege der abendländischen Hochkultur. Mesopotamien sah in Folge die Hochkulturen der Sumerer und der Babylonier, gehörte zum Persischen Großreich und wurde nach der arabischen Eroberung islamisch und unter der Abbasiden-Dynastie (750–1258) Kernraum des islamischen Weltreichs. Bei meinen Besuchen versäumte ich es nicht, zahlreiche Besichtigungen zu machen und wichtige antike Stätten wie den Turm von Babylon zu besuchen, eine gewaltige Bauruine aus dem ersten vorchristlichen Jahrtausend.

Während meiner Vorstandszeit genoß Mercedes-Benz zum *Iran* außerordentlich gute Beziehungen, was nur teilweise mit der Westorientierung des damaligen Schah Mohammed Resa Pahlevi (Reg. 1941–1978) zu tun hatte. Persien bzw. der Iran gehört zu den Ländern im Nahen Osten, zu denen die DBAG traditionell gute Verbindungen unterhielt. Alle arabischen Länder besaßen und besitzen eine Affinität zu Mercedes-Benz, Persien gab überdies mit seinen schon damals 50 Millionen Einwohnern einen guten potentiellen Markt ab. Entscheidend war jedoch zum damaligen Zeitpunkt, daß die USA dem Iran angesichts des sowjetischen Drangs nach Süden den Schutz der rechten Flanke der Nato im strategisch wichtigen Persischen Golf zugedacht hatten. Der Aufbau einer Infrastruktur erzeugte einen enormen Fahrzeugbedarf, den die DBAG mit Zivillieferungen – in der Reihenfolge der Wichtigkeit: Omnibus, Lkw, Pkw und Unimog – befriedigte. Hinzu kam, daß der Schah im Zuge der »Weißen Revolution« an einer Industrialisierung seines Landes interessiert war und auch aus diesem Grund auf dem Automobil- und Motorensektor in Daimler-Benz einen starken Partner sah.

Seit 1953 wurden immer wieder Aufträge über mehrere hundert Omnibusse erteilt, auch der Verkauf von Lkw und Pkw lief überdurchschnittlich gut, was in den 60er Jahren zur Vergabe mehrerer Produktionslizenzen führte. Im Rahmen eines Motorenprojekts waren Zahn, Künkele und Illig 1967 zu einer Audienz beim Schah geladen worden, mit dem eine Zusammenarbeit bei der industriellen Entwicklung des Landes vereinbart wurde, wobei allerdings auch gravierende Differenzen über die Möglichkeiten einer iranischen Pkw-Produktion aufgetreten waren. Für den Zuschlag für eine Zusammenarbeit zwischen dem Iran und der DBAG waren unter anderem die guten Erfahrungen mit anderen Industrialisierungsprojekten maßgeblich gewesen, namentlich in Indien, Argentinien und Brasilien.[23]

Um 1970 besaßen wir zwei Vertretungen im Iran: Einmal die Firma »Khawar« (Khawar Industrial Group) in Teheran, benannt nach dem Heimatort des Feridum Soudavar, die auf den Import und die Montage von Lkw (Lizenz 1964) spezialisiert war, vor allem mittelschwerer und schwerer »Hauben«-Lastkraftwagen (8000 Einheiten per anno). Zweitens die Firma »Iran National Industrial Manufacturing« (INIM) der Brüder Ahmed und Mahmud Khayami. Seit 1969 war INIM für den Omnibus-Vertrieb zuständig, seit 1978 auch für Personenwagen. Die INIM unterhielt in Teheran ein Werk zur Montage und zum Vertrieb von Omnibussen (Lizenz 1967), das bald schon in der Lage war, selbst in andere arabische Länder, etwa nach Ägypten, aber auch nach Rumänien und Afghanistan zu exportieren.[24]

Außerdem gab es die 1969 gegründete »Iranian Diesel Engine Manufacturing Company« (IDEM) in Täbris, eine Produktionsstätte für Dieselmotoren (Lizenz 1969), die nach sechs Jahren bereits mehr als tausend Mitarbeiter zählte und zuletzt mehr als 20 000 Einheiten pro Jahr herstellen konnte bei einem »local content« von über 50%. An ihr war die DBAG zu 30% beteiligt, Khawar und Inim zu je 22,5%, die Regierungs-Bank-Tousa-Sanati (BTS) zu 25%. Die »Idem« betrieb keinen eigenen Verkauf, sondern belieferte die beiden Vertretungen mit Motoren. Ein »Mercedes Representative Office« in Teheran hatte die Aufgabe, vor Ort die Aktivitäten zu koordinieren und die Händler im Hinblick auf Qualitätskontrolle, Kundendienst, Ersatzteilwesen, Händlernetzplanung und Abwicklung von Großgeschäften zu unterstützen. »Resident Director« in diesem Büro war von 1975 bis 1978 Peter Emil Rupp, dann Bernt Schlickum.

Die Geschäftsbeziehungen mit dem Iran entwickelten sich so intensiv, daß ich zeitweise mindestens jeden zweiten Monat nach Teheran flog. Bei jedem Besuch im Iran wurde ich von dem Industrieminister Nadschmabadi auf die Möglichkeit angesprochen, das MB-Personenwagenprogramm im Iran zu fertigen. Immer wieder mußte ich ihm sagen, daß das gegen die Politik des Hauses sei. Schließlich respektierte man diesen Standpunkt. Die INIM schloß mit der zum Chryslerkonzern gehörenden britischen Rootes-Gruppe für den Hillmann Hunter einen Lizenzvertrag ab für den Pkw-Bau bei INIM, deren Produkte unter dem Namen »Peykan« (Pfeil) im Iran reißenden Absatz fanden, da sie für den aufstrebenden Mittelstand preislich in Frage kamen. Allerdings gingen dem Aufbau des Individualtransports keine entsprechenden Infrastrukturmaßnahmen voraus. Das Ergebnis war das legendäre Verkehrschaos im ganzen Land, in den Hafenstädten, besonders aber in der Millionenstadt Teheran.

In den 70er Jahren hatte die Daimler-Benz AG sogar Gelegenheit, anläßlich einer diplomatischen Verstimmung zwischen der Bundesrepublik Deutschland und dem Iran ein wenig außenpolitische Diplomatie zu treiben. Für 1973 war die 2500-Jahr-Feier von Persepolis geplant gewesen, zu der der Schah die Oberhäupter der befreundeten Länder eingeladen hatte. Bundespräsident Gustav Heinemann sagte jedoch aus »gesundheitlichen« Gründen diese Einladung ab, was vor dem Hintergrund der Studentenproteste beim Schahbesuch in Deutschland in Teheran Verstimmung auslöste. Der Schah konnte nicht einsehen, daß es der Bundesregierung nicht möglich war, etwa auf die Berichterstattung der deutschen Presse Einfluß zu nehmen. Zur Zeit der »Ölkrise« glaubte die Bundesregierung, kein außenpolitisches Risiko mit dem Iran eingehen zu dürfen.

Die Regierung Willy Brandt wandte sich daher durch ihren Außenminister Walter Scheel an Heinz Schmidt, das für Öffentlichkeitsarbeit zuständige Vorstandsmitglied der Daimler-Benz AG (1967–1979), und bat um einen Vorschlag, wie man den Schah besänftigen könne. Die Überlegungen führten schließlich dazu, den »orientalischen« Brauch, Unmut durch Geschenke zu glätten, zu nutzen. Nun konnte man natürlich dem Schah schlecht etwas schenken. Also beschloß man, für dessen damals zwölfjährigen Sohn Resa durch die deutsche Automobilindustrie die Sonderanfertigung eines Autos zu bauen. Beteiligt werden sollten alle Autoproduzenten, also auch VW, Porsche und BMW, federführend dabei war jedoch wegen der Größe seines Geschäftsvolumens Daimler-Benz. Der Entwurf stammte von unserem Entwicklungschef Hans Scherenberg und »Charly« Wilfert.

Die Übergabe des »Schahmobils«, das 1974 durch die iranische Air Force nach Teheran transportiert wurde, fiel in mein Ressort als »Außenminister« der DBAG. Für die Übergabe des Spezialwagens hatten der deutsche Botschafter von Lilienfeldt und ich einen Termin im Palast erhalten. Während der Schah einer Kabinettssitzung beiwohnte, drehte der kleine Resa vor unseren Augen eine Runde im Palasthof – er war begeistert, obwohl das Auto aus Sicherheitsgründen nicht schneller als 60 km/h fuhr. Schließlich trat ein, was ich insgeheim gehofft hatte. Resa junior fragte, ob er seinen Vater holen dürfe – tatsächlich erschien wenig später der Schah. Ich drückte ihm meine Freude über das Zusammentreffen aus und machte ihn auf ein Geheimnis des »Schahmobils« aufmerksam: Neben dem Zündschlüssel des Sohnes gab es einen zweiten, »goldenen« Schlüssel »for his majesty«, bei dessen Benutzung das Auto seine volle Geschwindigkeit, ca. 160 km/h, entwickelte. Der Schah war sehr amüsiert über diesen Beweis deutscher Gründlichkeit, bedankte sich für die Aufmerksamkeit und sagte sinngemäß: »Typisch Daimler-Benz – ihr denkt wirklich an alles!«

Natürlich waren der Bau und die Finessen dieses Schahmobils nur eine Geste im Vergleich zum eigentlichen Geschäft, auf dessen korrekte Abwicklung ich stets größten Wert legte. Im Jahr 1975 bestellte der Iran sogar über die Produktionskapazitäten der Khawar hinaus 4000 Einheiten Lkw in unserem Werk in Wörth, um kurzfristig Transportengpässe auszugleichen, die sich daraus ergaben, daß der Iran hauptsächlich über seine Häfen im Süden mit Gütern einschließlich Lebensmitteln beliefert wird, während die Großzahl der Bevölkerung im Norden ansässig ist. Trotz unserer Auflagen für Service und Ersatzteilversorgung wurden diese Lieferungen von seiten der Iraner nur mangelhaft durchgeführt. Fahrerausbildung und Werkstattkapazität waren völlig unzureichend, und vor Ort haperte es an der Koordination.

Während meines Teheran-Besuchs im November 1975 erkannte ich, daß hier von seiten des Hauses Daimler-Benz dringend gehandelt werden mußte. Unverzüglich stellte ich Peter-Emil Rupp als »Resident Director« nach Persien ab, um die Schäden beheben zu lassen und den Import besser zu koordinieren. In unklimatisierten Gebäuden wurden alle beschädigten Lkw repariert. Damit verdeutlichten wir der iranischen Seite, daß wir unsere Verantwortung für die Produkte nicht mit der Lieferung für beendet ansahen, sondern selbst unter schwierigen Bedingungen eine ausreichende Betreuung vornahmen, während bei anderen Lieferanten die teuren Produkte buchstäblich am Straßenrand »versandeten«. Diese Langfriststrategie hat sich immer wieder bezahlt gemacht. Besondere Unterstützung erfuhr unser Haus von dem iranischen Botschafter in Bonn Amir Aslan Afshar. Mit dem iranischen Verteidigungsminister, General Toufanian, standen wir in gutem Kontakt, was schließlich dazu führte, daß dieser 1974 ein Industrialisierungsprojekt vorschlug, das sogenannte MIO-Projekt (MIO = Military-Industrial Organisation), das die Fertigung von Geländewagen, Unimog und Lastkraftwagen in Lizenz beinhaltete, ursprünglich in eigenen Fertigungsstätten, später jedoch in Zusammenhang mit den bereits bestehenden Werken in Täbris und Teheran. Im Kern sah das MIO-Projekt vor, daß die iranische Armee ausschließlich Mercedes-Benz-Fahrzeuge benutzen sollte. Noch im gleichen Jahr organisierte ich eine große Vorführung unserer Produktpalette durch Arthur Mischke, Entwicklungschef Nutzfahrzeuge, vor dem Schah, bei der dieser selbst unter einen Unimog kroch und zu unserer Überraschung mit großem Sachverstand nach technischen Details fragte. Überhaupt machte der in der Schweiz erzogene Schah mit seiner westlichen Bildung und seinen Einsichten in wirtschaftliche Zusammenhänge in allen Gesprächen großen Eindruck auf mich, er sprach sozusagen die gleiche Sprache wie wir. Ich hatte gerade bei den Industrialisierungsprojekten stets den Eindruck, daß der Schah das beste für sein Volk wollte, allerdings ohne den Kontakt zur Bevölkerung zu suchen oder die traditionelle Elite der Mullahs in seine Pläne einzubinden, was – wie sich noch später zeigen sollte – ein großer Fehler war.

Die Verhandlungen über dieses MIO-Projekt zogen sich einige Jahre hin, doch bestand im Grunde Einigkeit über seine Durchführung. Ebenfalls unser Gesprächspartner war um 1976 der damalige iranische Wirtschafts- und Industrieminister Nadschmabadi. Schließlich waren die Übereinkünfte so weit gediehen, daß am 1. Juni 1978 Zahn und ich in den Iran flogen, um auf der Insel Kish, wunderschön gelegen in der Straße von Hormuz, die den Persischen Golf vom Indischen Ozean trennt, mit dem Schah das lange vorbereitete Lizenzgeschäft zum Abschluß zu bringen.

Anwesend war auch General Toufanian. Wir einigten uns per »handshake agreement« auf ein Produktionsvolumen von 100 000 Fahrzeugen in einem Zeitraum von zehn Jahren, davon 65% Unimog, 20% schwere Lkw und 15% Geländewagen. Alle Fahrzeuge sollten unter Einbeziehung der gegebenen zivilen Kapazitäten bei INIM, Khavar und IDEM mit einem »local content« von über 90% gebaut werden, wobei die Motorenfabrik Idem ausgebaut werden und die führende Rolle bei der geplanten Industrialisierung einnehmen sollte. Für uns war dieser Abschluß ein großer Erfolg.

Abb. oben: Übergabe des Schahmobils an den Sohn des Schahs Reza mit dem deutschen Botschafter von Lilienfeldt, Mühlich, Wilfert und HCH, Teheran 1974. Abb. unten: Besuch bei INIM und Begrüßung durch die Brüder Ahmed und Mahmud Khayami.

Die politischen Entwicklungen, der Beginn der islamisch-fundamentalistischen Revolution, die im Februar 1979 zum Sturz des Schahs führte, überholten jedoch in den folgenden Monaten diese Vereinbarung. Noch während wir im Sommer 1978 in Stuttgart fieberhaft daran arbeiteten, den »Handschlag Kish« in praktische Planung umzusetzen, auch schon Peter Emil Rupp von seiner neuen Aufgabe in Nigeria in die Stuttgarter Zentrale zur Leitung des großen persischen Entwicklungsprojektes abberufen hatten, begannen die Unruhen in den iranischen Provinzstädten, die bald auch auf Teheran übergriffen. Bereits im September war uns klar, daß das MIO-Projekt zumindest verschoben werden mußte, obwohl wir noch bis Dezember mit Toufanian weiter konferierten. Zur schriftlichen Fixierung des Geschäftes, also zur Ausführung der Vereinbarung, kam es nicht mehr.

Nach dem Sturz der Regierung Bachtiar begannen wir mit der Evakuierung unserer Mitarbeiter. Bereits im März 1979 reiste Bernt Schlickum wieder in den Iran, und jetzt zahlte es sich aus, daß wir zuvor niemals »krumme« Geschäfte gemacht hatten, sondern zu allen früheren Aktionen stehen konnten. Zwar waren die vorher privaten Betriebe nun verstaatlicht, sie produzierten jedoch weiterhin – wenn auch auf niedrigerem Niveau MB-Fahrzeuge! Unsere Konkurrenten KHD, Mack, Volvo und British Leyland schieden nun praktisch aus dem Markt aus, und der MB-Marktanteil näherte sich bei Lkw und Bussen 100%. Die Daimler-Benz AG hat durch die islamische Revolution im Iran – abgesehen vom Scheitern des MIO-Projekts – keinerlei Verluste erlitten. Alle Lieferaufträge wurden beibehalten und auch weiterhin ordnungsgemäß abgewickelt. Selbst Schulden aus alten Lieferverträgen wurden nach einigen Verhandlungen bis Mai 1980 komplett bezahlt, regelmäßige Neulieferungen vereinbart.

Mercedes-Benz-Fahrzeuge prägen auch heute noch das Straßenbild im Iran. Die staatliche »Khawar« fertigt heute ca. 20 000 Lkw jährlich und beschäftigt über 4500 Mitarbeiter. Die staatliche »Iran Khodro« (ehemals INIM) fertigt mit ca. 4000 Mitarbeitern etwa 10 000 Omnibusse pro Jahr, die Motorenfabrik IDEM baut mit ca. 1700 Mitarbeitern jährlich 25 000 Motoren. Eine Kapazitätserweiterung ist geplant. Zusätzlich wurden während der ganzen 80er Jahre größere Mengen Lkw und Pkw komplett aus Deutschland an den Iran der »islamischen Revolution« geliefert. Der Verbleib des »Schahmobils« ist unbekannt. Vielleicht hat es seinen Platz in einem Museum gefunden.

Einige Aufregung verursachte Ende Dezember 1974 die Absicht Friedrich Flicks, sein Paket an Daimler-Benz-Aktien in Höhe von 38% an den Iran zu verkaufen. Diese Absicht löste im Vorstand der DBAG trotz der intensiven Geschäftsbeziehungen zum Iran wenig Begeisterung aus, weil der Schah im Zuge seines Industrialisierungsprogramms wiederholt mit der Bitte oder Forderung an uns herangetreten war, Mercedes-Benz sollte im Land eine eigene Pkw-Fertigung aufbauen. Wir wußten also nicht, ob der Schah eine so große Aktienbeteiligung nicht für Pressionen benutzen konnte, zumal sich zusammen mit dem kuwaitischen Aktienanteil von 14% rechnerisch eine »islamische« Mehrheit in Höhe von 52% ergeben hätte. Damals wie heute rufen solche Aussichten auch die Politiker auf den Plan, denen bei wichtigen Unternehmen daran gelegen ist, die Aktienmehrheit in Deutschland zu halten. Auf Intervention des damaligen Bundeskanzlers Helmut Schmidt kaufte schließlich die Deutsche Bank mit einer Sondergenehmigung der Bundesregierung das große Flick-Aktienpaket, allerdings mit Veräußerungsgebot, da kartellrechtlichen Bedenken Rechnung zu tragen war.

Keine Probleme hatten wir dagegen mit dem Aktienanteil von 14%, den 1974 der Emir von *Kuwait* von Quandt erwarb (Quandt kaufte vom Erlös dieser 14% bekanntlich die Aktienmehrheit beim Daimler-Benz-Konkurrenten BMW). Der Emir von Kuwait war ein sehr angenehmer Aktionär, der erklärtermaßen keinen Einfluß auf die Geschäftspolitik nehmen wollte, sondern nur große Geldmengen gewinnträchtig anzulegen beabsichtigte. Dem Finanzminister Atikki erstattete ich einmal im Jahr über die Geschäftsergebnisse Bericht. Bei meiner ersten Reise nach Kuwait besuchte ich 1972 die lokale Mercedes-Vertretung, die unter der Leitung von Abdul Albisher und Zaïd Alkazemi schon damals recht gut ausgestattet war und im Pkw-Verkauf einen erstaunlich hohen Umsatz tätigte. Die Emirate verfügen ja, was in Europa wenig bekannt ist, über das höchste Einkommensniveau auf der ganzen Welt. Bei diesem Besuch wurde zu meinen Ehren durch den kuwaitischen Parlamentspräsidenten Al Adasani ein Empfang gegeben. Der Präsident erklärte mir beim Buffet, warum man im Emirat statt des europäischen Eßbestecks nach wie vor die Hand zum Essen benutze: Erstens sei sie das bestentwickelte Werkzeug, zweitens könne man fühlen, ob das Essen heiß oder kalt ist, und drittens wisse man selbst am besten, ob sie sauber sei. Bei Messer und Gabel wisse man dagegen nie, wer schon damit gegessen habe.

Wie Persien gehörte auch *Saudi-Arabien* zu unseren Großkunden in Arabien. Überall fuhren Mercedes-Benz-Fahrzeuge, und ein außerordentlich hoher Anteil von Wagen der Luxus-Klasse konnte hierher exportiert werden. Speziell das mehrere tausend Mitglieder zählende Königshaus bestellte zahlreiche Modelle des größten je gebauten Mercedes, des »Mercedes 600«, die teilweise wegen ihrer guten Fahreigenschaften in der Wüste zur Falkenjagd eingesetzt wurden. Dabei muß hervorgehoben werden, daß keiner der zahlreichen Prinzen eine Bevorzugung beim Autokauf oder Kundendienst erfuhr, da der König dies strikt untersagt hatte. Die zentrale Mercedes-Vertretung in Djedda wurde durch die Firma Yuffali Bros. wahrgenommen. Sie unterhielten eine mustergültige Werkstatt, die sämtliche Ansprüche ihrer verwöhnten Klientel befriedigen konnte. Einer der Eigentümer, Sheik Ahmed Yuffali, war verheiratet mit der Tochter des Großmufti von Jerusalem und einer deutschen Frau, die 1936 die Goldmedaille im Kunstspringen bei den BdM-Meisterschaften gewonnen hatte.

Yuffali saß im Sicherheitsrat der Regierung, und dieser Umstand kam uns zugute, wenn es um die Ausstattung der saudischen Armee mit Nutzfahrzeugen ging. Aufgrund der ungeheuren Einnahmen aus dem Ölgeschäft spielte Geld dabei sozusagen keine Rolle, entscheidend war allein die Qualität der Produkte. So erhielten wir den Zuschlag für mehrere größere Aufträge zur Lieferung von Schwerlastwagen. Gefragt waren, wie stets in Arabien, die alten robusten Haubenfahrzeuge, die ohne Schaden mit einigen Tonnen Gewicht überladen werden konnten und offensichtlich die größte Wüstentauglichkeit aufwiesen. Sie waren außerdem so verbreitet, daß in jedem Basar Ersatzteile zu bekommen waren, was die Lastwagenfahrer sehr schätzten.

Die Größenordnung des Geschäfts brachte sofort wieder die Frage auf die Tagesordnung, ob künftig nicht Nutzfahrzeuge im Land selbst produziert werden konnten. König Feisal Ibd Abd al-Asis Ibn Saud (1906–1975) stand wie andere weitblickende Führer der Dritten Welt vor dem Problem, sein Land in eine industrielle Zukunft zu führen, wobei der Ölboom entsprechende finanzielle Spielräume eröffnete. Diese wurden genutzt zum Aufbau einer modernen Infrastruktur, dem Bau von Straßen, Flughäfen und Hotels, wozu man natürlich eine Menge von Nutzfahrzeugen benötigte. Feisal machte sich jedoch Gedanken über die »Zeit nach dem Öl« und wollte zur Sicherung der Zukunft des Landes Industrie ansiedeln, in der die Bevölkerung Beschäftigung finden sollte. Am Bau eines Montagewerks waren auch wir allein schon aus dem Grund interessiert, um andere Mitbewerber, wie etwa GM, vom saudi-arabischen Markt abzudrängen.

Um zu einer Entscheidung zu kommen, suchte ich schließlich um einen offiziellen Gesprächstermin bei König Feisal nach. Als diese Audienz gewährt wurde, berieten wir in Stuttgart lange über ein geeignetes Gastgeschenk, denn wie im Falle Persiens stellte sich die Frage: Was schenkt man einem superreichen orientalischen Herrscher? Meine Idee war es schließlich, die damals geprägte Goldmünze zum 75jährigen Jubiläum der Erfindung des Automobils durch Gottlieb Daimler und Carl Benz zu nehmen, die man nicht kaufen, sondern nur verliehen bekommen konnte, und zwar in einer besonders voluminösen Sonderanfertigung, einem Unikat, das schließlich tatsächlich den Gefallen des Monarchen fand.

Die Audienz bei König Feisal sprengte alle Vorstellungen, die man sich in Europa von Kundengesprächen macht. Zuerst mußte ich die Männer der Palastwache übersteigen, die mit Krummsäbeln vor dem Thronsaal am Boden lagerten und trotz meines offiziellen Audienztermins keinerlei Anstalten machten, sich zu erheben oder auch nur zur Seite zu rücken. Der König saß erhöht auf seinem Thron, ich links daneben, die Verständigung erfolgte über einen Dolmetscher. Feisal stellte Fragen über das Haus

Abb. oben: HCH im Gespräch mit einem MB-Lastwagenfahrer und Sheik Ahmed Yuffali in Saudi-Arabien auf dem Weg von Jeddah nach Riad, 1974. Abb. unten: HCH und der kuwaitische Parlamentspräsident Al Adasani.

Daimler-Benz. Inbesondere interessierte ihn die Frage, ob wir auch eine Ausbildungswerkstätte einrichten würden, die den Saudis eine Qualifizierung im Automobilbau ermöglichen würde, denn das Projekt sollte ja zur Industrialisierung des Landes, auch zur Seßhaftmachung der Nomaden beitragen. Dies konnte ich dem König guten Gewissens zusichern, denn die DBAG ist stets daran interessiert, vor Ort qualifizierte Mitarbeiter zu gewinnen. Allerdings sollte man in den ersten Jahren vergebens nach Wüstensöhnen in der Ausbildung suchen – es kamen hauptsächlich »Gastarbeiter« aus Ägypten und anderen Ländern, die ihre Chance zur beruflichen Aus- und Weiterbildung nutzten. Tatsächlich erteilte König Feisal sofort den Zuschlag zu dem Großprojekt, das ich ihm bei meiner Audienz vorgeschlagen hatte.

Als Resultat unserer Bemühungen entstand die National Automobile Industry Company Ltd. (NAI) in Jeddah, an der Daimler-Benz zu 50% beteiligt war. Die restlichen Aktien hielten unsere Geschäftspartner, die Brüder Yuffali. Auch bei der Durchführung solcher Projekte herrschten Gepflogenheiten, die dem gemeinen Mitteleuropäer nur Erstaunen abnötigen können: Für die Auswahl eines geeigneten Firmengeländes fuhr Sheik Ahmed Yuffali ein Stück in die Wüste und steckte mit einem Zaun das zukünftige Fabrikgelände ab – so einfach war das, Wüste war genügend vorhanden. Der Bau der Fabrik erfolgte bereits unter Feisals Nachfolger König Khalid. Bei der Einweihung der Fabrik hielt zunächst König Khalid eine Rede, dann Yuffali und schließlich war ich an der Reihe. Während meiner Rede ereignete sich ein kleiner Zwischenfall: Mittendrin fiel der Dolmetscher in Ohnmacht, wodurch aber keineswegs die Zeremonie unterbrochen werden mußte, da sofort ein anderer an seine Stelle trat und ohne Unterbrechung weiter übersetzte. – Das NAI-Werk ist heute auf eine Produktion von 7500 Lkw jährlich ausgelegt.

Zwar verhandelten wir auch mit anderen arabischen Ländern, doch scheiterten diese Verhandlungen wie zum Beispiel in *Algerien* an den zu hohen behördlichen Auflagen. Für die meisten der ärmeren arabischen Länder gilt wie für den *Libanon*, daß zwar sehr viele Mercedes-Fahrzeuge auf den Straßen zu sehen sind, doch daß durch unsere Vertretungen relativ wenig Neuwagengeschäfte getätigt werden konnten. Die meisten Pkw erreichten Länder wie *Marokko, Libyen, Tunesien, Syrien* oder *Jordanien* über den grauen Markt, über Gebrauchtwagenkäufe in Europa, die eingeschifft oder von Autohändlern in Konvois auf dem Landweg über Istanbul nach Arabien gebracht wurden und werden. Auch wenn wie im Falle Jordaniens gute Kontakte zur Regierung bestanden – König Hussein lud mich zweimal ein und verlieh mir einen Orden, 1976 organisierten wir in Amman eine Verkaufsausstellung – blieben diese Märkte im Vergleich zu den reichen und volkreichen anderen arabischen Ländern doch klein.

Relativ arm war auch *Ägypten*, dessen Militär aus strategischen Gründen jedoch immer über genügend Mittel für Großaufträge verfügte. Unserem Ägypten-Geschäft kamen meine guten Kontakte zu Präsident

Rundgang mit König Hussein von Jordanien über das Ausstellungsgelände in Amman, 1976.

Anwar as-Sadat zugute. Ich hatte ihn Mitte der 70er Jahre bei seinem Staatsbesuch in Deutschland kennengelernt, wo ich bei einem Abendessen in Bonn Gelegenheit zu einem interessanten Gespräch gehabt hatte. Dabei fragte ich ihn nach der Herkunft seiner guten Deutschkenntnisse. Sadat erzählte, daß er während des Zweiten Weltkriegs aus Unzufriedenheit mit der Kolonialmacht England mit Gleichgesinnten versucht hatte, von Alexandria aus tief in die Wüste nach Süden vorzustoßen und dann durch eine Schwenkung in Richtung El Alamein Verbindung zum deutschen Afrikakorps des »Wüstenfuchs« Erwin Rommel aufzunehmen. Dieser Vorstoß wurde durch den englischen Befehlshaber Bernhard L. Montgomery verhindert, die Ägypter gerieten in englische Gefangenschaft. Im Kriegsgefangenenlager saßen natürlich zahlreiche Deutsche, und so, sagte Sadat, habe er bis zum Ende des Krieges in Afrika ausreichend Gelegenheit gehabt, Deutsch zu lernen. In diesem Gespräch sprach ich den Präsidenten darauf an, daß sich hohe Stellen der ägyptischen Armee sehr für Mercedes-Benz-Lastwagen interessierten und sich bei Vorführungen sehr positiv geäußert hätten. Das Gespräch mündete in die Aufforderung Präsident Sadats, ihn in Ägypten zu besuchen.

Nach mehreren Informationsreisen wurde mir schließlich von Präsident Sadat ein Termin im November 1977 genannt. Als ich am vereinbarten Tag in Kairo am Flughafen ausstieg, wurde mir von seinem Vertreter der Presidency überraschend eröffnet, Präsident Sadat habe an diesem Tag alle Termine abgesagt, das Gespräch müsse verschoben werden. Ich war so überrascht, daß ich erwiderte: »Das kann nicht sein, das muß ein Irrtum sein, wir waren für heute fest verabredet!« Aber es war nichts zu machen. Kurz entschlossen nutzte ich die Zeit zu einem Besuch der altägyptischen Sehenswürdigkeiten in Luxor und dem »Tal der Könige«, wo ich eine interessante Führung genoß, unter anderem durch die erst in diesem Jahrhundert entdeckte Grabkammer des Tut-Anch-Amun. Da wir ohnehin nach dem Ägyptenbesuch nach Kenia und Südafrika zu unseren dortigen Vertretungen weiterfliegen wollten, beschloß ich, die nun übrige Zeit zu einer Zwischenlandung in Khartoum zu nutzen, wo Martin Hoppe inzwischen einen Termin bei dem sudanesischen Präsidenten Numeiri organisiert hatte. Ich wußte, daß deutsche Firmen wie Wayss & Freytag im *Sudan* große Straßenbauvorhaben tätigten und damit auch ein entsprechender Lastwagenbedarf bestand. Bei der Rückkehr von Südafrika fand ich in Stuttgart ein Telex Sadats vor, in dem er seinem Bedauern über die kurzfristige Absage unseres Gesprächs Ausdruck verlieh und um Verständnis dafür bat. Genau an diesem Tag war Sadat zu seiner historischen Friedensmission nach Israel aufgebrochen und hatte seine aufsehenerregende Rede in der Knesseth, dem israelischen Parlament, gehalten. Da das Zustandekommen der spektakulären Reise nach Jerusalem bis zuletzt unsicher war, hatte es der höchsten Geheimhaltungsstufe unterlegen. Sadats Rede leitete jene Friedenspolitik mit Israel ein, die 1979 zu den Verträgen von Camp David und in der Folge zur Verleihung des Friedens-

Abb. oben: HCH und Präsident Anwar as Sadat 1977. Abb. unten: HCH stellt Präsident Hosni Mubarak Gerhard Liener vor.

nobelpreises an ihn und den israelischen Premierminister Menachem Begin führte.

Bei dem im Dezember 1977 tatsächlich stattfindenden Gespräch mit Sadat drückte ich dem Präsidenten meine Hochachtung über seine Initiative aus und unterrichtete ihn von der Reaktion in Deutschland und anderen Teilen der Welt, soweit sie mir bekannt waren. Der Präsident sagte daraufhin: »Ich muß Frieden schaffen, weil mein Volk zu arm ist, um noch einmal einen Krieg zu führen.«

Bei diesem Gespräch, das in Sadats Privathaus in Ismailia am Suezkanal stattfand, war auch der spätere Präsident Hosni Mubarak, damals Vizepräsident, anwesend. Ich erörterte mit Sadat die Möglichkeit, in Ägypten ein Lkw-Montagewerk zu errichten. Unser deutscher Konkurrent KHD verfügte damals bereits über ein solches Werk. Ich hatte den Eindruck, daß Sadat unserem Plan stärker zugetan war als Mubarak, der von Sadat als Koordinator des Geschäfts auf ägyptischer Seite benannt wurde, während ich für die DBAG Paul Haidle damit beauftragte. Wie immer zogen sich die Verhandlungen im einzelnen in die Länge. Im Herbst 1981 standen sie kurz vor dem Abschluß, und das Projekt wäre in bezug auf Produktion, Ausbildung und Soziales eines der modernsten Projekte in der ganzen Region geworden.

Nach der Ermordung Sadats im Oktober 1981 wurde noch eine Zeitlang weiterverhandelt, doch verschlechterten sich unsere Bedingungen nach der Entlassung des Industrieministers Osman Ahmed Osman. In einem Gespräch mit Präsident Mubarak, an dem im Januar 1982 auch Gerhard Liener teilnahm, gab Mubarak zu verstehen, daß er sich nicht damit abfinden könne, daß Daimler-Benz auf einer Mehrheitsbeteiligung bei der angestrebten Kooperation bestehe, da in diesem Falle das Unternehmen rein nach wirtschaftlichen Kriterien geführt werde, während ihm als Präsidenten die Beschäftigung seiner Landsleute im Vordergrund stehe. So ist bis zum heutigen Tag aus diesem Projekt nichts geworden.

Immerhin wurden auch nach dem Tod Sadats mehrere tausend Omnibusse und Lastwagen für den direkten Bedarf geliefert. Durch die Versuche, mit Ägypten in dauerhafte Geschäftsbeziehungen einzutreten, hatte ich relativ oft Gelegenheit, Kairo zu besuchen, was mir jedesmal große Freude bereitete. Dabei hatte ich Gelegenheit, Sadats Industrieminister Osman kennenzulernen, einen der größten Bauunternehmer des Nahen Ostens, der beim Bau des Assuan-Staudamms ein Vermögen verdient hatte und sich später im Bau von Krankenhäusern und der Landgewinnung engagierte.

Ich besuchte mehrmals die Pyramiden von Gizeh und wann immer möglich auch andere Stätten des alten Ägypten, die mich in besonderem Maße faszinierten. Über Alexandria hinaus führte mich eine Exkursion zum Ehrenmal von El Alamein, wo ich zu Ehren der Soldaten beider Seiten einen Kranz am »Grabmal des unbekannten Soldaten« niederlegte, bevor ich die englischen und italienischen Soldatenfriedhöfe besuchte.

Auch die Natur wurde in Ägypten zum Erlebnis. Die Übernachtung in einem Zelt in der Wüste Sahara, unter einem Sternenhimmel, der von Horizont zu Horizont reicht, erinnerte mich an Antoine de Saint-Exupérys Roman »Wind, Sand und Sterne«. Aufgrund der Klarheit der Luft hat man in der Wüste den Eindruck, die Sterne seien zum Greifen nah.

Bei allen unseren Projekten und Verhandlungen im Nahen Osten haben wir immer vorsichtig operiert, denn schließlich waren die Interessen *Israels* zu berücksichtigen. Umgekehrt mußten wir bei den Geschäften mit Israel aufpassen, denn immerhin war der arabische Markt um ein Vielfaches größer als der relativ kleine israelische. Die Einhaltung der sogenannten »Israel Boykottklausel« wurde von einem in Damaskus ansässigen Boykottbüro überwacht. Eine Teilmontage in Israel war danach nicht zulässig, da dies als Know-How-Transfer aufgefaßt wurde. Daß diese Bestimmungen sehr konsequent gehandhabt wurden, hatte die Firma Ford zu spüren bekommen, die wegen einer Verletzung der Klausel jahrelang nicht mehr in die arabischen Staaten liefern durfte. Wir haben deswegen von Mercedes-Benz stets nur komplette Einheiten nach Israel geliefert, Omnibusse aus dem Werk Otomarsan in der Türkei, die Pkw wie stets aus Deutschland.

Die taktische Zwickmühle meisterten wir relativ erfolgreich, wir hatten zu Israel immer ein sehr gutes Verhältnis. In Israel unterhielt unser Generalvertreter, Israel Stockmann, mit seiner Firma »Colmobil« einen gut funktionierenden Kundendienst, doch waren die Geschäfte wegen der geringen Größe des Landes insgesamt relativ bescheiden. 1977 flog ich von Istanbul nach Tel Aviv, wobei im Flugzeug »dreimal Hoppe« vertreten war: Heinz C. Hoppe, mein Sohn Michael Hoppe und mein Mitarbeiter im Exportbereich Naher Osten, Martin Hoppe, mit dem ich nicht verwandt bin. Auch in Israel versäumten wir es natürlich nicht, uns außer dem Geschäftlichen auch der Kultur zu widmen, wofür sich in Jerusalem, der Heiligen Stadt dreier Religionen, reichlich Gelegenheit bot. Herr Stockmann organisierte für mich und meinen Sohn Michael eine Führung, die zu allen wichtigen Orten des frühen Christentums führte, von Bethlehem über den See Genezareth bis hin zum Ölberg und der Kreuzigungsstätte. Mit einem kleinen Flugzeug flogen wir schließlich zum Katharinenkloster am Fuß des Berges Sinai. Die Halbinsel stand damals unter israelischer Verwaltung. Schließlich besuchten wir die Feste Masada auf einem gewaltigen Plateau oberhalb des Toten Meeres, die nach der Zerstörung des Tempels von Jerusalem zum letzten Widerstandszentrum gegen die römischen Eroberer geworden war. Hier endete der von Flavius Josephus überlieferte »jüdische Krieg«, und noch heute legen die Offiziere des Staates Israel an diesem mythischen Ort ihren Fahneneid ab, gemäß dem Motto des Staatsgründers David Ben Gurion: »It is better to die than to become slaves.« Die Israel-Reise zusammen mit meinem Sohn Michael hat mir dieses Land sehr nahegebracht.

Als 1981 Madame Rothschild, die im Auftrag der Stadt Jerusalem in

Stuttgart-Untertürkheim mit mir einen Termin vereinbart hatte, um die Bitte um eine größere Spende an mich heranzutragen, die zum Bau eines Krankenhauses für Araber in Jerusalem beitragen sollte, setzte ich mich für dieses Vorhaben nachdrücklich ein. Frau Rothschild wollte mit ihrem Beitrag zur Versöhnung zwischen Juden und Arabern an diesem sensiblen Punkt beitragen. Auch bei den anderen Vorstandsmitgliedern der DBAG stieß dieser Wunsch auf volle Unterstützung. So kam man der Bitte von Frau Rothschild noch im gleichen Jahr mit einer Spende in Höhe von DM 100 000 nach, der später weitere Spenden in ähnlicher Höhe folgten. Das Projekt wurde auch von Teddy Kollek, dem Bürgermeister von Jerusalem, sehr begrüßt, der mir wegen dieser Unterstützung bis heute regelmäßig zu Weihnachten einen Gruß schreibt.

Afrika gehörte nicht so sehr zu den klassischen Absatzgebieten der Daimler-Benz AG. Dennoch bildeten sich in den letzten Jahrzehnten mit Nigeria, Kenia und Südafrika drei Vertriebsschwerpunkte auf dem schwarzen Kontinent heraus, die auch während meiner Vorstandszeit wiederholt eine Rolle spielten.

Im April 1971 besuchte mich in Stuttgart Colonel Dobie, der in *Kenia* unser Mercedes-Benz-Vertreter war. Dobie war im Zweiten Weltkrieg schwer verwundet worden und organisierte später auf englischer Seite den Kampf gegen die kenianische Unabhängigkeit. Inzwischen war Kenia jedoch unabhängig geworden, und sein damaliger Gegner und späterer Freund Jomo Kenyatta (1891–1978) war nach einer langjährigen Haftzeit seit 1964 unangefochten Präsident der jungen afrikanischen Republik. Dobie leitete die kenianische Vertretung mit Erfolg, und bei seinem »Antrittsbesuch« bei mir als neuem Vorstand für den Export machte er den Vorschlag zur Einrichtung einer MB-Ausbildungswerkstatt in Nairobi. Wir vereinbarten, daß Dobie in der kenianischen Hauptstadt Nairobi auf seine Kosten das Werkstattgebäude errichtete, während ich die Einrichtung derselben und die Entsendung von Ausbildern garantierte.

Bereits im Oktober 1972, Colonel Dobie war inzwischen leider verstorben und seine tatkräftige Frau Rex leitete jetzt die »D. T. Dobie & Co. (Kenya) Ltd.«, wurde ich nach Nairobi zur Einweihung des Service-Zentrums eingeladen, wozu ich auch eine kurze Ansprache halten sollte. Freude und Erstaunen waren groß, daß zu diesem Anlaß auch ein Ehrengast zu begrüßen war: Präsident Jomo Kenyatta! In Anwesenheit des Präsidenten, mit dem ich eine Ehrenrunde um die neuen Firmengebäude drehen durfte, verkündete Chairman und Managing Director Rex Dobie vor großem Publikum die Eröffnung und Inbetriebnahme der Training School für Mitarbeiter, was damals das erste derartige Projekt auf privater Basis in Kenia darstellte. Tatsächlich konnte dieses Ausbildungszentrum bereits

Abb. oben: Präsident Jomo Kenyatta mit HCH im Oktober 1972 in Kenia bei der Einweihung des MB-Service-Zentrums. Abb. unten: HCH und der sudanesische Präsident Numeiri, Khartoum 1977.

im Januar 1973 eröffnet werden. Bis heute wird die MB-Generalvertretung in Kenia mit großem Erfolg geführt.

Etwas weiter als in Kenia ging unser Engagement im westafrikanischen *Nigeria*, mit fast 100 Millionen Einwohnern eines der größten und volkreichsten afrikanischen Länder mit einigermaßen stabilen politischen Verhältnissen. Nigeria wurde wie die anderen afrikanischen Länder durch Importe beliefert, doch erzwang auch hier eine nationale Gesetzgebung über lokale Fertigung die Entscheidung darüber, ob wir uns vom Markt zurückziehen oder eine Fertigungsstätte einrichten sollten.

Wir entschlossen uns 1973, als die sogenannte »Ölkrise« auch dem Ölexportland Nigeria neue finanzielle Spielräume eröffnete, uns an der Nfz-Industrialisierungs-Ausschreibung der nigerianischen Regierung zu beteiligen. 1975 bekamen wir vor British Leyland und Fiat den Projektzuschlag (später kam noch Steyr-Daimler-Puch hinzu). Die Ausschreibungsbedingungen waren so, daß die Mehrheit am Aktienkapital stets in nigerianischen Händen und die Eigenkapitaldecke gering blieb; liquide Mittel sollten aus dem Ölexport abgeschöpft werden. Die Verhandlungen zogen sich aufgrund der geringen Erfahrungen Nigerias insbesondere auf technischem Sektor in die Länge. Trotzdem konnte im Dezember 1975 ein Investitionsvertrag unterzeichnet werden. Verhandlungspartner auf nigerianischer Seite war der damalige »Chief of Justice«, der sich sehr interessiert an der Aufnahme einer nationalen Lkw-Produktion durch Mercedes-Benz zeigte. Anfang 1977 konnte dann die »Anambra Motor Manufacturing Corporation Ltd.« (Anamco) gegründet werden, der die Durchführung dieses Projektes oblag. Anambra war eine Region im Osten Nigerias, die im sogenannten Biafra-Krieg schwere Schäden erlitten hatte. Mit der Aufnahme der Lkw-Produktion in diesem Gebiet wollte die nigerianische Regierung gleichzeitig die nationale Industrie dezentralisieren. Dies belastete das Vorhaben allerdings erheblich, da die Infrastruktur in dieser Region ungenügend war.

Zur Koordination aller anstehenden Fragen bis zum Anlauf der Produktion stellte ich meinen früheren Assistenten Wulf Geisberg nach Nigeria ab, der die schwierigen Probleme – von der Finanzierung bis hin zum Konkurs von beauftragten Firmen – auch tatsächlich alle hervorragend lösen konnte. In vier Bauphasen wurde nach der Grundsteinlegung im Mai 1978 bis 1982 das Montagewerk in Enugu errichtet. Bereits 1980 erfolgte die Einweihung der Fabrik in Anwesenheit des nigerianischen Staatspräsidenten und die Aufnahme der ckd-Montage. Chef der neuen Produktionsstätte in Enugu wurde mein früherer Mitarbeiter Peter Emil Rupp, der später in den USA Euclid übernehmen sollte.

1981 konnten mit einer Belegschaft von ca. 500 Mitarbeitern bereits ca. 4500 Einheiten montiert werden. Im Oktober 1982 erfolgte die offizielle Eröffnung des »Anamco Central Spare Parts Depot« in Enugu in Anwesenheit des Industrieministers Alhaji Ibrahim Gusau. Leider blieben die Montagestückzahlen in den folgenden Jahren erheblich unter der geplanten Kapazität von 7500 Einheiten, weil in Nigeria nach einem unvorhergesehenen Rückgang des Ölgeschäfts Devisenknappheit herrschte. Aus demselben Grund mußte auch die Aufnahme der Motoren- und Getriebemontage um mehrere Jahre verschoben werden. Neben diesen »äußeren« Faktoren traten in Nigeria immer wieder Probleme mit der Infrastruktur auf. Die Wasserversorgung brach wegen Rohrbrüchen wiederholt zusammen. Wasser mußte mit Tankwagen aus bis zu 30 km Entfernung herangeschafft werden. Die Telefonverbindungen waren katastrophal, selbst in der Hauptstadt Lagos war es manchmal unmöglich, auch nur Ortsgespräche zu führen. Ebenso beeinträchtigten vielstündige Stromausfälle die Produktion so sehr, daß schließlich Notstromaggregate installiert werden mußten.

Von den ursprünglichen Herstellern, die den Zuschlag für eine Lkw-Montage erhalten hatten, blieb unsere Montage-Anlage die erfolgreichste. Wir setzten damit ein Zeichen, daß wir uns auch in schwierigen Entwicklungsländern engagierten, wobei die loyalen Mitarbeiter insbesondere aus dem Kundendienst- und Ersatzteilsektor sowie aus der technischen Planung und der Beteiligungsverwaltung besonders hervorzuheben sind. Man sollte nicht übersehen: Stets bestand in einem Land wie Nigeria die Gefahr von Infektionen, und aufgrund der ungenügenden Einrichtungen im Gesundheitswesen verblieb in schweren Fällen nur der sofortige Rücktransport der Kranken in Flugzeugen, die stets überbucht waren. Die menschliche Betreuung vor Ort war deshalb eine besondere Herausforderung für alle Führungskräfte.

Ein besonderes Verhältnis besteht seit langem zwischen der DBAG und der Republik *Südafrika*, da hier ein potenter Käuferkreis an Fabrikaten europäischer Herkunft interessiert war. Das Zahlenmaterial über Pkw-Exporte nach Süd- und Südwestafrika reicht bis 1909 zurück. In der Hauptstadt Windhoek des bis vor kurzem noch durch Südafrika treuhänderisch für die UNO verwalteten Südwestafrika (heute Namibia) gibt es seit der deutschen Kolonialzeit eine »Daimlerstraße«. Die Verkaufszahlen erreichten jedoch erstmals 1955 dreistellige, seit 1958 vierstellige Größenordnungen. Bis Ende 1961 erfolgte der Vertrieb der MB-Fahrzeuge durch sieben Direktvertreter, die die Fahrzeuge über eine gemeinsame Importgesellschaft einführten und in Lohnmontage bei der »Car Distributors Assembly« (CDA) in East London zusammenbauen ließen.

1962 wurden die Verkaufsrechte für Mercedes-Benz der »United Car & Diesel Distributors Ltd.« (UCDD) übertragen. 1966 beteiligte sich die DBAG im Zuge einer Kapitalerhöhung direkt an der UCDD. Im Rahmen dieser Maßnahme wurde das Montagewerk der CDA in East London gekauft. Die übrigen Aktionäre waren Volkskas, Rentmeester und die Ernst-Goehner-Stiftung in der Schweiz, die auf eine Baufirma zurückging, die mit der Normung von Tür- und Fenstergrößen große Erfolge gehabt hatte.

Ich erinnere mich gut an einen Ausspruch, den Ernst Goehner kurz vor seinem Tod mir gegenüber im Mai 1971 bei meiner Aufnahme in den Board der UCDD über den Mercedes-Stern, in Wirklichkeit jedoch über den Erfolg des Unternehmens Daimler-Benz machte. Er sagte: »Der Stern ist ein ganz besonderer Stern, der täglich poliert werden muß, damit er seinen Glanz behält.« Unseren seit 1966 bestehenden Kapitalanteil von 26,7% (1,5 Mio. Rand) erhöhten wir 1982 durch Erwerb der Rentmeester-Anteile auf 36,7%, im März 1984 im Zuge einer weiteren Kapitalerhöhung auf 50,1%. Dies ermöglichte im gleichen Jahr die Umbenennung der UCDD in »Mercedes-Benz of South Africa Ltd.« (MBSA).

Schon Anfang der 60er Jahre stellte uns die südafrikanische Gesetzgebung vor die Frage, ob wir von der bloßen Montage zur Industrialisierung von Pkw übergehen wollten. Vorgeschrieben wurde in Stufen eine Fertigungstiefe von 66% (auf Gewichtsbasis), ein extrem hoher Anteil. Zwei Gründe gaben den Ausschlag zu einem verstärkten industriellen Engagement: Zum einen wurde die Entwicklung des Käuferpotentials – auch des schwarzen – langfristig positiv eingeschätzt. Zum anderen bestand in Südafrika die notwendige Infrastruktur eingeschlossen die bestehende Zulieferindustrie, die sich nicht zuletzt durch Ermunterung von seiten der Daimler-Benz AG in Südafrika angesiedelt hatte. So entschlossen wir uns zu diesem Schritt und bauten in East London eine Fertigungsstätte auf. Dieser Schritt sollte sich als richtig erweisen, da wir bereits 1974 über 10000 Pkw und ca. 5000 Lkw pro Jahr, außerdem Dieselmotoren, absetzen konnten. Angesichts der guten Erfahrungen wurde 1980 in Johannesburg eine weitere Fertigungsstätte durch die UCDD in Betrieb genommen. Hier wurden Tauschaggregate für Motor, Getriebe und Achsen gefertigt. Das ist der größte derartige Betrieb in Afrika.

Seit ich 1971 als Nachfolger Wychodils in den Aufsichtsrat der UCDD berufen wurde, bin ich jedes Jahr nach Südafrika geflogen, begleitet meist von Werner Lechner (Personalabteilung) und Gerhard Liener (Beteiligungsverwaltung), sowie häufig zusammen mit Joachim Zahn, der dem Aufsichtsrat der UCDD ebenfalls angehörte. Meist flogen wir ein bis zwei Tage vor der Sitzung nach Südafrika, um aufgestaute Probleme bereits vorher aus dem Weg zu räumen, wobei die Diskussionen mit dem Aufsichtsratsvorsitzenden Jan A. Hurter, der gleichzeitig Vorsitzender der Volkskas war, nicht ohne Konfrontationen verliefen.

Hurter war eine starke und harte Persönlichkeit, ein Bure, wie man ihn sich vorstellt, und besonders in Personalfragen war es nicht immer leicht, ihn von unserer Auffassung zu überzeugen. Erst mit Hurters Nachfolger Tom Muller, dem Bruder des früheren südafrikanischen Außenministers, trat dann ab Ende 1980 eine Änderung ein. Die offiziellen Sitzungen verliefen stets in besonders freundschaftlicher Atmosphäre. Bei einer dieser Sitzungen in Kapstadt hörten Gerhard Prinz, der am 1. 1. 1980 Vorstandsvorsitzender der Daimler-Benz AG geworden war, und ich einen Vortrag von Jürgen Schrempp. Danach sagte Prinz zu mir: »Dieser Schrempp wird eines Tages noch für andere Aufgaben zur Verfügung stehen müssen.«

Tatsächlich setzten wir ihn dann 1982 an die Spitze der US-amerikanischen Tochtergesellschaft Euclid, danach, ein Jahr vor dem Ausscheiden von Morris Shenker, in Südafrika ein, zunächst als Vice-Chairman, schließlich 1985 als Chairman der MBSA. Die »Board Meetings« legten wir meist auf das Ende des November, wenn es in Deutschland besonders naß und kalt ist, dort aber der Sommer beginnt. Der Sitzungsort Kapstadt gab uns die Möglichkeit, die Schönheit des Landes kennenzulernen, wobei mich der Tafelberg bereits beim ersten Ausflug faszinierte. Abwechselnd zu den Sitzungen in Südafrika fanden jedes Jahr Aufsichtsratssitzungen in der Schweiz oder in Deutschland statt, wo die beiden anderen großen Gesellschafter der MBSA ihren Sitz haben.

Von meinen Aufenthalten in Südafrika kenne ich die Rassenproblematik, mit der wir uns als relativ großes Unternehmen aufgrund des Apartheid-Systems ständig auseinanderzusetzen hatten. Im Supervisory Board der UCDD hatte es mitunter Meinungsverschiedenheiten gegeben. Ich vertrat die Ansicht, daß der steigende Anteil der Schwarzen unter der Arbeitnehmerschaft positiv zu bewerten sei und die Arbeit ausschließlich nach der Leistung bezahlt werden müsse. Die »Mercedes-Benz of South Africa« steuerte einen für südafrikanische Verhältnisse progressiven Kurs, was nicht nur aus prinzipiellen Gründen, sondern auch deshalb geraten war, weil wir schließlich mit schwarzafrikanischen Ländern geschäftliche Beziehungen unterhalten. Nicht nur die Gleichbehandlung der etwa 5000 Beschäftigten, sondern besonders auch die Realisierung von Maßnahmen für die Aus- und Weiterbildung gehörte zu unseren erklärten Zielen, um damit Voraussetzungen zu schaffen für die Abschaffung der Apartheid in Südafrika.

Während wir hierin mit den deutschen Gewerkschaften übereinstimmten – was Gewerkschaftsvertreter nach Besuchen in East London bestätigten –, schieden sich unsere Geister grundsätzlich bei der Forderung, durch Boykottmaßnahmen und Sanktionen die gesellschaftliche Entwicklung in Südafrika voranbringen zu können. Am Schluß eines solchen Weges hätte nach unserer Auffassung allenfalls ein Ergebnis stehen können nach dem Motto »Operation gelungen, Patient tot«. Auch wegen unserer unmittelbaren Verantwortung für die überwiegend schwarze Belegschaft in den Fertigungsstätten kam ein »Aushungern« Südafrikas für uns nicht in Frage.

Der Vertrieb erfolgte in Südafrika über Distributors (Großvertreter) und Main Dealers (Händler), wobei das Vertriebsnetz mit 160 Betrieben bis 1983 eine erstaunliche Dichte erreicht hatte. Die Verkaufszahlen erhöhten sich während der Zeit meiner Vorstandstätigkeit von 8216 Einheiten im Jahr 1970 auf 15200 Einheiten im Jahr 1982. Das entsprach einer Steigerung des Marktanteils von 4,1% auf 5,4% im gleichen Zeitraum. Dabei handelte es sich übrigens um den höchsten MB-Marktanteil, der zu jener Zeit im Export erreicht wurde. Nach den Verkaufszahlen war Südafrika für Daimler-Benz zum drittwichtigsten Exportland hinter den

USA und Frankreich geworden. Zurückzuführen war dieser Erfolg vor allem auf die effektive Verkaufsorganisation, und hier wieder nicht zuletzt auf die Mitte der 70er Jahre eingeführte Verkaufsschulung, die Anfang der 80er Jahre durch ein Ausbildungsprogramm für Jungverkäufer ergänzt wurde. Um die Verkaufsorganisation in Südafrika habe ich mich besonders bemüht, im Besuchsprogramm durfte nie der Besuch von Händlerbetrieben fehlen. Ein Vertreter der MBSA äußerte sich rückblickend zu meinem Engagement in Südafrika folgendermaßen: »With the experience of the world-wide marketing expert Mr. Hoppe made it always a very important point to intensify the international communication of modern marketing techniques in the interest of the South African market, to name a few: business management methods, advertising strategy, used car marketing, dealer identification programme etc.«[25]

Als wir im November 1977 mit der DB-Firmenmaschine über Kairo und Nairobi nach Johannesburg geflogen waren, besuchten wir in dem formell unabhängigen Homeland Transkei den Betrieb des mittelständischen schwäbischen Unternehmers Karl Braun. Dieser war von einigen Schwarzen auf einer Hannover-Messe auf die Idee gebracht worden, in Südafrika eine Sägemaschinenfabrik zu errichten, was sich auch in vollem Umfang bewährt hat. Bei unserem Besuch bestand in Butterworth bereits eine regelrechte schwäbische Kolonie. In seinem Garten hatte Karl Braun ein strohgedecktes Häuschen stehen, wie in der Transkei üblich, das dazu diente, an warmen Abenden mit Gästen Feste zu feiern.

So war es auch an jenem Abend, als ich mit Liener und Sepp Wissmann, dem Vorsitzenden der Ernst-Goehner-Stiftung, Braun besuchte. Höhepunkt des Festes war, daß sich die Besucher auf den Wänden des Häuschens zu verewigen hatten. Ich hatte während des ganzen Abends auf einem Bänkchen an der Ecke des Häuschens gesessen, und der Justizminister der Transkei, George Matanzima, ein Schwarzer von hünenhafter Größe, schlug für diese Ecke den Namen »Hoppe Corner« vor. Später wurde an dieser Stelle eine kleine gußeiserne Gedenktafel mit der Inschrift »Hoppe Corner« angebracht. Leider bin ich später nie mehr nach Butterworth gekommen, aber Gerhard Liener hat mir erzählt, daß bei allen nachfolgenden Festen an der Hoppe Corner jedesmal ein Toast für mich als fiktives Mitglied der Runde ausgebracht worden ist.

Auch ungewöhnliche Entscheidungen mußten im Fall Südafrika getroffen und verantwortet werden. 1982 hatte MBSA einen Kooperationsvertrag mit Honda geschlossen, der Montage und Vertrieb eines Honda-Modells durch die MBSA vorsah und damit die angebotene Produktpalette im Sinne einer Stärkung der Händlerorganisation »nach unten« abrundete. Gleichzeitig wurde damit die Voraussetzung geschaffen für eine bessere servicemäßige Betreuung von Mercedes-Benz-Nutzfahrzeugen. Unter Einschluß von Honda erreichte die MBSA für Pkw bereits 1983 einen Marktanteil von 8,7 %. Noch besser sahen die Ergebnisse auf dem Nutzfahrzeugmarkt aus. Hier verkaufte UCDD 1970 2472, 1983 jedoch

Karl Braun, Zulieferant DB-Südafrika, im Gespräch mit HCH und Justizminister George Matanzima, Transkei.

3689 Einheiten, was einer Steigerung des Marktanteils von 15% auf 26,1% entsprach. Nach Stückzahlen rangierte Südafrika in diesem Bereich an zehnter Stelle hinter einigen europäischen und arabischen Ländern.

Der anhaltende Erfolg der MBSA ermöglichte Anfang der 80er Jahre, die inzwischen deutlich gestärkten Verkaufs- und Servicekapazitäten durch ein modernes Corporate-Identity-Programm für die gesamte Händlerorganisation auch nach außen ins rechte Licht zu rücken. Zur intensiveren Marktbearbeitung wurden nun Regional Offices zur Unterstützung der Händler eingerichtet, die Verkaufsstellen wurden mit Spezialisten für den Pkw- und den Lkw-Verkauf sowie für das Kundendienst- und Ersatzteilwesen besetzt, im Grunde also der Organisationsform angeglichen, die sich in den USA und in Deutschland so gut bewährt hatte. Die Einrichtung eines neuen zentralen Ersatzteillagers in Pinetown 1983/84, dem größten dieser Art in Afrika mit ca. 30000 qm überdachter Fläche, trug zur Vervollständigung der Infrastruktur der MBSA bei. Der Marktanteil stieg bei den Nutzfahrzeugen in den 80er Jahren weiter an und erreichte beispielsweise bei Schwerlastwagen über 7,5 Tonnen 38%.

Die Geschichte der CDA/UCDD/MBSA kann man als echte Erfolgsstory bezeichnen. Noch 1974 beschäftigte die CDA im 25. Jahr ihres

Bestehens 1700 Personen, die 3600 Einheiten Mercedes-Benz-Pkw produzierten. Bereits am 1. Juli 1976 lief der 100000. Mercedes-Benz vom Band. Ein Investitionsprogramm aus dem Jahr 1981 zielte auf eine Verdoppelung der Produktionskapazität in unserem Werk in East London, um die Produktion von Mercedes-Pkw zu erweitern und mit der Produktion von Honda beginnen zu können. Durch dieses Investitionsprogramm wurde die UCDD zu einer der größten Firmen der Republik Südafrika. Ende 1989 war die MBSA eine Gesellschaft mit 5544 Mitarbeitern, einer Hauptverwaltung, einem Vertriebszentrum sowie einer Kundendienstschule in Pretoria, mit Produktionsstätten in East London und Johannesburg, einem zentralen Ersatzteillager in Pinetown und Regionalen Verkaufsbüros in Pretoria, East London, Johannesburg, Durban, Bloemfontain und Kapstadt.

1984 konnte ich Südafrika auf Einladung von Tom Muller, als Chairman der Volkskas und der MBSA, auch außerhalb des Mercedes-Benz-Geschehens bei einem längeren Aufenthalt kennenlernen. Von Kapstadt aus machten wir einen Ausflug an der Küste entlang, besichtigten das Denkmal der afrikaansen Sprache und wunderschöne Weingüter in Boschendaal oder Paarl, natürlich auch das »Kap der Guten Hoffnung«, wo in früheren Jahrhunderten manches Schiff der starken Strömung und der Brandung zum Opfer gefallen ist.

Südafrika halte ich für eines der schönsten Länder der Welt. Das Wildreservat Mala-Mala übertraf durch seinen Reichtum an Tieren alles, was ich auf diesem Gebiet gesehen hatte. Es ist nur mit den Parks in Kenia und Tansania zu vergleichen.

Bei der Einfahrt in eine Goldmine stellte ich mit Überraschung fest, daß die schwarze Arbeiterschaft großenteils aus den Nachbarländern Moçambique, Zimbabwe etc. stammte und gar nicht aus Südafrika selbst. Besonders im Zimbabwe, dem früheren Rhodesien, haben sich die Lebensbedingungen in den letzten Jahren immer weiter verschlechtert. Aufgrund der besseren Verdienstmöglichkeiten nahmen die schwarzen Arbeiter lange Wege in Kauf, um in Südafrika arbeiten zu können. Abgesehen von der Apartheid besitzt dieses Land im Süden des Kontinents für Afrikaner aufgrund seines Reichtums große Anziehungskraft, und als alten Preußen beeindruckten mich Ordnung, Disziplin und Sauberkeit. Man kann nur hoffen, daß dieses reiche Land eine gute Lösung für seine politischen Probleme findet. Die Fortschritte der jüngsten Vergangenheit lassen da sehr hoffen, obwohl sicher noch viele Krisen gemeistert werden müssen.

In *Australien* schließlich war der Import von Mercedes-Benz-Pkw bereits vor 1914 begonnen worden, von einem Mann namens Hoette, dem

Abb. oben: Besuch in Australien 1972 – Hans H. von Brockhusen, Willi Büsser, Karl-Heinz Eisenmenger, Kapitän und HCH während einer Hafenrundfahrt in Sydney. Abb. unten: Eröffnung des Lastwagenmontagewerkes bei der Mercedes-Benz Australia Ltd., 1978, durch Premierminister Frazer.

seine Ärzte eröffnet hatten, daß er nur noch wenige Wochen zu leben habe. Hoette wurde aber fast 100 Jahre alt und importierte mit seiner Firma »Merben« bis in die 50er Jahre, obwohl ihm die Importgenehmigung von der australischen Regierung während beider Weltkriege entzogen worden war. 1955/56 errichtete die DBAG ein Daimler-Benz Central Office, 1958 wurden Montage und Vertrieb von DB-Pkw und -Lkw der »Australian Motor Industries« (AMI) übertragen. Mit deren Hilfe wurde die »Mercedes-Benz of Australia« (MBAu) gegründet, die 1961 nach der Übernahme der Kapitalanteile in eine 100%ige Tochtergesellschaft der DBAG umgewandelt wurde. Die Leitung der MBAu erfolgte viele Jahre durch ihren Chairman Sheetam und wurde 1972 meinem früheren Mitarbeiter in den USA, Hans von Brockhusen, übertragen. Sein Nachfolger wurde 1986 Bernd Schlickum.

Die Montage von Pkw in Australien wurde nun wieder eingestellt, ihr Import erfolgte unserer »Philosophie« gemäß wieder aus dem Stammwerk in Stuttgart-Sindelfingen. Allerdings waren diesen Verkäufen enge Grenzen gesetzt, da starke Importbeschränkungen, Schutzzölle und Währungskursschwankungen das Produkt zu sehr verteuerten. In der Regel bewegten sich diese Importe um 3000 Einheiten. Die Lkw-Montage wurde bereits in den 60er Jahren von AMI zu »Motor Producers« gegeben, einem Werk der V. A. G., das von Peter Emil Rupp geleitet wurde. Seit 1973 versuchten wir, Stadtbusse (O 305) mit möglichst hohem »local content« herzustellen. Den ersten Auftrag erhielten wir 1974 von der Stadt Perth. Bernt Schlickum machte sich 1975 daran, diesen in Perth erfolgreich eingesetzten Bus anderen Großstädten und Busunternehmen vorzustellen, was erheblicher logistischer Anstrengungen bedurfte. Der Erfolg stellte sich jedoch ein, die Stadt Sydney bestellte in den folgenden Jahren mehr als 1500 Busse und verfügt damit heute über eine der größten Mercedes-Flotten der Welt. In geringerem Maße belieferten wir auch die Städte Perth, Canberra und Adelaide, wobei hier die Integration der Mercedes-Busse in das O-Bahn-System der Stadt erwähnenswert ist: Sie fahren in einem abgeteilten Spursystem.

Schließlich nahmen wir die Nfz-Produktion 1978 in eigene Hände. Zur Einweihung dieses Werkes, an der auch der australische Premierminister Frazer teilnahm, flog ich am 8. Februar 1978 nach Australien. Bei der an die Einweihung sich anschließenden Pressekonferenz machte ich auch die Bemerkung, daß die sogenannte Ölkrise der letzten Jahre nicht auf eine tatsächliche Ölknappheit, sondern nur auf Preismanipulationen der OPEC-Länder zurückzuführen sei. Diese Bemerkung fand ihren Widerhall in mehreren Zeitungen, woraufhin ich wenig später einen sehr kritischen Brief des australischen Premierministers Frazer erhielt, dessen Regierung zu größerer Sparsamkeit im Ölverbrauch aufgerufen hatte.

Im Lauf der Jahre machte sich in Australien die immer stärkere Vernetzung des weltweiten Vertriebs der Daimler-Benz AG bemerkbar. Die Pkw wurden, wie schon bemerkt, aus Deutschland importiert, doch seit 1983 wurden auch Lkw-Fahrgestelle aus dem kostengünstiger arbeitenden brasilianischen Werk in Sao Bernardo do Campo eingeführt, seit 1989 schließlich auch Schwerstkraftwagen der US-amerikanischen Tochtergesellschaft Freightliner. Was anfangs nach einer Zersplitterung der Kräfte hatte aussehen können, beginnt jetzt in weltweitem Maßstab zusammenzuwachsen.

Lateinamerika

Das Lateinamerika-Geschäft nahm während meiner Vorstandszeit im allgemeinen trotz einiger schwieriger Ereignisse eine normale Aufwärtsentwicklung. Die Verkaufschefs der einzelnen lateinamerikanischen Länder erschienen regelmäßig zur Berichterstattung in Stuttgart, wo wir zusammen mit den zuständigen Mitarbeitern der Fachressorts die Ergebnisse diskutierten. Meine Maxime, daß das beste Lehrbeispiel immer die Information vor Ort sei, wandte ich auch auf Südamerika an. Seit 1971 unternahm ich mehrere Reisen dorthin, bei denen ich unsere Produktionsstätten in Brasilien und Argentinien sowie die Generalvertreter in den jeweiligen Ländern besuchte, außerdem – wo nötig – mit Großkunden zusammentraf. Die Zuständigkeit war bei den Produktionstochtergesellschaften so geregelt, daß der Vertrieb in mein Ressort fiel, Entwicklung, Produktion und Finanzen dagegen in die Verantwortung der jeweils zuständigen Vorstandsressorts.

Das wichtigste lateinamerikanische Land blieb in den vergangenen Jahrzehnten stets *Brasilien*. Erste Kontakte waren hier durch einen Beauftragten Alfred Jurzykowskis bereits 1949 hergestellt worden. Bereits damals beeinflußten erste Großaufträge – die ersten nach dem Zweiten Weltkrieg – die weitere Entwicklung der DBAG, da durch den Export von 3000 Lkw die Kapazität des Werks Mannheim großzügiger ausgelegt werden konnte. 1950 waren angesichts des brasilianischen Marktpotentials und der hohen Frachtraten, die den Export von Deutschland her als unrentabel erscheinen ließen, die »Distribuidores Unidos do Brasil« gegründet und eine Montagehalle in Rio erworben worden. Nach den ersten größeren Importen von Mercedes-Lkw aus Deutschland durch Jurzykowski erfolgte bald die Umstellung auf lokale Fertigung. 1952 wurde die »Mercedes Benz do Brasil« (MBBras) gegründet. Bereits 1953 kauften Könecke und Wychodil bei einer Brasilienreise in São Paulo 325 000 qm Betriebsgelände, auf dem bis 1956 ein Montagewerk für Nutzfahrzeuge eingerichtet wurde.[26] Die MBBras, deren Mehrheitsaktionär bis zu seinem Tod Jurzykowski blieb (1968 kaufte die Deutsche Bank diese Aktien, seit 1970 ist die MBB eine 100%ige Tochter der DBAG), begann mit Genehmigung der Regierung die Montage der Lkw-Typen L 312 und LP 312, bereits 1957 lieferte die DBAG 6000 Einheiten, im folgenden Jahr lag man bereits bei

15000. Unser Anteil an der brasilianischen Nutzfahrzeugproduktion lag in der Folge durchschnittlich bei 50%, obwohl der Preisvorteil rein brasilianischer Produkte gegenüber den Daimler-Benz-Fahrzeugen aufgrund fiskalischer Belastungen enorm war. Dies galt noch mehr für Pkw, bei denen aufgrund der restriktiven Maßnahmen jährlich nur 200 bis 400 Stück an Diplomaten und Sonderlizenzträger, etwa Entwicklungshelfer, abgesetzt werden konnten.

Das brasilianische Werk verfügte trotz seiner beachtlichen Kapazität von 40000 Einheiten pro Jahr nicht über eine eigene Entwicklungsabteilung. Lediglich die übliche Anpassung an die lokalen Marktverhältnisse durfte vor Ort vorgenommen und nach Freigabe durch die Zentrale in Untertürkheim eigenständig produziert werden. Auch erfolgte die Lizenzvergabe wie in Indien oder später in Argentinien nur für ältere Lkw-Typen. Von Brasilien aus konnte ganz Lateinamerika beliefert werden. Gelegentlich überstieg jedoch die Bedeutung des brasilianischen Werks diesen Rahmen. Dies war beispielsweise 1973 der Fall, als es zu einem raschen Dollarverfall kam, der einen Verkauf von Lkw aus Europa in den USA schier unmöglich machte.

Ich hielt mich damals gerade in New York auf und wurde mit der Notwendigkeit einer raschen Entscheidung konfrontiert. Zur Abklärung der Frage eines Imports von Nutzfahrzeugen aus Brasilien bestellte ich den Präsidenten der MBBras Werner Jessen nach New York, um gemeinsam mit Nordmann und Bodack diese Möglichkeit zu erörtern. Da die Vorkalkulation ein positives Ergebnis signalisierte, ordnete ich die Belieferung des US-Marktes mit Lkw aus Brasilien an, was den währungsbedingten Verkaufsengpaß in den USA kurzfristig überbrücken half. Allerdings zeigte sich zu diesem Zeitpunkt bereits die Notwendigkeit eines eigenen Montagewerks in den Vereinigten Staaten. Der Import in Brasilien montierter Daimler-Benz-Nutzfahrzeuge stieg bis zur Fertigstellung des US-amerikanischen Montagewerks in Hampton/Virginia 1978 stetig an und erreichte 1986 – also bereits nach meiner Zeit – mit 5496 Fahrzeugen pro Jahr seinen Höhepunkt. Erst 1990 wurden diese Exporte von Brasilien in die USA definitiv eingestellt.

Nicht unerwähnt bleiben darf, daß sich zahlreiche Mitarbeiter um die MBBras verdient gemacht haben. Was generell für jedes Land zutrifft, gilt verstärkt für ein Land wie Brasilien, wo mit einer relativ umfangreichen lokalen Fertigung andere Vorstandsressorts in der Daimler-Benz AG betroffen sind, etwa die Entwicklungsabteilung und die Produktionsseite. Auch aus anderen Ressorts gab es deshalb einen regen Transatlantikverkehr, was gerade an dieser Stelle erwähnt werden muß. Denn allen älteren

Abb. oben: US-Lastwagenhändlertreffen bei Mercedes-Benz do Brasil – Peter E. Krümmel, Walter Vorderwinkler, Karlfried Nordmann, HCH, Werner Jessen, Walter Bodack. Abb. unten: Ausflug von Caracas in die Karibik mit Gustavo Zingg, HCH und Peter Krümmel, 1973.

Mitarbeitern der weltweiten DB-Organisation sitzt noch der Schreck in den Gliedern, den die Nachricht von einem Flugzeugabsturz in der Nähe von São Paulo (Brasilien) hervorrief. Diesem tragischen Unglück fielen die Vorstandsmitglieder Friedrich Binder und Wilhelm Künkele zum Opfer, ferner Karl-Heinz Eisenmenger, der Leiter unseres Ressorts Beteiligungsverwaltung, außerdem Direktor Weltzer und der PR-Mann Suhrkemper von der MBBras und die beiden Piloten des Flugzeugs.

In *Argentinien* nahm bereits 1946 Jorge Antonio, der schon vor dem Krieg mit Mercedes-Benz zu tun gehabt hatte, die Funktion eines Generalvertreters in Eigeninitiative auf. Dem Aufbau seiner Firma kam zugute, daß er mit dem Bruder von Evita Perón eng befreundet war, und so bekam er von den Behörden die einzige Importlizenz für ausländische Fahrzeuge. An der im Juli 1950 gegründeten »Mercedes-Benz Argentina« (MBA) war die DBAG von Anfang an beteiligt, seit 1952 mit 30%, drei Jahre später mit 54%.[27]

Antonio importierte massenhaft Mercedes 180D-Pkw, die meist als Taxis verwendet und im Volksmund »Hormigas Negras«, also »Schwarze Ameisen«, genannt wurden. Die enormen Gewinne aus diesen Importen ermöglichten Antonio den Bau eines Montagewerks in der Nähe von Buenos Aires. Nach dem Sturz des Diktators Juan Perón mußte Jorge Antonio flüchten und die DBAG – kurz nach der Eröffnung des Lkw-Werks – um ihre Eigentumsanteile kämpfen. Erst nach deren Rückgabe konnte 1959 die Lkw-Produktion tatsächlich anlaufen. Zehn Jahre später wurde die MBA in eine 100%ige Daimler-Benz-Tochtergesellschaft umgewandelt.

Eine dramatische Zeit mußten wir in den Jahren 1974 und 1975 durchstehen, als mit Herbert Pilz und Franz Metz zwei Produktionsleiter der MBA entführt wurden und als Geiseln für eine Lösegeld-Erpressung dienten. Der Vorstand der Daimler-Benz AG erteilte 1974 Werner Lechner und Klaus Oertel zusammen mit Bill Mosetti die notwendigen Vollmachten, um vor Ort mit den Entführern um einen Freikauf von Herbert Pilz zu verhandeln. Nach einem Monat zäher Verhandlungen wurde das Lösegeld in Millionenhöhe von Mosetti persönlich, in zwei Koffern verpackt, mitten in Buenos Aires den Entführern übergeben. Pilz wurde daraufhin unversehrt freigelassen.

Bereits 18 Monate später wurde mit Franz Metz erneut der Produktionsleiter der MBA auf dem Weg zur Arbeit entführt. Diesmal war eine andere Terroristengruppe dafür verantwortlich. Erneut gelang es Mosetti, den Entführten nach 45 Tagen freizukaufen. Metz wurde noch am Tag seiner Freilassung nach Stuttgart zurückgeflogen. Die Entführung von

Abb. oben li.: Unimog und Lastwagen an der Grenz- und Paßstation Portillo Argentinien/Chile. Abb. oben re.: Ein zünftiger Pisco an der Paßstation mit Peter Krümmel, Klaus Oertel und HCH. Abb. unten: Federzeichnung von Martin Schließler, 1973, Jagdhütte von Bill Mosetti, MBA, in Bariloche, Argentinien.

Managern gehörte damals in Argentinien beinahe schon zur Tagesordnung, auch Esso, Bunge & Born mußten u. a. diese bittere Erfahrung machen. Mercedes-Benz hatte dabei noch Glück im Unglück, denn ein ebenfalls entführter Generaldirektor Sallustro der argentinischen FIAT wurde von seinen Entführern ermordet. Die Entführer von Metz wurden übrigens später von der Polizei gefaßt, während die Entführer von Pilz in der Schweiz um politisches Asyl baten. Dieses wurde ihnen gewährt, und sie lebten dort als politische Flüchtlinge von Schweizer Steuergeldern.

Im Vorstand diskutierten wir damals, ob unter solchen Umständen ein industrielles Engagement in Argentinien überhaupt noch sinnvoll sei. Im Januar 1976 beschlossen wir aber, unsere Tätigkeit in Argentinien dennoch fortzusetzen, eine Entscheidung, die angesichts der weiteren politischen und konjunkturellen Entwicklung richtig war. Eine Konsequenz des Entführungsfalles in Argentinien war, daß die MBA nach der Präsidentschaft von Klaus Oertel 1975–1978 den berühmten Juan Manuel Fangio zum Präsidenten einsetzte. Der 1911 in der Provinz Buenos Aires geborene Rennfahrer war in den 50er Jahren fünfmal Weltmeister geworden, darunter zweimal auf Mercedes-Benz. Mit seinen insgesamt 24 Grand Prix-Siegen wurde er in Argentinien wie ein Volksheld verehrt. Sein Charisma machte ihn praktisch unangreifbar, was eine gewisse Garantie gegen weitere Gewalttaten darstellte.

Von Argentinien aus konnten gelegentlich größere Mengen von Nutzfahrzeugen in die anderen Länder Lateinamerikas geliefert werden, insbesondere nach Bolivien, Chile und Peru. Die Generalvertretung der Daimler-Benz AG in Chile wurde 1952 durch Walter Kaufmann begründet, einem langjährigen Angehörigen der Firma, der nach Lateinamerika auswandern wollte. Kaufmann war bereits 1926 in die DBAG eingetreten, also in ihrem Gründungsjahr. Von 1928 bis 1942 hatte er die Verkaufsstelle Stuttgart geleitet, danach das Werk Gaggenau, 1948 bis 1950 war er stellvertretendes Vorstandsmitglied gewesen. Kaufmann leitete die chilenische Generalvertretung, heute wird die »Kaufmann S. A.«, deren Aktien von den beiden Söhnen und einem Minderheitsaktionär gehalten werden, von Michael Kaufmann geleitet. In Santiago de Chile wurde eine vorbildliche Zentrale geschaffen, elf weitere Niederlassungen versorgen mit jetzt 350 Mitarbeitern das ganze Land.

Nach einem Besuch bei der MBBras und der MBA hielt ich mich 1973 zur Jagd in S. Martin de Los Andes, nördlich von Bariloche in den südargentinischen Bergen auf. Der unglaubliche Wildreichtum ist der Initiative eines deutsch-argentinischen Estanciero zu verdanken, der Anfang des Jahrhunderts Rotwild von Deutschland dorthin importierte und aussetzte. Das gute Klima und die gute Äsung trugen zur fabelhaften Entwicklung dieser Wildart bei. Die Hirsche tragen ungewöhnlich starke Geweihe, 16-, 18- sogar 24-Ender sind keine Seltenheit. In Begleitung von Bill Mosetti und Martin Schließler lernte ich dieses wunderschöne Gebiet von Rio Negro am Fuß der Anden kennen.

Besuch der Werkstatt unserer Generalvertretung in Chile – HCH im Gespräch mit Walter Kaufmann und seinen Söhnen.

Drei Jahre später fuhr ich in Begleitung von Klaus Oertel und Peter Krümmel über Mendoza und Las Cuevas über die 3000 Meter hohen Andenpässe nach Chile. In Puente del Inca bewunderten wir die berühmten heißen Quellen. Die Grenzstation Portillo befindet sich auf einem über 3000 Meter hohen Paß mit Blick auf die schneebedeckten Gipfel der Anden ringsum. An der Grenzstation waren für Chile bestimmte Lkw und Unimog von MBA zu meiner Begrüßung aufgefahren. Im Skihotel begrüßten uns Walter Kaufmann und Köhler von der chilenischen Generalvertretung mit einem zünftigen Pisco. Danach setzte ich meinen Weg nach Santiago de Chile zu unserer MB-Vertretung fort. Nach einem Besuch der Einrichtungen von Walter Kaufmann flogen wir mit einer Privatmaschine in den Süden Chiles, um eine größere Omnibusflotte im Einsatz zu sehen. Der Flug eröffnete den Blick über eine herrliche Landschaft, auf der linken Seite die weißen Berggipfel der Anden, auf der anderen Seite das tiefblaue Wasser des Pazifischen Ozeans.

Wie nach Chile wurde auch in die meisten anderen Länder Südamerikas von den Fertigungsstätten in Argentinien und Brasilien exportiert. Eine Sonderentwicklung gab es dabei in *Venezuela*, für das 1953 die Brüder

Gustavo und Hermann Zingg einen Generalvertreter-Vertrag abgeschlossen hatten, der später auf die Firma Zico S. A. überging. In Valencia begann man 1961 mit der Montage von Pkw, später erfolgte dann nach Sindelfinger Plänen der Aufbau eines Montagewerkes in Barcelona, wo schließlich auch mittlere und schwere Lkw montiert wurden. Die Spitzenjahre erlebte das venezolanische Montagewerk in den Jahren 1972 bis 1976, bevor die venezolanische Gesetzgebung den Einsatz »nationaler« Motoren vorschrieb, was von uns nicht akzeptiert werden konnte. Die Montage wurde deshalb 1976 eingestellt. Deshalb beschränkte sich unser Geschäft mit Venezuela auf die Belieferung von Diplomaten und Sonderlizenzträgern sowie die gelegentliche Einfuhr unregelmäßiger Stückzahlen an Nutzfahrzeugen und Omnibussen aus unseren brasilianischen Montagewerken. Der Spitzenwert wurde 1981 mit 750 Stück »L0608« erreicht. Immerhin wurden in 40 Jahren mehr als 30 000 Pkw nach Venezuela verkauft, was nur damit zu erklären ist, daß dieses lateinamerikanische Land als Ölförderland zu einem gewissen Reichtum gekommen ist.

In *Mexiko* hatte die DBAG Anfang der 50er Jahre ihre Generalvertretung der einem einflußreichen Senator nahestehenden Firma »Pratt Motors« übertragen, die ihrerseits als Subunternehmen die Firma »Delta« beauftragte, die den Brüdern Elias und Miguel Abed gehörte. Die Erfolge von Mercedes-Benz bei der Carrera Panamericana 1952 zeigten naturgemäß gerade in Mexiko Wirkung. In diesem Jahr wurde in Mexiko-City das Zentralbüro der DBAG eröffnet. 1955 erhielten die beiden Abeds, Mexikaner libanesischer Abkunft, die Generalvertretungsrechte. Sie mieteten daraufhin ein Montagewerk und begannen auf einer Basis von 900 Pkw mit dem übernommenen Montageleiter Robleda die Arbeit.

Bereits 1956 gab es juristische Schwierigkeiten, da durch die neue Vertragsregelung für Nordamerika mit Curtiss-Wright die Vertretungsrechte für Mexiko und Cuba mitübertragen worden waren. Meine diesbezüglichen Einwände waren von meinem damaligen Vorgesetzten Giese übergangen worden. Die Abeds behielten gegen Zahlung von $150 pro Fahrzeug ihre Unabhängigkeit, und 1958 wurden – wie oben bereits erwähnt – unter meiner tätigen Mithilfe die Verträge mit Curtiss-Wright wieder gelöst. Seit 1961 wurden in Mexiko auch Gaggenauer Lkw montiert. Am Widerstand der Brüder Abed zerschlugen sich Verhandlungen der DBAG über eine Zusammenarbeit mit dem mexikanischen Staatskonzern DINA. Die Montage in Mexiko erfolgte unter Zulieferung der Einzelteile zu 100% aus Deutschland. Das war sehr teuer, da die Autos zuerst zusammengebaut, dann zerlegt und verpackt wurden, um dann am Bestimmungsort erneut montiert zu werden. Auf diese Weise wurden unter dem tüchtigen mexikanischen Montageleiter Robleda zwei- bis dreitausend Einheiten pro Jahr für den mexikanischen Markt produziert.

Da Mexiko mit dem Curtiss-Wright-Vertrag seit 1956 auch zu meinem Zuständigkeitsbereich gehörte, hielt ich mich damals zum erstenmal zu Gesprächen mit den Abeds in Mexiko City auf. Ich besuchte das Montagewerk und informierte mich über den Vertrieb, der damals in den Händen von Walter Vorderwinkler, einem Delegierten des Hauses, lag.

Beim Rückflug von Mexiko City nach New York mit einer Maschine der Air France gab es beim Start einen größeren Zwischenfall: Zwei Motoren fielen aus, der Kapitän vollzog kurz vor dem Ende der Startpiste eine Notbremsung, bei der mit entsetzlichem Knall sämtliche Reifen platzten. Wir mußten die Maschine verlassen, der Weiterflug war erst für den Nachmittag desselben Tages vorgesehen. Ich nutzte die Zeit, um noch einmal ins Büro zurückzufahren – sehr zur Überraschung der Herren Robleda und Vorderwinkler, die bereits mit Champagner meine Abreise zu feiern begonnen hatten. Als am Nachmittag desselben Tages tatsächlich gestartet werden konnte, verbrachte ich zusammen mit dem französischen Botschafter in Mexiko und der »Miss Universe« einen amüsanten Flug – wir waren nur drei Fluggäste in der ersten Klasse, doch schließlich gesellte sich auch der Kapitän der Maschine zu unserer Gruppe. In heiterer Stimmung erklärte ich bei der Landung der Miss Universe die Straßenzüge von New York, um danach feststellen zu müssen, daß wir gar nicht in New York, sondern in Philadelphia gelandet waren.

Mitte der 60er Jahre verlangte ein neues mexikanisches Gesetz über den »local content« eine Erhöhung der Fertigungstiefe bei ausländischen Autos, was praktisch einem Importverbot gleichkam und die Aufnahme der Pkw-Fertigung in Mexiko erzwungen hätte. Damals wurde ich als der Verantwortliche für den amerikanischen Markt in Stuttgart bei Wychodil vorstellig, um mich ganz energisch einer solchen Entwicklung zu widersetzen, da diese unweigerlich Auswirkungen auf den US-amerikanischen Markt gehabt hätte. Ein Verkauf in Mexiko gefertigter Produkte in die Südstaaten der USA hätte kaum unterbunden werden können, außerdem war ich stets der Ansicht, daß der Nimbus der Mercedes-Benz-Pkw an die Originalfertigungsstätte in Sindelfingen gebunden war und daß er unter einer Auffächerung der Produktionsstätten nur leiden konnte, sowohl hinsichtlich der Qualität als auch in bezug auf das Image. Da ich mich mit meinen Argumenten durchsetzen konnte, war der mexikanische Pkw-Markt für Mercedes-Benz praktisch tot. Hinzu kamen Bilanzmanipulationen der Brüder Abed: Die DBAG stellte fest, daß die Sozialversicherung der Arbeiter nicht mehr bezahlt worden war und kündigte daraufhin die Vertreterverträge. Im Juli 1965 wurde der Konkurs erklärt. Für den Bestand von ca. 10 000 Autos wurden in den Hauptorten, vor allem aber in Mexiko-City, Ersatzteile in den Kundendienststätten belassen, um alle bisherigen Kunden betreuen zu können.

1967 wurde mit der Firma »Mexicana Automotriz Central S. A.« eine neue Generalvertretung geschaffen, die bis heute exklusiver Pkw-Importeur blieb. Seit 1965 gab es zwar Verhandlungen mit VW über den Bau von Mercedes-Fahrzeugen in den neuen VW-Anlagen von Puebla, doch zerschlug sich dieses Projekt. Seit 1980 führt DB wieder intensivere Verhandlungen über den Nutzfahrzeugbau zusammen mit der Staatsfirma

DINA, doch blieben auch diese letztendlich erfolglos. Erst 1985 ergaben sich neue intensivere Beziehungen durch Kontakte mit der FAMSA, einem Privatunternehmen, das von der mexikanischen Regierung empfohlen worden war. Noch im gleichen Jahr erwarb die DBAG eine Minderheitsbeteiligung an der FAMSA und nahm Materiallieferungen durch die »Mercedes-Benz do Brasil« auf. Dies war der Beginn der Lkw-Produktion in Mexiko. Das Vertriebsnetz der FAMSA wurde in Kooperation mit Ford de Mexiko ausgebaut.

Nordamerika

Nach meiner Berufung in den Vorstand mußte ich in Stuttgart einen Nachfolger für die Präsidentschaft der MBNA vorschlagen. Hier fiel mir die Wahl sehr leicht, denn ich konnte Karlfried Nordmann benennen, der zu Beginn meiner Karriere bei der DBAG mein Ausbilder gewesen war und den ich stets in guter Erinnerung behalten hatte. In der Zwischenzeit war er Chef des Kundendienstes weltweit geworden, kannte sich also im internationalen Geschäft bereits sehr gut aus. Unser Verhältnis – als Export-Chef in Stuttgart war ich nun sein Vorgesetzter – entwickelte sich zu einer ausgezeichneten und erfolgreichen Zusammenarbeit, in der es nie zu Differenzen kam. Für Nordmann wie für mich waren stets die USA der »Lieblingsmarkt«, und so gingen unsere Überlegungen fast immer in die gleiche Richtung.

Ich verglich den amerikanischen Markt gern mit den Olympischen Spielen: Man muß dabei sein, und man muß gewinnen. Dem USA-Geschäft blieb ich auch als Chairman der nordamerikanischen Tochtergesellschaften eng verbunden, der ich als Nachfolger Wychodils geworden war. In dieser Funktion pendelte ich weiterhin zwischen Stuttgart und den USA hin und her. Von meinem engeren Arbeitsteam blieb Vizepräsident Gerhard Korallus bis zu seinem frühen Tod 1971 in den USA, sein Nachfolger wurde Werner Bischoff, vorher Finanz-Chef der MB Argentina. Heinz Waizenegger ging 1979 in Pension, er konnte mit Stolz auf seine entscheidende Mitwirkung beim Aufbau der Händlerorganisation zurückblicken. Nachfolger Waizeneggers wurde Hans Juergen Hinrichs – er wurde 1983 mein Nachfolger im Vorstand. Nordmann ging 1981 in Pension, nach ihm übernahm einige Monate Werner Jessen diese Aufgabe, der vorher für Daimler-Benz in Stuttgart und Brasilien – als Präsident der MBBras – tätig gewesen war. Bereits am 1. Juli 1981 übernahm mein früherer Mitarbeiter Walter Bodack die Präsidentschaft. Die MBNA ist mittlerweile zu einer großen Organisation mit 1600 Mitarbeitern herangewachsen, die jährlichen Verkaufszahlen liegen heute bei 75000 Einheiten.

Die überaus positive Entwicklung des Amerika-Geschäfts hatte schließlich auch Auswirkungen auf die Zentrale. Sie mußte mitwachsen und platzte schon bald aus allen Nähten. Aus der 1965 angeblich zu großen

Abb. oben: Zentrale der MBNA, Montvale, Einweihung 1972.
Abb. unten: »The American Mercedes«, gebaut 1905.

Anlage in Fort Lee mußten immer wieder ganze Abteilungen ausquartiert werden. Anfang der 70er Jahre gab es in Bergen County (New Jersey) sieben verschiedene Anschriften der MBNA. Dieser unhaltbare Zustand führte schließlich zu dem Beschluß, eine eigene Zentrale zu bauen, die auf die gewachsenen Erfordernisse zugeschnitten sein sollte. Schließlich wurden in Montvale rund 80000 qm Grund erworben, zusätzlich das Vorkaufsrecht auf weitere 60000 qm.

Ich wollte den bekannten Architekten Philip Johnson mit einem Entwurf beauftragen, doch es kam zu keiner Einigung. Johnson legte einen Kostenvoranschlag in Höhe von 12 Millionen Dollar vor, doch Zahn hatte bei 10 Millionen Dollar ein striktes Limit gesetzt. Wir entschlossen uns schließlich für das damals neue – und kostengünstigere – Prinzip des Großraumbüros, bei dem die Abgrenzung der Arbeitsplätze durch Trennwände und Raumpflanzen erreicht wird. Als Anschauungsobjekt hatte mir dazu ein neuer Bürobau der Firma Osram in München gedient. Die Kriterien für die Innenausstattung wurden mit Umfrageprogrammen entwickelt, die gesamten Büromöbel neu entworfen und diesem System angepaßt. Die Einrichtung eines Zentralablagesystems in Kombination mit einem ausgeklügelten hausinternen Transportsystem sollte die Mitarbeiter dazu bewegen, sich von ihren liebgewordenen Aktenschränken zu trennen, was einige Umstellung erforderte. Die Koordination dieses komplizierten Bauvorhabens lag bei Wulf Geisberg. Am 26. August 1972 konnte dieses Gebäude in Form eines Hexagons bezogen werden. Montvale im nördlichen New Jersey ist seither Sitz der »Mercedes Benz of North America«. Die Ansiedlung der MBNA scheint die Attraktivität Montvales als Industriestandort ganz beträchtlich erhöht zu haben, denn später siedelten sich auch die Firmen BMW und FIAT an. Mittlerweile hat sich Montvale zu einem regionalen Industriezentrum entwickelt.

Noch 1968 hatten wir eine umfangreiche Marktstudie über die Absatzmöglichkeiten für Lkw in Auftrag gegeben. Damals wurden die Lkw in den USA in acht Gewichtsklassen eingeteilt, und Walter Bodack kam zu dem Schluß, daß die Marktchancen der DBAG in den Gewichtsklassen 6–7 (19500–33000 Pfund) lagen. Dabei kam ich zu dem Schluß, daß der Einstieg in diese Gewichtsklasse nur mit einem US-Partner möglich sein würde. Dies führte zu Verhandlungen mit der White Motor Corporation und dessen Chairman Bunky Knudsen, die sich bis zu meinem Eintritt in den Vorstand ohne unmittelbare Ergebnisse hingezogen hatten. Die »Philosophie« für den Lkw ging in den USA und in Europa von verschiedenen Voraussetzungen aus: In Europa wollte man den integrierten Lkw, in den USA den montierten Truck mit hohen Anteilen der Zulieferindustrie.

Bei einem Besuch in Untertürkheim machte Knudsen Prinz und mir den Vorschlag, aufgrund der schwerwiegenden Probleme bei der White Motor Corporation deren Tochtergesellschaft Euclid zu erwerben, die Muldenkipper und Schwerst-Lkw von 25–70 to herstellte, die selbst bei extremen Bedingungen wie bis zu –45 Grad Celsius einsetzbar waren. Der Vorstand stimmte dem Erwerb zu, weil wir planten, den Lkw-Sektor »nach oben« abzurunden. Auch andere Daten sahen günstig aus, denn Euclid belieferte damals zu 70% den US-Markt, während der Rest der Produktion in den Export ging – ein Verhältnis, das sich innerhalb von nur zehn Jahren aufgrund der weltweiten Vernetzung der DBAG beinahe umkehren sollte.

Unser Hintergedanke beim Erwerb der Euclid war, mit diesem Schwerst-Lkw die potentiellen Märkte in der UdSSR und der VR China beliefern zu können. Diese Länder hatten unserer Einschätzung nach Bedarf an schweren Muldenkippern bei der Gewinnung von Rohstoffen, inbesondere von Kohle (während der Ölkrise) und von Erzen, wobei eine Erweiterung des Programms auf andere Produkte, wie Bagger und Radlader, vorgesehen war. Mit den Regierungen der erwähnten Länder standen wir Anfang der 70er Jahre in intensiven Verhandlungen. Euclid sollte aber auch für andere Zwecke zur Verfügung stehen. Im Falle eines großen deutschen Unternehmens der Bauindustrie war unser Angebot nicht nur auf die Lieferung von Euclid-Fahrzeugen beschränkt, sondern bezog eine Art Generalunternehmerschaft ein – Mercedes-Geländewagen, Lkw für Notfälle und Krankenwagen konnten zum Einsatz in einem arabischen Land geliefert werden. Euclid lieferte sowohl »Software«, wie Planzeichnungen für Gebäude und Logistik, als auch »Hardware«, wie die Bereitstellung von Einrichtungen, aber auch Personal zur Betreuung von Großbaustellen wie etwa bei einem Damm bei Mossul im Irak. Dies war das erste Angebot dieser Art in der Bauindustrie, und es hatte einen hervorragenden Effekt in unseren Verkaufsbestrebungen für Euclid in Europa.

Euclid stellte somit den Beginn einer möglichen Standbein-Erweiterung für Daimler-Benz dar. Allerdings trogen diese Hoffnungen. Zwar bestellte die UdSSR 21 dieser Schwerstmuldenkipper für Einsatzbedingungen bis –45 Grad Celsius in sibirischen Erzminen bei Chabarovsk, doch im Falle Chinas scheiterten unsere Bemühungen am chronischen Devisenmangel dieses Landes. Mit der Überwindung der Energiekrise änderten sich schließlich die Rahmenbedingungen derart, daß unsere Zielgruppenanalyse für Euclid hinfällig wurde.

Im Rahmen unserer strategischen Überlegungen wurden deshalb weltweit Verkaufsverhandlungen geführt, die schließlich zum Verkauf der Firma an Clark Michigan führten, die das Produkt zur Arrondierung ihrer Aktivitäten benötigte. Nach den amerikanischen Chairmen Fairbanks und Nelson übernahm 1978 nach seinem erfolgreichen Einsatz in China Peter Emil Rupp die Präsidentschaft bis zur Übernahme von Freightliner. Ihm folgte 1982 bis zum Verkauf 1984 Jürgen Schrempp, der anschließend die Leitung der MBSA übernahm, um dann 1987 zurück in die Zentrale berufen zu werden als stellvertretendes Vorstandsmitglied für Nutzfahrzeuge, bevor er 1989 den Vorsitz der Deutschen Aerospace AG übernahm. Von 1982 bis 1984 war ich Chairman dieser Gesellschaft.

Noch während meiner Präsidentschaft bei der MBNA begannen wir 1970 mit dem Aufbau einer Lkw-Händlerorganisation in den 13 US-Bundesstaaten im Nordwesten des Landes. 1973 wurde die »MBNA Truck Division« gegründet, und bis 1980 wurden Lkw-Zonenbüros in New York, Washington, Jacksonville, Chicago und Houston eingerichtet. Die dort verkauften und betreuten Fahrzeuge stammten zunächst unmittelbar aus der DBAG-Produktion. Als sich der Wechselkurs des Dollar gegenüber der D-Mark jedoch immer weiter verschlechterte, mußten diese Importe ganz eingestellt werden. Zum Glück war es im Sommer 1973 kurzfristig möglich, die Bedarfsdeckung für Lkw zwischen 10 bis 13 Tonnen aus der brasilianischen Mercedes-Benz-Produktion zu substituieren, so daß der Markt kontinuierlich bedient werden konnte und nicht verlorenging, sondern im Gegenteil sogar ausgesprochen positiv auf diese Maßnahme wirkte. Der Transport von Brasilien in die USA erwies sich jedoch als reichlich aufwendig, so daß wir beschlossen, in den USA schrittweise selbst ein Montagewerk einzurichten. Nach Anlernung des Personals in einer Kleinmontage im VPC Jacksonville 1979 wurde 1980 in Hampton (Virgina) ein Montagewerk mit einer Kapazität von jährlich 6000 Einheiten eröffnet, das aus Brasilien, Deutschland und den USA beliefert wurde. Die Benützung von in den USA gefertigten Teilen ermöglichte gleichzeitig eine bessere Adaption der Produkte an die Erfordernisse dieses speziellen Marktes.

Im Jahr 1974 widerfuhr mir ganz unerwartet eine besondere Ehrung, die ich hier erwähnen möchte. Das »American Jewish Committee« mit seinem Präsidenten Elmer L. Winter verlieh mir den »Human Relations Award« und lud am Dienstag, dem 19. November, zu einem großen Dinner im »St. Regis-Sheraton Hotel« in New York. Auf dem Titelblatt des Einladungsheftes war ein Foto von mir, in der Kurzbiographie wird hervorgehoben, meine Tätigkeit in den USA sei gekennzeichnet gewesen durch meine Fähigkeit »to bring people of vastly dissimilar backgrounds und cultures together to build toward a common goal«, was auch tatsächlich der Fall war, soweit ich das selbst beurteilen kann. Als Würdigung meiner Tätigkeit hieß es weiter: »In the past two decades he has made Mercedes-Benz a synonym for excellence on this side of the Atlantic as well as in Europe«, was zumindest für den zweiten Teil des Lobes leicht übertrieben erscheint. Abschließend heißt es: »Twenty years ago Heinz C. Hoppe came to the United States as a stranger. Today, it is questionable which is longer – his list of friends, or his list of accomplishments. The American Jewish Committee is proud to have its name linked with his.«

Die Euclid-Episode war der erste Versuch der DBAG gewesen, auf dem US-Markt mit Schwer-Lkw vorzustoßen. Von hier führte direkt die Ver-

Abb. oben: Board Meeting MBNA Hotel Plaza, New York, Peter E. Rupp, Frank Manheim, Bob Guthrie, Hans Hinrichs, HCH, John McCloy, Eberhard Herzog, Ed McDermott, Heinz Schmidt. Abb. unten: Der erste Spatenstich für das Montagewerk Hampton, Virginia – v. links: Walter Bodack, Bürgermeister Charles Wormann, Gouverneur von Virginia John Dalton, HCH, Karlfried Nordmann.

handlungsaufnahme zum Erwerb von Freightliner, einem US-Hersteller in Portland für schwere »USA-Trucks« bis zu 80 000 Pfund (40 Tonnen). Mit dieser Firma sicherte sich Daimler-Benz ein Standbein für Lkw in den USA. Unter Beibehaltung der US-spezifischen Eigenschaften konnte durch die Übernahme von Entwicklung, Verfahrenstechnik etc. aus Stuttgart ein synergetischer Effekt erzielt werden. Der Erfolg rechtfertigte diese Investition, denn Freightliner konnte von einem 10%-Marktanteil auf nunmehr 18% ansteigen. 1981, nach der Übernahme der »Freightliner Corporation«, wurde die rechtliche Konstruktion unseres Unternehmens in den USA übersichtlicher gestaltet. Sie sieht heute folgendermaßen aus:

Die »Daimler-Benz of North America« (DBNA), eine 100%ige Tochtergesellschaft der Daimler-Benz AG in Stuttgart, fungiert als Holdinggesellschaft für die »Mercedes-Benz of North America«, die »Mercedes-Benz of Canada«, die Tochtergesellschaft »Freightliner« und eine Finanzierungsgesellschaft. Was so übersichtlich aussieht, ist Ergebnis einer relativ komplizierten Umstrukturierung: Die alte DBNA aus dem Jahr 1955 wurde in die MBNA aus dem Jahr 1965 eingegliedert. Gleichzeitig änderte jedoch diese alte MBNA ihren Namen in »Daimler-Benz of North America Holding Company« (DBNA): Sie wurde nun die Holding-Gesellschaft für alle DBAG-Töchter in den USA und Kanada. Gleichzeitig wurde eine neue MBNA gegründet, die die Aufgaben der alten MBNA (1965 – 1981) übernahm. Aus dieser neuen MBNA waren alle Lkw-Geschäfte (Truck Division), wenig später auch Unimog, herausgelöst und der Freightliner Corporation überantwortet worden. Das Geschäft mit den Motoren (Industrial Division) und Omnibussen verblieb dagegen bei der MBNA.

Die »Mercedes-Benz of Canada, Ltd.« hatte 1980 ihren Firmennamen in »Mercedes-Benz of Canada, Inc.« geändert, doch wurde sie bereits 1981 im Zuge der allgemeinen Neugliederung der Daimler-Benz-Tochtergesellschaften in Nordamerika einer neuerlichen Änderung unterworfen: Sie schied aus der alten DBNA aus und wurde ein Teil der »Daimler-Benz of North America Holding Company, Inc.«. Die Neugliederung blieb auch nicht ohne Folgen für das Lkw-Geschäft in Kanada. 1979 hatten wir über die MBC den Vertrieb von Lkw der Klasse 6–7 nach Kanada begonnen, allerdings zu einem eher ungünstigen Zeitpunkt, da hier der Gesamtmarkt für solche Fahrzeuge seit 1975 rückläufig war. Von zunächst sieben Händlern in der Provinz Ontario wurde die Organisation bis 1984 auf 26 Händler in ganz Kanada erweitert. Im Zuge der Neuordnung der Daimler-Benz-Beteiligungen in Nordamerika wurde die Lkw-Abteilung der MBC – analog der Umgliederung in den USA zum 1. Januar 1985 – von der Freightliner of Canada übernommen.

Bundesrepublik Deutschland (seit 1976)

Als im Dezember 1976 mein Vorstandskollege Rolf Staelin, der seit Jahrzehnten für den »Verkauf Inland« zuständig gewesen war, in den Ruhestand ging, war über dessen Nachfolge zu entscheiden. Staelin hatte dieses Ressort seit 1948 geleitet, also nach dem Krieg über einen Zeitraum von einer ganzen Generation den Inlandsverkauf aufgebaut. Sein System von »Niederlassungen«, wie die regionalen Zentren für Verkauf und Wartung bei Mercedes-Benz genannt werden, war einmalig in der Automobilindustrie und wurde von den Konkurrenten wegen seiner hervorragenden Leistung und Effektivität bewundert. Als Direktor unter Staelin hatte sich Heinz Viniol große Verdienste um den Aufbau der Inlandsorganisation erworben. Nach Staelins Ausscheiden wurde jedoch die Frage erörtert, ob tatsächlich zwei Ressorts »Verkauf« (Inland, Ausland) im Vorstand vonnöten seien. Da man damals eher dazu neigte, getrennte Ressorts zu vereinigen und sich mein Vertriebskonzept in den USA – die USA galten ja damals als der wichtigste Markt für Automobile überhaupt – so gut bewährt hatte, wurde mir 1977 zusätzlich die Aufgabe des Inlandsvertriebs übertragen.

Im »Inland«, der Bundesrepublik Deutschland, wurde damals die Hälfte des Umsatzes gemacht und der weitaus größte Gewinn erzielt. Von daher kam diesem Ressort eine hohe Bedeutung zu. Seit Jahrzehnten war hier eine Verkaufsorganisation am Werk, die sich nach Aufbau und Methoden von der Konkurrenz positiv abhob und durchaus die Existenz eines eigenen Vorstandsmitglieds rechtfertigte, zumal letztlich der Verkauf über den wirtschaftlichen Erfolg der ganzen Tätigkeitskette eines Produktionsunternehmens – von der Entwicklung über die Konstruktion bis zur Fertigung – entschied. Andererseits erwartete der Vorstand gerade durch die Konzentration beider Verkaufsabteilungen in einer personellen Spitze Vorteile, da mögliche Konflikte dadurch vermieden werden konnten. So wurde mir Anfang Januar 1977 zusätzlich die Aufgabe des Inlandsverkaufs übertragen, was nicht nur einen erheblich größeren Arbeitsaufwand, sondern auch einen enormen Zuwachs an Verantwortung bedeutete. Insgesamt gesehen war der Entschluß, die beiden Verkaufsbereiche Inland und Export auf Vorstandsebene zusammenzuführen, richtig. Von Anfang an wurde mir als dem im Ausland Erfahrenen von der bis dato wenig bekannten Inlands-Verkaufsorganisation großes Vertrauen entgegengebracht, und die vorzügliche Entwicklung des Inlandsgeschäftes in den Jahren meiner Vorstandstätigkeit spricht für sich.

Abgesehen vom sogenannten »Behördengeschäft«, der Betreuung der Bundesbehörden in Bonn und der diplomatischen Vertretung ausländischer Staaten in Deutschland, wurde das gesamte Inlandsgeschäft von der deutschen Verkaufsorganisation betrieben. Sie war also für den Verkauf sämtlicher Produkte des Hauses – Pkw, Lkw, Omnibusse und Motoren – zuständig. Die ganze Verkaufsorganisation wurde von einem Führungsstab in Stuttgart-Untertürkheim geleitet. An ihrer Spitze stand der Leiter der Verkaufsorganisation – während meiner Vorstandszeit waren dies Heinz Viniol, Bernd Borkes und »unser« Helmut Schmidt, ihm unterstanden im Führungsstab sieben Hauptabteilungen, die zuständig waren für Verkaufsförderung und Schulung, Händlerbetreuung, Technik, Ersatzteilwesen, Personalwesen, Bauwesen und Betriebswirtschaft. Aufgegliedert war die Organisation in werkseigene Niederlassungen in 40 Städten, denen regional zugeordnet rund 325 Vertretungen und 580 Vertragswerkstätten unterstanden.

In dieser gemischten Verkaufsorganisation kam den Niederlassungen die Führungsaufgabe, die Aufgabe der Beratung der Vertragswerkstätten und die Verantwortung für den geschäftlichen Erfolg zu. Alle Verkaufsgebiete waren klar definiert, festgelegte Grenzen schützten die Vertragspartner gegen ortsfremde Vertreter. Die Gebietsgrenzen waren so gesetzt, daß sie jedem Partner ein gutes Auskommen sicherten. Unsere Vertreter waren im juristischen Sinne keine Händler, sondern Agenten, die nicht auf eigene Rechnung kauften und verkauften, sondern Geschäfte mit Inkassovollmacht vermittelten. Dadurch behielt die Daimler-Benz AG die volle Leistungs- und Erfolgskontrolle inklusive der Möglichkeit eines rechtzeitigen Eingreifens, Planzielvorgaben für die einzelnen Niederlassungen ermöglichten zudem eine sinnvolle Abstimmung der Produktionsziffern. Die Daimler-Benz AG behielt ihre direkte Vertragspartnerschaft zum Endabnehmer der Produkte, den Käufern der Mercedes-Fahrzeuge bzw. der Daimler-Motoren. Diese Unmittelbarkeit war stets wichtig zur Schaffung eines Gefühls der Zusammengehörigkeit zu einer »Daimler-Benz-Familie«.

Vertragliche Auflage für jede Vertretung war der Unterhalt einer Werkstatt, deren Kapazität in Relation zur Gebietsgröße und der Anzahl der darin zugelassenen Fahrzeuge stand. Das gleiche galt für die Größe des Ersatzteillagers. Größenordnungen und Kapazitäten wurden durch die zentrale Führungsorgane in der Leitung der Verkaufsorganisation errechnet, die Niederlassungen waren für die Einhaltung der Vorgaben verantwortlich. Die Bedeutung der großen Versorgungsdichte durch ein gut gefächertes Werkstättenangebot für die Automobilkunden kann nicht hoch genug eingeschätzt werden. Ein leistungsfähiges Werkstatt- und Ersatzteilsystem wurde von uns immer als beste Verkaufsförderung gesehen und entsprechend beachtet. Die 580 Vertragswerkstätten spielten mit ihrem unmittelbaren Kundenkontakt überdies keine unwichtige Rolle bei der Käuferakquisition.

Die Delegation der Führung der unterstellten Vertragspartner an die regional zuständigen Niederlassungsleiter hatte den Vorteil der Unmittelbarkeit, laufender persönlicher Kontaktmöglichkeiten, der intimen Gebietskenntnis und einer daraus resultierenden Urteilsfähigkeit über das Marktpotential. Die Niederlassungsleiter sind als Mitglieder des Hauses Daimler-Benz weisungsgebunden. Durch verantwortungsbewußte und weitsichtige Personalpolitik sind alle Führungspositionen in den Niederlassungen optimal besetzbar. Fehlbesetzungen können durch Abberufung rasch korrigiert werden, was bei selbständigen Vertragspartnern nicht der Fall wäre. Auch wenn man sich in der Regel der Loyalität der Vertragspartner sicher sein konnte, muß man prinzipiell davon ausgehen, daß selbständige Unternehmer stets ihren eigenen Vorteil suchen werden. Das ist legitim und verständlich, doch stehen diese Interessen nicht immer im Einklang mit denen des Gesamthauses Daimler-Benz. So sahen wir in der Identität der Niederlassungen mit Daimler-Benz einen großen Vorteil. Allerdings ist es nötig, die Niederlassungsleiter innerhalb dieses Rahmens mit größtmöglicher Selbstverantwortung auszustatten, so daß sie selbst zu unternehmerischem Denken und Handeln fähig sind.

In der deutschen Verkaufsorganisation waren etwa 60 000 Mitarbeiter tätig, davon 16 000 bis 18 000 in den Niederlassungen als direkte Angehörige des Hauses Daimler-Benz. Die rund 5500 Verkäufer in den Niederlassungen und Vertretungen bezogen ein relativ geringes Fixum, der wesentliche Teil ihres Einkommens rührte aus den Verkaufsprovisionen. So wurde dem Leistungsprinzip am besten entsprochen. Allerdings besteht durch den Schutz der Verkaufsgebiete gegen Verkäufer aus der eigenen Organisation eine weitgehende Absicherung. Es lag am persönlichen Engagement des Verkäufers, durch Intensivierung der Kundenkontakte, auch jenseits der Ausstellungsräume, seine Ergebnisse zu verbessern. Mit der so bewirkten Intensität der Betreuung beabsichtigten wir, daß auch bei den Kunden das Gefühl der Zugehörigkeit zu einer »Daimler-Benz-Familie« wuchs. Zusammen mit der gleichbleibenden hohen Qualität unserer Produkte auf dem jeweiligen Stand der Technik führte dies zu der bekannten langjährigen Kundentreue.

Als Vorstandsmitglied war es mir ein Anliegen, immer auch mit den Mitarbeitern direkt ins Gespräch zu kommen. Bei meinen Besuchen in den Niederlassungen legte ich Wert auf Diskussionen mit den lokalen Führungskräften, um mit den anstehenden Problemen direkt konfrontiert zu werden. Denn vielfach ist es so, daß für Entscheidungen wichtige Informationen auf dem langen Weg bis zur Vorstandsspitze nur noch in abgeschwächter Form durchdringen. Durch dieses »Führen vor Ort« und die Art, Problemen direkt nachzugehen, erhielt ich in der Inlandsorganisation den Spitznamen »Marschall Vorwärts«.

Vor dem Hintergrund meiner Erfahrungen in den USA ging ich von Anfang an daran, in der Bundesrepublik große Vertriebstagungen einzurichten, zu denen Vertreter aus dem Ausland hinzugezogen wurden. Nationale Vertriebstagungen hatte es schon vor 1976 gegeben, doch da die DBAG sich mittlerweile wirklich als weltweit operierendes Unternehmen etabliert hatte, hielt ich es für wichtig, dies auch auf der Ebene des Vertriebs zur Darstellung zu bringen. Eine erste weltweite Vertriebstagung fand 1979 in Grainau statt. Ich konnte – je nach Thematik – die jeweiligen Vorstandsmitglieder zu Referaten über ihren Zuständigkeitsbereich gewinnen. Da wir damals gerade mit der Volksrepublik China unsere Verhandlungen führten, hatte ich für den Schlußvortrag den China-Experten Klaus Mehnert engagiert. Während der 2½tägigen Konferenz wurde immer wieder die Tischordnung geändert, und in kleineren Arbeitsgruppen wurden Themen erarbeitet, um ein besseres gegenseitiges Kennenlernen zu erreichen. Ich glaube, daß diese persönlichen Kontakte nicht nur zu zahlreichen Freundschaften geführt haben, sondern auch insgesamt einen gehörigen gegenseitigen Respekt vor den Leistungen der einzelnen Länder, aber auch der Tochtergesellschaften gegenüber der Organisation in Deutschland, erzeugt haben. Das Echo dieser Tagung war so positiv, daß sie in den folgenden Jahren wiederholt wurde.

Bei der großen Vertriebstagung in Berlin 1979, die vom Leiter der deutschen Vertriebsorganisation Heinz Viniol organisiert wurde, nahmen etwa 2200 Inhaber von Vertretungen und Vertragswerkstätten mit ihren Frauen teil. Wie üblich ging es um die Situation des Hauses weltweit. Im Mittelpunkt standen jedoch diesmal Fragen der deutschen Organisation. Gesellschaftlicher Höhepunkt dieser Tagung war ein Konzert der Berliner Philharmoniker unter der Leitung von Herbert von Karajan. Dabei war von der sonst so perfekten Organisation nicht bedacht worden, daß Vertreter und Werkstätteninhaber sonst nicht gerade zum Stammpublikum großer Konzerthäuser gehören. Schon beim Empfang durch den Regierenden Bürgermeister Stobbe zeigte sich, daß viele der Tagungsteilnehmer bei der großen Hitze des Abends mit ihren Smokings und Fliegen Probleme hatten, auch konnte man deutlich erkennen, daß vielen ein kühles Bier lieber gewesen wäre als das gereichte Gläschen Sekt. Schließlich begann das Konzert, das wie stets bei Karajan ein eindrucksvolles Erlebnis zu werden versprach. Auch den Angehörigen unserer deutschen Vertriebsorganisation gefiel das Konzert, allerdings glaubten sie, während jeder kleinen Pause in donnernden Applaus ausbrechen zu müssen, was den Maestro so entnervte, daß er fest entschlossen war, das Konzert abzubrechen. Nur mit vereinten Kräften gelang es Zahn und mir, Karajan noch einmal umzustimmen, indem wir ihn über die Hintergründe aufklärten. Nun griff Karajan zu einer List, über die wir uns heute noch amüsieren können: Um unerwünschten Applaus zu verhindern, ließ er den Rest des Konzerts ohne Unterbrechungen und Pausen durchspielen. Nach einer weiteren internationalen Tagung 1980 in Grainau folgte 1981 Gerhard Lieners Beteiligungsverwaltung unserem Beispiel, worauf wir dieses Jahr aussetzten und erst 1982 wieder zu einer Tagung, diesmal in Sonthofen im Allgäu, zusammentrafen.

Natürlich gab es innerhalb dieser »Familie« immer wieder größere und kleinere Anlässe zum Feiern. Gut in Erinnerung ist mir das fünfzigjährige

Abb. oben: Vertriebstagung Grainau 1979 – Prof. Klaus Mehnert und HCH.
Abb. unten: Vertriebstagung Grainau 1980 – Edzard Reuter hält sein Referat zur Finanzplanung.

Jubiläum der besonders gut geführten MB-Niederlassung in Kiel aus dem Jahr 1979 geblieben, über die in den Kieler Nachrichten ausführlich berichtet worden ist.[28] Zum Festakt mit mehreren hundert Gästen im Ausstellungsraum hielt ich nach den einleitenden Worten des Niederlassungsleiters Horst Moebius, wie bei solchen Anlässen üblich, eine kurze Rede, in der ich die damals aktuellen Zahlen präsentierte und auf die aktuelle Unternehmenspolitik, etwa die Entwicklung umweltfreundlicher Antriebsarten, einging. Damals hatte die Daimler-Benz AG mehr als 173 000 Beschäftigte, davon 130 000 im Inland, und produzierte jährlich 421 000 Pkw und 240 000 Nfz. Nach dem offiziellen Teil fuhren wir zum Tirpitz-Hafen, wo ein Besuch auf dem Schulschiff »Deutschland« vereinbart war. Bevor wir an Bord gingen, wurden wir durch ein Pfeifsignal begrüßt. In der Offiziersmesse diskutierten wir mit dem Kapitän und den Offizieren über die Waffensysteme der Bundeswehr und die NATO. 1980 erhielten wir eine Einladung auf den Seenotrettungskreuzer »Theodor Heuss« der Deutschen Gesellschaft zur Rettung Schiffbrüchiger (DGzRS). Mit ihm fuhren wir bei »Kaiserwetter« über die Förde, wobei ich zeitweise auf dem Oberdeck das Ruder übernehmen durfte. Uns zu Ehren wurde ein fingiertes Rettungsmanöver vorgeführt. Anschließend übergab ich der DGzRS im Namen der Daimler-Benz AG zwei 200-PS-Diesel-Motoren, die für einen Schiffsneubau bestimmt waren, was später in der Presse als »Geburtstagsgeschenk andersherum« bezeichnet wurde.

Solche Jubiläen oder Eröffnungen von Neubauten, wie zu meiner Zeit z. B. auch in Saarbrücken und Wuppertal, boten eine hervorragende Gelegenheit zur Selbstdarstellung in der Öffentlichkeit. In Wuppertal etwa trafen wir mit dem nordrhein-westfälischen Ministerpräsidenten Johannes Rau zusammen, meist kam es auch zu Treffen mit den jeweiligen Oberbürgermeistern und anderen Persönlichkeiten des öffentlichen Lebens. Die Besichtigungen von lokalen Besonderheiten diente dazu, sich mit den örtlichen Gegebenheiten vertraut zu machen. Zur Selbstdarstellung der DBAG gehörte es zu meiner Zeit auch, durch das Engagement in besonderen Fällen auf das Interesse der Öffentlichkeit einzugehen, beispielsweise im Fall der in Mainz bei Hafenausbauarbeiten aufgefundenen Überreste von 11 Römerschiffen. Bei einem Besuch in Mainz sagte ich spontan dem damaligen Oberbürgermeister Jockel Fuchs die Kostenübernahme für die Bergung von einem dieser Schiffe zu, was auch die Presse lobend hervorhob. Gleichzeitig entsprach dieses Engagement einem persönlichen Impuls, nämlich meinem Interesse für die römische Antike.

Dem Bereich Öffentlichkeitsarbeit zuzuordnen war letztlich auch das

Abb. oben: 25jähriges Dienstjubiläum am 16.10.1979, offizieller Empfang im Museum, H. H. von Brockhausen mit meinen Töchtern Annabel, Monika und Marita. Abb. unten: Empfang im Schloß Neuenstein, Schloßherr Fürst Kraft zu Hohenlohe-Öhringen. Von links: Brigitte de Gruyter, Wolf Münstermann, Ursula Frischauf-Freudenberg, HCH, Carolin Reiber.

Engagement im Donau-Europäischen Institut in Wien, das den Rahmen bot zur Diskussion von Problemen der internationalen Politik. Zu Vorträgen über die aktuelle Weltlage konnten als Gastredner in Stuttgart so bedeutende Referenten gewonnen werden wie 1982 Henry Kissinger, der ehemalige Sicherheitsberater und Außenminister des US-Präsidenten Nixon. Er hielt einen bemerkenswerten Vortrag vor von mir eingeladenen Spitzen der baden-württembergischen Wirtschaft und Politik über die politischen und wirtschaftlichen Ost-West-Beziehungen. Dabei zeichnete er in sehr anschaulicher Weise ein Bild über die Differenzen zwischen den Großmächten, aber auch deren Ursprung in den unterschiedlichen Ideologien. Wenn ich mir heute den Inhalt seines Vortrages vor Augen führe, hat Kissinger bereits 1982, als gerade Andropow in der Sowjetunion Staatsoberhaupt wurde, eine Entwicklung vorausgesehen, die in vielem heute eingetreten ist. So zum Beispiel wies er darauf hin, daß man einen modernen Staat nicht mit einer zentralen Planwirtschaft führen könne (obwohl noch nicht bewiesen sei, daß man einen kommunistischen Staat ohne zentrale Planung führen kann). In dieser Erkenntnis prophezeite Kissinger, daß tiefgreifende Änderungen in der Sowjetunion zu erwarten seien, die das Land aber für 10 Jahre völlig schwächen würden. Um diese Schwäche – bei der Angst vor dem Westen – zu überbrücken, erwartete Kissinger schon damals intensive Abrüstungs- und Friedens-Initiativen der Sowjetunion.

Die rapide Steigerung der Verkaufszahlen in verschiedenen Teilen der Welt, die kraftraubenden Verhandlungen mit offiziellen Stellen in den staatlich gelenkten Wirtschaften Chinas und der Sowjetunion, die Gründung immer neuer Tochtergesellschaften erforderten neue Formen der Organisation und der Integration. Die Entscheidung, die verschiedenen Sektoren des Vertriebs – Ausland, Inland – in einer Hand zusammenzuführen, kam wie gesagt 1977 neu hinzu. Sie erfolgte in einer Periode, in der nicht nur der Inlandsverkauf, sondern gerade der vorher eigenständige Bereich des Exports ungeheuer expandierte und sich in seiner Struktur veränderte.

Mein Bestreben ging dahin, auch den verschiedenen Daimler-Benz-Repräsentanten des Auslands das Bewußtsein zu vermitteln, zu einer großen »Familie« – Zielvorstellung »Daimler-Benz-Familie« – zu gehören. Ein Mittel dafür hatte sich in kleinerem Maßstab bereits während meiner Zeit in den USA bewährt, nämlich die Einladung der Händler zu zentralen Tagungen, was damals noch nicht allgemein üblich war. Erstmals 1972 konnte ich in Stuttgart eine Vertriebstagung für alle Tochtergesellschaften abhalten, die zunächst jährlich, dann aber regelmäßig alle zwei Jahre

Abb. oben: 50. Jubiläum der Niederlassung Kiel, Mai 1979, HCH im Gespräch mit Niederlassungsleiter Horst Moebius und Dirk Kellermeier, DB-Zentrale.
Abb. unten: Besuch Juni 1980 auf Einladung der Deutschen Gesellschaft zur Rettung Schiffbrüchiger auf dem Seenotkreuzer John T. Essberger – HCH und Werner Niefer.

stattfand und bis heute stattfindet. Der Effekt war ebenso simpel wie wirksam: Aus bislang unabhängigen Verkaufsorganisationen waren zunächst Tochtergesellschaften geworden, es war also eine vertikale Struktur entstanden. Mit den Vertriebstagungen wurden unsere Vertreter in den einzelnen Ländern untereinander bekannt und konnten ihre Erfolgsrezepte austauschen. Damit entstand eine neue »horizontale Ebene«, die die Struktur des gesamten Vertriebs insgesamt festigte und beförderte. Die regelmäßigen Vertriebstagungen, die nicht nur in Arbeit bestanden, förderten den Zusammenhalt.

Ein anderes Mittel der Integration war das kontinuierliche Reisen des obersten Verantwortlichen, der nicht an seinem Schreibtisch in Stuttgart saß, sondern vor Ort nach dem Rechten sah. Jedes Jahr absolvierte ich während meiner Vorstandszeit viele kurzfristige Reisen, um mir vor Ort bei entstandenen Problemen oder unverwechselbaren Entwicklungen einen direkten Eindruck zu machen, und, wo erforderlich, sofort Maßnahmen einzuleiten. Meine Devise dabei war, daß man bei jeder Gelegenheit etwas lernen konnte, und wenn es nur das war, daß man lernte, wie man es *nicht* machen durfte. Ziemlich rasch bekam ich eine Art Rastervorstellung, wie der Vertrieb in einem Land laufen mußte, doch gerade die Abweichungen davon machten die Besuche spannend und fruchtbar. Der Zugewinn an Erfahrung durch die zahlreichen Informationsreisen war enorm. Dadurch war es vielfach möglich, Anregungen aufzunehmen oder mit Rat weiterzuhelfen.

Eine besondere Rolle spielten Blitzreisen wie im Falle des Irak, wo große Exportprojekte schiefzugehen drohten und wo nur rasches und persönliches Eingreifen vor Ort Schaden beheben oder abwenden konnte. Hier hielt ich mich tatsächlich an das chinesische Sprichwort: »Einmal sehen ist besser als hundertmal hören.« Sobald ich den Eindruck hatte, daß es irgendwo brannte, verließ ich den Schreibtisch in Stuttgart und begab mich vor Ort, um selbst nach dem Rechten zu sehen. Der Effekt davon war nicht nur der unmittelbare Erfolg im Einzelfall, sondern auch der Versuch, innerhalb der Vertriebsorganisation den Eindruck zu vermitteln, daß an der Spitze Verantwortung wahrgenommen und im Ernstfall auch ausgeübt wurde.

Im Lauf der Jahre vermehrte sich die Zahl der notwendigen Reisen, allein schon durch die intensiveren Kontakte zur wachsenden Zahl der Tochtergesellschaften und die Verhandlungen mit der UdSSR und China. Die vermehrte Reisetätigkeit erforderte eine intensive Vorbereitung und präzise Terminplanung, die ohne ein gut funktionierendes Sekretariat gar

Abb. oben: Einweihung der Niederlassung Saarbrücken, November 1977, Gang durch das ET-Lager mit Niederlassungsleiter Karl-A. Fuchs, Ministerpräsident Franz Roeder, HCH und Landtagspräsident Ludwig Scheuer. Abb. unten: Übergabe des Schecks von DM 100 000,– an OB Jockel Fuchs, Mainz, als Spende für Bergung und Konservierung eines der elf entdeckten Römerschiffe aus dem Jahr 376 n. Chr.

nicht zu bewältigen gewesen wäre. Von Vorteil war, daß ich die Sekretärin meines Vorgängers, Beate Stegmeier, später Barbara Drissner und Christa Biernatowsky, übernehmen konnte und daß mir mit Gerhard Klaus, Burghard von Cramm und Eckhard Panka immer versierte Assistenten zur Verfügung standen. Alle drei hatten sich bereits im Außendienst bestens bewährt, wurden deshalb von mir herangezogen und haben nach der Assistentenzeit weiter Karriere gemacht. Zur Reisevorbereitung gehörte jeweils die Zusammenstellung einer Informationsmappe, die neben den geschäftlichen Daten der Marktbereiche auch politische und gesellschaftliche Rahmeninformationen enthielten, sowie Auskünfte über die lokalen Sehenswürdigkeiten, für die ich meine freie Zeit aufwandte. Genauso sorgfältig wurden im übrigen die Besuche von Gästen vorbereitet, die aus aller Welt nach Stuttgart kamen. Den Gesprächen über die jeweilige Marktsituation ging stets eine Information über die aktuelle Situation des Hauses Daimler-Benz voraus. Anschließend war immer eine Besichtigung der Produktionsstätte vorgesehen, für Pkw in Sindelfingen, für Lkw in Wörth oder Gaggenau, für Unimogs und Geländewagen bei Steyr-Daimler-Puch in Graz.

Die übersichtliche und präzise Organisation in der Zentrale, dem Vorstandsressort Vertrieb, war die unabdingbare Voraussetzung für den reibungslosen Ablauf in diesem Bereich, der nur einen Teil der eigentlichen Vorstandsarbeit ausmachte. Innerhalb des Ressorts mußten die Räder reibungslos ineinandergreifen, was ohne tüchtige Mitarbeiter gar nicht möglich gewesen wäre. Allein die Überwachung der Einhaltung der Verträge durch die Großvertreter in aller Welt, die im Ressort Organisation von Peter Kostka besorgt wurde, war eine verantwortungsvolle und zeitraubende Tätigkeit. Bei der Vertragsgestaltung waren selbstverständlich stets auch die juristische Abteilung (Rolf Reuter) und Ingeborg Cromme sowie die Beteiligungsverwaltung (Karl-Heinz Eisenmenger, dann Gerhard Liener) eingeschaltet. Mein Bestreben war es dabei, innerhalb meines Ressorts immer für ein gutes Betriebsklima zu sorgen. Was man heute »incentives« nennt, wurde damals von uns ganz selbstverständlich praktiziert. Das positive Ergebnis des hohen Engagements war damals eine hohe Einsatzbereitschaft aller Mitarbeiter und bis heute andauernde freundschaftliche Verbindungen weit über die aktive Berufsdauer hinaus.

Meine letzte Vertriebstagung fand im Herbst 1982 in Sonthofen statt, und diese Tagung war gleichzeitig meine »Abschiedsvorstellung« vor der Organisation. Als Gastreferent fungierte Gerhard Mühlfenzl vom Bayerischen Rundfunk. Überraschenderweise wurde ein fest zugesagter Vortrag über den Kundendienst abgesagt, weil der Referent nicht anwesend sei. Statt dessen, so hieß es, werde als Ersatz ein Videofilm laufen. Meine

Abb. oben: Vertriebstagung Grainau 1980 am Eibsee – HCH, Werner Niefer, Eberhard Herzog. Abb. unten: Abschied auf der Vertriebstagung 1982 in Sonthofen und Übergabe der Staffette an meinen Nachfolger Hans-Jürgen Hinrichs.

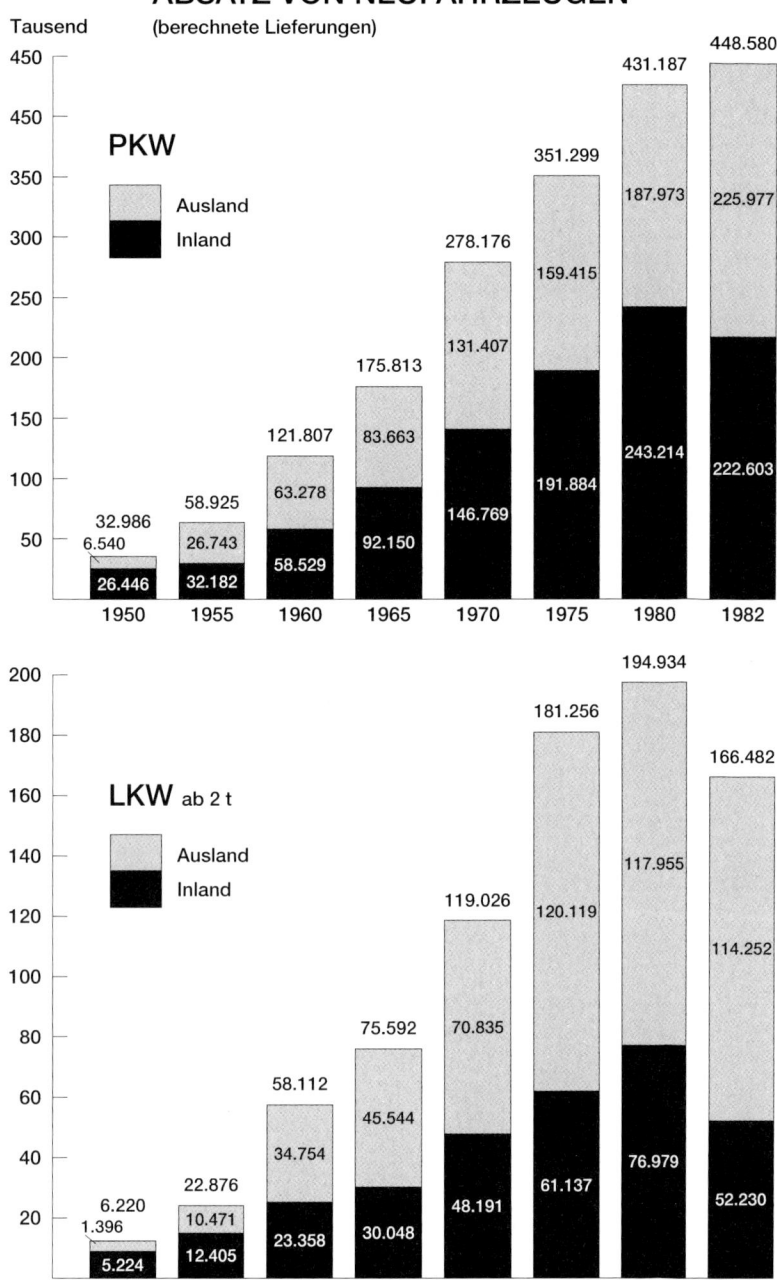

Überraschung war groß, als sich dieser Film als etwas ganz anderes entpuppte als vermutet. Anstelle des angesagten Beitrags erschien eine Tonbildschau zum Leben Heinz C. Hoppes auf der Leinwand, die meine Mitarbeiter aus dem, was sie darüber wußten, zusammengestellt hatten. Die Veranstaltung endete damit, daß ich die Stafette an meinen Nachfolger Hans. J. Hinrichs weitergab. Ich freute mich sehr über dieses Zeichen der Freundschaft und der Verbundenheit durch die Vertriebsorganisation.

Auch viele Generalvertreter im Ausland drückten mir zum Abschied noch einmal ihre Verbundenheit aus. Als Beispiel möchte ich eine Einladung der Generalvertreter des Nahen und Mittleren Ostens nennen, die mich im Januar 1983 mit Familie zu einem Besuch im Hotel Mamounia nach Marrakesch einluden. Mit seinem riesigen Park, einem Schwimmbad mit Palmeninsel und dem Blick auf das nahe Atlasgebirge, dem ganzen orientalischem Luxus, sollte das Hotel wohl einen Ausblick auf meinen bevorstehenden Ruhestand bieten.

1 Kruk/Lingnau (1986) 180.
2 Kruk/Lingnau (1986) 250.
3 Kruk/Lingnau (1986) 258.
4 Kruk/Lingnau (1986) 258 f.
5 Bartel/Lingnau (1986) 251 ff.
6 DBHA, PH, Abkommen über wissenschaftlich technische Zusammenarbeit zwischen dem Staatskomitee des Ministerrats der UdSSR für Wissenschaft und Technik und der Daimler-Benz AG, 1973.
7 DBHA, PH, Handmappe Sonderausstellung Moskau 1973.
8 DBHA, PH, Saatprojekt UdSSR 1973–1979.
9 Der Spiegel, 9. 10. 1978.
10 Hoppe, H. C., Das Daimler-Benz-Organisations- und Vertriebssystem, (Vortrag) 1979.
11 DBNA, PH, Olympiade Moskau 1980.
12 Rath, K., Die wahren Sieger. Für die deutsche Industrie ist Olympia Gold wert, in: Sport-Illustrierte Nr. 19, 27. 8. 1978, 52–53.
13 DBNA, PH, Olympiade Moskau 1980.
14 Langkammer (1978).
15 Vollständige Liste in: Handelsblatt, 21. 5. 1973.
16 Grubbe (1973) 56.
17 DBHA, PH, Bericht über Reise, 1973.
18 DBHA, PH, Ordner China, Vorstandsinformation Gorgels vom 8. 12. 1972.
19 DBHA, PH, Bericht über die Reise, 1973.
20 Fang Yi bei Daimler-Benz, in: Verkehrsrundschau vom 4. 11. 1978, S. 29.
21 China-Report Nr. 1, 27. Oktober 1986, S. 7 f.
22 Die Daimler-Benz AG in der Volksrepublik China, in: China-Report Nr. 1 (27. Oktober 1986), S. 9–10.
23 Diktat Dr. Zahn vom 14. 11. 1967.
24 Interview mit dem persischen Ministerpräsidenten Amir Abbas Hoveida, in: Der Stern, Nr. 11, 5. 3. 1972.
25 DBHA, PH, Material Südafrika, Briefing vom 23. 6. 1983.
26 Kruk/Lingnau (1986) 198.
27 Kruk/Lingnau (1986) 182, 204.
28 Kieler Nachrichten vom 17. Mai 1979.

KAPITEL IV

Zum Einfluß des Vertriebs auf die Technik

Der US-Markt als Impulsgeber für die Entwicklungsabteilung

Im Automobilgeschäft spielen die Stückzahlen eine entscheidende Rolle. Bereits bei der Konzeption erlauben sie eine günstigere Kalkulation, ermöglichen größere Investitionen in der Fertigung und führen insgesamt zu einer höheren Qualität der neuen Fahrzeugtypen. Die rasche Ausweitung des amerikanischen Marktes – heute werden pro Jahr rund 75 000 Autos in die USA geliefert – wirkte sich von Anfang an allein durch die Stückzahlen günstig auf das Fahrzeugprogramm der DBAG aus. Hinzu kam jedoch, daß außer in Deutschland jetzt auch in den USA überproportional viele Fahrzeuge der S-Klasse abgesetzt werden konnten, also des aufwendigsten Fahrzeugtyps, der sich in der übrigen Welt nur in relativ geringen Stückzahlen verkaufen ließ. Bereits bei der Produktion des mittlerweile legendären Mercedes 300 SL »Gullwing« spielte seit 1954 die durch unseren USA-Vertreter Maxie Hoffman gesteigerte Nachfrage eine wichtige Rolle, mehr noch war dies bei der von 1967 bis 1981 gebauten Limousine Mercedes 600 der Fall. Zwischen 1970 und 1985 wurden über 60 % des Nachfolgetyps des Sportwagens 350 SL in die USA verkauft, und in manchen Jahren war der Anteil noch erheblich höher. Unnötig zu sagen, daß gerade bei der S-Klasse in der Entwicklung neue Ideen eingebracht werden konnten, die zu einem späteren Zeitpunkt auch den übrigen Fahrzeugtypen zugute kamen.

Ein Blick zurück in die Geschichte zeigt, daß der Einfluß des Vertriebs, insbesondere des Exports, auf das Produktprogramm nicht immer so hoch gewesen ist. Zunächst beeinflußte die Renntradition die Automobilentwicklung in entscheidendem Maße. Die Standards für Haltbarkeit, Zuverlässigkeit, Fahrverhalten und Geschwindigkeit waren ein direkter Ausfluß der Testreihen, die dafür durchgeführt wurden. Entsprechend der Tradition des Hauses waren dies genau die Qualitäten, auf die die Kunden in Deutschland Wert legten. Auch nach dem Krieg schien dieser Zusammenhang noch Bestand zu haben, als Anfang der 1950er Jahre mit dem Sieg in der »Carrera Panamericana« an die Erfolge der »Silberpfeile« angeknüpft werden konnte. Insoweit war es kein Wunder, daß ich noch in den 50er Jahren, als ich in Stuttgart wegen einer Schaltautomatik anfragte, vom Entwicklungschef der DBAG, Fritz Nallinger, die humorvoll gemeinte Antwort erhielt: »Wenn die Amerikaner einen Mercedes kaufen wollen, dann müssen Sie den Amerikanern das Schalten beibringen.« Der wahre

Grund war natürlich, daß Daimler-Benz zu dem damaligen Zeitpunkt über kein eigenes automatisches Getriebe verfügte. Bis zu seinem Ausscheiden galt mehr oder weniger die Auffassung: »Wir verstehen mehr von Autos als unsere Kunden, daher bauen wir, wie wir es für richtig halten, um ihnen das Beste zu bieten.«

Allerdings begannen sich zu diesem Zeitpunkt Veränderungen abzuzeichnen. Der Vertrieb begann, in verstärktem Maße Kundenwünsche an die Techniker der Entwicklungsabteilung heranzutragen. Dies ging mit der Ausweitung der Automobilproduktion allgemein und speziell mit der internationalen Konkurrenz einher. Eine besondere Rolle spielte jedoch der amerikanische Markt. Die Automobilentwicklung war hier ohne Kriegsunterbrechung vorangeschritten, und die Kunden waren hier weit anspruchsvoller als in Europa. An den ersten exportierten Mercedes vermißten sie jenen Komfort, den sie von den amerikanischen Pkw selbst in unteren Preisklassen gewöhnt waren: Automatisches Getriebe, Servolenkung, elektrische Fensterheber, elektrische Sitzverstellung, elektrisches Schiebedach, Klimaanlage waren einige davon. Das traditionelle Argument der Fahrsicherheit, mit dem Mercedes seinen hohen Preis rechtfertigte, wirkte in den USA wegen der bestehenden Geschwindigkeitsbeschränkungen und der gut ausgebauten Highways weniger als in Europa.

1956 besuchte Fritz Nallinger mit seinen engsten Mitarbeitern Hans Scherenberg, Rudolf Uhlenhaut und »Charly« Wilfert die USA, um sich einen direkten Einblick in die dortige Automobiltechnik zu verschaffen. In meiner Begleitung besuchten sie in Detroit General Motors und Chrysler, Ford in Dearborn, sowie Studebaker in South Bend. Trotz meiner bisherigen Erfahrungen in den USA, etwa mit der Kautschuk-Industrie während meiner Freudenberg-Zeit, war selbst ich überrascht, mit welcher Offenheit die Entwicklungsabteilungen von General Motors und Ford Einblick in ihre Zukunftsentwicklungen gewährten – das blieb nicht ohne Auswirkungen auf unser Haus.

Um auf dem amerikanischen Markt bestehen zu können, waren wir gezwungen, bestimmte Details zunächst behelfsmäßig – zum Teil durch Nachmontage – anzubieten. Anfangs war Mercedes-Benz aufgrund der geringen Verkaufszahlen im Nachkriegsdeutschland auf mehreren Gebieten noch nicht in der Lage, Eigenentwicklungen anzubieten. So wurden in den USA amerikanische Automatik-Getriebe in unsere Fahrzeuge eingebaut, ebenso Klimaanlagen. Aber dies waren nur Notlösungen, die bereits mittelfristig keinen Bestand haben konnten.

Der Druck des Vertriebs in den USA bewirkte schließlich, daß eigene Entwicklungen eines solchen für Europa unerhörten Komforts aufgenommen wurden. Eindringlich hatten wir immer wieder versucht, zu verdeutlichen, daß ohne rasche Verbesserungen bald erhebliche Image- und damit Verkaufseinbußen anstatt Verkaufserfolge zu erwarten waren. Schließlich beschloß der Vorstand wegen der wachsenden Exporte, die wir seit der Gründung der MBNA erreicht hatten, den zunehmend unverzichtbaren technischen Erfordernissen mit Eigenentwicklungen gerecht zu werden. Dem Haus Daimler-Benz kam hierbei der Umstand zugute, daß die Fehlkonstruktionen und Funktionsunzulänglichkeiten der vorhandenen amerikanischen Produkte von vornherein vermieden werden konnten. Trotz hohen Einsatzes waren zahlreiche Übergangslösungen nötig, bis schließlich der Entwicklungsrückstand gegenüber der amerikanischen Automobilindustrie aufgeholt werden konnte. Sehr hilfreich war dabei die Möglichkeit, daß wir in diesem führenden Markt Eigenentwicklungen frühzeitig testen konnten. In enger Zusammenarbeit mit der MBNA wurden von den Stuttgarter Konstrukteuren seit 1965 in den USA Testeinsätze mit unterschiedlichsten Neuentwicklungen gefahren. Dabei muß besonders die Initiative von Hans Scherenberg, »Charly« Wilfert, Rudolf Uhlenhaut, Kurt Obländer und Friedrich van Winsen erwähnt werden. Anders als in der Pionierzeit des US-Exports ging es nun nicht mehr um Hilfe in Notfällen, sondern um eine enge Zusammenarbeit zwischen uns Vertriebsleuten in Übersee und den Technikern aus Stuttgart.

Die Vervollkommnung der Fahrzeugsicherheit

»Sicherheit« hatte in den USA seit den 50er Jahren unser Zauberwort gelautet, mit dem wir Mercedes einen nennenswerten Marktanteil erkämpfen konnten. Bei den damals noch geringen Stückzahlen und den damit zusammenhängenden hohen Preisen, auch angesichts der hohen Wettbewerbsorientierung auf dem US-Markt, besonders aber bedingt durch den starken Autoverkehr auf den Highways und in den Ballungsräumen mußten wir uns gezielt technisch orientieren, um uns einerseits klar zu profilieren und andererseits unsere hohen Preise zu rechtfertigen. Für eine Werbung mit der Verkehrssicherheit boten sich gerade in den USA gute Ansatzpunkte, obwohl die bereits bestehenden Geschwindigkeitsbeschränkungen in der amerikanischen Öffentlichkeit »Sicherheit« eher als Fremdwort erscheinen ließ, jedenfalls nicht im mindesten den Stellenwert wie in Deutschland hatte.

Mit dem Beginn der staatlichen Gesetzgebung zur Erhöhung der Verkehrssicherheit, die 1965 von Ralph Naders Buch »Unsafe at any Speed« ausgelöst worden war, eröffneten sich für Mercedes-Benz neue Chancen. Nun wurden die Blicke der amerikanischen Öffentlichkeit verstärkt auf jenes Gebiet gelenkt, auf dem Daimler-Benz immer sehr stark gewesen war. Das erste Autosicherheitsgesetz, der *National Traffic and Motor Vehicle Safety Act*, wurde 1966 von Präsident Lyndon B. Johnson unterzeichnet. Es verpflichtete den Secretary of Transportation zum Erlaß von Sicherheitsstandards für Motorfahrzeuge zum Zwecke der Unfallverhütung und zum Schutz vor Verletzungen, verbot die Herstellung oder den Import von Fahrzeugen, die nicht diesen Bestimmungen entsprachen und ermächtigte die Regierung, von den Fahrzeugherstellern die Meldung von sicherheitsrelevanten Defekten zu verlangen. Wir von der MBNA begrüßten die Gesetzesinitiativen und waren bestrebt, immer engsten Kontakt zu den US-Behörden zu halten, auf ihre Wünsche und Vorstellungen nicht nur einzugehen, sondern sie aktiv durch entsprechende Vorschläge zu unterstützen. Dadurch entwickelten sich ein grundsätzlich positives Verhältnis und eine konstruktive Zusammenarbeit, die schließlich darin mündete, daß auf meinen konstituierenden Vorschlag im Herbst 1971 die zweite internationale Sicherheitskonferenz in Deutschland stattfinden sollte, und zwar in Sindelfingen. Doch dazu später.

Zunächst muß gesagt werden, daß der Einfluß der Gesetzgebung auf den Automobilbau anfangs neu und problembehaftet war. Die Absichten waren oft gut, die Auswirkungen jedoch häufig negativ, wenn nicht auf Auswirkungen – etwa Abgasminderung – abgestellt wurde, sondern direkte Bauvorschriften erlassen wurden. Dafür zwei drastische Beispiele: Als 1968 die ersten Bestimmungen für Sicherheitsschlösser erlassen wurden, waren sie so abgefaßt, daß die viel fortschrittlicheren Schlösser des Mercedes 600 nicht mehr benutzt werden durften. Auch das Argument, daß jährlich nur etwa hundert Fahrzeuge dieser Nobelkarosse in die USA importiert wurden, konnte die amerikanischen Behörden nicht erweichen. Die Kosten für eine erforderliche Umstrukturierung hätten jedoch in keinem Verhältnis zum möglichen Absatz gestanden. Andererseits war die Produktion des Mercedes 600 überhaupt nur durch die Nachfrage des amerikanischen Marktes möglich. So führte letztlich die Bestimmung über Sicherheitsschlösser nicht nur dazu, daß der Verkauf des Mercedes 600 in den USA, sondern daß überhaupt die Produktion dieses Wagens eingestellt werden mußte.[1]

Ein anderes Beispiel war der Versuchswagen C-111, der damals auch als »rollendes« Labor bezeichnet worden ist, weil an ihm sämtliche damals nur möglichen Neuerungen ausprobiert worden sind. Dafür wurden erstmals bei der Berechnung der einzelnen tragenden Elemente Computer eingesetzt.[2] Der C-111 mit seinem Dreischeiben-Wankelmotor war ein sehr schnelles Auto, das in 5 Sekunden von 0 auf 100 km/h beschleunigte und eine Spitzengeschwindigkeit von 270 km/h erreichte. Damit wäre er auf den Autobahnen ziemlich konkurrenzlos gewesen. Benzinsparend war dieser Motor allerdings nicht gerade, nur muß man sehen, daß in den 60er Jahren die erste Ölkrise noch lange nicht in Sicht war. Mit einer aufgerüsteten Version, dem C-111-IV, der mehr als 400 km/h erreichen konnte, brach der Projektleiter Hans Liebold 1979 einige Geschwindigkeitsweltrekorde.[3] Pure Weltrekordjagd war jedoch nicht das ursprüngliche Konstruktionsziel für diesen seinerzeit einzigartigen Sportwagen gewesen. Als der C-111-IV mit seinem Vierscheiben-Wankelmotor 1970 anläßlich des Genfer Salons vorgestellt wurde, war die Fachpresse begeistert und vertrat die Ansicht, dieses Auto könnte die Nachfolge des schon legendären 300 SL antreten. Die MBNA bekam von amerikanischen Interessenten sofort Bestellungen mit Anzahlungen und sogar Blankoschecks. Aufgrund meiner Erfahrungen mit dem US-Markt war ich der Ansicht, daß die MBNA vom C-111 – ohne vorherige Nennung des Preises – eintausend Stück verkaufen könne. Der Nachweis der Erfüllung der amerikanischen Sicherheitsnormen hat die Serienproduktion dieses Pkw verhindert, denn der zusätzliche Aufwand hätte in keinem Verhältnis zum Nutzen dieses Spitzenmodells gestanden. Außerdem konnte sich Daimler-Benz nicht dazu entschließen, parallel zwei grundverschiedene Motortypen (den Wankel- und den Kolbenhubmotor) ins Entwicklungs- und Fertigungsprogramm aufzunehmen. Aber immerhin hatte die amerikanische Sicherheitsgesetzgebung trotz negativer Seiten letztlich doch positive Auswirkungen auf die Produktion der DBAG, da sie frühzeitig eine Aufmerksamkeit für Probleme erzwang, die wenig später auch auf anderen Märkten auftreten sollten.

Als Geschäftsführer der MBNA mußte ich seit Bestehen dieser Gesellschaft die Einhaltung der im Entstehen begriffenen neuen gesetzlichen Bestimmungen sicherstellen. Die erste, die auf uns zukam, war der *Clean Air Act* von 1963, der in einem Amendment 1965 erstmals Standardwerte für Emissionskontrollen bei Pkw festsetzte. Damit wurden die damals streng erscheinenden kalifornischen Bestimmungen, die aufgrund der ungünstigen ökologischen Situation in Los Angeles und San Francisco – die Rocky Mountains verhindern den Abzug von Abgasen – von Gouverneur Ronald Reagan eingeführt worden waren, für die gesamten USA übernommen. Das Gesetz sah auch vor, Prototypen zu testen, ob sie die gesetzlichen Bestimmungen einhielten, und Verstöße zu bestrafen. Aufgrund meiner Kenntnisse der Regierungskreise in Washington erkannte ich die Notwendigkeit, mit großer Genauigkeit und Sorgfalt vorzugehen. Neben dem Vertrieb in den USA mußte ich deshalb sicherstellen, daß die US-Gesetze von der Entwicklungsabteilung der DBAG ernstgenommen und frühzeitig berücksichtigt wurden. Um diesen neuen Anforderungen zu genügen, entschied ich mich erstens für die Zusammenarbeit mit den amerikanischen Behörden, zweitens beauftragte ich einen Anwalt mit der Vertretung unserer Interessen und gründete drittens eine eigene Technik-Gruppe, um auf dieser Ebene mit der Zentrale in Stuttgart kommunizieren zu können.

In der Sicherheitsfrage zielten die gesetzlichen Bestimmungen in erster Linie auf die einheimischen Hersteller, aber es war klar, daß sie ebenso auf ausländische Kleinwagen abgestellt waren, insbesonders auf den VW-Käfer, der wie der GM Convair mit einem Heckmotor ausgestattet war. Schließlich erging auch eine Anfrage an die MBNA, sämtliche Rückrufaktionen der Jahre 1960 bis 1966 mitzuteilen. So etwas hatte es bei uns noch nie gegeben. Wie viel das bedeutete, erfuhr ich kurz darauf, als ich im Sommer 1966 nach Washington fuhr, um die erwünschten Kontakte für die Zusammenarbeit mit den Behörden herzustellen. Während dieses Aufenthaltes konnte ich mich von der Ernsthaftigkeit der legislativen Bemühungen, sowohl in der Sicherheits-, als auch in der Umweltschutzfrage überzeugen. Bei einem Essen im Senatsspeisesaal in Washington erfuhr ich von einigen Verantwortlichen aus dem Stab des demokratischen Senators Abraham Ribicoff (Connecticut), daß die MBNA die einzige Firma war, die niemals eine Rückrufkampagne aus Sicherheitsgründen hatte durchführen müssen.

Um einen guten Kontakt zu den US-Behörden zu gewährleisten, veranlaßte ich, daß Jerry Sonosky, der Sicherheitsberater und zugleich Staff Director und General Counsel im »Senate Subcommittee on Executive Reorganization«, von der MBNA als Berater verpflichtet wurde. Er hatte sein Interesse an einem Ausscheiden aus dem öffentlichen Dienst bekundet. Von da an arbeitete er mit uns und im weiteren Sinne mit Daimler-Benz engstens zusammen. Diese erfolgreiche Tätigkeit veranlaßte mich, bei Ed McDermotts Partnern Hogan & Hartson vorstellig zu werden, um eine Aufnahme Sonoskys in diese bedeutende Anwaltsfirma zu erreichen. Als Sonosky am 1. März 1967 seine Tätigkeit für uns aufnahm, waren wir die einzige Automobilfirma, die einen Anwalt für die Überwachung der amerikanischen Sicherheits- und Abgasgesetzgebung vom Department für Transport und Gesundheit hatte. Dies war auch der Grund dafür, daß ich, wie bereits erwähnt, für die MBNA eine Mitgliedschaft in der Imported Car Association ablehnte. Wir konnten unsere Interessen in Washington bei den verschiedenen Behörden und im Senat besser durch Jerry Sonosky wahrnehmen, unser »Auge und Ohr« am Regierungssitz. Um ihn mit allen technischen Möglichkeiten des Hauses Daimler-Benz vertraut zu machen und unsere Techniker über geltende und bevorstehende Gesetzesbestimmungen eingehend zu informieren, schickte ich Sonosky mit Heinz Gerth nach Stuttgart. Während dieses Besuchs konnte Sonosky unseren Chefingenieur Hans Scherenberg und seine Techniker bereits 1969 darüber informieren, daß man in Washington ernsthaft über die Einführung eines Airbag nachdenke.

Natürlich stand man in Stuttgart aufgrund der langen Tradition, die die DBAG in Sicherheitsfragen hatte, nicht mit leeren Händen da. Bela Baréni hatte die Sicherheitsforschung bereits in den frühen 50er Jahren für DB »erfunden«, und seitdem wurden laufend Tests verschiedenster Art durchgeführt. Zu nennen sind etwa die frühen Aufpralltests, für die Fahrzeuge aus der laufenden Produktion entnommen wurden, um bei verschiedenen Geschwindigkeiten die Wirkung auf das Fahrzeug zu testen. In den 60er Jahren wurden schwedische Obduktionsbefunde über Opfer im Straßenverkehr ausgewertet. In Schweden gab es nämlich damals schon die gesetzliche Bestimmung, daß Verkehrstote zu obduzieren seien. Dadurch entstand ein statistisches Datenmaterial über Todesursachen bei Unfällen, wie es zu dieser Zeit in keinem anderen Land der Welt existierte. Auf der Grundlage derartiger Forschungen versuchte die Entwicklungsabteilung schon damals, die Verkehrssicherheit der Mercedes-Benz-Pkw zu erhöhen.

Die enge Zusammenarbeit mit den amerikanischen Behörden, die durch den Vertrieb in den USA in die Wege geleitet worden war, gab der Entwicklungsabteilung in Untertürkheim ständig neue Impulse. Der *Clean Air Act* wurde in den Jahren 1970 und 1977 durch Amendments verschärft, während beim *Safety Act* »nur« die Ausführungsbestimmungen angezogen wurden. 1975 kam es schließlich zum Erlaß des *Energy Policy Conservation Act* mit seinen Bestimmungen über die Corporate Average Fuel Economy (CAFE), auf die ich noch zu sprechen komme. Diese damals verabschiedete Troika von Gesetzesbestimmungen bildet heute noch den Rahmen für die Automobilindustrie in den USA. Obwohl wir über die von außen kommenden Anforderungen an Sicherheit und Umweltschutz natürlich anfangs unglücklich waren, erwiesen sie sich als hervorragender Antrieb für die technischen Teams in Stuttgart. Ich forcierte die Auseinandersetzung damit nach Kräften. Leitende Techniker der DBAG können noch heute einen meiner Standardsprüche aus der damaligen Zeit zitieren: »Gentlemen, the USA is the olympics of the auto industry. If you can't play there, you can't play anywhere.«

Im Jahre 1970, als ich meine Vorstandstätigkeit in Stuttgart aufnahm, blieb ich mit den Entwicklungen auf dem US-Markt engstens in Kontakt, da sich die USA und Kanada mittlerweile zum größten Exportmarkt entwickelt hatten. Auch war damit zu rechnen, daß die amerikanischen Sicherheits- und Umweltschutzbestimmungen nach und nach auf andere Märkte übergreifen würde. In Erkenntnis dieser Entwicklung konnte ich mit Unterstützung unserer Techniker unter der Leitung von Hans Scherenberg, unserem Entwicklungschef, den Vorstand davon überzeugen, daß es für uns sinnvoll sei, einem Wunsch des amerikanischen Ministeriums für Transport zu entsprechen und zu einer Sicherheitskonferenz nach Sindelfingen einzuladen. Organisator dieser »Second International Technical Conference on Experimental Safety Vehicles« war das US-Department of Transportation – vertreten durch den Secretary of Transportation John Volpe –, Einladender waren die Bundesrepublik Deutschland – vertreten durch Verkehrsminister Georg Leber – und Gastgeber die Daimler-Benz AG.

Diese von Hans Scherenberg und seinen engsten Mitarbeitern mit großer Sorgfalt vorbereitete internationale Sicherheitskonferenz in Sindelfingen vom 26. bis 29. 10. 1971 wurde ein voller Erfolg. In Wirklichkeit war es die erste große internationale Konferenz zu diesem Thema, und ihre Abhaltung in Sindelfingen machte die Verkehrssicherheit von einem nationalen Anliegen der amerikanischen Regierung zu einem der Autoindustrie in der ganzen Welt. Teilnehmer waren über 200 Techniker, höchste Vertreter der internationalen Autoindustrie, 150 Fachjournalisten und zahlreiche Beobachter. Die DBAG stellte dabei einem internationalen Kreis führender Automobilhersteller ein Sicherheitsfahrzeug vor, das die damals neuesten Erkenntnisse zur Verkehrssicherheit in vorbildhafter Form erfüllte. Am Schluß der viertätigen Veranstaltung betonte unser Vorstandssprecher Joachim Zahn, die Automobilindustrie sei von sich aus bereit und willens, optimale Lösungen für das Problem der Sicherheit auf den Straßen zu suchen und zu finden. Und der US-amerikanische Autosicherheitsbeauftragte Douglas Toms zog das Resümee: »Mit dieser Sicherheitskonferenz haben wir den Grundstein gelegt für Sicherheitsmaßnahmen, von denen die ganze Welt profitieren wird.« Nach dieser Sicherheitskonferenz waren die Erfahrungen der DBAG oft die Basis, von der andere ausgingen. Viele der damals im Konzept erarbeiteten Erkenntnisse sind mittlerweile in die Produktion eingeflossen. Viele der 1971 anvisierten Sicherheitsmaßnahmen, die wie der Airbag, das Antiblockiersystem (ABS) noch futuristisch anmuteten, wurden in den 70er Jahren zur Serienreife entwickelt und in den 80er Jahren zur Normalität.

Mercedes 190, T-Modell und Geländewagen

Eine besondere Rolle spielt der Vertrieb bei der Erweiterung des Produktionsprogrammes durch den W 201, den späteren Mercedes 190. Immer wieder war ich während meiner Zeit in den USA von den Frauen von Mercedes-Fahrern mit der Frage konfrontiert worden, warum es eigentlich keinen kleineren Mercedes gäbe, der von den Familien als Zweitwagen gefahren werden könnte, etwa um die Kinder in die Schule zu bringen. Unter Benutzung unseres Sicherheits-Arguments wurde nachgefragt, ob denn die Sicherheit des Familienoberhaupts wichtiger sei als die seiner Familie: Der Mann fahre morgens mit dem Mercedes in die Metropole zur Arbeit, wo der Wagen tagsüber in der Garage stehe, während die Hausfrau oft nur ein zweitklassiges Gefährt zur Verfügung habe. Eine Marktuntersuchung, die wir mit Hilfe unserer Werbeagentur Ogilvy & Mather angestellt hatten, ergab einen dringenden Wunsch nach einem kleinen Mercedes-Kompaktwagen, der über dieselben guten Fahreigenschaften wie »der Große« verfügen sollte. Da in Amerika die Frauen schon damals einen entscheidenden Faktor beim Autokauf darstellten, entwickelte sich bei mir schon damals die feste Auffassung, daß als Einstiegsmodell ein kleinerer Mercedes-Kompaktwagen notwendig sei.

Die zunehmende Motorisierung lieferte weitere Argumente. Schon in den 60er Jahren zeichnete sich der Trend zum Bau größerer Pkw bei traditionellen Kleinwagenherstellern ab. Damit entstand die Gefahr, daß »Aufsteiger« nicht mehr wie bisher automatisch auf Mercedes umstiegen, sondern durch Markentreue innerhalb der Angebotspalette desselben Herstellers wechselten. Auch unter dem Gesichtspunkt der Absicherung unserer Händlerorganisation fragten wir uns, ob zur Abrundung der Angebotspalette nach unten nicht die Produktion eines kleineren Pkw sinnvoll sei, der die traditionellen Qualitätsstandards von Mercedes beibehielt. Überlegungen zur Abrundung der Typenpalette nach unten durch die Übernahme eines Fremdprodukts spielten auch in dieser Situation wieder eine Rolle, trotz der bereits erwähnten Unzufriedenheit mit der DKW-

American Anfang der 60er Jahre und meinen Verhandlungen 1968 mit Carl Hahn von Volkswagen über eine neue Vertriebskonzeption in den USA. Hinzu kam in den 1970er Jahren, daß die traditionellen Mercedes der Mittelklasse immer aufwendiger, größer und damit auch teurer wurden, wie sich an den 1976 vorgestellten neuen Modellen zeigte. Dieser Entwicklungstrend des Typenprogramms konnte dazu führen, daß traditionelle Kunden absprangen. Ein weiterer Grund war eine mögliche unzureichende Auslastung der Kundendienstwerkstätten durch die verbesserte Qualität der Fahrzeuge. Dies konnte dazu führen, daß die Händlerorganisation Fremdprodukte hinzunehmen mußte und damit unsere Organisation schwächte.

Obwohl die Entwicklungsabteilung bereits Vorratsentwicklungen in der Schublade hatte und wir aus den USA entsprechende Überlegungen vortrugen, fiel in den 60er und frühen 70er noch keine Entscheidung. Allerdings zeichneten sich Ende der 60er Jahre bereits bestimmte Entwicklungstendenzen in puncto Sicherheit, Kraftstoffverbrauch und Abgaswerten ab, mit denen die Automobilbauer in den kommenden Jahrzehnten konfrontiert sein würden. Die Ölkrise von 1973 – wir erinnern uns noch an die »autofreien Sonntage« – stellte eine Zäsur für die Automobilindustrie dar. Neben den Verkaufseinbrüchen aufgrund einer Kaufzurückhaltung der Kunden bewirkte sie, daß man auch bei wieder sinkenden Ölpreisen in den USA unbeirrt an der einmal eingeschlagenen Umweltpolitik festhielt. Der Kongreß verabschiedete 1975 den *Energy Policy Conservation Act*, der die Bestimmungen zur Reduzierung des Treibstoffverbrauchs (CAFE) enthielt. Diese sogenannte »Flottengesetzgebung« schrieb Automobilimporteuren zwar nicht den Treibstoffverbrauch einzelner Fahrzeugtypen vor, wohl aber den durchschnittlichen Gesamtverbrauch der importierten Typenpalette, beginnend mit dem Modelljahr 1978. Die Konsequenz war, daß man den Import von kraftstoffintensiven Limousinen durch das Angebot von verbrauchssparenden Fahrzeugen kompensieren mußte. Unsere erste Reaktion bestand darin, den Anteil von importierten Diesel-Pkw zu erhöhen, doch das war keine dauerhafte Lösung, weil abzusehen war, daß CAFE-Standards in der Zukunft weiter verschärft werden würden. Für das Modelljahr 1985 sah die »Flottengesetzgebung« eine Größenordnung von mindestens 27,5 MPG (8,3 l/100 km) vor. Diese Ankündigung sollte den Automobilherstellern rechtzeitig die Möglichkeit geben, ihre Fahrzeugkonzeption und Entwicklung auf solche Verbrauchswerte einzustellen.

Wir wurden damit vor die Entscheidung gestellt, unsere Fahrzeuge der S-Klasse mit hohem Kraftstoffverbrauch vom amerikanischen Markt zurückzuziehen, was eine Einstellung der Produktion zur Folge gehabt hätte, wenn nicht Hans Scherenberg in dieser kritischen Situation mit der neuen Entwicklung eines 5-Zylinder Turbodiesels mit einem amerikanischen Turbolader der Firma Gerrit Air Research California gekommen wäre. Dieser Motor gestattete uns die S-Klasse mit diesem Turbodiesel als

300 SD exklusiv für den amerikanischen Markt weiterzuliefern. Das Fahrzeug erfreute sich durch seine Wirtschaftlichkeit großer Beliebtheit. Trotzdem war eine Ergänzung der Produktionspalette nach unten erforderlich. Wie bereits im vorigen Kapitel erwähnt, hatte mich unser Aufsichtsratsvorsitzender der Jahre 1976 bis 1985, Wilfried Guth (Deutsche Bank), einmal informell gefragt, was die neuen amerikanischen Gesetze über den Flottenverbrauch für die DBAG bedeuteten, und ich hatte ihm rundheraus geantwortet: »wir müssen den Kompaktwagen 190 bauen«.

Der Vorstand war damals immer noch nicht von der Notwendigkeit dieses Schrittes überzeugt, der der traditionellen Philosophie des Hauses entgegenzulaufen schien. Da ich aber mittlerweile zu einer festen Überzeugung von der Notwendigkeit dieses Schrittes gekommen war, ließ ich 1975 alle Argumente, die sich in den vergangenen 10 Jahren angehäuft hatten, für einen solchen Schritt von meinen engsten Mitarbeitern in Stuttgart – Eberhard Herzog, Heinz Viniol und Karl Franke – in einer Dokumentation zusammenfassen, dem sogenannten »Grünen Buch«, das den ausführlichen Titel trägt: »Aktuelle Situation im Pkw-Bereich, Probleme der künftigen Mengenpolitik und Programmgestaltung aus Sicht des Vertriebes«. Der Argumentationsbogen umfaßte viele Details, die im Rückblick beinahe banal erscheinen, nicht zuletzt deshalb, weil sie sich durchgesetzt haben. Im damaligen Entscheidungsprozeß mußten sie jedoch zunächst einmal formuliert und dann hart vertreten werden. Entscheidend war, daß eine einfache Produktionssteigerung von 100000 Einheiten unser eigentliches Marktproblem nicht lösen konnte, weil nach meinen Erfahrungen und unseren Untersuchungen in den USA wichtige Käuferschichten wie Frauen und junge Interessenten und »Aufsteiger« von der bisherigen Produktpalette nur ungenügend angesprochen wurden. Unser systematisch aufgebautes Business Management lieferte die Zahlen, die die betriebswirtschaftliche Notwendigkeit der Programmergänzung aus der Sicht der Vertriebsorganisation untermauerten. Unter Berücksichtigung einer Fülle von Daten zu Programmstruktur, Formgebung, Qualität, Motorisierung, Ausstattung und Preis kam diese Dokumentation zu dem klaren konzeptionellen Schluß, daß das Haus Daimler-Benz auf dem Personenwagensektor seine Erfolgsgeschichte weltweit nur würde fortsetzen können, wenn rechtzeitig eine Produktergänzung nach unten erfolgte.

Das Entwicklungsressort, mit dem wir schon seit vielen Jahren aufgrund der Erfahrungen mit den amerikanischen Kundenwünschen und den Erfordernissen der US-Sicherheitsgesetzgebung in engstem Kontakt standen, war von Anfang an in unsere Überlegungen eingeschaltet. Wir vom Vertrieb waren überzeugt, daß unser Haus über die besten Techniker der Branche verfügte – und ich denke, daß auch die Techniker wußten, daß die vom Vertrieb an sie herangetragenen Zusatzwünsche auf einer realen Kundennachfrage beruhten. Die Kollegen hatten sich in der Konsequenz bereits mit der Vorausentwicklung des Kompaktwagen W201 stark engagiert und sich in intensiven Abstimmungsgesprächen über die Konzeption

Gedanken gemacht. Die Pläne für das Fahrzeug lagen also in der Schublade. Hans Scherenberg hatte dem Vorstand bereits nach der Ölkrise 1974 über die Möglichkeiten eines Kompaktwagens berichtet, doch hatte man damals auch wegen der veranschlagten langen Entwicklungsdauer von sieben Jahren bis zur Serienreife die Pläne wieder beiseite gelegt. Ohne den engen Kontakt meines Vertriebsressorts mit der Technik, insbesondere mit Entwicklungschef Werner Breitschwerdt und das über viele Jahre aufgebaute Vertrauensverhältnis zwischen den beiden Ressorts wäre die Durchsetzung dieses Konzepts damals sicher nicht gelungen. Wie ausgereift das Konzept Breitschwerdts damals war, kann man an der langen Laufzeit der Produktion des Mercedes 190 bis in die 90er Jahre sehen.

Als ich im März 1976 das »Grüne Buch« mit seinen Konsequenzen dem Vorstand vorstellte, stach ich in ein Wespennest, da nach der damals vorherrschenden Auffassung eine Erweiterung der Produktpalette nach unten ungewöhnlich erschien. Zweitens ließ die bestehende Auftragslage mit langen Lieferfristen eine Produkterweiterung auf Jahre hinaus für unnötig erscheinen. Zudem waren hohe Investitionen erforderlich, da das Stammwerk in Sindelfingen keine zusätzlichen Produktionskapazitäten mehr besaß. Zu den Entwicklungskosten würden also die Kosten für die Eröffnung eines neuen Produktionsstandortes kommen. Eine Erweiterung der Produktionskapazitäten war nur in Bremen auf dem Gelände des ehemaligen Borgward-Werkes, doch nicht innerhalb der alten Baulichkeiten möglich. Notwendig war die Errichtung eines völlig neuen Werkes. Die Gesamtinvestitionen würden sich in einer Größenordnung von 3,5 Milliarden DM bewegen, ein Volumen, das angesichts der gerade überstandenen Ölkrise als riskant erschien.

Die Einwände, diese Investitionen seien zu hoch, glaubte ich überwinden zu können, indem ich Überlegungen zur Integration eines Fremdproduktes einbezog, wobei ich mich auf die DKW-Erfahrungen in den 60er Jahren stützen konnte. Nun wurde unter Einbeziehung von Ferdinand Porsche und Albert Prinzing neu diskutiert, ob durch die Übernahme von Entwicklungskapazitäten eine Ergänzung des Programms nach unten zu erreichen war. Eine kritische Situation hatte ich damals mit dem Ressortchef Unternehmensplanung, Edzard Reuter, zu bestehen, der von mir eine unmißverständliche Aussage verlangte, wieviele Fahrzeuge der Mittelklasse (W123 und W124) und wieviele Fahrzeuge der von mir geplanten Kompaktklasse (W201) in Zukunft verkauft werden würden. Diese Aussage habe ich in den ganzen Jahren bewußt abgelehnt. Jede Verkaufszahl, die wir genannt hätten, mußte auch bei intensiveren Untersuchungen falsch sein und hätte nur vage Anhaltspunkte geboten. Doch der Kern der Frage war natürlich richtig: Damals stellte sich eben die Frage, ob es richtig war, unter hohem Einsatz von Investivkapital eine dritte Hauptbaureihe zu starten.

In dieser festgefahrenen Situation sah ich nur einen Ausweg: Ich mußte unseren damaligen Produktionschef Werner Niefer aufsuchen, der sich damals zur Kur in Oberstaufen im Allgäu befand. Mit ihm wollte ich eine flexible Produktionsgestaltung überlegen, die es erlaubte, eine vorzeitige Festlegung der Stückzahlen für die verschiedenen Modelle der Mittel- und Kompaktklasse zu vermeiden. Nach intensiven Beratungen schlugen wir dem Vorstand schließlich Produktionszahlen von je 200 000 Einheiten vor, wobei eine Varianzbreite von 50 000 Stück plus oder minus möglich sein sollte. Diese Flexibilität erforderte zusätzliche Investitionen von 300 Millionen DM, minimierte aber das Risiko einer Fehleinschätzung und sicherte die Auslastung der beiden Werke Sindelfingen und Bremen.

Die Diskussion über die Produktion des W 201 trat im Jahr 1978 in ihre entscheidende Phase.[4] Während auf den Vorstandssitzungen im Januar noch weitgehende Uneinigkeit über die Notwendigkeit der Produktion des 190er und immer noch über eine Zusammenarbeit mit einem anderen Hersteller nachgedacht wurde, zeichnete sich im Verlauf des Sommers ein Meinungswandel in dieser Frage ab. Erst auf der Vorstandssitzung vom 19. Oktober 1978, als das Projekt 201 im Rahmen einer Unternehmensplanung bis 1983 behandelt wurde, waren schließlich alle Vorstandsmitglieder der Ansicht, daß auf den Hauptabsatzmärkten angesichts der zu erwartenden Umweltgesetze die Produktion des W 201 unvermeidlich sei.[5] Bei einer ähnlichen Besprechung zur generellen Unternehmensplanung am 26. Februar 1979 wurde die Produktion des W 201 im Vorfeld der kommenden Aktionärsversammlung dann bereits als Eckpfeiler des künftigen Pkw-Programms bezeichnet.[6] Der Produktionsanlauf war für das Jahr 1981/82 vorgesehen. Aus der Vorserie wurden Fahrzeuge im Raum Sevilla (Spanien) mit großem Erfolg der Presse vorgestellt.

Eine andere Neuerung während meiner Vorstandszeit, die auch bei den Diskussionen um den Mercedes 190 eine Rolle spielte, war das *T-Modell* (Station Wagon). Der Vorstand der DBAG war zunächst der Meinung, daß ein Kombifahrzeug, wie es praktisch alle anderen Automobilhersteller anboten, für Mercedes nicht in Frage käme. Die Entwicklungsabteilung hatte sich trotzdem damit beschäftigt und nachgewiesen, daß es möglich war, ein Kombifahrzeug mit Pkw-Charakter zu entwerfen. Die vielen Varianten, die damals dargestellt wurden, zeigen, daß bereits bei der Konzeption an ein Freizeitfahrzeug gedacht worden war. Es war der Entwicklungsabteilung gelungen, dieses Modell in Formgebung, Fahrverhalten und Geräuschentwicklung deutlich von anderen Kombiwagen abzusetzen. Nach dem 1974 gefällten Beschluß über den Bau eines solchen Gefährts wurde in einem gemeinsamen Gespräch zwischen Entwicklungsabteilung und Vertrieb über einen möglichen Namen beraten. Ich machte mir Sorgen darüber, ob für die Öffentlichkeit nicht der Eindruck eines amerikanischen Station-Wagons entstehen könnte, was auf jeden Fall vermieden werden sollte. Ich wollte vielmehr erreichen, daß dieses Fahrzeug mehr für sportlich interessierte Kunden, wie Skifahrer, Fischer und Golfer akzeptabel wurde. Durch meinen guten Kontakt zur Presse führte ich bei dem Presseempfang während des Genfer Salons 1977 mit Rainer Günzler, dem bekannten Fernsehreporter, und unserem Pressechef Arthur Keser ein Gespräch. Nach meinen Erläuterungen über den Zweck dieses Modells und der Namensfindung, die sich auf Sport und Tourismus beziehen sollte, kam uns der Gedanke, dieses Modell Touring »T« zu nennen. Dieser Name fand dann auch allgemein Anklang. Rainer Günzler hatte sich in der Fernsehwerbung einen Namen gemacht und dabei unsere erste Fernsehwerbung zusammen mit Cinecontact entwickelt, die ein großer Erfolg wurde: »Qualität ist kein Zufall«.

Die Auswirkungen auf den Markt waren ungewöhnlich: Die Produktion des T-Modells beschnitt nicht etwa das Marktsegment der übrigen Kombiwagen, sondern schuf sich durch seine besonderen Eigenschaften als fünftürige Universallimousine seinen ganz eigenen, neuen Kundenkreis. Die Produktion des Modells »T«, die 1978 in Bremen anlief, zeigte selbst bei der relativ kleinen Stückzahl von 24 000 Einheiten, daß auch außerhalb Sindelfingens ein gleichermaßen qualitätsvolles Produkt gebaut werden konnte, was nicht zuletzt auf den Einsatz des bisherigen Werksleiters von Sindelfingen, Wilhelm Held, zurückzuführen war, der mit allen Mitteln – und zwar erfolgreich – versuchte, den Geist von Sindelfingen zu verpflanzen. Das Bremer Werk hatte ursprünglich Borgward gehört, später waren dort Leichttransporter hergestellt worden, deren Entwicklung noch aus der Hanomag-Zeit gestammt hatte. Der Übergang in die Pkw-Produktion bedeutete schon einen Einschnitt in den Sindelfinger Automobilstolz. Der Beweis, daß so etwas funktionierte, diente als wichtiges Argument, die Produktion des Mercedes 190 könne guten Gewissens nach Bremen verlegt werden.

Bereits während der Vorbereitungsphase zeigte sich, daß die neue Baureihe ein großer Erfolg werden würde, denn die Produktionszahlen mußten immer weiter nach oben korrigiert werden. Schließlich stellte man sich auf eine Produktion sowohl in Sindelfingen als auch in Bremen ein, um die Nachfrage überhaupt erfüllen zu können. Im Herbst 1982 wurde der Mercedes 190 der Fachwelt mit großem Erfolg vorgestellt, im Januar 1984 wurde der 190E zum »World Car of the Year« gewählt. Die Verkaufsentwicklung hat die Erwartungen, die ich seit langem in die Entwicklung eines solchen Kompaktmodells gesetzt hatte, mehr als bestätigt. Es wurde das erfolgreichste Produkt auf dem Personenwagensektor, das je von der Daimler-Benz AG gebaut wurde. Von den 310 000 Käufern, die der Mercedes 190 bis Ende 1984 fand, war die Hälfte zuvor nicht Kunde der DBAG gewesen. Im In- und Ausland kam dem Modell in den 80er Jahren eine Schlüsselstellung bei der Eroberung neuer Marktpotentiale zu. Mit zehn Jahren Laufzeit ist es zudem eine der langlebigsten Kreationen, die die Daimler-Benz AG je gebaut hat. Es wäre eine interessante Überlegung, wie die DBAG heute dastehen würde, wenn der 190er nicht gebaut worden wäre.

Ende der 70er Jahre kam es schließlich zur Produktion des unter der Ägide von Scherenberg entworfenen Modells »G«, des *Geländewagens*.

Auch hier ging es um ein neues Feld, das die DBAG beschreiten wollte. Wie stets in solchen Fällen fehlte es nicht an Gegenstimmen. Ich setzte mich jedoch von Anfang an sehr für den Bau eines solchen Fahrzeugs ein, obwohl die Bundeswehr damals bereits langfristige Lieferverträge mit VW hatte und zunächst keine Aussicht bestand, von dieser Seite Aufträge zu bekommen. Immerhin war es dann möglich, dieses Fahrzeug im Einsatz zu testen und mit dem Bundesgrenzschutz Aufträge abzuschließen, und auch mit dem französischen Verteidigungsministerium führten wir aussichtsreiche Verhandlungen. Zusammen mit der Nachfrage im Zivilsektor schätzten wir einen Bedarf von 15 000 Einheiten pro Jahr. Diese Produktion wurde nach Österreich verlegt, wo das Fahrzeug hergestellt wird. Die Verbindung der DBAG zu Steyr-Daimler-Puch war dadurch entstanden, daß dort freie Kapazitäten vorhanden waren, wobei wir wußten, daß Verhandlungen mit MAN geführt wurden, aber auch mit General Motors. Ein Einfluß eines amerikanischen Automobilherstellers bei Steyr-Daimler-Puch wäre uns aber überhaupt nicht recht gewesen. So versuchte unser ehemaliges Vorstandsmitglied Wilhelm Künkele in langen Überlegungen mit Dr. Erhardt von Steyr-Daimler-Puch, ein gemeinsames Produkt mit Daimler-Benz-Zulieferungen zu konzipieren und zu bauen, was jedoch erfolglos schien. Hans Scherenberg und Erhardt fanden jedoch in einer abschließenden Untersuchung die Lösung, indem sie den im Einsatz begrenzten Geländewagen »Puch« durch einen hochqualifizierten und vielseitig verwendbaren Geländewagen, der durch Daimler-Benz-Zulieferungen aus dem Nutzfahrzeugbereich ausgerüstet wurde, ersetzten und bei Steyr in Graz gemeinsam fertigten. 1977 wurde der Gesellschaftsvertrag über die Gründung der »GFG-Geländefahrzeug-Gesellschaft m.b.H.« zwischen Steyr-Daimler-Puch und der DBAG geschlossen. Dabei trafen wir auch eine Vereinbarung, wer in welches Land exportieren durfte. Wir legten fest, daß aufgrund der Neutralität Österreichs eine Belieferung des »Ostblocks«, des neutralen Jugoslawien und eventuell der Volksrepublik China sowie der neutralen Schweiz durch unseren österreichischen Partner Steyr-Daimler-Puch mit ihrem Markenzeichen erfolgen sollte, während der übliche Vertrieb weltweit der Daimler-Benz-Organisation vorbehalten sein würde.

Überraschend entschloß sich Steyr-Daimler-Puch, für die Produktion des Geländewagens eine neue Fabrik zu bauen – ohne rechtzeitige Absprache mit Daimler-Benz. Wir waren über diese Eigenmächtigkeit wenig erfreut, denn ursprünglich war nur an die Nutzung von Überkapazitäten gedacht gewesen, die Anlieferung der Teile sollte also in erster Linie durch unseren Nutzfahrzeugbereich erfolgen. Ein Fabrikneubau mußte das G-Modell erheblich verteuern, so daß die Furcht, es könne international nicht mehr mit dem »Landrover« des englischen Herstellers Rover konkurrieren, der nun um einiges billiger sein würde, nicht von der Hand zu weisen war. Aber zunächst wurde zur Grundsteinlegung des Grazer Steyr-Daimler-Puch-Werkes am 11. März 1977 eine offizielle Feier in

Anwesenheit des österreichischen Bundeskanzlers Bruno Kreisky (1911–1990) begangen. Wie so manche zwiespältige Geschichte, hatte auch diese eine Pointe, die nicht ganz der Komik entbehrte: Für die Leistung, in Österreich Arbeitsplätze geschaffen zu haben, wurden Hans Scherenberg, Edzard Reuter und ich mit dem großen goldenen Ehrenzeichen für die Verdienste um die Republik Österreich ausgezeichnet.

1 Clary-Typoskript, S. 83 ff.
2 Frère, P., Mercedes-Benz C-111. Eine Fahrzeugstudie, Lausanne 1981, 9 ff.
3 Frère (1981), 28–31.
4 Zu berücksichtigen: Kruk/Lingnau (1986), 289 f.
5 Vorstandsprotokolle 1978.
6 Vorstandsprotokolle 1979.

KAPITEL V
Zusammenfassung

> Wisset, daß das Geheimnis des Glücks
> die Freiheit, der Freiheit Geheimnis
> aber der Mut ist.
>
> Perikles, 500 v. Chr.

Von Arno Holz, einem Dichter meiner ostpreußischen Heimatstadt, Rastenburg, gibt es ein Gedicht mit dem Vers: »Schöner Frühling, wie wird dein Herbst sein«. Natürlich habe ich mich dies in meinem letzten offiziellen Dienstjahr bei der Daimler-Benz AG oft gefragt, ein Jahr, das durch zahlreiche Reisen und die Einarbeitung meines Nachfolgers im Vorstand geprägt war. Daß für mich der Abschied näher rückte, hatte sich schon in den Jahren zuvor bemerkbar gemacht, in denen ich immer wieder Ehrungen empfangen durfte. Erwähnenswert mag die Ernennung zum Ehrensenator der Universität Wien im Dezember 1976 und die Verleihung des Großen Bundesverdienstkreuzes der Bundesrepublik Deutschland sein, das mir anläßlich meines 60. Geburtstages im Jahre 1977 verliehen wurde. Schließlich wurde 1982 bei meinem Ausscheiden im Daimler-Benz-Automobilmuseum eine große Abschiedsveranstaltung organisiert, die einen Vorteil ganz gewiß hatte und deshalb auch in meinem Sinne war: Das Unternehmen konnte die Gelegenheit zur Repräsentation nutzen. Außer politischen Vertretern wie dem sowjetischen Botschafter Semjonow oder den Ministerpräsidenten von Baden-Württemberg, Lothar Späth, und Bayern, Franz-Josef Strauß, sowie diversen Ministern und zahlreichen Vertretern aus der Wirtschaft versammelten sich mehrere hundert Vertreter unserer Vertriebsorganisation, von Skandinavien bis Japan, von Saudi-Arabien bis zu den USA. Der Abschied wurde zu einer Familienfeier.

Bereits Mitte der 70er Jahre war ich bei der Albingia-Versicherungsgesellschaft in den Aufsichtsrat berufen worden und 1979 in den Unternehmensrat von Carl Zeiss in Oberkochen. Die Tätigkeit bei Carl Zeiss hat mir auch sehr viel Freude bereitet, da ich hier die hervorragenden Eigenschaften eines Spitzenproduktes vertreten und ebenfalls mit einem Kreis führender Industrie-Persönlichkeiten auf verschiedenen Gebieten guten Kontakt halten konnte. Auf Vorschlag des Vorstandes von Carl Zeiss an die Landesregierung sollte ich die Aufgabe des Stiftungs-Kommissars übernehmen. Diese Aufgabe hätte mich natürlich sehr gereizt. Ich mußte aber schweren Herzens dem Landesvater absagen, da ich gerade kurze Zeit vorher Hermann und Reinhard Freudenberg die Mitgliedschaft im Gesellschaftsausschuß zugesagt hatte. Gerade diese Mitgliedschaft bei Freudenberg war für mich von besonderer Bedeutung, weil ich hier im Januar 1946 meine berufliche Laufbahn begonnen hatte. Vom Jahr 1982–1989 hatte ich in Nachfolge von Helmut Fabricius als erstes Nicht-Familien-Mitglied dieses traditionsreichen Unternehmens den Vorsitz im Gesellschafterausschuß übernommen, bis Hermann Freudenberg meine Nachfolge antrat. Darüber hinaus gehörte ich im Flick-Konzern dem Aufsichtsrat der Industrieverwaltung Düsseldorf an. Von Krauss-Maffei, Dynamit Nobel und Buderus bis zu den vielen Aufsichtsräten und Verbänden, darunter auch Firmen in Indien (Telco) und Südafrika (UCDD) gehörten mit der Selbstverständlichkeit, die dem »Ruhestand« einen ironischen Beiklang geben, die Aufsichtsräte sämtlicher Mercedes-Benz-Tochter- und Beteiligungsgesellschaften dazu. Kein Wunder, daß mir dabei immer die Board-Mitgliedschaft in den nordamerikanischen Gesellschaften MBNA und MBC besonders am Herzen lag. Dabei spielte natürlich auch eine Rolle, daß mir nach den Sitzungen stets noch einige Tage in unserem schönen Haus am Lake Simcoe in der Nähe von Toronto winkten (siehe Seite 283).

Obwohl ich mich über einen Mangel an Beschäftigung nicht beklagen konnte, war ich überdies Mitglied in verschiedenen Gremien von Verbänden und Industrieunternehmen, die mich in vollem Umfang mit interessanten Aufgaben, etwa der Beratung in Personalfragen, beschäftigten. Daneben war ich Mitglied verschiedener Organisationen, etwa dem Donau-Europäischen Institut in Wien, dem ich heute noch als Ehrenmitglied angehöre. Die starke Position, die wir auf dem chinesischen Markt entwickelt hatten, veranlaßte 1983 den damaligen Ministerpräsidenten Lothar Späth, eine Baden-Württembergisch-Chinesische Gesellschaft ins Leben zu rufen. Ich wurde mit einigen Herren aus Industrie und Bankwesen und dem Rektor der Universität Konstanz, Professor Horst Sund, in den Vorstand berufen, dessen Vorsitz Matthias Seefelder, der Aufsichtsratsvorsitzende der BASF, übernahm. Unsere Bemühungen um den chinesischen Markt wurden ergänzt durch die Aktivitäten der Gesellschaft, die chinesischen Studenten in der Bundesrepublik Hilfe gewährte, Kontakte zur Industrie förderte und über Spenden für eine »Deutsche Geschichte« aus bundesrepublikanischer Sicht sorgte, weil es in China solche Literatur nur aus der DDR gab. Auf Vorschlag von Casimir Prinz Wittgenstein, dem Aufsichtsratsvorsitzenden der Albingia-Versicherungs-Gesellschaft, wurde ich schließlich in das Kuratorium des ersten deutschen Nationalparks Bayerischer Wald gewählt, dessen Entstehen ich durch Spenden aus der deutschen Industrie unterstützen konnte.

Besonders erwähnen möchte ich meine Mitgliedschaft im »International Council for New Initiatives in the East-West Cooperation« mit Sitz in Wien, in das ich auf Wunsch von Gwischiani, dem damaligen stellvertre-

Abb. oben: Übergabe der Ernennungsurkunde zum Ehrensenator der Wirtschaftsuniversität Wien, Dezember 1976 an HCH durch Professor Weis und Professor Brusatti. Abb. unten: Verleihung des Großen Bundesverdienstkreuzes durch Ministerpräsident Dr. Hans Filbinger am 17. 2. 1977.

tenden Vorsitzenden des Staatskommitees für Wissenschaft und Technik in Moskau, eintrat. Ihm gehörten auch Agnelli (FIAT), Rodenstock, Kendall (Pepsico Inc., USA) – als Vice-Chairman – an. In den 80er Jahren fanden mehrere Symposien dieser Gesellschaft im bulgarischen Varna am Schwarzen Meer und in der Wiener Hofburg statt, bei denen Fachleute aus Ost und West die Probleme bei der wirtschaftlichen Zusammenarbeit zwischen den unterschiedlichen Wirtschafts- und Gesellschaftssystemen diskutierten und Konzepte entwickelten, wie eine bessere politische Verständigung durch verbesserte wirtschaftliche Beziehungen erreicht werden konnte. Dieser International Council besteht heute noch, meine Tätigkeit wird jetzt von Jörg Seizer, Direktor im Hause bei Daimler-Benz, fortgeführt. Dies alles mag ein wenig wie die Geschäftigkeit eines Menschen aussehen, der nicht loslassen kann. Daran ist auf andere Weise, als es der Außenstehende denkt, ein Korn Wahrheit. Ich habe immer viel gearbeitet, Fleiß war Teil meiner Erziehung, irgendwann kann der Mensch nicht mehr anders. Aber es gibt auch einen weniger selbstsüchtigen Zusammenhang. Im sogenannten aktiven Berufsleben sammeln Spitzenmanager viele Erfahrungen, die sie aus Zeitmangel in der Regel nur sehr begrenzt einsetzen können. Die Zeit nach der Pensionierung bietet sich darum geradezu an, ein wenig weiterzugeben. Daß so etwas auch Freude macht, zählt ungleich mehr als die scheinbare Privilegierung von Männern, die nicht aufhören wollen.

Entscheidend für meinen Aufstieg in der Automobilindustrie war der Umstand, daß ich bereits 1954 für Daimler-Benz in die USA gehen konnte. Ich habe es denn auch stets als ein großes Geschenk in meinem Leben angesehen, daß ich gerade in den USA und Kanada meine Laufbahn im Automobilgeschäft beginnen konnte. Der nordamerikanische Markt war am weitesten entwickelt und nicht wie in Europa und Japan durch die Kriegsgeschehnisse beeinträchtigt. Amerika war zudem wie kein anderes Land für neue Dinge aufgeschlossen, die Ansprüche waren hoch, und die Industrie richtete sich in einer Weise nach den Wünschen der Kunden, wie dies damals in Europa noch nicht der Fall war. Die Anfänge in Amerika waren zwar nicht gerade einfach, doch ich hatte in meinem bisherigen Leben gelernt, mit Schwierigkeiten fertig zu werden und dabei eine positive Einstellung zu bewahren – eine Fähigkeit, die ich vielleicht meiner glücklichen Kindheit zu verdanken habe. Selbst schweren Rückschlägen, wie der Verwundung vor Leningrad 1941, versuchte ich, gute Seiten abzugewinnen. Durch den Lazarettaufenthalt war mir der bitterkalte Winter 1941/1942 in Rußland erspart geblieben, und der Weg hatte mich über das Ersatzregiment 1 in Königsberg in das Oberkommando des Heeres geführt, wo ich Persönlichkeiten getroffen habe, mit denen ich in einem

Abb. oben: 60. Geburtstag HCH, Hanns-Martin Schleyer gratuliert, li. Otto Kaletsch, re. Fritz Nallinger. Abb. unten: 65. Geburtstag HCH, Lothar Späth, der russ. Botschafter Semjonov u. Werner Breitschwerdt.

normalen Soldatenleben wahrscheinlich wenig zu tun gehabt hätte. Vom Oberkommando des Heeres möchte ich nur Persönlichkeiten wie Graf Stauffenberg, Ritter Mertz von Quirnheim oder de Maiziére erwähnen. Glück hat sicher eine große Rolle gespielt: Ich habe an jedem Punkt meines Lebens hervorragende Menschen kennengelernt, deren einwandfreier Charakter, Kameradschaftsgeist und Qualifikation mein eigenes Leben stark beeinflußt haben.

In der »Stunde Null«, nach meiner nur einen Tag während Kriegsgefangenschaft, hatte ich buchstäblich bei »Null« beginnen müssen. Für mich waren Heimat und Beruf verloren, meine Frau hatte den Krieg nur mit einer schweren gesundheitlichen Schädigung überlebt. So blieb mir keine andere Wahl, als so schnell wie möglich eine vernünftige Arbeit zu suchen. Bei meinem Eintritt in die Firma Freudenberg hatte ich das große Glück, einen Personenkreis anzutreffen, der mich durch seine Grundeinstellung sofort stark beeindruckte und mir ein Gefühl des Vertrauens in die Menschen gab. In der unübersichtlichen Situation nach dem Krieg konnte ich mit der Familie hier wieder Fuß fassen. Meine erlernten Fähigkeiten, zu motivieren und zu führen, kamen mir zugute, und bereits nach zwei Jahren konnte ich nach hartem persönlichem Einsatz die Leitung eines Werkes mit rund 400 Mitarbeitern übernehmen. Ich möchte dies deshalb besonders betonen, weil dieser zähe und aufopferungsvolle Einsatz vieler einzelner das Geheimnis des wirtschaftlichen Wiederaufstiegs nach dem Krieg ist, des sogenannten »Wirtschaftswunders«, das kein Wunder war.

Meine erste Reise in die USA stellte mich 1951 erneut vor eine große Aufgabe. Ohne jeden Rückhalt im Land selbst sollte ich für Freudenberg neue Kenntnisse über Produkte und Fertigungstechniken erwerben. Die Eindrücke in den USA und in Kanada, die Offenheit und Hilfsbereitschaft der Menschen, die ungeahnte Größe und Weite des Landes haben mir den Blick geweitet für neue Erkenntnisse. Dort habe ich gelernt, mit offenen Augen und Vertrauen durch das Leben zu gehen und Menschen mit Unvoreingenommenheit und Großzügigkeit zu begegnen, jedoch ohne einen Rest natürlicher Skepsis zu verlieren. Bereits bei meinen ersten Amerika-Aufenthalten wuchs in mir der Wunsch, in diesem Land, das mich an meine Heimat Ostpreußen erinnerte, zu leben. Als sich für mich 1954 durch das Angebot der Firma Daimler-Benz die Möglichkeit dazu ergab, verließ ich, wenn auch nicht leichten Herzens, die Firma Freudenberg, wobei ich vorübergehend sogar ein niedrigeres Gehalt in Kauf nahm. Ein unklarer Auftrag im Hause Daimler-Benz und ein schwieriger Vorgesetzter machten die Anfänge in den USA nicht gerade leicht. Trotz widriger Umstände bemühte ich mich von Anfang an, das zu tun, was unter normalen Umständen richtig ist, nämlich ein Team loyaler, strebsamer und entschlossener Mitarbeiter aufzubauen und durch das Zusammentragen vieler Fakten und Einzelheiten profunde Kenntnisse über die beiden nordamerikanischen Märkte zu erlangen. Auch unter widrigen Umstän-

Abb. oben: Gratulation des Vorstands zum 65. Geburtstag. Abb. unten: Franz-Josef Strauß bei seiner humoristischen Geburtstagsrede in Rottach-Egern.

den war es doch möglich, sich auf die kommenden Aufgaben vorzubereiten. Die Vertragsunterzeichnung mit dem Flugmotorenhersteller Curtiss-Wright und der maroden Automobilfirma Studebaker war mir von Anfang an als großer Fehler erschienen. Ich war der Überzeugung, daß Ungenauigkeiten, unhaltbare Versprechungen, menschliche Unzulänglichkeiten und fehlende Qualifikation der Organisation, die weder unser Produkt noch das angestrebte Marktsegment kannte, zwangsläufig zu einem Mißerfolg führen mußte. Meine Ansicht, die bei dieser Entscheidungsfindung noch nicht berücksichtig worden war, bestätigte sich innerhalb kurzer Zeit, und es kostete erhebliche Mühe, den Vertrag vorzeitig wieder zu lösen. Der Mißerfolg hatte jedoch auch sein Gutes: Aus den gemachten Fehlern konnten wir viel lernen. Meiner Ansicht nach mußten wir nur alle bisherigen offensichtlichen Fehler vermeiden, um in Zukunft erfolgreich zu sein. Die menschliche Übereinstimmung in unserem Team der DBNA ermöglichte es uns dann relativ rasch, unsere Erkenntnisse und Erfahrungen aus den Fehlern unserer Vertragspartner umzusetzen und daraus Schlüsse zu ziehen für den Fall, daß uns selbst die volle Verantwortung übertragen werden würde. Für den Fall der Fälle arbeiteten wir einen Stufenplan aus, der es ermöglichen sollte, in genau definierter Form die Organisation des Vertriebs in unserem Sinne neu zu gestalten. Es war sicher auch ein Resultat meiner Offiziersausbildung, wenn ich hier – sozusagen im Geiste von Clausewitz – generalstabsmäßig die Organisation des amerikanischen Marktes vorbereitete.

Es sind keine Wunder, die man vollbringen muß, um Erfolg zu haben. Sehr oft habe ich festgestellt, daß viele Probleme mit einer einfachen Denkungsart ohne großen Aufwand gelöst werden können. Wenn man anfängt, ein Problem zu zerreden, wird es oft zu einem noch größeren Problem, denn dadurch kann eine klare Linie verloren gehen. Oft ist sogar eine riskante Entscheidung besser als gar keine Entscheidung. Wenn man die Lage in Ruhe analysiert, eindeutige Konsequenzen daraus zieht und diese auch befolgt, hat man die größte Chance zum Erfolg. Man kann nur überzeugend wirken, wenn man selbst von seiner Aufgabe voll überzeugt ist. Hier kam mir zu Hilfe, daß ich ein Produkt vertreten konnte, das mich selbst in vollem Umfang begeisterte, so daß es einfach nur notwendig war, diese Begeisterung an meine Mitarbeiter und dementsprechend an die Organisation und die Kunden weiterzugeben. Die Menschenführung, die ich beim Militär und bei Freudenberg in langen Jahren geübt hatte, kam mir dabei natürlich zugute. Unsere geradlinige Geschäftspolitik, die sich auf eine langfristige Zusammenarbeit mit unseren Händlern und eine umfassende Betreuung der Kunden ausrichtete, erwies sich als weitaus wirksamer, als wir selbst vermutet hatten. Schon nach fünf Jahren Ver-

Abb. oben: Aufsichtsratssitzung der Friedrich Flick Industrieverwaltung im Mai 1983 in Düsseldorf. Abb. unten: HCH im Gespräch mit Eberhard Schleyer und Herbert Singer, Vorstandsvorsitzer der Albingia Versicherungsgesellschaft.

trieb in eigener Verantwortung konnte das Ergebnis verdreifacht werden. Die Entwicklung auf dem gesamten nordamerikanischen Markt übertraf sämtliche Erwartungen. Hatten wir 1954 noch gerade 438 Einheiten in den USA verkauft, so waren es 1964 – also am Ende der Studebaker/MBS-Ära immerhin bereits etwa 10000 Einheiten, doch bereits 1970 hatten wir ca. 30000 Einheiten erreicht. Meine Prognose, daß wir 1975 bis 60000 Einheiten liegen könnten, wurde nur knapp – wegen Lieferschwierigkeiten – verfehlt, aber 1980 erreicht und danach sogar überschritten.

Einen Ausspruch von Hermann Josef Abs möchte ich in diesem Zusammenhang erwähnen, der zu sagen pflegte: »Die Statistik ist wie eine Laterne, sie dient dem trunkenen Seemann mehr zum Halt als zur Erleuchtung.« Der Erfolg in den USA, dem wichtigsten Automobilmarkt der Welt, kam natürlich nicht von ungefähr. Der Aufbau der Händlerorganisation, der Ausbau der MBNA zu einer gut funktionierenden Tochtergesellschaft nach amerikanischen Gesetzmäßigkeiten verlief planmäßig und organisch. Der Abverkauf der von der MBS übernommenen Pkw-Bestände konnte durch eine gezielte Werbekampagne rasch abgewickelt werden. Ohne Entwicklungssprünge mit unkalkulierbarem Risiko anzustreben – auch einer der Anfangsfehler – erreichten wir ein planmäßiges Wachstum des Händlernetzes im genau abgesteckten Rahmen unserer Vorgaben. Ein besonderes Augenmerk richtete ich in den USA auf das Ziel, mit nicht unerheblichen Investitionen eine Serviceorganisation aufzubauen, die der Qualität des Produktes Mercedes-Benz angemessen war. Immer wieder traf ich in den USA auf Menschen mit ähnlicher Grundeinstellung, etwa Wernher von Braun, John McCloy, Frank Manheim oder unsere Anwälte Bob Guthrie und Ed McDermott. Sie waren wie ich der Ansicht, daß es in den grundlegenden Fragen des Automobilgeschäftes eine klar definierte Verpflichtung gegenüber dem Kunden gibt. Sie und andere stellten ihre Erfahrungen zur Beratung der MBNA zur Verfügung und prägten unser Erscheinungsbild in der amerikanischen Öffentlichkeit mit. Dies gilt besonders auch für die Werbeagentur Ogilvy & Mather, mit der wir nach der Gründung der MBNA in voller Eigenverantwortung ein schlüssiges Konzept entwickelten. War ich anfangs noch der Ansicht gewesen, ein gutes Produkt müsse sich quasi von alleine verkaufen, änderte ich aufgrund des Erfolges rasch meine Meinung.

Nach der Übernahme des Vorstandsressorts im Jahre 1970 folgte ich meinem inzwischen schon bewährten Prinzip, zunächst keine großen Veränderungen zu bewirken, sondern alles, was aus meiner Sicht richtig und vernünftig lief, zu erhalten. Erste Aufgabe war es wieder, einen guten Stab von Mitarbeitern, einschließlich Sekretariat und Assistenten, zu schaffen, um nach sorgfältiger Einarbeitung und Kenntnis der Aufgaben zusammen mit diesem Mitarbeiterstab an neue Konzeptionen heranzugehen. Meine Erkenntnisse aus dem Aufbau des nordamerikanischen Marktes konnten dabei als Leitlinie bei der Reorganisation des europäischen Marktes dienen. Wie in Amerika zeigte sich, daß auch auf den europäi-

Abb. oben: Blick vom Ferienhaus auf den Lake Simcoe, Kanada. Abb. unten: Lisa, Verena und Monika am See.

schen Märkten mit entsprechenden Volumina nur die Gründung eigener Tochtergesellschaften den planmäßigen Aufbau einer Händlerorganisation mit den Investitionen in die notwendigen Dienstleistungsbetriebe gewährleisten konnte. Bei den Verhandlungen mit den Generalvertretern der einzelnen europäischen Länder folgte ich dem Rezept, das sich auch bei der Auflösung des Studebaker-Vertrages 1964 bewährt hatte: Die Übernahmen sollten ohne Streit und in beiderseitigem Einvernehmen erfolgen, um eine Irritation des Marktes und Rechtsstreitigkeiten zu verhindern. Innerhalb weniger Jahre war es nach der erwähnten Vorbereitung möglich, ab 1974 alle angestrebten Märkte in Eigenregie zu übernehmen und damit auch hier die Grundlage zu einem weiteren planmäßigen Wachstum zu legen. Dieser Schritt hat sich bis heute bewährt. Bereits 1982 wurden 85% des Pkw-Umsatzes von Mercedes-Benz über eigene Vertriebstöchter erzielt.

In den Jahren ab 1975 griff ich eine weitere Idee wieder auf, die mir bereits in den USA gekommen war. Untersuchungen hatten dort ergeben, daß vor allem von Frauen immer wieder die Forderung nach einem kleineren, kompakten Mercedes gestellt wurde, damit die Familie auch als Zweitauto ein sicheres und qualitativ hochwertiges Fahrzeug zur Verfügung hatte. Marktuntersuchungen in Europa zeigten, daß die Produktion des kleineren, kompakten Mercedes Chancen hatte, und so schloß sich die Überlegung an, die Händlerorganisation über das bisherige Pkw-Programm hinaus, S- und Mittelklasse, mit einem größeren Fahrzeugprogramm zu bedienen. Meine Ansichten legte ich dem Vorstand im März 1976 in einem »Grünen Buch« vor. Nach der Einführung der »Flottengesetzgebung« in den USA fiel 1978 die Entscheidung, die 1981 schließlich zur Aufnahme der Produktion des Mercedes 190 führte. Ein Rückblick aus heutiger Sicht bestätigt die Richtigkeit der damaligen Entscheidung. Selbst nach zehnjähriger Produktionszeit verkauft sich dieses Modell immer noch weltweit. In den USA, wo aufgrund der sich seit 1990 abzeichnenden Rezession ein dramatischer Absatzeinbruch in der gesamten Automobilindustrie zu beobachten ist, konnte der 190er als einziges Fahrzeug unseres Produktionsprogramms und fast der ganzen Automobilindustrie im ersten Quartal 1991 einen 15%igen Zuwachs verzeichnen.

Die Tatsache, daß die entscheidenden Anstöße zur Produktion des Mercedes 190 aus dem Vertrieb gekommen waren, lenkt das Augenmerk auf die interessante Tatsache, daß der Vertrieb in den 70er Jahren offenbar eine ganz neue Funktion übernommen hatte. In den früheren Jahrzehnten war es die Teilnahme an den Autorennen gewesen, die Mercedes-Benz zu technischen Höchstleistungen angespornt hatte. Von den frühen Blitzen-Benz über die »Silberpfeile« der 30er Jahre bis hin zur Carrera Panamericana lagen hier die Entwicklungsschwerpunkte, von denen der Personenwagenbau sozusagen indirekt profitierte. Dies führte zu einer Einstellung in der Entwicklungsabteilung, die heute in der Form nicht mehr aktuell ist. Als ich etwa in den 50er Jahren aus Amerika die Forderung nach einem

HCH im Gespräch mit dem Aufsichtsratsvorsitzenden der Daimler-Benz AG und Sprecher der Deutschen Bank AG, Dr. Alfred Herrhausen.

automatischen Getriebe an das Haus herantrug, weil dieser Komfort vom amerikanischen Kunden verlangt wurde, bekam ich – wie bereits erwähnt – vom Entwicklungschef die humorvolle Antwort, die Amerikaner sollten das Autofahren lernen, wenn sie einen Mercedes kaufen wollten. Seit den 60er Jahren kam es bei Neuentwicklungen sozusagen zu einem Primat des Vertriebs – nach seinen Vorstellungen, die sich aus den Kundenwünschen ergaben, wurden die Neuentwicklungen durchgeführt. So kam es zur Einführung der neuen S-Klasse, des T-Modells und des Geländewagens, der Automatik, der Servolenkung, der Klimaanlagen, um nur einige Beispiele zu nennen. In den 80er Jahren trat die Automobilentwicklung in eine dritte Phase. Mit der immer einschneidenderen Sicherheits- und Umweltschutzgesetzgebung in den USA und Europa sind es zunehmend politische Vorgaben oder unternehmenspolitische Zielsetzungen, die die Anstöße zu Neuerungen geben.

Das Jahr 1977, in dem ich auch noch das Vorstandsressort des Inlandvertriebs übernahm, war in vielfacher Hinsicht ein dramatisches Jahr, denn es war das Jahr, das den Höhepunkt des Terrorismus in Deutschland sah. In den Jahren 1974 und 1975 war die DBAG schon zweimal damit in Berührung gekommen, als in Argentinien die Werksleiter Pilz und Metz entführt worden waren. Die Terrororganisation RAF ermordete im April 1977 den Bundesanwalt Buback, im Juli den Vorstandssprecher der Dresdner Bank und Aufsichtsratsmitglied bei Daimler-Benz, Jürgen Ponto. Als Zahn und ich am 5. September 1977 von einer Vertriebstagung der Vertreter des Fernen Ostens in Schorndorf zurückkehrten, erreichte uns die Schreckensnachricht, daß der Wagen unseres Vorstandskollegen Hanns-Martin Schleyer, der damals auch BDI-Präsident war, auf dem Rückweg zu seiner Wohnung in Köln gestoppt, Fahrer und Begleiter ermordet und er selbst entführt worden war. Nun begannen sorgenvolle Tage und Wochen, bis dann am 18.10. die unfaßbare Nachricht kam, daß Hanns-Martin Schleyer, den ich wegen seiner Geradlinigkeit besonders zu schätzen gelernt hatte, ermordet worden war. Noch mehrmals wurde die Daimler-Benz AG indirekt von terroristischen Anschlägen betroffen: 1977 wurde Ernst Zimmermann, Vorstandsvorsitzender der MTU, in seinem Haus ermordet, 1989 schließlich der Aufsichtsratsvorsitzende der DBAG und Vorstandssprecher der Deutschen Bank, Alfred Herrhausen. Keiner dieser Morde hat die Geschäftspolitik verändert, doch jeder hat unsägliches Leid über die Angehörigen gebracht.

Mit der Übernahme des Vorstandsressorts Vertrieb/Inland bestand eine weitere Möglichkeit, in den USA entwickelte Methoden in das Mutterland zu übertragen. Eine der wichtigsten Neuerungen war dabei sicher die Organisation von großen Vertreter- bzw. Vertriebstagungen, wie ich sie seit 1972 bereits für die Auslandsorganisationen eingeführt hatte. Im Juni 1979 fand eine solche erste große Veranstaltung über mehrere Tage statt, die dem Zweck diente, über Vertriebsorganisation und Geschäftspolitik zu diskutieren. Hier bestand die Möglichkeit eines direkten Austausches der

Meinungen zwischen Vorstand und den Vertriebsorganisatoren in aller Welt. »Informationen aus erster Hand« war stets eine meiner Maximen gewesen. Wie auch die zweite internationale Vertriebstagung in Grainau 1980 erwies sich dieser Erfahrungsaustausch als sehr fruchtbar. In meinen Vorträgen vor der Vertriebsorganisation betonte ich stets die Notwendigkeit eines engen Zusammenhalts der »Daimler-Benz-Familie« und den Zusammenhang zwischen Transparenz und Einsatzbereitschaft: Jeder Einzelne wird auf seinem Posten sein Bestes tun, wenn er die Gesamtsituation des Unternehmens kennt und Verständnis für die Maßnahmen des Managements hat. In diesem Zusammenhang erinnerte ich gern an den Satz John F. Kennedys: »Don't ask what the country can do for you, ask what you can do for the country.«

Während der ganzen Zeit meiner Vorstandstätigkeit nutzte ich die vielen Auslandsaufenthalte, um auch unter hohem persönlichem Einsatz Kontakte zu knüpfen und auszubauen, die der Daimler-Benz AG von Nutzen sein konnten. In diesem Lichte sind die zeitraubenden Verhandlungen über Großprojekte in der UdSSR, der VR China, Iran, Nigeria etc. zu sehen. Manchmal stellte sich der Effekt nicht sofort ein, sondern trug erst nach Jahren oder Jahrzehnten Früchte. Als Beispiel dafür seien etwa die aufreibenden Verhandlungen mit zahlreichen Repräsentanten der UdSSR wegen der Aufnahme einer Lizenzproduktion (Kama-Projekt) Anfang der 70er Jahre genannt, die zunächst ergebnislos blieben. Die langjährigen guten Kontakte in diversen Gremien haben aber letztlich mit dazu geführt, daß Anfang der 90er Jahre tatsächlich ein Vertrag über ein Projekt für die Fertigung von Omnibussen unterzeichnet wurde. Wie auf staatlicher Ebene steckt auch hinter privatwirtschaftlichen Kooperationsabkommen – etwa mit Mitsubishi – oft eine langjährige Kontaktpflege auf persönlicher Ebene.

In den Unternehmen, zu denen ich durch meine Aufsichtsratstätigkeit näheren Kontakt bekam, konnte ich feststellen, daß in den Verhandlungen immer wieder Personalangelegenheiten im Vordergrund standen. Menschenführung ist eine der zentralen Fähigkeiten, die ein Manager besitzen muß, ganz egal ob in der Politik, beim Militär oder in der Wirtschaft. Wenn die personelle Besetzung eines Unternehmens nicht in Ordnung war, halfen alle wissenschaftlichen Untersuchungen und die Beratung durch große externe Firmen wenig. Die Fähigkeit zur Selbstmotivation und zur Motivation anderer, Präzision bei der Beurteilung einer aktuellen Situation, Klarheit der Gedankenführung, Entscheidungsfähigkeit, Zuverlässigkeit im Umgang mit Menschen, Hilfsbereitschaft und Kontaktfähigkeit, Bereitschaft zur Übernahme auch einfacherer Arbeiten, die Fähigkeit zu effektivem Teamwork, Übernahme sozialer Verantwortung für Untergebene, Durchsetzungsfähigkeit auch mit Härte, persönliche Kontrolle vor Ort, die Fähigkeit, eine Organisation sinnvoll zu vereinfachen, sind Eigenschaften, die mir freundlicherweise 1982 in vielen Abschiedsreden zugestanden worden sind, was man so verstehen kann, daß diese von Führungskräften in der Wirtschaft erwartet werden müssen. Die Aufbauleistung nach dem Krieg begründete aufs neue den Nimbus des Mercedes-Sterns. Auf meinen zahlreichen Auslandsreisen konnte ich ein geradezu mystisches Interesse am Hause Daimler-Benz feststellen. Die Karte mit dem Stern ist die beste Visitenkarte, die man übergeben kann. Politische Vertreter des Landes Baden-Württemberg wie Lothar Späth oder Manfred Rommel mußten wiederholt die Erfahrung machen, daß man im Ausland mit Stuttgart oder Baden-Württemberg wenig verband. Erst mit dem Hinweis, dies sei der Standort von Mercedes, konnte man sich etwas vorstellen. Ich erinnere an den Ausspruch des chinesischen Ministerpräsidenten Hua Guofeng, der einmal sagte: »Ich kann schon ein deutsches Wort: Mercedes!«

Meine Erfahrung hat gezeigt, daß es wohl gelingt, an die Spitze zu kommen, daß es aber einen außergewöhnlichen Einsatz verlangt, die Spitze zu halten. Mit einem bloßen Weiterfahren im alten Gleis ist es dabei nie getan. Wer so verfährt, führt sein Unternehmen mit Sicherheit in den Abgrund. Das Auftreten neuer Wettbewerbsbedingungen erfordert stets flexible Reaktionen und mitunter auch das Beschreiten neuer Wege. Bereits in den 70er Jahren haben wir, wenn auch vorsichtig, experimentiert, wenn wir – geleitet von wettbewerbspolitischen Überlegungen – den Aufbau des Großmotoren- und Triebwerkherstellers MTU betrieben haben. Der Schritt in die Luftfahrttechnologie hinein bedeutete im übrigen keine Abweichung vom ursprünglichen Unternehmenszweck, denn die drei Zacken des Mercedes-Sterns symbolisieren die drei klassischen Anwendungsbereiche der Daimler-Motoren: zu Lande, zu Wasser und in der Luft.

In diesem Sinne sind auch die Veränderungen in der Konzernstruktur der Daimler-Benz AG in den 80er Jahren zu sehen. Nachdem innerhalb von nur zwanzig Jahren aus einem württembergischen Unternehmen ein Weltkonzern mit annähernd 30 Milliarden DM Umsatz geworden war, stellte sich die Frage, wie man die erzielten Gewinne investieren sollte. Der Vorstand unter der Führung von Edzard Reuter ging dabei von der Tatsache aus, daß weder der Pkw- noch der Nfz-Markt weiter in dem Maß expandieren konnte, wie es in den vergangenen Jahrzehnten der Fall gewesen war. Die Konsequenz dieser Analyse war, daß eine Expansion in zukunftsträchtige Bereiche der Industrie angestrebt worden ist, die nicht nur das Automobilbauprogramm in sinnvoller Weise ergänzte, sondern es ermöglichte, die technische Führung zu behalten und weiter auszubauen. Angesichts der industriellen Entwicklung der westlichen Welt erscheint es nicht ganz unlogisch, daß die Expansion in jene beiden Bereiche hinein erfolgte, die für Spitzentechnologien eine Schlüsselstellung einnehmen: in die Mikroelektronik (AEG) und die Luft- und Raumfahrttechnik (Dornier, MBB bzw. Deutsche Aerospace).

Die Zukunft wird zeigen, ob die Kombination dieser beiden Bereiche mit der Automobilherstellung jenen erhofften synergetischen Effekt ergeben wird, der es ermöglicht, die traditionelle Unabhängigkeit von Zulieferern durch Eigenentwicklungen in den Bereichen Systemtechnik, Mikroelektronik und Werkstoffe zu erhalten. Plausibel erscheint in jedem Fall die Absicht, über den Erwerb von Know-how und zusätzliche Managementkapazitäten die Systemführerschaft in jenem Bereich zu sichern, auf den der Stuttgarter »Dreizack« bereits seit über hundert Jahren zielt. Daß dabei auch für den klassischen Schwerpunkt des Unternehmens, die Mercedes-Automobilproduktion, ein Nutzen abfällt, ist daran zu erkennen, daß das sogenannte qualitative Wachstum bereits im Wesentlichen eine Verlagerung der Wertschöpfung zur Elektrotechnik und Elektronik bedeutet – ein Prozeß, der sich in den kommenden Jahren noch verstärken wird. Daß man gerade als Marktführer schlecht beraten wäre, diese hochqualifizierten Komponenten durch Zulieferer zu beziehen, muß man kaum begründen. In der abschließenden Zusammenfassung meiner Erinnerungen möchte ich die zwischenmenschlichen Beziehungen in den Vordergrund stellen, weil ich in allen Phasen meines Lebens deren Wert gespürt habe. Ich kann heute mit Dankbarkeit feststellen, daß ich in allen Teilen der Erde, die ich im Laufe meines Lebens kennenlernte, echte und treue Freunde gefunden habe, die mir das Leben lebenswert machen. Freundschaft bedeutet für mich etwas, auf das ich nicht verzichten kann. Wenn ich den Schwerpunkt jetzt auf meine vergangenen letzten drei Jahrzehnte lege, die ich für den »Stern« tätig war, und die Vergangenheit an mir vorbeiziehen lasse, so erfüllt es mich mit großer Dankbarkeit und Befriedigung, daß die freundschaftlichen, weltweiten Beziehungen selbst nach meiner Pensionierung so intensiv weiterbestehen. Die Aussage eines guten alten Freundes des Hauses, Ernst Göhner aus der Schweiz, bei der Übernahme des Aufsichtsratsmandats unserer Beteiligungsgesellschaft in Süd-Afrika UCDD, war mir Verpflichtung: Der Mercedes-Stern ist ein ganz besonderer Stern. Er ist das Symbol für höchste Qualität und höchste Ansprüche. Er muß täglich poliert werden, damit er seinen Glanz behält.

Dokumente

Verleihung des Ehrensenators der Wirtschaftsuniversität Wien am 10. Dezember 1976
Laudatio Prof. Dr. Weis
Rede Heinz C. Hoppe

Verleihung des Großen Bundesverdienstkreuzes der Bundesrepublik Deutschland am 17. Februar 1977
Rede des Ministerpräsidenten des Landes Baden-Württemberg, Dr. Hans Filbinger

Offizielle Feier zum 65. Geburtstag am 16. Februar 1982 in Stuttgart
Dr. Gerhard Prinz, Vorstandsvorsitzender der Daimler-Benz AG
Dr. Wilfried Guth, Aufsichtsratsvorsitzender der Daimler-Benz AG
Lothar Späth, Ministerpräsident von Baden-Württemberg
Hans-Hartmut von Brockhusen, Managing Director Mercedes-Benz Australia

Private Feier zum 65. Geburtstag am 20. Februar 1982 in Rottach-Egern
Dr. Franz-Josef Strauß, Ministerpräsident von Bayern

*Verleihung des Ehrensenators der Wirtschaftsuniversität Wien
am 10. Dezember 1976*

*Laudatio Prof. Dr. Weis
Rede Heinz C. Hoppe*

Herr Heinz C. Hoppe ist am 16. 2. 1917 auf Gut Groß-Schatten bei Rastenburg in Ostpreußen geboren. Jahrgang und Geburtsort werden durch die geschichtlichen Ereignisse in entscheidenden Augenblicken bestimmend für seinen Lebensweg.

Nach dem Abschluß seiner Schulzeit am Herzog-Albrecht-Gymnasium und am Oberlyzeum in Rastenburg wurde er zum Arbeitsdienst und anschließend zum Wehrdienst im Artillerie-Regiment I in Königsberg eingezogen. Der Krieg führte ihn nach Polen, Frankreich und Rußland. Vor Leningrad erlitt er 1941 eine schwere Verwundung. Nach seiner Genesung wurde er in die Organisations-Abteilung beim Oberkommando des Heeres berufen. Hier hatte er Gelegenheit, sich in organisatorische Aufgabenbereiche einzuarbeiten, Fähigkeiten zu entwickeln und Kenntnisse zu erwerben, die ihm später von Nutzen sein sollten.

Das Kriegsende stellte den Major i. G. vor die Frage, seinen Lebensunterhalt unter gänzlich neuen Verhältnissen zu verdienen – eine Herausforderung, die Herr Hoppe aufgriff. Er begann seine neue Laufbahn als Hilfsarbeiter bei der bekannten Firma C. Freudenberg in Weinheim. In den Jahren bis zu seinem Ausscheiden aus der Firma 1954 bewies er, daß er imstande war, schwierige wirtschaftliche Situationen in den Griff zu bekommen: er verließ die Firma als Leiter eines neu erbauten Zweigwerks für Kunststoffprodukte. Bezeichnend für einen Wirtschaftsführer ist, daß er versteht, eine Chance zu sehen, sie zu ergreifen und zu verwirklichen.

Der Eintritt in die Daimler-Benz AG im Oktober 1954 bot Herrn Hoppe die Möglichkeit, seine organisatorischen Fähigkeiten, seinen zähen Willen ein Ziel zu erreichen und sein Geschick als Wirtschaftsführer zu beweisen. Die Aufgabe, die ihm übertragen wurde, war faszinierend: Auf- und Ausbau der Mercedes-Benz-Vertriebsorganisation in den USA und Kanada. Die Gründung der Daimler-Benz of North America und deren Tochtergesellschaft, Mercedes-Benz of Canada, erfolgte im April 1955: Hoppe wurde Vice President beider Gesellschaften.

Zehn Jahre später übernahm die Daimler-Benz AG den Gesamtvertrieb der Mercedes-Benz-Produkte auf dem nordamerikanischen Markt und gründete die Mercedes-Benz of North America; Leiter und Executive Vice President wurde Herr Hoppe. In dieser Stellung bewies Herr Hoppe, daß er in einem Land, in dem der Kunst des Management theoretisch und praktisch eine entscheidende Rolle im Wirtschaftsleben zukommt, diesen Aufgaben nicht nur gewachsen war, sondern daß er tatkräftig und mit

Geschick neue Wege zu finden vermöchte, um planend und organisierend, führend und kontrollierend das ihm anvertraute Unternehmen zum Erfolg zu führen.

Die Firma Daimler-Benz AG anerkannte seine 17jährige Tätigkeit in Nordamerika. 1968 wurde Herr Hoppe zum Direktor im Hause Daimler-Benz und 1970 Präsident der Mercedes-Benz of North America, der Daimler-Benz of North America und der Mercedes-Benz of Canada ernannt.

Verständlich, daß das Mutterhaus einen so bewährten und ausgezeichneten Mitarbeiter in der Zentrale des Weltunternehmens haben wollte: am 11. November 1970 wurde Herr Hoppe in den Vorstand der Daimler-Benz AG berufen. Sein Aufgabenbereich erweiterte sich: er ist heute verantwortlich für sämtliche Vertriebsaktivitäten der Daimler-Benz AG und deren gesamte ausländische Vertriebsorganisation.

Bestimmend für dieses Leben war der Wille, aus eigenem Antrieb gestaltend auf seinem Gebiet in Wirtschaftsabläufe einzugreifen, Ziele zu setzen und mit Energie, Ausdauer und Geschick zu verwirklichen, Schwierigkeiten zu überwinden und keine persönlichen Anstrengungen scheuend das Werk stets als wichtiger anzusehen denn die eigene Person.

Herr Hoppe vertritt hier zugleich das Weltunternehmen Daimler-Benz AG, mit dem die Wirtschaftsuniversität Wien seit vielen Jahren durch ihre Absolventen verbunden ist. Herr Hoppe übernimmt mit der Würde eines Ehrensenators zugleich eine Tradition, die die Wirtschaftsuniversität Wien mit dem Weltunternehmen Daimler-Benz AG verbindet.

Rede Heinz C. Hoppe

Magnifizenz!
Sehr verehrter Herr Bundesminister!
Exzellenzen!
Meine Herren Professoren!
Meine sehr verehrten Damen und Herren!

Mit Freude und Stolz nehme ich die hohe Auszeichnung, die mir die Wirtschaftsuniversität Wien heute verliehen hat, entgegen. Diese akademische Feier gibt mir zugleich auch Gelegenheit, Ihnen meinen Dank für die Verleihung dieses Ehrentitels auszusprechen.

Mein ganz besonderer Dank gilt Ihnen, Magnifizenz, für Ihre freundlichen Worte der Begrüßung sowie für Ihr erfolgreiches und verdienstvolles Bemühen um die notwendigen und engen Verbindungen, die diese Hochschule zu vielen Unternehmen – auch über die Grenzen ihres Landes hinaus – geknüpft hat.

Ihnen, sehr verehrter Herr Professor Weis, darf ich sehr herzlich für Ihre so persönlichen und überaus anerkennenden Worte, die Sie an mich gerichtet haben, danken.

Meine sehr verehrten Damen und Herren, in der mir verliehenen Auszeichnung sehe ich nicht nur eine persönliche Ehrung und Würdigung meiner Arbeit im Hause Daimler-Benz, sondern gleichzeitig auch eine Anerkennung des Unternehmens mit seiner weltweiten Bedeutung.

Ich freue mich besonders darüber, daß mir gerade *Ihre* Universität den Titel eines Ehrensenators verliehen hat. Denn die Wirtschaftsuniversität Wien und das Haus Daimler-Benz verbinden nicht nur traditionell enge Kontakte, sondern beide können für sich in Anspruch nehmen, zu den ältesten Institutionen auf ihrem Gebiet zu zählen:

Ihre Hochschule ist mit rd. 8000 Studenten sowohl eine der größten als auch eine der ältesten Ausbildungsstätten für Wirtschaftswissenschaftler. Sie haben bereits 1898 mit der Gründung einer Exportakademie ein besonderes Gewicht auf die Ausbildung von Kaufleuten gelegt, um den ständig wachsenden internationalen Handelsbeziehungen gerecht zu werden.

Das Haus Daimler-Benz ist die größte Automobilfabrik in Europa und die älteste der Welt. Mit dem Bau des ersten Personenwagens wurde gleichsam ein neuer Zeitabschnitt in der Geschichte der Menschheit eingeleitet. Trotz aller Argumente, die gerade während der Energiekrise gegen das Automobil vorgebracht wurden, hat sich doch bestätigt, daß es für die moderne Gesellschaft unverzichtbar ist und maßgeblich zum sozialen Fortschritt sowie zur Erhaltung des Freiheitsspielraums des einzelnen beiträgt.

Meine sehr verehrten Damen und Herren, in dieser akademischen Feierstunde kommt meines Erachtens in besonderer Weise zum Ausdruck, daß sich Ihre traditionsreiche Hochschule über Lehre und Forschung hinaus auch um eine sinnvolle Verbindung von Theorie und praktischer Erfahrung bemüht.

Wenn ich mich heute als »Mann der Praxis« bekenne, so ist das in erster Linie auf äußere Bedingungen und nicht auf meine persönliche Entscheidung zurückzuführen. Nach Kriegsende und Verlust meiner ostpreußischen Heimat war es mir – völlig mittellos – nicht vergönnt, ein Studium aufzunehmen. Um in der schweren Nachkriegszeit für meine erkrankte Frau und mich unseren Lebensunterhalt zu verdienen, war ich gezwungen, zunächst als Hilfsarbeiter im Akkordlohn bei der Firma Freudenberg in Weinheim einzutreten. Damals mußte ich auf meinem weiteren Weg bis zur Position eines Werksleiters bei Freudenberg und gerade auch in meinen ersten Jahren bei Daimler-Benz Probleme und Schwierigkeiten vor allem von der praktischen Seite her angehen und Lösungswege finden, die sich – schon aufgrund der schwierigen Nachkriegsverhältnisse – oft weit ab von gesicherten theoretischen Erkenntnissen bewegten.

Dies alles bedeutete, aus mir selbst heraus zu lernen, Zusammenhänge schon frühzeitig in ihrer Entwicklung zu erkennen und damit wichtige Erfahrungen in der Führung von Menschen und im Aufbau einer Organisation zu sammeln.

Ein für mich entscheidender Abschnitt meines Lebens waren in dieser Hinsicht auch meine 17 Jahre in USA und Kanada. Im Jahr 1954 wurde ich – nach kurzer Einarbeitungszeit – als Werksbeauftragter von Daimler-Benz nach Nordamerika entsandt, um diesen für unser Haus wichtigen Markt in den USA neu zu ordnen und in Kanada neu aufzubauen.

Auch hierbei galt es, eine Vielzahl sich ständig ändernder Probleme zu überwinden, deren Lösung nicht unbedingt in Büchern nachzuschlagen war: Vom Verkauf des einzelnen Personenwagens über die Errichtung von Händler-Stützpunkten bis hin zu einem umfassenden Vertriebsnetz für den gesamten nordamerikanischen Kontinent mit heute rd. 1500 Mitarbeitern und einem Jahresumsatz von ca. 1,4 Mrd. DM.

Die besonderen Erfahrungen, die ich in dieser Zeit und bei dieser Aufgabe durch die ständige Konfrontation mit der Praxis sammeln konnte, betrachte ich heute als eine Begünstigung für meinen ganzen späteren Werdegang, der mich bis hierher geführt hat. Es ist meine persönliche Überzeugung, daß die Verbindung zwischen theoretischer Ausbildung und praktischer Erfahrung ständig vertieft werden sollte. Nur so können die heutigen Führungsaufgaben in der Wirtschaft angesichts einer weltweit verschärften Konkurrenzsituation auf allen Gebieten und den immer komplizierter werdenden Aufgabenstellungen verantwortungsvoll erfüllt werden. Wenn heute junge Menschen nach abgeschlossenem Studium mit viel Ehrgeiz und Energie ins Berufsleben treten, fehlt ihnen häufig noch die Erfahrung, wie das erlernte Wissen in der täglichen Arbeit umzusetzen ist.

Um so wichtiger ist es für Führungskräfte der Wirtschaft ihre praktischen Erfahrungen weiterzugeben. In diesem Sinn sehe ich mich auch

Ihrer Hochschule gegenüber verpflichtet, die Verbindung zwischen der Wirtschaftsuniversität Wien und dem Hause Daimler-Benz zu vertiefen, um auf diese Weise einen kleinen Beitrag für die so wichtige Verknüpfung zwischen theoretischem Wissen und praktischer Erfahrung zu leisten.

Ich danke Ihnen allen, daß Sie durch Ihre persönliche Teilnahme Ihre Verbundenheit zum Hause Daimler-Benz und zu mir in so freundschaftlicher Weise zum Ausdruck gebracht haben, und danke dieser Universität nochmals für die mir zuteil gewordene Ehrung.

*Verleihung des Großen Bundesverdienstkreuzes
der Bundesrepublik Deutschland am 17. Februar 1977*

Dr. Hans Filbinger
Ministerpräsident des Landes Baden-Württemberg

Sehr verehrter Herr Direktor Hoppe!
Gnädige Frau!
Meine sehr verehrten Damen und Herren, an der Spitze natürlich hochverehrter Professor Zahn!

Ich habe die große Freude und Ehre, bei diesem Geburtstag meine guten Wünsche und die der Landesregierung von Baden-Württemberg zum Ausdruck zu bringen.
 Lieber Herr Hoppe! Ich bin nicht in der Lage, alles das, was Ihr Leben umfaßt, in einer angemessenen Weise zu würdigen. Sie haben so vieles geleistet, daß das nicht in eine so kurze Ansprache hineinpassen würde; aber ich glaube, es ist doch berechtigt, einige markante Punkte aus Ihrem Leben herauszugreifen und die Laudatio gewissermaßen darauf zu wenden. Sie haben als einer der Männer, die nach dem Zweiten Weltkrieg tatkräftig in das deutsche Wirtschaftsleben und das öffentliche Leben eingegriffen haben, seinerzeit bei Freudenberg in unserem Lande begonnen, in den schwierigen Jahren, als alles darniederlag. Sie haben eine erfolgreiche Tätigkeit bis zum Jahre 1954 in diesem Unternehmen ausgeübt, und dann kam die entscheidende Wende: Sie sind zu Daimler-Benz berufen worden und haben nach ganz kurzer Zeit den Aufbau der Vertriebsorganisation in den Vereinigten Staaten und in Kanada übernommen.
 In dieser Tätigkeit habe ich einmal die Ehre gehabt, Ihnen in New York zu begegnen und es war ein Anschauungsunterricht, der Bände sprach. Ich habe damals sehen können, wie ein deutscher Wirtschaftler Ansehen genießt bei den Amerikanern und über das Ansehen hinaus, das die Deutschen ja generell in ihrer industriellen Leistung erfahren, Vertrauen. Ein großes Maß an Vertrauen, das Ihrem Sachverstand galt, das aber auch der Persönlichkeit Heinz Hoppes galt, die dort in der Neuen Welt für uns gewirkt hat. Dieses Wirken war erfolgreich. Es war im spektakulären Sinne erfolgreich für das Haus Daimler-Benz, aber ich darf sagen, für die ganze Wirtschaft unseres Landes, der Bundesrepublik Deutschland. Sie haben als einer unserer Repräsentanten auf dem wichtigsten Außenposten, den es für uns gab, Hervorragendes für uns alle erreicht. Kein Wunder, daß Sie nach dieser spektakulären, erfolgreichen Laufbahn im Jahre 1970 die Vertriebsleitung Ausland für das ganze Haus Daimler-Benz übernommen haben und weitere sieben Jahre danach, im Januar dieses Jahres, sind Sie zum verantwortlichen Manne des ganzen Vertriebs von Daimler-Benz geworden.

Wenn man gerade die letzten Jahre der Entwicklung der Firma Daimler-Benz ins Auge faßt, Jahre der Rezession, dann fällt auf, daß, wie ganz wenig andere Unternehmen in der Bundesrepublik Deutschland, der Mercedesstern nicht unterging, auch keine Abebbung erfolgte, sich nicht zurückziehen mußte, sondern daß er in dieser Zeit noch heller strahlte, die von mancher wirtschaftlicher Düsternis umgeben war. Daß das in so großartiger Weise gelungen ist, ist das Werk aller derjenigen, die Verantwortung tragen im Hause Daimler-Benz. Es ist aber in einem vorzüglichen Maße auch Ihr Verdienst, lieber Herr Hoppe, denn es ist ganz offensichtlich geworden, daß in den Jahren, in denen der Inlandsabsatz im Automobilsektor zurückgegangen ist, der Export belebt werden konnte. Aber das tat er auch nicht aus sich selbst heraus oder weil das Ausland so überschwenglich auf uns zugekommen wäre, sondern, weil hier Vorarbeiten geleistet waren, die Daimler-Benz in den Stand setzten, die Lücken zu kompensieren, zu überkompensieren. Davon haben wir alle einen Nutzen und einen Vorteil, das ist auch ein Anliegen an diesem heutigen Ehrentage.

Ich glaube, in Ihrer Person spiegelt sich deutsches Schicksal wider. Ein Mann aus dem Jahre 1917, auf dem Kulminationspunkte des ersten Weltkrieges geboren, wo es sich nach der unguten Zeit zu wenden begann für uns. Ein Mann, der dann die Nachkriegszeit in seiner frühen Jugend erlebte und der, als er in die Lage kam, das, was er gelernt hatte, umzusetzen in Verantwortung und Leistung, in einen Zweiten Weltkrieg einbezogen war. Und da war Heinz Hoppe, wenn ich recht unterrichtet bin, einer derjenigen, die an der Front standen und in einer überaus schwierigen Situation das repräsentierten, was deutsches Soldatentum im besten Sinne verkörpert. Ich wage dieses Wort, und ich meine, wir Deutschen sollten uns nicht verstecken mit dem, was diese Generation geleistet hat für alle. Wenn das Ethos dessen, was im deutschen Soldatentum großgeworden ist, in Jahrhunderten von uns vergessen und vernachlässigt werden würde, dann würde etwas Wichtiges weggehen von dem, was auch zu unserer Nation gehört.

Deutsches Schicksal spiegelt sich dann in Ihrem Leben wider in dem, was nach dem Kriege von Ihnen angepackt und gemeistert werden mußte. Auch Sie standen – wie wir alle – vor dem Zusammenbruch, und es mußte alles neu begonnen werden. Das war eine ungeheuer schwierige Zeit, die das letzte, was in einem ist, herausgefordert hat. Diese Herausforderung hat aber bei den Guten und Besten eben auch das Edelste ausgeprägt, und so nur ist die Leistung zu verstehen, die als das deutsche Wirtschaftswunder insgesamt von der Welt angesprochen worden ist. Ohne die Entfaltung der äußersten Kräfte, der Persönlichkeit, aber auch der Gemeinsamkeit der Deutschen untereinander, die überlebt hatten, wäre das nicht geschehen, was im ökonomischen Bereich so strahlend in Erscheinung getreten ist. Denn die Ökonomie ist immer nur ein Teilaspekt des Gesamtmenschlichen, des Humanum, und Sie, lieber Herr Hoppe, Sie haben durch Ihren Lebensgang in dieser Zeit demonstriert, was ein Deutscher, der durch alles durchgegangen war, zu sein und zu leben und zu leisten vermag. Ich glaube, es ist berechtigt, das Beispielgebende, das die Umwelt Prägende, Anspornende herauszustellen und dafür Dank zu sagen.

Diese Lebensleistung, lieber Herr Hoppe, ist uns allen zugute gekommen und deshalb ziemt es sich, daß wir, daß auch der Staat, seine Anerkennung und seinen Dank zum Ausdruck bringt. Ich freue mich, daß dies durch den Bundespräsidenten geschehen ist, und ich habe die Ehre, Ihnen diese Auszeichnung auszuhändigen. Die Verleihungsurkunde lautet: »In Anerkennung der um Staat und Volk erworbenen besonderen Verdienste verleihe ich Herrn Heinz Hoppe, Vorstandsmitglied der Daimler-Benz AG, das Große Verdienstkreuz des Verdienstordens der Bundesrepublik Deutschland, gegeben zu Bonn am 8. Februar 1977 durch den Bundespräsidenten.«

Ich freue mich, lieber Herr Hoppe, und wünsche Ihnen von Herzen Glück und alles Gute. Die Insignien werden am ersten Tage getragen.

*Offizielle Feier zum 65. Geburtstag am 16. Februar 1982
in Stuttgart*

Dr. Gerhard Prinz
Vorstandsvorsitzender der Daimler-Benz AG

Dr. Wilfried Guth
Aufsichtsratsvorsitzender der Daimler-Benz AG

Lothar Späth
Ministerpräsident von Baden-Württemberg

Hans-Hartmut von Brockhusen
Managing Director Mercedes-Benz Australia

Dr. Gerhard Prinz
Vorsitzender des Vorstandes der Daimler-Benz AG

Sehr geehrter Herr Ministerpräsident!
Exzellenzen!
Sehr geehrter Herr Oberbürgermeister!
Sehr geehrter Herr Dr. Guth!
Sehr verehrte, liebe Frau Hoppe!
Lieber Herr Hoppe!
Meine sehr verehrten Damen, meine Herren!
Liebe Mitarbeiterinnen, liebe Mitarbeiter!

Im Namen des Vorstandes unseres Unternehmens möchte ich Sie an diesem Tage in Untertürkheim auf das allerherzlichste willkommen heißen. Wir möchten Ihnen allen, die Sie zum Teil von weither angereist sind, für Ihr Kommen aufrichtig danken. Wir sind hier vereint, um Ihnen, lieber Herr Kollege Hoppe, zu Ihrem heutigen Geburtstag eine Freude zu bereiten und Ihnen unsere von Herzen kommenden Glückwünsche auszusprechen.

Wir haben heute aber noch mehr Geburtstagskinder unter uns. Ganz besonders willkommen heißen dürfen wir Seine Exzellenz, den Botschafter der UdSSR, Herrn Semjonow, der heute ebenfalls seinen Geburtstag feiert, und ihm herzlich gratulieren. Ebenso gratulieren wir unserem Kollegen Reuter zu seinem heutigen Geburtstag. Ergänzend muß ich einen Geburtstag erwähnen, der noch mehr Geschichte gemacht hat als der von Herrn Hoppe, nämlich denjenigen des Großen Kurfürsten im Jahre 1619, aber an eben demselben Kalendertag.

Ganz besonders herzlich möchte ich Sie, liebe Frau Hoppe, in unserem Kreise willkommen heißen. Haben Sie doch ganz wesentlich dazu beigetragen, daß Ihr Gatte, unser Kollege und das heutige Geburtstagskind, so frisch und munter unter uns sitzt und dies trotz so unendlich vieler und stets neuer großer Aufgaben, die das berufliche Wirken bei Daimler-Benz ihm gestellt hat. Bei der Bewältigung aller Anforderungen, denen er sich pflicht- und berufsgemäß gegenübersah, hatte er den unschätzbaren Vorteil, Sie an seiner Seite zu wissen. Ihnen und Ihrer Familie ein besonderer Gruß des Willkommens und ein besonderer Ausdruck des Dankes!

Lieber Herr Hoppe, in Ihrem Leben gibt es eigentlich nur zwei herausragende Ereignisse; sie sind allseits bekannt und schnell aufgezählt: Zum ersten Ihre Geburt auf dem Gut Groß-Schatten im Landkreis Rastenburg, Ihrer geliebten ostpreußischen Heimat, die heute unter polnischer Verwaltung steht, und zum zweiten Ihr Eintritt in die Daimler-Benz AG im Jahre 1954.

Damit könnte ich fast schon zu den guten Wünschen für Sie übergehen; denn jeder Ansatz, Ihren Lebensweg in Stationen und Begebenheiten zu skizzieren, könnte der Fülle von Ereignissen und Entwicklungen sicherlich nicht gerecht werden; er müßte unvollkommen und willkürlich bleiben.

Lassen Sie mich dennoch in aller Bescheidenheit versuchen, mich in einige, notwendigerweise grobe Striche hineinzubegeben, um in diesen nachzuempfinden, wo sich Ihr Lebensweg und der Weg unseres Unternehmens ganz besonders eng berührt haben, ja oftmals identisch geworden sind.

In einem Unternehmen wie dem unseren gibt es zwei Schlüsselbereiche: Der eine ist das Produkt, und der andere ist der Markt. Wenn das Motto unserer Ausstellung zu Ehren Ihres Geburtstages heißt: »Mercedes-Benz erfolgreich auf allen Märkten der Welt«, dann wollen wir uns heute vor allem diesem Markt und damit Ihrem Metier, dem Vertrieb, zuwenden, wohl wissend, wie ausgezeichnet Ihr Metier ist, wenn es als Gegenstand des Vertriebes ein gutes Produkt hat.

Ihr Ausspruch: »Wenn das Fahrzeug an den Kunden verkauft ist, fängt unsere eigentliche Aufgabe erst an!«, läßt erkennen, daß der Vertrieb nicht nur aus dem Verkaufen besteht, sondern auch die Verpflichtung zum Service, zur Ersatzteilversorgung, zur Betreuung des Kunden gleichrangig umfaßt.

Die Beherzigung und die Bewährung dieses Grundsatzes hat uns durch Sie manche zunächst recht kritisch erscheinende Situation ohne nachhaltigen Schaden überwinden lassen.

Ich darf einen kleinen Ausflug in die juristische Fachsprache wagen: Der Jurist würde sicherlich sagen, daß es sich in der Beziehung zwischen Unternehmen und Kunden um ein Dauerschuldverhältnis handelt. Im großen Rahmen dieses Dauerschuldverhältnisses erwachsen immer neue Verpflichtungen für das Unternehmen und aus dem Produkt, dem das Unternehmen nachzukommen hat, um dazu das zu erreichen, worauf wir so stolz sind, nämlich die Markenloyalität. Diese spielt eine bedeutende Rolle, und wir werden sie in Zukunft ebenso pflegen, wie wir das in der Vergangenheit zu tun bemüht waren.

Diese Markenloyalität hat eine weitere Voraussetzung: Partnerschaft. Partnerschaft muß begründet und verwirklicht werden, und sie lebendig zu praktizieren, Herr Hoppe, entspricht der persönlichen Einstellung und Haltung, die Sie stets geübt haben, nicht nur im direkten Verhältnis zum Kunden, sondern auf dem Wege zum Kunden auch über die eigene Vertriebsorganisation und deren Partner, zu den eigenen Mitarbeitern und zu den Kollegen im Vorstand.

Partnerschaft gründet auf der Bereitschaft, auf den anderen zuzugehen, sich ihm zuzuwenden. Sie führt dazu, wechselseitige Standpunkte zu verknüpfen und zusammenzufügen. Partnerschaft erfordert Aufrichtigkeit und Vertrauenswürdigkeit. Dies wiederum – erlauben Sie mir, das zum Ausdruck zu bringen – entspricht den Grundsätzen der Philosophie, die wir in unseren Produkten und am Markt zu verwirklichen trachten. Partner von uns allein im besten Sinne des Begriffes sind Sie, Herr Hoppe, seit langer Zeit; aber sie sind nicht nur ein partnerschaftlicher Vertriebsmann, sondern Sie sind auch Verkäufer durch und durch von heißem Geblüt.

Von Ihren Akquisitionsmöglichkeiten und Ihrem Akquisitionsvermögen haben wir oftmals Kostproben erhalten. Es ist unnachahmlich und, wie ich meine, fast unbeschreiblich. Ihnen ist stets gelungen, durch Ihre Person für unsere Produkte, für unser Unternehmen zu faszinieren, und zwar in einer Atmosphäre, der man sich schwerlich entziehen kann.

Ich glaube nicht zu übertreiben, wenn ich sage, daß es Ihnen manchmal möglich war, Aufträge ins Haus zu holen, die eigentlich zunächst gar keine waren, bestimmt aber vorher gar keine sein sollten. Sie haben sie aus der Atmosphäre heraus gezaubert oder aus dem Boden gestampft; aber wir haben sie immer ausliefern dürfen. Nicht nur die Gabe, Vertrauen zu schaffen und zu erzeugen, zeichnet sie aus, sondern darüber hinaus auch die, das Gefühl der Gemeinsamkeit zu wecken und Gemeinsamkeit echt auch herbeizuführen.

Der liebe Gott hat Sie zusätzlich mit diplomatischem Geschick begütert, und Sie haben es oftmals mit Ihrem persönlichen Charme verstanden, unser Unternehmen und unsere Geschäftsbeziehungen von manchmal sehr akuten internationalen, diplomatischen und politischen Verwicklungen der Staaten freizuhalten und dies in heiklen Situationen, wie sie bei einer so weltweiten Tätigkeit unseres Unternehmens gar nicht ausbleiben können.

Sie waren dann Sonderbotschafter von Daimler-Benz und haben unseren Standpunkt und unsere Politik erläutert, und Sie haben bei diesen Missionen nie einen Mißerfolg nach Hause getragen; aber Sie haben auch nie das Gesicht verloren. Eine Konsequenz, die weder Ihr natürlicher Stolz noch derjenige des Hauses geduldet hätten oder dulden würden. Sie haben kraft dieser Eigenschaften keine Feinde; einen einzigen allerdings wohl, und das ist Ihr Erzfeind: Ich meine damit die Bürokratie. Sie haben einen inneren Widerwillen, um nicht zu sagen, ein unausrottbares Ressentiment gegen die Bürokratie, denn Sie spüren, daß diese in der Lage ist, jeden guten Gedanken, jede Phantasie, jede Urtümlichkeit zu ersticken oder, wenn es gar nicht anders geht, auch totzutrampeln.

Ihr Herz schlägt für Ihre ostpreußische Heimat; aber Ihr Wesen ist international und auf jedem Platze der Welt zu Hause. Auch hier drängt sich die Parallele zum Charakter unseres Unternehmens auf, dessen Heimat in diesem schwäbisch-badischen Raum zu finden ist, das dennoch von hier ausgehend weltweite Geltung beansprucht und hoffentlich auch beanspruchen darf. Auch insofern und insoweit sind Sie ein charakterdeckungsgleicher Repräsentant unseres Hauses.

Ihr berufliches Leben bei Daimler-Benz ist durch das Auslandsgeschäft geformt worden. Dabei haben Sie für unseren Export, für das Geschäft mit *allen* Ländern dieser Erde nie irgendeine Grenze gekannt, sondern die gesamte Welt in Ihr Denken und Handeln einbezogen, so, wie es das innere Gebot eines weltumspannenden Kaufmanns zu sein hat.

In Ihre Verantwortung ist später auch das Inlandsgeschäft eingeschlossen worden, und seitdem wurde der Gesamtvertrieb von Ihnen geleitet. Dieser Aufgabe haben Sie sich mit gleichem Engagement vorbehaltlos gewidmet.

In Ihrem besonders weitläufigen Auslandsbereich haben Sie nicht nur die Bedeutung einer starken Vertriebsorganisation frühzeitig erkannt, sondern ebenso auch das Gewicht einer richtigen und für die Aufgaben zweckentsprechenden Struktur dieser Organisation und des gesamten Geschäftes.

So waren – ich glaube, dies sagen zu dürfen – unsere großen Aufträge aus dem Ausland nicht Produkte glücklichen Zufalls, sondern sie beruhen auf einem Vertriebsnetz, das die Grundlage für ein systematisch aufgebautes kontinuierliches Geschäft darstellt. Sie waren immer tatkräftig bemüht, dieses Vertriebsnetz zu erweitern und zu verdichten und dies oft, wenn nicht sogar meist, in einem sehr frühen, dann aber für die Erschließung des Marktes oftmals schon entscheidenden Stadium. Daran geknüpft ist die Einsicht, daß das Exportgeschäft nicht als Eintagsgeschäft betrieben und auch nicht wie ein Wasserhahn auf- oder zugedreht werden kann.

Wie wichtig der Export für die Volkswirtschaft der Bundesrepublik und für uns, Daimler-Benz, ist, hat gerade das letzte Jahr erneut bewiesen, und die kommenden Jahre – dessen bin ich sicher – werden das erneut und nachhaltig bestätigen.

Lassen sie mich in diesem Zusammenhang ganz klar herausstellen, daß für unser Land, aber auch für unser Unternehmen der Export lebensnotwendig ist, und unwillkürlich bietet sich eine Assoziation zu jenem Ausspruch des Pompejus im Jahre 56 vor Christi an, als er sagte: »Navigare necesse est«, um die Versorgung von Rom mit Getreide sicherzustellen. So ist für uns in der Bundesrepublik heute »exportare necesse«, und wir können nur vor jeder Beeinträchtigung unserer internationalen Wettbewerbsfähigkeit warnen. Deren zielstrebige Förderung – auf allen! – nur möglichen Bahnen kann das einzige Beschäftigungsprogramm sein, das solide ist und für das wir dauerhafte, nachhaltige Erfolgschancen zur Gesundung unserer Wirtschaft besitzen.

Ihre Wahlheimat, Herr Hoppe, sind die USA geworden und geblieben, und man muß, wie ich das Vergnügen hatte, mit Ihnen in den USA gereist sein, um zu wissen, wie Sie dort zu Hause sind und wie sich Ihnen dort die Herzen eröffnen und erschließen. Die Bedeutung dieses Marktes haben Sie nicht nur für die Personenwagen-, sondern auch für die Nutzfahrzeugseite frühzeitig erfaßt und an Initiativen unseres Hauses in diese Richtung ständig appelliert. Wenn wir uns erst in den letzten Jahren zu einem ersten und zweiten Schritt in das Nutzfahrzeuggeschäft in den USA entschlossen haben, dann haben wir das auch auf der Basis Ihres ständigen Monitums getan. Wir haben es in vollem Bewußtsein der Tragweite und darum mit aller Entschiedenheit getan.

Noch mehr möchte ich Ihren Beitrag für die 66 000 Personenwagen, die wir im vergangenen Jahr in den USA und in Kanada verkauft haben, würdigen. Mehr als 10 000 Mitarbeiter unseres Unternehmens sind heute allein für das USA-Geschäft tätig. Wenn eine solche isolierte Aussage natürlich auch nur cum grano salis zu werten ist, so bringt sie doch das Gewicht dieses Marktes auch für unsere Arbeitsplätze zum Ausdruck.

Geholfen hat Ihnen beim Erkennen und beim Erschließen neuer Märkte ein Gespür für Entwicklungen, für Trends; die berühmte »richtige Nase«. Dabei plagt Sie die – Sie würden wohl sagen: »heilige – Ungeduld«, wenn Überlegungen zum Beispiel der Wirtschaftlichkeit oder der Risikoabwägung gegen ein sofortiges Vorgehen sprechen bzw. noch sprechen.

Aber – auch dies muß zugegeben werden – diese Ungeduld hat natürlich oft ihren tiefen sachlichen Grund, wenn wir beobachten, daß die Welt mit immer größerer Geschwindigkeit ständig kleiner wird. Die Gefahr, verspätet oder gar zu spät zu kommen, wird immer größer, insbesondere dann, wenn man als Unternehmen glaubt, einen weltweiten Anspruch erheben zu dürfen.

Zur Seite gestanden hat Ihnen ein aus der Marktabschätzung abgeleitetes Empfinden für das richtige Produktprogramm. Für unser neues, glücklicherweise bereits sehr erfolgreiches Coupé haben Sie vor vielen Jahren ebenso entschieden votiert wie für unseren W 201, der zum Jahreswechsel aus der Taufe gehoben werden soll.

Wir sind mit Ihnen überzeugt, daß unsere Vertriebsorganisation auch für dieses neue Modell W 201 und für die damit verbundene Erweiterung unserer Produktpalette *die* Voraussetzungen schaffen wird, die erforderlich sind, um auch in Zukunft unser gesamtes PKW-Programm zum vollen Erfolg zu führen.

Daß es dazu, meine sehr verehrten Damen und meine Herren, einer abermaligen Steigerung unserer Anstrengungen und unserer Einsatzbereitschaft bedarf, ist uns bewußt; wir sind dazu entschlossen.

Im Kampf in der Truppe und mit der Truppe sind Sie Frontoffizier geworden; Ihrem Wesen nach sind Sie es geblieben. Die Weite und die Unmittelbarkeit des Naturerlebens in Ihrer ostpreußischen Heimat muß von Kind auf erheblich dazu beigetragen haben. Wesentlich geprägt worden sind Sie durch das Kriegsgeschehen und durch die Ihnen in frühen Jahren übertragene Führungsverantwortung; geprägt wurden Sie aber auch durch Ihre langjährige Tätigkeit für unser Unternehmen in den Vereinigten Staaten. Alles das hat Sie – diese Analogie sei erlaubt – zu einem Kämpfer in vorderster Front gemacht; es hat Sie so gebildet und geformt.

Deshalb konnte Sie auch keine ungeteilte innere Bejahung erfassen, als Sie im Jahre 1970 zum Vorstandsmitglied unseres Unternehmens berufen wurden. Im Grunde ergab sich daraus für sie schon eine zu weite Entfernung von der Front, eine verdächtige, um nicht zu sagen, eine unheimliche, zumindest aber doch eine wenig geliebte Entfernung. Für Sie war damit der Eindruck verbunden, die Unmittelbarkeit der Führung könne verloren werden. Zu stark sind die Kräfte Ihrer Persönlichkeit, Ihre Eigenschaften und Tugenden, die gleicherweise den Kommandeur einer Kampfeinheit auszeichnen.

Lassen Sie mich versuchen, einige dieser für Sie typischen Wesenszüge zu nennen: Da ist die Witterung für die Chance, in die gegnerische Linie einzubrechen, in die Linie des Konkurrenten hineinzustoßen. Da ist aber ebenso die Witterung für die Gefahr, daß ein Einbruch an der eigenen Verkaufsfront droht. Da ist die klare Übersicht über die Zahl der eigenen Verbände, über deren Eignung und Stärke und über die einzusetzenden Mittel und Spezialeinheiten.

So mancher im Kreise der Mitarbeiter wird natürlich genauso wissen wie ich, welches solche Spezialeinheiten waren.

Da ist Ihre Entschiedenheit, schnell zu agieren, zu reagieren, die Bevorzugung kurzer Entscheidungs- und Kommandowege, der Mut zum Angriff, die Besonnenheit für die erforderliche Terrainsicherung oder auch für die Verteidigung. Da ist das vorbehaltlose, direkte Verhältnis zum Führungskorps, dessen unbedingter und uneingeschränkter Einsatz für Sie ebenso selbstverständlich ist wie umgekehrt Ihre engagierte Verbindung zu den eigenen Männern.

Ihre Mannschaft unterliegt Ihrem unbedingten Führungs- und Loyalitätsanspruch; aber sie kann sich in gleicher Weise auf Ihre Treue verlassen. Wer daraus allerdings den bedenkenlos stürmenden »Marschall Vorwärts« ableiten wollte, geht fehl.

Wer sich wie ich mit Ihnen in Ihrem Arbeitszimmer, im Flugzeug, im Hotel beim Frühstück oder wo auch immer oftmals unterhalten hat, dem bleibt die feinfühlige Sensibilität für Menschen und Dinge, für Charaktere und Trends, für Chancen und Gefahren nicht verborgen, Vorzüge, aus denen ich selbst im Gespräch mit Ihnen großen Nutzen dankbar gezogen habe.

Dennoch: Als Stabsoffizier wären Sie dauerhaft nicht glücklich geworden. Sie müssen in der Front und an der Front handeln, aus der Mitte der

Truppe heraus. Sie müssen Menschen führen und befehligen; Sie müssen im Kampfe Ihren Mut wägen, wagen und beweisen.

So fühlen Sie sich draußen wohler als drinnen, im aktiven, lebendigen, aus dem Augenblick heraus gestalteten Geschäft wohler als bei dessen schreibtischmäßiger Durchdringung und im Ausland vielleicht doch noch wohler als im Inland: »Ausrufungszeichen oder Fragezeichen«?

Aber eines muß ich noch hinzufügen: In uneingeschränkter Pflichterfüllung haben Sie Ihren ganzen körperlichen und psychischen Einsatz für das Wohl unseres Unternehmens nie gescheut; viele Male ohne die Rücksichtnahme auf die eigene Substanz, allerdings glücklicherweise und bis heute auf ein vitales inneres Regenerationsvermögen stets zu Recht vertrauend.

Für alles dies gebührt Ihnen unser großer und tiefer Dank, der Dank Ihrer früheren und Ihrer heutigen Kollegen im Vorstand, Ihrer Mitarbeiter, der Dank des Unternehmens und der der weltumspannenden Daimler-Benz-Familie, die heute so gern zu Ihnen gekommen ist. Ihnen diesen Dank für uns alle auszusprechen, ist mir eine gern wahrgenommene, vornehme Pflicht, eine wirkliche Ehre, jedoch ebenso der Ausdruck einer festen persönlichen und dankbaren Verbundenheit.

Die guten Wünsche kann ich schnell zusammenfassen: Bleiben Sie so wie Sie sind, so, wie wir Sie bis heute erlebt haben, so, wie wir Sie kennen, wie Sie uns vertraut und lieb geworden sind, als Kollege, als Vorgesetzter, als Partner, als Freund. Das wünschen wir Ihnen und uns. Ad multos annos!

Dr. Wilfried Guth
Vorsitzender des Aufsichtsrates der Daimler-Benz AG

Lieber Herr Hoppe!
Verehrte, liebe gnädige Frau!
Meine sehr verehrten Damen und Herren!

Der Aufsichtsrat, dem Unternehmen pflichtgemäß in Wohl und Wehe verbunden, möchte auch bei einem so freudigen Anlaß nicht fehlen, und so spreche ich Ihnen, lieber Herr Hoppe, sehr gern die herzlichen Glückwünsche und guten Wünsche des Aufsichtsrates aus.

Aber ich bin auch gekommen, um Ihnen diese guten Wünsche von einem Ihnen nicht unbekannten Großaktionär des Unternehmens zu übermitteln, den ich hier ebenso gern vertrete, und schließlich, um last not least – bestimmt not least – ganz persönlich Ihnen meine herzlichen Glückwünsche auszusprechen.

Wir gratulieren Ihnen zu einer Lebensleistung, die sich sehen lassen kann. Das sagt man so gemeinhin, und in diesem Falle läßt sie sich auch sehen. Sie läßt sich sehen in aller Welt, wie die Ausstellung, die zu Ihren Ehren heute eröffnet wird, ja ganz deutlich vor Augen führt. Sie können bei aller Bescheidenheit, die Ihnen eigen ist, auf diese Lebensleistung stolz sein.

Mit unserer Gratulation verbinde ich den herzlichen Dank all der Genannten für diese Leistung, den Dank dafür, daß Sie Ihre ganze Kraft und Ihren Schwung, Ihren Einfallsreichtum, Ihr Marktgespür für dieses Unternehmen eingesetzt haben. Wenn Sie Selbstverwirklichung angestrebt haben, um einmal dieses viel mißbrauchte moderne Wort zu gebrauchen, dann haben Sie es immer dienend getan, dienend für Daimler-Benz.

In einem Unternehmen, meine Damen und Herren, mit erfolgreicher Führung – und als Aufsichtsratsvorsitzender dieses Hauses sage ich das hier gern einmal – kann und soll man die Erfolge oder auch Mißerfolge des Unternehmens nie einzelnen zurechnen. Was zählt, ist das Team und seine Leistung.

Immerhin kann man nüchtern feststellen, daß es dem Unternehmen sicher nicht möglich gewesen wäre, auch in ausgesprochen schwierigen Automobiljahren, so insbesondere nach dem ersten und zweiten Ölschock, seine ansehnliche Dividende weiterzuzahlen, wenn nicht – und hier erwähne ich nur zwei Beispiele, zwei große Beispiele Ihres Wirkens – der außerordentlich starke Absatz in den Vereinigten Staaten weiter floriert hätte und wenn nicht im arabischen Raum unvorstellbare Mengen schwerer Lkw hätten abgesetzt werden können.

Gern möchte ich hier etwas zu Ihrer Auffassung vom Vertriebsressort sagen, so, wie wir Sie im Aufsichtsrat erlebt haben: Sie sind nicht ein Vertriebschef, der wartet, bis das fertige »Ding« aus der Fabrikhalle rollt und dann erst seine Aufgabe beginnen sieht, sondern Sie haben mit großem Temperament, mit der Ihnen eigenen Leidenschaft schon mitgewirkt, wie es einem Vorstandsmitglied gebührt, wenn das Fahrzeug konzipiert wird, darauf achtend, daß es ein verkaufsfähiges Produkt wird.

Manchmal haben Sie auch ungeduldig darauf gedrängt, daß Modelle entwickelt werden, die Sie für Ihre Markterfolge für erforderlich hielten – kurz, Sie haben nie nur auf die Vertriebsspur geschaut, sondern immer auf das Ganze.

Wenn ich vom Dank des Aufsichtsrates spreche, lieber Herr Hoppe, dann kann ich sicher auch den Dank der Aktionäre und der Belegschaft einbeziehen. Der Aktionär – das wissen wir alle, meine Damen und Herren – sieht »gern Kasse«, ganz nüchtern, und Sie haben wesentlich mit dazu beigetragen, daß die Kasse immer voll war – und es hoffentlich auch in Zukunft sein wird.

Herr Prinz hat Ihre Persönlichkeit so treffend und umfassend geschildert, daß eine erneute Würdigung durch mich nur Wiederholung wäre, und das ist gut so. Erstens kennt der Kollege den Kollegen viel besser, als es ein Aufsichtsratsvorsitzender je kann, und zweitens soll es ja ohnehin nicht Sache des Aufsichtsratsvorsitzenden sein, lange Reden zu halten, sondern er soll die Dinge zügig und klar zum Entschluß bringen, und das will ich versuchen zu tun.

Ich möchte nur gern noch – Neues kann ich in der Tat nicht hinzufügen – einigen der Punkte, die Herr Prinz als Wesensmerkmale von Ihnen herausgestellt hat, Marginalien, sehr persönliche Marginalien, anfügen.

Zunächst zum Militärischen in Heinz Hoppe: Ich möchte hier ein etwas größeres Wort gebrauchen als den vielzitierten Frontoffizier. Eigentlich denke ich, wenn ich Ihre Gestalt, Ihr Gesicht, Ihre Stimme, wenn ich all das zusammen sehe, an einen Feldherrn. Sie haben etwas Feldherrliches an sich, und Sie verkörpern militärische Tugenden – auch in der Zeit der Friedensbewegung darf man das sagen –, gute militärische Tugenden in hervorragender Weise. Sie können Ziele setzen und die richtigen Strategien und Taktiken einsetzen, um diese Ziele zu erreichen. Sie können Ihre Truppe – Herr Prinz hat das schon gesagt – für diese Ziele begeistern; Sie können sie mitreißen.

In einem nuanciere ich vielleicht gegenüber Herrn Prinz: Ich möchte Ihnen doch den Titel des »Marschall Vorwärts« zuerkennen, allerdings ohne das »unschmückende« Beiwort des *unbesonnenen* Vorwärtsstürmers, aber warum nicht »Marschall Vorwärts«?

Für Sie und Ihre Erfolge in diesem Unternehmen paßt eigentlich das Wort, das ja dem »Marschall Vorwärts« im Gedicht zugeschrieben wird: Den Finger drauf, das nehmen wir! Nur möchte ich hier sagen: USA, den Finger drauf, das nehmen wir!; denn die Eroberung des großamerikanischen Marktes für Daimler-Benz ist wirklich eines Ihrer großen Ruhmesblätter.

Aber auch an anderer Stelle der Welt könnte man meinen, Heinz Hoppe operiere wie weiland Cäsar; veni, vidi, vici, ich kam, sah und siegte.

Allerdings wissen wir – und Herr Prinz hat das angedeutet –, daß es keineswegs immer so einfach geht, sondern daß es sehr oft subtiler und lästiger Kleinarbeit bedarf, um Märkte zu erobern, und Sie haben auch diese Kleinarbeit nie gescheut.

Das Bild vom militärischen Hoppe allein wäre aber sicher einseitig, ja, es wäre falsch, meine Damen und Herren. Deshalb möchte auch ich noch einmal hervorheben, was schon bei Herrn Prinz anklang und was normalerweise nicht zu den militärischen Eigenschaften gehört, nämlich Ihre Warmherzigkeit, Ihre Liebenswürdigkeit, Ihr Charme oder, um es doch wieder militärisch auszudrücken, Herr Hoppe, Ihr entwaffnender Charme. Damit, daß Sie andere damit entwaffnet haben, haben Sie Schlachten gewonnen. Insofern sind Sie – Gott sei Dank! – eben doch nicht ein preußischer Militär im allerstriktesten und strengsten Sinne.

Ich muß noch hinzufügen: Bei Ostpreußen, zu denen Sie sich ja zählen, ist dieser Charme, den auch der Aufsichtsrat bei Ihnen spürt – Sie sind dem Aufsichtsrat gegenüber immer besonders liebenswürdig –, nicht unbedingt wesenseigen, zumindest nicht auf den ersten Blick zu erkennen. Ich weiß das aus eigener Kriegserfahrung. Ich hatte eine ostpreußische Batterie zu führen, und es hat Jahre gedauert, bis ich den Charme, meistens dann zusammen mit einer ungeheuren Standfestigkeit und Zuverlässigkeit, entdeckt habe, und bei Ihnen gelten alle diese drei Eigenschaften.

Das bringt mich zu einer weiteren kurzen Bemerkung zu dem anderen Epitheton ornans, das Herr Prinz gebrauchte, nämlich zu dem Diplomatischen in Heinz Hoppe. Man kann in der Tat nur staunen, daß und wie Sie es fertiggebracht haben, in allen Ländern der Welt, wirklich auf der ganzen Erde, persona grata zu sein und auf dieser Basis große geschäftliche Erfolge zu erzielen, obwohl Sie bei dieser Tätigkeit nicht umhin konnten, hier und dort mit Persönlichkeiten zusammenzutreffen, die sich untereinander keineswegs als personae gratae ansehen.

Wie kann man es schaffen – und ich nenne nur Beispiele –, in Südafrika und in Schwarzafrika gleichermaßen persona grata zu sein und – man soll die heiklen Dinge ruhig aussprechen – auch in Israel und im arabischen Raum? Haben Sie das durch chamäleonartige Eigenschaften geschafft, durch Aalglätte? – Ich glaube, damit wären Sie gescheitert. Vor allem hätten Sie das gar nicht gekonnt; denn das wären Sie nicht gewesen.

Im Gegenteil: Heinz Hoppe hat es geschafft, überall, auch in »feindlichen Lagern«, anerkannt zu werden: durch Würde, durch Charakterfestigkeit, durch Einfühlungsvermögen in andere Mentalitäten – hier nenne ich natürlich insbesondere die Vereinigten Staaten, denn Sie kennen das Wesen dieses Landes, während andere das zu Unrecht von sich behaupten – und durch Ihre Menschlichkeit.

Damit haben Sie Ihre Gesprächspartner überzeugt und gewonnen, und ich kenne einige dieser Gesprächspartner. Sie lassen sich nicht durch bloßes Lächeln und dadurch, daß man miteinander ein Glas Wein trinkt, beeindrucken. Es gibt sehr kritische unter ihnen. Ich kann aus persönlicher Erfahrung sagen: Wenn man als Vorstandsmitglied einer größeren Bank da und dort in der Welt reist, wird man meist höflich und freundlich empfangen, mit einer gewissen Zurückhaltung allerdings, wie es unter Bankiers üblich ist. Läßt man dann aber durchklingen, daß man den Vorzug und das Vergnügen hat, auch dem Unternehmen Daimler-Benz nahezustehen, dann kommt die Frage: Do you know Heinz Hoppe?, und wenn man diese Frage bejaht, leuchten die Augen. Dann ist es auf einmal viel besser, als wenn man nur Bankier gewesen wäre. Ihr Name hat überall einen guten Klang.

Ich möchte ein Letztes sagen: Ein besonderer Dank gebührt Ihnen für Ihre Kollegialität, für die Art, wie Sie auch in schwierigen Situationen – es hat einige davon gegeben, auch in menschlichen Dingen – Ihren Part gespielt haben: in Fairneß und nie unter Herausstreichen der eigenen Leistung, sondern immer auf das Ganze sehend.

Gerade für den Aufsichtsrat ist das eigentlich das Entscheidende. Was nützt denn der beste, der intelligenteste Einzelkämpfer, wenn er sich nicht einordnen kann? Das aber haben Sie in vorbildlichem Maße verstanden. Deshalb möchte ich das an den Schluß dieser kurzen Würdigung setzen.

Sehr verehrte gnädige Frau, Herr Prinz hat es schon gesagt – und ich kann das nur aus der Sicht des Aufsichtsrates hinzufügen –: Wir gratulieren Ihnen zu diesem tüchtigen, temperamentvollen und – ich weiß nicht, ob ich das sagen darf – leidenschaftlichen Mann.

Wir danken Ihnen dafür, daß Sie ihn in so gutem Zustand erhalten haben, und wir hoffen, daß Sie nun gemeinsam in Jahre hineingehen, die dann hoffentlich noch viele Reisen, aber weniger Streß bringen, so daß Sie nahtlos den Übergang in einen weiteren guten und erfüllten Lebensabschnitt finden.

Alle guten Wünsche dafür vom Aufsichtsrat, von der Deutschen Bank und von mir! – Vielen Dank!

Lothar Späth
Ministerpräsident des Landes Baden-Württemberg

Lieber Herr Hoppe!
Verehrte gnädige Frau!
Meine Damen und Herren!

Es gibt seltene Fälle, in denen die Landesregierung sogar die Kabinettssitzung verschiebt; heute ist dafür ein solcher Anlaß. Es gibt auch selten eine Versammlung, zu der so viele Vertreter aus allen Ländern nach Stuttgart kommen wie heute.

Baden-Württemberg, das Land, profitiert von einer Firma, die es sonst vor allem besonders gegen Jahresende liebt, wenn es um Abschlußfragen und um die Feststellung der Steuereinnahmen Baden-Württemberg geht. Es gibt also eine Vielzahl von besonders wichtigen und interessanten Verbindungen. Aber im Anschluß an das, was Sie, verehrter Herr Dr. Guth, vorher gesagt haben, kann ich nur sagen: Ich komme gerade von einer Amerikareise zurück, und nicht nur in Amerika, sondern überall draußen in der Welt ist es ja nicht so einfach zu erklären, wo Baden-Württemberg liegt.

Die Reihenfolge, in der ich es erläutere, ist zunächst einmal der Versuch, Baden-Württemberg wirklich darzustellen. Das gelingt eigentlich nicht. Dann weise ich auf die Hauptstadt Stuttgart hin, Herr Oberbürgermeister; das gelingt auch nicht immer. Dann versuche ich es mit Heidelberg, und wenn gar nichts hilft, dann sage ich: Das ist das Land, in dem der Mercedes produziert wird, und alles ist in Ordnung. Spätestens dann ist die Erkenntnis da. Dann wird aber in den USA, jedoch auch an anderen Plätzen, sofort die Frage gestellt: Do you know Heinz Hoppe?

Wer einmal sieht, daß in einer Zeit, in der wir alle über die Wirtschaftsentwicklung klagen und uns der Export, unser liebstes Kind, gerade für die Existenz Baden-Württembergs und seine Arbeitsplätze große Sorgen macht, ist es einfach auch für einen Ministerpräsidenten gut, wenn er nach einem offiziellen Empfang auf die Seite genommen und, so wie etwa in Houston und Dallas in der letzten Woche, gefragt wird: Können Sie nicht ein bißchen Einfluß auf Mercedes nehmen, daß die noch ein paar Wagen mehr ausliefern; denn das ist unser eigentliches Problem.

Es ist, glaube ich, ein gutes Gefühl, wenn man an einem solchen Tag auch eine Würdigung für ein so erfolgreiches Wirken erfahren kann, das nicht nur dann erfolgreich ist, wenn alles erfolgreich ist, sondern auch dann, wenn die Entwicklungen ganz anders laufen.

Wenn man beobachtet, daß seit 1977, also seit dem Jahr, in dem Sie in diesem Hause die Gesamtverantwortung für den Vertrieb übernahmen, die Autoabsatzzahlen in den USA, glaube ich, um 30 Prozent, in Großbritannien um 18, in der Bundesrepublik um 7 und in Frankreich um 5 Prozent gesunken sind, während Daimler-Benz eine Steigerung von 5 Prozent zu verzeichnen hatte, dann spricht das doch für eine Strategie dieses Hauses und vor allem auch seines Verkaufschefs, die allen Sicherheit gibt.

Das gibt natürlich Sicherheit auch den Aktionären, mit denen uns das gute Gefühl verbindet: Wenn es den Aktionären gut geht, dann geht es auch dem Lande Baden-Württemberg gut. Es gibt Sicherheit den Arbeitnehmern, die immer mehr spüren, daß Unternehmenspolitik insoweit die wichtigste Sozialpolitik ist, weil der Arbeitsplatz nur gesichert werden kann, wenn das Unternehmen mit seinen Produkten und seiner Marktfunktion vorhanden ist, und das gibt Sicherheit auch den Bürgern eines Landes mit Firmen, deren Flaggschiff ganz sicher Daimler-Benz in Baden-Württemberg ist.

Das gibt aber auch Sicherheit für die vielen kleinen und mittleren Firmen bis zu größeren Firmen. Wenn ich vom Mittelstand spreche, dann sage ich immer: Die Bandbreite geht so etwa bis zu unseren größten mittelständischen Unternehmen, nämlich bis Daimler-Benz und Bosch.

Was ich damit sagen will ist, daß es einen sehr intensiven Zusammenhang zwischen den mittleren Unternehmen, die vor allem als Zulieferer tätig sind, und der Sicherheit der Daimler-Benz AG und der wenigen Großen, die wir hier im Lande haben, gibt.

Wenn wir heute mit einem gewissen Stolz sagen können: Die Arbeitslosenzahl ist niedriger als im Bundesdurchschnitt, die Realeinkommen sind eher in einem noch größeren Abstand zum Bundesdurchschnitt, die Steuereinnahmen Baden-Württembergs haben sich bei allen auch negativen Ausgleichsfolgen günstiger entwickelt, dann ist das immer noch besser, wenn man als Regierung diese Sorgen hat als die, nicht mehr zu wissen, wie man eine substantiell solide Haushaltspolitik machen kann.

Dies alles zusammen ist ein besonderer Grund, um Ihnen, lieber Herr Hoppe, heute zu gratulieren und alle guten Wünsche zu übermitteln.

Das Verhältnis der Ostpreußen zu den Baden-Württembergern, zu den Schwaben, ist ja schon angesprochen worden. Mangels militärischer Erfahrung kann ich auf diesen Bereich von dieser Seite her überhaupt nicht eingehen. Ich kann das höchstens als Sigmaringer tun – und wer in Sigmaringen geboren ist, gilt ja gewissermaßen als Exilpreuße –; aber auch das Verhältnis war, als Sigmaringen preußisch wurde, überhaupt nicht so eindeutig, wie viele nach einer Besichtigung der Hohenzollernburg vermuten.

Es ist vielmehr nachgewiesen, daß der Pfarrer in Sigmaringen an dem Tage, an dem entschieden war, daß Sigmaringen zu Preußen kommt, eine Predigt hielt, die wie folgt begann: »Heute will ich über zwei Dinge zu Euch in der Predigt reden: erstens darüber, warum wir uns freuen sollten, daß wir preußisch werden, und zweitens darüber, warum wir das unserer großen Sünden willen nicht besser verdient haben.«

Wer von dieser Ausgangslage her nicht nur die Welt gewinnt, sondern auch das Herz der Baden-Württemberger, und wer es sogar noch schafft, sich einen Standort in Bayern zu garantieren – dabei ist das Verhältnis

311

zwischen Preußen und den Bayern ein »noch besondereres« –, der beweist eigentlich, daß all das, was über Ihr diplomatisches Geschick gesagt wurde, selbst unter diesen schwierigen, engen Rahmenbedingungen offenbar seine Wirkung nicht verfehlt.

Hans-Hartmut von Brockhusen
Managing Director Mercedes-Benz Australia

Meine sehr verehrten Damen und Herren!
Lieber Herr Hoppe!

Nach der eindrucksvollen Ehrung heute morgen im Kreise der Öffentlichkeit macht es mich, lieber Herr Hoppe, besonders glücklich, daß ich bei dieser Einladung des Vorstandes im engeren Kreise für Sie die Laudatio im Namen Ihrer gesamten Vertriebsmannschaft halten darf.

In allererster Linie sind damit natürlich Worte des Dankes verbunden, die von der von Ihnen geformten und gelenkten Mannschaft kommen, und das sind heute rund 135 000 Mitarbeiter unter dem Stern, die auf der ganzen Welt aktiv sind: zwischen Flensburg und Traunstein genauso wie an dem anderen Ende der Welt, wofür ich mich, von Australien kommend, persönlich verbürgen kann.

An einem Tag wie heute gehen meine Gedanken natürlich zu dem Tage, an dem ich Sie, Herr Hoppe, zum ersten Male treffen durfte, zurück. Es war nicht weit von hier, etwas neckarabwärts, natürlich in Untertürkheim. Sie standen mit übergeschlagenen Beinen am Schreibtisch: relaxed like a real british gentleman, und telefonierten, in Englisch natürlich, mit Herrn Giese in den USA. Sie suchten damals jemanden, der Unimogs in Montreal verkaufen sollte. So fanden wir zusammen, obwohl ich vorher noch nie einen Unimog gesehen hatte. – Ja!

Mehr als 25 Jahre habe ich Sie nun auf Ihrem Berufswege – ja, ich möchte sogar sagen: Lebenswege – begleiten dürfen.

Wie so mancher bei Daimler-Benz waren auch Sie aus einem verlorenen Kriege heimgekommen, hatten den Soldatenrock an den Nagel gehängt und die Hemdsärmel hochgekrempelt. Auch Sie hatten freudig Ihre Pflicht getan und als junger Offizier früh gelernt, Verantwortung zu tragen. Darüber hinaus sind Sie durch die Hohe Schule des Generalstabs gegangen, und Sie haben nie verleugnet, ein Preuße, ja, ein Ostpreuße, zu sein. Getreu dieser Tradition fühlten Sie sich als erster Diener Ihrer Aufgabe, und diese Aufgabe war damals Mercedes-Benz *in* North America.

Denken Sie an all die vielen Hindernisse, Schwierigkeiten und Rückschläge! Denken Sie an Washington, an die Dienstbotenkammer im Carlysle, an das Rockefeller Center, Fort Lee, South Bend, an all die vielen Transatlantikflüge mit und ohne Reisepaß und all the domestic flights with and without arrival.

Herr Hoppe, mit Ihrer großen Fähigkeit, Ihren Mitarbeitern Ihr Vertrauen zu schenken, haben Sie wichtige Aufgaben delegiert. So haben Sie stets Mitarbeit gesucht und uns in ihr Schaffen eingeschlossen. In den oft langen After-five-o'clock-Sitzungen – yes! – konnten wir in freier Aussprache unsere Pläne und auch unsere Sorgen darlegen.

Aber auch Sie ordneten dann Ihre Gedanken und suchten unsere Reaktionen. War nicht schon damals manchmal die Sprache von kleineren Modellen? – Sie gingen soweit, daß wir in großzügigster Weise in den Kreis Ihrer Familie eingeschlossen wurden, wenn wir am Wochenende zu den »Generalstabssitzungen« nach Greenwich kamen. Nach Abschluß der »Feindlage« wurde dann oft scharf geschossen: auf Tontauben und manchmal auch auf Fasane.

Dennoch wurde uns so manches liebe Mal der Boden buchstäblich unter den Füßen weggezogen. Aber mit Ihrer Beharrlichkeit, mit Ihrer Zähigkeit und mit Ihrer großen Diplomatie verfolgten Sie Ihren, für uns oft nicht erkennbaren Weg, und so kamen wir zum Ziel: vielleicht etwas später, aber nie zu spät.

Für all das Vertrauen, das Sie in uns, in Ihre Mitarbeiter, setzten, und für Ihre Führung des Teams durch dick und dünn danken wir Ihnen heute. Aber wir danken Ihnen auch dafür, daß diese Führung erfolgreich war und Sie uns am Erfolg teilhaben ließen.

Ihre Führung war anfangs auf eine ganz kleine schlagkräftige und – so möchte ich sagen – fast familiäre Mannschaft in den USA begrenzt. Ihre Aufbauarbeit dort und Ihre damalige Führungsleistung trugen auch noch in den Jahren danach Früchte.

Mit dem Überwechseln von der Front in die Zentrale und der Übernahme der Verantwortung zunächst für das Auslandsgeschäft und später dann für das Vertriebsgeschehen insgesamt unter Einschluß des Inlandes haben Sie es in hervorragender Weise verstanden, die draußen gewonnenen reichhaltigen Erfahrungen stabsmäßig umzusetzen. Hierin liegt der Schlüssel zu den Absatzerfolgen der siebziger und Anfang der achtziger Jahre. Diese Erfolge tragen unverkennbar Ihre Handschrift, Herr Hoppe.

Heute früh hat Herr Dr. Prinz imponierende Aspekte, wegweisende Entscheidungen anklingen lassen, die auf Ihre Initiative, Ihr Engagement und Ihr ganz persönliches, uns alle immer wieder faszinierendes Gespür für die Entwicklung der Märkte zurückzuführen sind.

Vielleicht sogar noch mehr als diese ständigen kreativen Impulse zählt aber die Leistung, die Sie unter voller Ausschöpfung Ihrer physischen Kraft erbracht haben, indem Sie die als richtig erkannte Linie Ihrer Mannschaft im Vertrieb als selbstverständlich vermittelten. Sie haben jeden einzelnen, oft im persönlichen Gespräch, darauf eingeschworen, dieser Linie zum Besten des Hauses konsequent zu folgen.

36 Milliarden DM Umsatz wären 1981 wohl kaum erreichbar gewesen, wenn Sie als unser Vorbild – draußen im Felde genauso wie in der Zentrale – für uns nicht ständig präsent und ansprechbar gewesen wären, wenn Sie nicht jeden von uns dadurch immer wieder aufs neue zu noch höheren Leistungen angespornt hätten. Unser Erfolg ist Ihr Erfolg, Herr Hoppe.

Ganz besonders danken wir Ihnen aber auch dafür, daß Sie sich neben der übermäßigen beruflichen Belastung Zeit für unsere Sorgen, manchmal auch für unsere persönlichen und ganz privaten Sorgen, nahmen und daß Sie zu uns und hinter uns stehen, auch wenn einmal etwas schiefgeht.

Lieber Herr Hoppe, heute sind Sie nun 65 Jahre alt geworden. Wie es üblich ist, gratuliert man zu diesem Ereignis.

Soweit ich mich erinnern kann, waren Sie einmal der jüngste Offizier, der Benjamin Ihres Jahrganges im Generalstab, und auch, als Sie in den Vorstand der Daimler-Benz AG berufen wurden, waren Sie der Jüngste in diesem Kreis. So sind Sie auch heute wieder ohne Zweifel der jüngste Fünfundsechziger hier.

Im Berufsleben eines Mannes bedeutet dieser 65. Geburtstag im allgemeinen den Abschluß eines Abschnittes. Er bedeutet aber nicht den Abschluß der Tätigkeit eines Mannes; denn oft genug hat die Geschichte gezeigt, daß überhaupt erst *nach* diesem Abschnitt Leistungen erbracht wurden, die den Namen dieser Person in das Buch der Geschichte geschrieben haben.

Von Ihnen, Herr Hoppe, wissen wir: Sie haben so viele Fähigkeiten, daß es Ihnen sicher auch gelingen wird, etwas Ähnliches zu tun.

Für dieses Unternehmen, Herr Hoppe, wünschen wir Ihnen vor allem eine gute Gesundheit, aber auch weiterhin viel, viel Glück und Erfolg, damit Sie auch in Zukunft das bleiben, was Sie einst in den USA waren, wo man Sie »Happy Hoppie« nannte.

Happy birthday, Happy Hoppie!

Private Feier zum 65. Geburtstag am 20. Februar 1982 in Rottach-Egern

Dr. Franz-Josef Strauß
Ministerpräsident von Bayern

... Ich habe Ihnen mitzuteilen, daß ich Herrn Heinz C. Hoppe – was heißt denn das C? – (Zurufe: Das heißt Carl!) – das schreibt man bei uns mit K! – beauftragt habe, den Posten eines Sonderbotschafters für den Großen Stern im Freistaat Bayern anzutreten. – (Zuruf: Er hat ihn doch schon lange angetreten) – Also, den Posten anzutreten.

Im Wunsche, die bestehenden guten Beziehungen zu vertiefen und auszudehnen, bitte ich, Herrn Heinz Hoppe – also den Charlie – zu empfangen und ihn bei der Durchführung seiner Aufgaben zu unterstützen.

Unterschrift: Das könnte »Helmut« heißen; nein, »Gerhard« heißt das – Gerhard Prinz, Stuttgart – Stuttgart, das kennen wir, das ist der Vorort von München – 20. Februar 1982.

Also: Agrément für den Herrn Sonderbotschafter Heinz Carl Hoppe, Botschafter des Großen Sterns. Ich weiß aber schon, was BMW heißt: »Bäcker, Metzger, Wirt«. Das ist die Etage drüber, und diese Etage drüber ist sogar Weltmeister.

Daimler-Benz, Mercedes-Benz oder – (Zuruf: Miesbach!) – Miesbach. Aber in Unkenntnis dessen, daß mir heute noch eine so schwere Amtshandlung bevorsteht, habe ich in bewußter Verletzung gewerkschaftlicher Verpflichtungen am Samstag das nur getan, weil ich wußte, daß Ausnahmen die Regel bestätigen.

In Kenntnis der Tatsache, daß Daimler-Benz oder Mercedes-Benz insgesamt eine Ausnahme darstellt, eine Tatsache, deren ich mir wohl bewußt bin, nehme ich dennoch heute hiermit diese schwierige Ernennung vor, die eine reifliche, lange, charakterliche, biologische, technische und finanzielle Prüfung voraussetzte, und erteile Ihnen, lieber Herr Heinz Hoppe, als Botschafter eines Nachbarlandes, dessen Chef nicht einmal die Reihenfolge der bayerischen Farben kennt – das ist nur mit der Tatsache entschuldbar, daß *wir* überhaupt nicht einmal wissen, welche Farben zu Baden-Württemberg gehören –, das Agrément.

Ihnen wird der Wohnsitz Rottach-Egern zugewiesen, dessen Verlassen ich Sie bitte, gefälligst der Landesregierung drei Tage vorher unter Bekanntgabe der Intention Ihrer Reise einzureichen. Sie können jedoch überzeugt sein, daß Sie in Bälde eine Erweiterung dieser Lizenz erwarten dürfen.

Ich kann das aber nur deshalb in Aussicht stellen, weil wir Sie schon als einen echten Tegernseer schätzen gelernt haben, als einen, der die besten Zeiten seines Lebens schon seit vielen Jahren zwischen Rottach-Egern und Hinterriß verbringt. Das ist die berühmte Achse. In Tegernsee sind wir ja schon einiges gewohnt.

Übrigens schrieb mir neulich einer aus Oldenburg – das muß ein »alter Altdeutscher« gewesen sein –, ich solle, wenn ich über Preußen spräche, wenn ich im goldenen Preußen spreche, auch preußischer auftreten. Ich habe ihm geantwortet, ich hätte noch nie von einem Bayern verlangt, daß er in Bayern bayerisch auftrete.

Aber wir sind, wie schon gesagt, im Tegernseer Tal bereits einiges gewöhnt. Da gibt es nämlich eine Schutzgemeinschaft, die Schutzgemeinschaft Tegernseer Tal, die eine weitere Bebauung, das heißt eine weitere Zersiedelung – Verschandelung sagt man auf gut bayerisch – durch neue Häuser verhindern soll.

Dieser Schutzgemeinschaft gehört kein einziger Bayer an. Zumindest 90 Prozent ihrer Mitglieder sind Nicht-Bayern; ich kann sogar sagen: von nördlich des Mains. Die Baden-Württemberger, na ja, anerkennen wir schon als Bayern.

Wie oft bin ich schon in Amerika oder sonstwo gefragt worden: Der Daimler-Benz kommt doch aus Ihrem Land? – Die Leute können sich gar nicht vorstellen, daß Sindelfingen, daß Mercedes nicht zu Bayern gehört. Ich weiß gar nicht einmal, ob in Bayern nicht mehr Mercedes verkauft werden als in Baden-Württemberg; das werden wir mal nachprüfen.

Aber die Schutzgemeinschaft Tegernseer Tal hat sich zum Ziel gesetzt, eine weitere Bebauung, Verschandelung des Tals, durch Einheimische zu verhindern.

Sie wissen ja, Bayern ist ein Land, das von den Pfälzern verwaltet, von den Franken regiert und von den Altbayern mit Genehmigung der Flüchtlinge bewohnt wird.

So ganz kann ich mir Sie, Herr Hoppe, als Flüchtling nicht vorstellen; denn Sie sind aus freiem Herzen an den Tegernsee gekommen.

Ich habe allerdings großes Verständnis dafür, daß es bestimmte Stationen Ihres Lebensweges gibt – na ja, Rilke würde sagen: »Ich lebe mein Leben in wachsenden Ringen, den letzten werde ich vielleicht nicht vollbringen aber versuchen will ich ihn.« – daß für Sie Ihr Leben sozusagen durch Ostpreußen symbolhaft bestimmt ist. Ich habe im übrigen noch keinen Ostpreußen kennengelernt, der nicht in sein Land, seine Geschichte und in seine Weite verliebt war. Wenn man mit einem Ostpreußen über sein Land spricht, ja, dann wird es feucht in seinen Augen, noch mehr als bei den Altbayern, wenn man von den Alpen redet.

Daß für Sie – das darf ich hier wohl auch erwähnen – das Artillerieregiment 1 natürlich ein Bestandteil des Lebens geworden ist, kann ich auch sehr wohl verstehen.

Daimler-Benz ist dann die dritte große Station Ihres Lebens geworden, die Sie durch viele Kontinente geführt hat. Ich erinnere mich noch heute mit größtem Vergnügen und in dankbarer Erinnerung an unsere gemeinsamen, zum Schluß ja doch nicht ganz erfolglosen Reisen nach Ägypten und an unseren gemeinsamen Besuch bei einem leider ermordeten Freund, dem unvergessenen Präsidenten Sadat.

Wenn ich alles das jetzt in einer Würdigung zusammenfasse, dann sei Ihnen hiermit aus der Hand des Landesvaters das Agrément für diese Sonderbotschaft erteilt.

Nun sind wir an der letzten Station unserer Reise angelangt, im Bayerischen: Und da unser Heinz als verwurzelter Ostpreuße, Amerikaner mit Herz und knitzer Schwabe zum Ende des Jahres endgültig nach Bayern übersiedeln will, würde für mich die Aufgabe, ihm zu erklären, wie er sich eigentlich anzustellen hat, um auch noch a griabiger Bajuware zu werden – obwohl das Agrément bereits erteilt wurde – doch etwas zu diffizil.

Doch wer könnte eine solche Einführung besser vornehmen, als unsere charmante, bayernkompetente, gänzlich der weiß-blauen Raute und vorläufig auch noch einer benachbarten Automobilmarke verschriebene gemeinsame Freundin *Carolin Reiber,* die heute in bewährter Manier, sozusagen in »repeat performance« – so manch einer erinnert sich sicherlich noch an ihre fröhliche Moderation auf Schloß Neuenstein – diese Geburtstagsfeier für unseren Heinz C. Hoppe gestalten hilft. Sie wird beim Einbürgerungszeremoniell sicher von kompetentester bayerischer Seite Unterstützung erhalten.

Frau Reiber, ich übergebe nun die Stabführung an Sie, indem ich mit Wünschen für unseren Freund Heinz schließe, die ich von meinem schwäbischen Landsmann, August Lämmle, entliehen habe:
»Jeder Tag hat eigenes Leben,
häufig gilt's, sich anzupassen,
dies behalten, jenes lassen,
immer geben und vergeben,
so, das was man sagt und treibt,
heiter im Gedächtnis bleibt,
daß das Gute ist uns wichtig,
was oft wechselt, ist nicht tüchtig,
soll der Hut hoch oder rund sein,
was *darin* steckt, soll gesund sein.«
Lieber Heinz, in diesem Sinne: Glück auf und Waidmannsheil für einen reichen sonnigen Herbst!

Abkürzungen

AG	Aktiengesellschaft
AMI	Australian Motor Industries (1958–1961)
BMW	Bayerische Motoren Werke
CAFE	Corporate Average Fuel Economy (US-Gesetz von 1975)
CDA	Cars Distributors Assembly, Südafrika (1949–1966)
CEMA	Chinese Enterprise Management Association
Cie	Compagnie
ckd	completely knocked down (in zerlegtem Zustand)
CW	Curtiss-Wright
CWMB	Curtiss-Wright and Mercedes-Benz (1957–1958)
DBAG	Daimler-Benz AG
DBNA	Daimler-Benz of North America (1954–1981)
DBNA	Daimler-Benz of North America (seit 1981 neu)
D	Diesel
EG	Europäische Gemeinschaft
ET	Ersatzteile
GM	General Motors
Gr.-	Groß-
HGZ	Handelsgesellschaft Zug (1949–1979), Schweiz
HHF	Hanomag-Henschel-Fahrzeugwerke AG
IDEM	Iranian Diesel Engine Manufacturing Company, Täbris
IMA	Importation de Moteurs et d'Automobiles (1953–1980)
INIM	Iran National Industrial Manufacturing, Teheran
KD	Kundendienst
KHD	Klöckner-Humboldt-Deutz
Lkw	Lastkraftwagen
Ltd	Limited
MBA	Mercedes-Benz Argentina (seit 1950)
MBBel	Mercedes-Benz Belgium (seit 1980)
MBBras	Mercedes-Benz do Brasil (seit 1952)
MBCh	Mercedes-Benz Schweiz (seit 1974)
MBC	Mercedes-Benz of Canada (seit 1954)
MBF	Mercedes-Benz France (seit 1970)
MBHel	Mercedes-Benz Hellas (seit 1982)
MBI	Mercedes-Benz Italia (seit 1973)
MB	Mercedes-Benz
MBNA	Mercedes-Benz of North America (1965–1981)
MBNA	Mercedes-Benz of North America (seit 1981 neu)
MBNl	Mercedes-Benz Nederlands (seit 1980)
MBÖ	Mercedes-Benz Österreich (seit 1979)
MBP	Mercedes-Benz do Portugal (seit 1989)
MBSA	Mercedes-Benz of South Africa (seit 1984)
MBS	Mercedes-Benz Sales, USA (1958–1964)
MBUK	Mercedes-Benz of the United Kingdom (seit 1974)
MBZ	Mercedes-Benz Automobil AG Zürich (1926–1944)
MPG	Meilen per Gallone (CAFE-Standards)
NAI	National Automobile Industry Company Ltd., Jeddah
OB	Oberbürgermeister
OKH	Oberkommando des Heeres
OKW	Oberkommando der Wehrmacht
Otomarsan	Otobüs ve Motorlu Araclar Sanayi A. S., Istanbul
Pkw	Personenkraftwagen

PR	Public Relation
Reg.	Regierungszeit
S. A.	Societé anonyme
SL	Sport-Leicht
SP	Studebaker/Packard
Telco	Tata Engineering and Locomotive Company Ltd.
UAC	United Aircraft
UCDD	United Cars & Diesel Distributors, Südafr. (1962–1984)
Unimog	Universal-Motorgerät
VB	vorgeschobener Beobachter
VPC	Vehicle Preparation Center
VW	Volkswagen AG

Quellen

Daimler-Benz Holding-Archiv, Stuttgart-Möhringen (DBHA)

Vorstandsprotokolle
Aufsichtsratsprotokolle

Privatarchiv Hoppe (PH)

Briefwechsel Amerikareise 1951
Briefwechsel 1955–1958 (Aktenordner)
Ordner USA
Vertrag Daimler-Benz AG / Curtiss-Wright Corporation, vom 6. März 1957
Clary-Typoskript über die Entwicklung der DBNA, MBS und MBNA
Ordner UdSSR
Handmappe Sonderausstellung Moskau 1973
Abkommen über wissenschaftlich-technische Zusammenarbeit zwischen dem Staatskomitee des Ministerrats der UdSSR für Wissenschaft und Technik und der Daimler-Benz AG, 1973
Saatprojekt UdSSR 1973–1979
Olympische Spiele Moskau 1980
Ordner China
»Bericht über Reise einer deutschen Wirtschafts-Delegation nach China 21. 5. – 1. 6. 1973«
  (Hoppe an Vorstand der DBAG)
Fernsehinterview Heinz C. Hoppe, ARD Abendschau, 24. Oktober 1979
Material Südafrika

Literatur

Barthel, M. / Lingnau, G., 100 Jahre Daimler-Benz. Die Technik, Mainz 1986.
Boesen, V. / Grad, W., The Mercedes-Benz Book, New York 1981.
Bracher, K. D., (Hg.), Geschichte der Bundesrepublik Deutschland, 5 Bde., Stuttgart 1981–1987.
Broszat, M. / Heiber, H., (Hg.), dtv-Weltgeschichte des 20. Jahrhunderts, 14 Bde., München 1966 ff.
Broszat, M. / Henke, K.-D. / Woller, H., (Hg.), Von Stalingrad zur Währungsreform. Zur Sozialgeschichte des Umbruchs in Deutschland, München 1988.
Clausewitz, C. v., Vom Kriege, Augsburg 1990.
Daimler-Benz AG, (Hg.), 75 Jahre Motorisierung des Verkehrs 1886–1961, Stuttgart 1961.
Daimler-Benz AG, (Hg.), Daimler-Benz Report, Stuttgart 1978.
Daimler-Benz AG, (Hg.), 100 Jahre Daimler-Benz, 2 Bde., Mainz 1986 (s. a.: Barthel / Lingnau, Kruk / Lingnau).
Daimler-Benz AG Stuttgart, Geschäftsberichte 1946 ff.
Die Daimler-Benz AG in der Volksrepublik China, in: China-Report Nr. 1 (27. Oktober 1986), S. 9–10.
Dönhoff, Marion Gräfin, Bilder, die langsam verblassen. Ostpreußische Erinnerungen, Berlin 1989.
Fischer, W., (Hg.), Geschichte der Weltwirtschaft im 20. Jahrhundert, 6 Bde., München 1973 ff.
Frère, P., Mercedes-Benz C 111. Eine Fahrzeugstudie, Lausanne 1981.
Freudenberg (Fa.), (Hg.), Richard Freudenberg 80 Jahre, Weinheim 1972.
Freudenberg & Co., Geschäftsbericht für das Geschäftsjahr 1984/85.
Generalsfeme: Die Rache der Spätheimkehrer, in: Der Spiegel, Jg. 11, Nr. 48, S. 27–28.
Grenz, R., Der Kreis Rastenburg, Marburg/Lahn 1976.
Grundmann, H., (Hg.), Gebhardt. Handbuch der deutschen Geschichte, 22 Bde., München 1973–80.
Guichard, A. / Piccard, J.-R., (Hg.), Mercedes-Benz 1886–1986, 2 Bde., Hannover 1986.
Grubbe, P., Deutsche Industriebosse in China, in: Stern magazin Jg. 26 (1973), Nr. 25 (14. Juni), 52–56.
Grudinski, U., Tschou En-lai bekundet Interesse an einer Ausweitung der Wirtschaftsbeziehungen. Langes Gespräch mit der deutschen Delegation, in: FAZ vom 8. Juni 1973, Titelseite und S. 5.
Hermanowski, G., Ostpreußen Lexikon, Mannheim 1982.
Hoppe, H., Das Norawerk, in: Der Freudenberger Jg. 2d (1952), Heft 6, S. 4–5.
Hoppe, H. C., Das Daimler-Benz Organisations- und Vertriebssystem, Vortrag vor der Akademie der Volkswirtschaft der UdSSR, Moskau 1979 (Deutsche Fassung).
Kruk, M. / Lingnau, G., 100 Jahre Daimler-Benz. Das Unternehmen, Mainz 1986.
Kupélian, Y. / Kupélian, J., Histoire de Mercedes Benz, Overijse 1981
Langkammer, C., Konkurrenz für den Sowjetstern im eigenen Land: Daimler-Benz als offizieller Olympia-Lieferant, in: Stuttgarter Zeitung, 12. 10. 1978.
Langworth, R. M., Mercedes-Benz, the first 100 Years, Skokie/USA 1984.
Lewandowski, J., Mercedes-Benz 1886–1986, 2 Bde., Lausanne 1986.
Maizière, U. de, In der Pflicht. Lebensbericht eines deutschen Soldaten im 20. Jahrhundert, Herford/Bonn 1989.
McCloy, J. J. II., Die Verschwörung gegen Hitler. Ein Geschenk an die deutsche Zukunft, Stuttgart 1963.
Michalka, W., Der Zweite Weltkrieg. Analysen. Grundzüge. Forschungsbilanz, München 1989.
Nader, R., Unsafe at any Speed, New York 1955.
Nitske, W. R., The complete Mercedes story, (3. Ed.), Burbank/USA 1965.
Oswald, W., Mercedes-Benz Personenwagen 1886–1986, Stuttgart 1986.
Pinnow, H., 100 Jahre Carl Freudenberg, 1849–1949, München 1949, 172 ff.
Rath, K., Die wahren Sieger. Für die deutsche Industrie ist Olympia Gold wert, in: Sport-Illustrierte Nr. 19, 27. 8. 1978, 52–53.
Reinoß, H., (Hg.), Ostpreußen. Porträt einer Heimat, München/Wien 1980.

Richter, W., Die 1. (ostpreußische) Infanterie-Division, München 1975.
Salweski, M. / Schottelius, H. / Caspar, G.-A., Wehrmacht und Nationalsozialismus 1933–1939 (= Handbuch zur deutschen Militärgeschichte Bd. 4), Herrsching 1983.
Schieder, T., (Hg.), Handbuch der europäischen Geschichte, 7 Bde., Stuttgart 1986–1987.
Schrade, H. / Hofner, H., Mercedes-Benz Automobile, 3 Bde., München 1984.
Scott-Moncrieff, D., The Three-Pointed Star, London 1979.
Simsa, P. / Lewandowski, J., Sterne, Stars und Majestäten. Prominenz auf Mercedes Benz, Konstanz 1984.
Spitzy, R., So haben wir das Reich verspielt. Bekenntnisse eines Illegalen, München 1987 (2. Aufl.).
Surminski, A., Jokehnen oder Wie lange fährt man von Ostpreußen nach Deutschland? (Roman), Stuttgart 1974 (4. Aufl.).
Stieff, H., Briefe. Herausgegeben und eingeleitet von Horst Mühleisen, Berlin 1991.
US-Autoabsatz 1990 stark rückläufig. Von den deutschen Herstellern kann nur Mercedes zulegen, in: SZ, 7. Jan. 1991, S. 16.
Venohr, W., Stauffenberg. Symbol der deutschen Einheit. Eine politische Biographie, Berlin 1986.
Wistrich, R., Wer war wer im Dritten Reich? Anhänger, Mitläufer, Gegner aus Politik, Wirtschaft und Militär, Kunst und Wissenschaft, Frankfurt/M. 1987.

Register

Die **halbfett** gesetzten Zahlen verweisen auf Seiten mit Abbildungen.

Abed, Elias 234f.
Abed, Miguel 234f.
Abs, Josef Hermann 89, 125, 136, 139, 282, **111**
Ackermann, Fred 91
Adenauer, Konrad 32
Afshar, Amir Aslan 204
Agnelli, Giovanni 276
Ahrenkiel, Hans 35f., 57, 58
Akiguchi, Hiashi 188, 190
Al Adasani (Parlamentspräsident) **209**
Albisher, Abdul 207
Albrecht von Brandenburg, Hochmeister 14
Aldrin, Edwin 108
Alkazemi, Zaïd 207
Almeida, Bonaventura Mendes de 139, **135**
Andropow, Jurij 170, 250
Antonio, Jorge 230
Armstrong, Neil 108
Armstrong, Wayne 101

Bahyl, Pavel 167
Baréni, Bela 263
Baschindzhagjan (Minister) 149, 154, **147**
Bassermann, Michael 176, 186, **181**
Beckmann, Hermann 72, 89
Begin, Menachem 214
Beitz, Berthold 13, 171, **173**
Bendak, Karlheinz 176, **181**
Beneckendorff und Hindenburg, Paul von 25
Ben Gurion, David 215
Bentley, Leopold Lionel Garrick (Paul Plochbauer) 73f., **75**
Benz, Carl 61, 208
Bernhard, Hank 105
Bessel (Oberst) 44
Biernatowsky, Christa 254
Binder, Friedrich 150, 230
Biro (Minister) 165
Bischoff, Werner 120, 236
Bismarck (Major) 44
Blatnik (Senator) 117
Blücher, Gebhard Leberecht von 25

Boccanelli, Piero 129, 135f., **135**
Bodack, Walter 36, 74, 76, 84, 92, 98, 100, 168, 193, 228, 236, 238, **121, 229, 241**
Bolte, Charles L. 114, **115**
Boris (Zar von Bulgarien) 165
Borkes, Bernd 244
Bott, Gerhard **99**
Brandt, Willy 110, 116, 203
Brauchtisch, Walther von 34
Braun, Karl 222, **223**
Braun, Wernher von 100, 106, 108, 282, **109**
Breitschwerdt, Werner **277**
Breschnew, Leonid 154, 164, 170
Brockhusen, Hans Hartmut von 73, 76, 87, 90, 92, 100f., 226, **99, 225, 249**
Brosio, Manlio 112
Brownell, George 71, 84, 101
Brusatti (Prof.) **275**
Buback (Generalbundesanwalt) 286
Büchelmeier, Hugo 68, 91
Büsser, Willie **225**
Burckhardt, Carl Jacob 17
Burmann, Bob 62
Burlingame, Beyers 96f., **111**
Burt, Richard 119

Caracciola, Rudolf 134
Carroll, Alfred 91
Carter, Jimmy 163
Cary, John 92
Chang Tung 176
Chung Se Yung 191, **189**
Churchill (Pres. Studebaker) 83, 96, 97
Clarke, Bruce G. 114
Clary und Aldringen, Markus Fürst 87, 100, 106, 168, **121**
Clausewitz, Carl von 25f., 44, 280
Coerper, Manfred von 137
Colderigde (Lord) 110
Collins, Mike 108
Condné, Hans 35
Corinth, Lovis 17
Cramm, Burghard von 162, 254, **121**
Cromie, Samuel P. 74

323

Cromme, Ingeborg 254, **181**
Crosby, Bing 65
Culmann, Herbert 172
Cunningham, Charles 110
Curtiss, Glenn Hammond 77
Curtius (Generalkonsul) **109**

Daimler, Gottlieb 62 f., 117, 160, 208
Dalton, John **241**
Dehler, Hermann 52
Delcroix (Generalvertreter) 130
Demme, Ernst 49
Deng Xiaoping 176 f.
DePont (Generalvertretung) 136 f., **135**
Dobie, Colonel 216
Dobie, Rex 216
Dönhoff, Gräfin Marion 16
Donovan, Jim 53 f.
Drews, Werner 89
Dubček, Alexander, 119
Dykstra, Nick 84

Eckert, Bruno 77
Eddleman, Clyde D. 114, **115**
Eisenmenger, Karl-Heinz 139, 230, 254, **225**
Engelhard, Jane 61
Erhard, Ludwig 83, **109**
Erhardt (Entwicklungschef St.-Puch) 271
Erl, Jacob 50, **51**

Faber, Karl-Heinz 120
Fabricius, Helmut 59, 274
Fairbanks (Chairman) 239
Falin, Valentin Mikhaylovich 163, 171
Fangio, Juan Manuel 232
Fang Yi 178, 180, 182, 185, **181**
Farell, Francis W. 114
Fasolt, Nikolaus 46
Faisal, Ibd Abd al-Asis Ibn Saud 208
Ferber, Ernst 35
Ferries, James 74
Filbinger, Hans **275**
Fischer, Eddie 65
Flavius, Josephus 215
Flick, Friedrich 93 f., 110, 206 f., **281**
Förster, Hans Joachim 148
Ford, Henry 65, 151
Fleener, Lon A. 88 f.
Flynn (Pres. Rubber Ass.) 55

Franke, Karl 267
Frazer (Premier) 226, **225**
Freudenberg, Adolf 49, 59
Freudenberg, Dieter 49
Freudenberg, Hans 47 ff., 53, 56 ff.
Freudenberg, Hermann 49, 59, 273 f.
Freudenberg, Reinhard 59, 273
Freudenberg, Richard 48, 51 ff., 86, 124
Freund, Allan 120, **121**
Friedrich I. von Preußen (Großer Kurfürst) 14, 25
Friedrich II. von Preußen 14, 25, 139
Friedrich Wilhelm I. 16
Frischauf-Freudenberg, Ursula **249**
Fritsch, Werner Freiherr von 28
Frost, Sidney 72
Fuchs, Jockel 248, **253**
Fuchs Karl-A. **253**

Gabor, Zsa Zsa 65
Gandhi, Indira 196
Geisberg, Wulf 218, 238
Gerth, Heinz 76, 87, 94, 100, 263
Giese, Carl F. 35, 57 f., 66 ff., 73 f., 77 ff., 83 f., 85 ff., 106, 118, 234
Gleitze, Lothar 162, **153**
Glenn, John 108
Gneiseau, Graf August 25
Goberman, Josif M. 141, 160
Goehner, Ernst 93, 219
Gorbatschow, Michail 144, 160, 171
Götz, Eberhard 31
Gombosüren (Minister) 164
Gorgels, Josef 128, 174 f., 192, **181, 187**
Gremliza, Hermann 89
Groebe, Hans 172
Gryter, Brigitte de **249**
Guderian, Heinz 37 ff., 42
Günzler, Rainer 269
Gu-ming 184
Gu-mu 184
Gusau, Alhaji Ibrahim 218
Guth, Wilfried 165 f., 267
Guthrie, Bob 96 f., 100, 110, 119, 282, **99, 241**
Guthrie, Randolph H. 79, 84, 86 f., 92, 100
Gwischinau, D. M. 144, 146, 148, 154, 160, 274, **147**

Haeften, Hans-Bernhard von 35
Hahn, Carl 94, 266
Haidle, Paul 214
Haislip, Wade H. 114
Halder, Franz 34, 37
Harling, Burghard von 166
Has (Aktionär) 196
Haspel, Wilhelm 64, 125, 134
Hauser, Ernst A. 53
Heinemann, Gustav 203
Held, Wilhelm 270
Henkel, Konrad 172
Henle, Christian-Peter 172
Herder, Johann Gottfried 16
Herrhausen, Alfred 172, 286, **285**
Herwart, Hans von Bitterfeld 35
Herzog, Eberhard 71, 74f., 84, 126, 128, 139, 164, 193, 267, **179, 241, 249, 255**
Herzog (Frau) 75
Heusinger, Adolf 32
Hilkert, Herbert 56
Hille, Charlotte 75f., 92
Hindenburg, Paul von 25
Hinrichs, Hans J. 236, 257, **133, 241, 255**
Hirzel, Familie 134
Hitler, Adolf 22, 27, 34ff., 41
Hitzinger, Walter 96f., 125
Hoffmann, E.T.A. 14
Hoffmann, Gerd 87, 100, 132
Hoffmann, Maximilian Edwin »Maxi« 64ff., 76, 78ff., 85, 101, 125, 129, 258
Hohenlohe-Öhringen, Fürst Kraft zu **249**
Holterbosch, Hans 56
Holz, Arno 17, 273
Hoppe, Annabel 57, 71, **249**
Hoppe, Elisabeth 18, 22, **19**
Hoppe, Georg 17
Hoppe, Hans 18, 20, 23, 31, **40**
Hoppe, Hilde 18
Hoppe, Kaspar 17
Hoppe, Magdalena 18
Hoppe, Maria 18
Hoppe, Maria (geb. Pohlschröder) 18, **33, 40**
Hoppe, Marita 42, 88, **33, 249**
Hoppe, Martin 212, 215
Hoppe, Michael 89, 215
Hoppe, Monika 57, 71, **249, 283**
Horthy, Nikolaus 38
Hua, Guofeng 177, 183, 185, **181**

Hufnagel, Heinz 172
Hund, Eberhard 85
Hurter, Jan A. 220
Hussar (Politbüromitglied) 165
Hussein, König von Jordanien 210, **211**
Hurley, Roy T. 77ff.

Illig (Dir. DBAG) 201
Isaakidis, Konstantin 138

Jakob, Hans 120
Jakob, Otto 144
Jeshevskij, Alexander A. 151f.
Jessen, Werner 227, 236, **229**
Johannes Paul II. 24, 136
Johnson, Lyndon B. 260
Johnson, Philip 238
Johnston, Lisa von **283**
Johnston, Verena von **283**
Joplin, Janis 118
Jordan, Hans **121**
Joseph II. 168
Jurzykowski, Alfred 227

Kaletsch, Otto 100, **277**
Kaltshev (Minister) 166
Kant, Immanuel 14
Karajan, Herbert von 246
Kato (Chairman Toyota) 188
Kaufmann, Walter 232f., **233**
Kavanagh (Werksleiter GoodYear) 55
Keitel, Wilhelm 36f.
Kellermeier, Dirk **251**
Kendall (Vice-Chairman) 276
Keng, Yang **179**
Kennedy, Caroline 114
Kennedy, John F. 106, 110, 114, 287
Kennedy, John jr. 114
Kenyatta, Jomo 216, **217**
Keser, Arthur 270
Khalid (König) 210
Khayami, Ahmed 201, **205**
Khayami, Mahmud 201, **205**
Kieckhaefer, Karl 67ff., 74
Kirillin, W. A. 146
Kiss, Dejö 164
Kissinger, Henry 116, 250
Klamroth, Hans-Georg 35
Klaus, Gerhard 254
Kleinert, Matthias 170
Kling, Karl 62

325

Klönne (Oberleutnant)   36
Klotz, Hans   79, 83 ff., 125
Knudsen, Bunky   238
Knyphausen, Bodo Freiherr zu   34
Koch, Erich   42
Köhler (Generalvertretung)   233
Könecke, Fritz   71 f., 78 ff., 84 ff., 125, 141, 227
Körber, Albrecht   **147**
Köstring (General)   35
Kohl, Helmut   170
Kollek, Teddy   216
Kollwitz, Käthe   14
Komov (Minister)   166
Konowalov (Bürgermeister)   **147**
Konrad (Prof.)   50
Kopernikus, Nikolaus   16
Korallus, Gerhard   30, 76, 78, 84, 88, 94, 100 f., 102, 120, 236
Kortzfleisch, General von   29
Kosarev (Oberstleutnant)   155, **157**
Kossygin, Alexander   144
Kostka, Peter   254
Krampe, Erich   132, 146, 149, **133, 147**
Kreisky, Bruno   272
Krosigk, Ernst-Anton   41 f.
Krümmel, Peter E.   233, **229, 231**
Kubo (Chairman)   188
Künkele, Wilhelm   70 f., 150 f., 201, 230, 271, **145**

Lambsdorff Graf (Botschaftsrat)   170
Lambsdorff, Graf Otto   184
Lang, Herrmann   62
Langeberg, Fred   **153, 157**
Lange-Mechlen, Rainer   87, 89, 98, 120
Lebedev, V. D.   146
Leber, Georg   264
Lechner, Werner   139, 220, 230
Lee, Robert   191
Lehndorff, Graf   34
Leck (Generalvertreter)   192, **189**
Lenz, Siegfried   16
Leschinsky (Dir. Timex)   169
Leussink, Hans   172
Levine, Leo   100
Li, Madame   276
Li Chiang   **173, 179**
Li Quiang   185
Li Peng   186
Liebold, Hans   261

Liener, Gerhard   136, 165, 214, 220, 222, 246, 254, **213**
Lilienfeldt, von (Botschafter)   **205**
Litterscheid, Friedrich F.   35, 45
Loewy, Raymond   77
Lübke, Heinrich   192
Lukanov (Politbürmitglied)   166
Luns, Joseph   112

MacArthur, Douglas   191
Maizière, Ulrich de   35, 89, 278
Manheim, Frank   87, 89, 92, 96 f., 100, 118, 282, **99, 111, 241**
Manzhulo (Minister)   161 f., 170
Mao Tse-tung   13, 172, 176
Matanzima, George   222, **223**
Mauro, Carlo   137
Maxwell, Robert   74
McAuliffe (General)   114
McCloy, John   89, 100, 108, 110, 282, **111, 241**
McDermott, Edward A.   100, 110, 112, 114, 117, 124, 263, 282, **111, 241**
McKeen, Fred   **75**
McKeen (Mrs.)   **75**
McTavish, Henry   78, 87
Meany (Chairman)   132
Mehnert, Klaus   246, **247**
Meier-Landruth (Botschafter)   170
Meisel (General)   44
Mengerler (Generalvertreter Türkei)   196
Meshdorezky (Botschafter)   166
Metz, Franz   230, 232, 286
Meyer, Fred   91, **121**
Meyer, Max Paul   110
Mezei, Gabor   163
Mikojan, Anastas   141
Mischke, Arthur   204
Mitchell (Minister)   110
Moebius, Horst   248, **251**
Möhrmann, Karl   192
Mommsen, Heinz Wolf   172
Monroe, Marilyn   65
Montanari (Generalvertreter Belgien)   136 f.
Montgomery, Bernhard L.   212
Moolgoakar, Sumant   193, 194, 196, **127**
Moser, Hans   38
Mosetti, Bill   230, 232, **231**
Motherby, Georg   32
Mubarak, Hosni   214, **213**

Mühlfenzl, Gerhard 254
Mühlich, Robert **205**
Müller, H. T. 87, 89, **99**
Mueller, Oskar 61
Müller-Hillebrand, Burkhard 32, 34
Münstermann, Wolfgang **249**
Muller, Tom 224

Nader, Ralph 116, 260
Nadschmabadi (Minister) 202, 204
Nallinger, Fritz 62, 71, 77, 79, 83, 259, **277**
Nallinger, Jörg 71f.
Napoleon Bonaparte 14
Nebolsine, George 68, 71, 78
Nelson (Chairman) 239
Neubauer, Alfred 62, 125
Neuhaus, Helmut **157**
Newman, Jim 95
Niefer, Werner 180, 268, **179, 181, 251, 255**
Nixon, Pat **111**
Nixon, Richard 89, 110, 116, 119, 142, 250, **111**
Nordmann, Karlfried 67, 85f., 119, 228, 236, **121, 229, 241**
Novikov, I. T. 158
Novikov, Wladimir N. 146
Numeiri (Präs. des Sudan) 212, **217**

Oakes, John C. 114
Obländer, Kurt 260
Oertel, Klaus 146, 230, 232f., **231**
Ogilvy, David 105, 106
O'Grady, Gerald B. 64
Olbricht (General) 35, 38f.
Önalp (Generaldirektor) 197
Osman, Ahmed Osman 214
Overbeck, Egon 43

Pahlevi, Schah Mohammed Resa 201, 202, 203, **205**
Pahlevi, Resa 202, **205**
Palma, Ralph de 62
Panka, Eckhard 254
Paolino (Boxweltmeister) 29
Pappas, Dimitri 129
Pappas, Georg 129, 138, **135**
Parvanov (Generaldirektor) 165
Patolitschev, N. S. 146
Pauls, Rolf 172
Perkins, Stuart 94
Perón, Evita 230

Perón, Juan 230
Petrov (Gen. Dir.) 148
Pfeiffer, Erich 85
Philippson, Gunnar Valfried 129, 137, 139
Philippson (Frau) 139
Phostiropoulos, Michael 138
Pickora, Johannes 89
Pilz, Herbert 230, 232, 286
Pionatowski (Diplomat) 24
Pöhl, Karl Otto 171
Poliakoff (Gen. Dir.) 143
Ponto, Jürgen 286
Porsche, Ferdinand 268
Prinz, Gerhard 136, 220, 238, **181**
Prinzing, Albert 268
Promyslov, Wladimir F. 146, 150, 160, 162f., 170, **147**

Quandt, Harald 93, 207
Quinn, William 114, **113**
Quinn (Mrs.) **113**
Quirnheim, Albrecht Ritter Mertz von 35, 45, 278

Rantzau, Cai Graf zu 172
Rao Bin 183, 185
Rassam, Hussam 198
Rau, Johannes 248
Raue, Ulrich 131
Reagan, Ronald 262
Reiber, Carolin **249**
Reimling, Günter **133**
Reinert, Karl **133**
Reinig, Fritz 52
Reinstein, Hans 72
Reuter, Edzard 124f., 165, 186, 188, 268, 272, 288, **187, 247**
Reuter, Helga **187**
Reuter, Rolf 78, 86f., 254
Ribikoff, Abraham 117, 262
Ritter, August 70
Robleda (Montageleiter) 234f.
Rockefeller, David 108
Rodenstock, Rolf 184f., 276
Röder, Franz 253
Roger, Emile 61
Rogulski, G. **145**
Rommel, Erwin 37, 45, 212
Rommel, Manfred 158, 288
Rothenberger, Anneliese 89
Rothschild, Madame 215, 216
Rummel, Alfred 58
Rummel, Hans 58

Rupp, Peter-Emil 185, 202, 206, 218, 226, 238, **241**

Sadat, Anwar as 212, 214, **213**
Saizew, V. **145**
Salland-Staib, Marina **181**
Sallustro (Generaldirektor) 232
Sauer (Hauptdienstleiter) 37
Seefelder, Matthias 186, 274
Seewald, Heinrich 43
Schaffer, Othmar 116
Scharnhorst, G. von 25
Scheel, Walter 202
Scherenberg, Hans 77, 146, 203, 259 f., 263 f., 266, 268, 270 ff., **135**, **147**
Scheuer, Ludwig **253**
Schivkov, Todor 165 f., **167**
Schleyer, Eberhard **281**
Schleyer, Hanns'Martin 125, 139, 143, 286, **277**
Schlickum, Bernt 202, 206, 226
Schlieffen, Alfred Graf von 44
Schließler, Martin 232, **231**
Schmidt, Heinz 105, 141, 202, **147**, **179**, **241**
Schmidt, Helmut (Bundeskanzler) 207
Schmidt, Helmut 244
Schmitt, Dieter 166
Schmitt, Georg **51**
Schmückle, Gerd 43
Schrempp, Jürgen 186, 220, 239
Schrewe, Boto 22 f., 26, 42, **19**
Schulenburg, Graf von der 35
Schwerin, Graf Lutz von 17, 18, 42
Schwyter, Gertrud 134
Scott, David R. 108
Seizer, Jörg 276, **133**
Selvers, Klaus-Dieter 137, **133**
Semjonow, Wladimir 273, **277**
Shenker, Morris 221
Sheetam (Chairman) 226
Simmer, Walther 47
Singer, Herbert **281**
Skillman, Sid 84
Skotschinsky (Dir. Timex) 169
Smith, Bob 118
Smolin (General) 155
Solomenzew, M. 179
Sonosky, Jerome 117, 263
Soudavar, Feridun 201
Spaeth (General Kriegs-Ak.) 43

Späth, Lothar 170, 186, 273 f., 288, **277**
Speer, Albert 37
Spiegelberg, Rudolf 110
Staelin, Rolf 126, 243
Stalin, Josef 35
Stauffenberg, Claus Schenk Graf von 35, 38 f., 41, 108, 278
Stegmeier, Beate 254
Steinway, William 62, 63, 117
Stieff, Hellmuth 34 f., 40, 43
Stockmann, Israel 215
Stöhr, Hans 193
Stolc (Protokollchef) 167
Straus, Moritz 134
Strauß, Franz-Josef 164, 273, **279**
Stüber, Herbert 129, 134 f.
Stüber, Peter 135
Suhrkemper (MBBras-Mitarbeiter) 230
Sulke, Walter 192
Sund, Horst 186, 274
Surminski, Arno 16
Svendsen, Engelhard 43, 47
Svendsen, Johannes 32, **33**
Svendsen, Marita (in Hoppe) 32, 42, 44, 49
Svoboda (Ingenieur) 168

Tarasov, A. M. 143 f., 146, 149
Tata J. R. D. 66, 67, 70
Tauscher, Hans 132, **133**
Thienemann (Prof.) 17
Thomas (MB-UK) **133**
Timczak, Stefan 164
Tito, Josip 164
Togliatti, Palmiro 150
Toms, Douglas 265
Toufanian (General) 204, 206
Toyoda (Chairman) 188
Trautmann (Pres. Greyhound Corp.) 91
Trenck, von der (Hauptmann) 44
Trippel (Ingenieur) 93
Truman, Harry S. 75
Tschiang Tsching 176
Tschou En-lai 13, 172, 176, **173**
Tschu Tzu-chien 178

Uhlenhaut, Rudolf 105, 259 f.

Viniol, Heinz 243 f., 246, 267
Volpe, John 264
Vorderwinkler, Walter 235 f., **229**

Waikinn (Oberst)   29
Waizenegger, Heinz   76, 84, 89, 100, 236, **99, 121**
Wallenberg (Bankier)   139
Wang Shu   176
Wasmer, Hans von   87, 100
Weber, Franz   50, 52
Weis (Prof.)   **275**
Weizäcker, Richard von   14
Weltzer (MBBras)   230
Weltzien, Annemarie (in Hoppe)   50, 71
Weltzien, Hans   50
Wendland, Horst   35
Wentges, Wilhelm   100, 200
Westmoreland, William C.   116
Westphal, Horst   197
Wiechert, Ernst   16
Wieck (Botschafter)   158
Wiesenthal, Günther   64, 87 f., 90, 129, 138
Wiesenthal, Wolfgang   72
Wilfert, »Charly«   105, 203, 259 f., **205**
Wilhelm II.   16
Wilson, Don   65
Wimmer, Hans   46
Winkler, Hermann   93, **147**

Winsen, Friedrich van   260
Winter, Elmer L.   240
Wissmann, Sepp   222
Wittgenstein, Prinz Casimir   274
Wlassow (General)   35
Wolski (ZK-Mitglied)   146, **145**
Wolters, Gerhard   **181**
Wormann, Charles   **141**
Wright, Orville & Wilbur   77
Wychodil, Arnold   64, 67, 70 ff., 78 ff., 83 ff., 89 f., 92, 94 ff., 100, 125 f., 129 f., 134, 220, 227, 235 f., **99**

Yanase, Jiro   188, **187**
Yang Keng   177
Yuan Baohua   184
Yuffali, Ahmed   207 f., 210, **209**
Yuffali, Brüder   210

Zahn, Joachim   96 f. 100, 124 f., 128, 130, 139, 143 f., 146, 148 f., 165 f., 171, 196, 201, 220, 236, 246, 264, 286, **115, 135, 147, 167**
Zeitzler, Kurt   34, 38, 43
Zijan, Zhuo   185
Zimmermann, Ernst   286
Zingg, Gustavo   232, **229**
Zingg, Hermann   237

Danksagung

Für die Erstellung einer Biographie, die ein sehr vielseitiges und umschichtiges Leben beinhaltet, reicht es nicht aus, sich auf das eigene Gedächtnis zu verlassen, sondern man muß, wie ich es in meinem Leben festgestellt habe, auf alte Mitarbeiter und Freunde zurückgreifen. Diese Mitarbeiter und Freunde waren mir in dankenswerter Weise behilflich, mein Gedächtnis aufzufrischen und zu ergänzen, um Ungenauigkeiten oder Wiedergaben, die zu Mißverständnissen führen können, auf ein Minimum zu reduzieren.

Für die schriftlichen Unterlagen zur Einsichtnahme und deren Verwertung danke ich Karin zu Knyphausen, meiner ehemaligen Schulkameradin und Redakteurin der Zeitschrift »Rund um die Rastenburg«. Ferner dem Schriftsteller Arno Surminski, der mir durch seine vielen bekannten Romane über Ostpreußen viele Anregungen gegeben hat, und dem Verleger Heinrich Seewald.

Aus der Soldatenzeit möchte ich meine ehemaligen Kameraden General a. D. Ernst Ferber, Brigadegeneral a. D. Hans Condné sowie meinen alten Freund und Weggefährten während des Krieges Dr. Wolfgang Münstermann erwähnen.

Bei der Firma Carl Freudenberg in Weinheim danke ich der Archivarin Frau Dr. Schuster sowie meinen damaligen engsten Mitarbeitern im Nora-Werk, Fritz Reinig und Herbert Hilkert.

Für meine Tätigkeit in den USA und in Kanada möchte ich im besonderen Marcus Fürst Clary erwähnen, der mir durch seine sorgfältigen Recherchen und detaillierten Ausführungen eine große Hilfe war – weiter Walter Bodack, Hans-Hartmut von Brockhusen, Karl-Heinz Faber, unsere Anwälte Edward McDermott und Jerry Sonosky; Hank Bernhard von unserer Werbeagentur Ogilvy & Mather.

Für meine Tätigkeit als Vorstandsmitglied für den Weltvertrieb möchte ich die Hilfsbereitschaft und Unterstützung von den Technikern Karl-Heinz Bendack, Werner Breitschwerdt, Hans Joachim Förster und Hans Scherenberg erwähnen. Von der Vertriebsorganisation: Michael Bassermann, Hans Baumgart, Willi Büsser, Burghard von Cramm, Karl Franke, Peter Fietzek, Lothar Gleitze, Josef C. Gorgels, Paul Haidle, Eberhard Herzog, Martin Hoppe, Matthias Kleinert, Peter Kostka, Erich Krampe, Peter Krümmel, Helmut Neuhaus, Fred Langeberg, Peter Mink, Klaus Oertel, Eckhard Panka, Karin Peter, Friedhelm Quest, Eckart Ramthun, Peter E. Rupp, Klaus-Dieter Selvers, Othmar Schaffer, Bernt Schlickum, Heinz

Viniol, Leonore von Wasmer, Friedrich A. Wolf, darüber hinaus aus den anderen Ressorts Günther Molter, Gerhard Liener, Gustav Mühlschlegel, Inge Cromme, Otto Nübel, Siegfried Sobotta, von der Auslandsorganisation: Mrs. Rex Dobie, Kenia, Israel Stockmann, Israel, Rodi Abu Regeila, Ägypten, Peter Leissing, Österreich, Peter Braumann, Gertrud Schwyter, Schweiz und Hussam Rassam, Irak, Bill Mosetti, Argentinien.

Meinen Dank möchte ich Ellen Neubarth sagen, die mir bei der schriftlichen Zusammenfassung meiner Gedanken, der Organisation und Gestaltung dieses Buches sehr geholfen hat.